Vi, de fördrivna

Vi, de fördrivna
historiska erfarenheter hos polska judar som kom till Sverige 1967–1972

Martin Englund

Södertörns högskola

Ämne: Historia
Forskningsområde: Historiska studier
Institutionen för historia och samtidsstudier
Baltic and East European Graduate School

Södertörns högskola
The Library
SE-141 89 Huddinge
www.sh.se/publications

Omslag: Jonathan Robson
Grafisk form: Per Lindblom & Jonathan Robson

Stockholm 2025

Södertörn Doctoral Dissertations 238
ISSN 1652–7399

ISBN 978-91-89962-04-0 (tryck)
ISBN 978-91-89962-05-7 (digital)

Abstract

Vi, de fördrivna är en studie av historiska erfarenheter som kommunicerats av de polska judar som kom till Sverige som flyktingar 1967–1972 på grund av den antisemitiska kampanjen i Polen som inleddes 1967. Kampanjen nådde sitt crescendo i och med de regimkritiska demonstrationerna i mars 1968 och ledde till den sista stora polskjudiska emigrationen. Utifrån en hermeneutiskt grundad oral history presenterar avhandlingen en analys av historiska erfarenheter så som dessa kommuniceras i levnadsberättelser och inspelade dialoger, vilka samlats in i samarbete med Nordiska museet och deras digitala plattform Minnen.se; samt publicerade biografier.

Syftet med avhandlingen är att bidra med en fördjupad och mer nyanserad förståelse av den svenskpolskjudiska historien i relation till två centrala historiska händelser: Förintelsen och den antisemitiska kampanjen. Ur de analyserade erfarenheterna framträder en erfarenhetskronologi med dessa två händelser som organiserande och meningsskapande brytpunkter. Den första och mest betydelsefulla brytpunkten är Förintelsen. Den andra brytpunkten utgörs av den antisemitiska kampanjen, vars följd blev flykten till Sverige. De två brytpunkterna avgränsar en tid före, en tid emellan och en tid efter i erfarenhetskronologin. Analysen av erfarenhetskronologins olika delar utgår från de tongivande narrativ som dominerar i den historiekulturella situation som det historiska berättandet sker i.

De svenskpolska judar som står i fokus för avhandlingen kommunicerar historiska erfarenheter inte bara av Förintelsen och den antisemitiska kampanjen, utan också av Sovjetunionen under Stalin, livet i Polen under kalla kriget, strukturell antisemitism och av Sverige under välfärdsstatens glansperiod. Dessa händelser är centrala i historiekulturen. Samtidigt avviker de mot de narrativ som dominerar. I skildringen av Förintelsen berättar de om överlevnad i Sovjetunionen i kontrast till det tongivande narrativ om Förintelsen som etablerats under det som kallats vittnets tidsålder. Om tiden emellan, i Folkrepubliken Polen, förmedlar de en mer mångfasetterad bild av tillvaron än de tongivande narrativen, förekomsten av strukturell antisemitism spelar en betydande roll. I den avslutande delen om livet i Sverige följer de historiska erfarenheterna däremot det tongivande narrativet om välfärdsstaten. Genom att synliggöra denna grupps förhållningssätt till det förflutna bidrar studien med ett svenskpolskjudiskt perspektiv på några av den europeiska modernitetens mest centrala historiska erfarenheter.

Keywords: svenskpolskjudisk historia, Förintelsen, Polen, oral history, hermeneutik, historiekultur, historiska erfarenheter, historiedidaktik, migration, antisemitism, kommunism, svenska välfärdsstaten.

Abstract ("We the Expelled")

We, the Expelled is a study of historical experiences communicated by the Polish Jews who came to Sweden as refugees in 1967–1972 due to the antisemitic campaign in Poland that began in 1967. The campaign reached its crescendo with the regime-critical demonstrations in March 1968 and led to the last major Polish Jewish emigration. Grounded on a hermeneutically based oral history, the dissertation presents an analysis of historical experiences communicated in published biographies as well as in life stories and recorded dialogues, which have been collected in collaboration with the Nordic Museum and their digital collection platform Minnen.se.

The dissertation aims to contribute with a deeper and more nuanced understanding of Swedish Polish Jewish history in relation to two central historical events: the Holocaust and the antisemitic campaign. From the analyzed experiences, a chronology of experiences emerges with these two events as organizing and meaning making breaking points. The first and most significant breaking point is the Holocaust. The second is the antisemitic campaign, which resulted in the flight to Sweden. The two breaking points demarcate a time before, a time in between and a time after in the chronology of experience. The analysis of the chronology of experience is based on the narratives that dominate the historical cultural situation in which the historical narration takes place.

The Swedish Polish Jews who are the focus of the dissertation communicate historical experiences not only of the Holocaust and the antisemitic campaign, but also of the Soviet Union under Stalin, life in Poland during the Cold War, structural antisemitism and of Sweden during the heyday of the welfare state. These events are central in the historical culture. At the same time, their experiences deviate from the dominant narratives. In their depiction of the Holocaust, they tell of survival in the Soviet Union in contrast to the dominant narrative about the Holocaust that was established during what has been called the Era of the Witness. During the time in between, in the Polish People's Republic, they communicate a more multifaceted picture than the dominant narratives, the presence of structural antisemitism plays a significant role. In the concluding part about life in Sweden, however, the historical experiences follow the dominant narrative of the welfare state. By displaying this group's narration of the past, the study contributes with a Swedish-Polish Jewish perspective on some of the most central historical experiences of European modernity.

Keywords: Swedish Polish Jewish history, Holocaust, Poland, oral history, hermeneutics, historical culture, historical experiences, didactics of history, migration, antisemitism, communism, the Swedish welfare state.

Tack!

Hur kunde denna doktorsavhandling i historia egentligen bli till? Jag hade ju aldrig klarat av att skriva den själv. Under de senaste sex åren har jag varit inbäddad i ett kollektiv av människor som på olika sätt, vid kritiska tillfällen, har lyft mig och mitt vinglande projekt vidare. Jag tackar er alla från djupet av mitt hjärta! Mina kära handledare Christopher Collstedt och Malin Thor Tureby, ni har alltid varit där. Som ni har läst och läst, peppat och reagerat, kritiserat och visat på framkomliga vägar. Det känns fantastiskt att jag har fått göra denna resa med just er. Tänk vilken hopplöst snårig och konstig avhandling det hade blivit om ni inte hade varit där och satt ned foten när det behövdes. Ni bidrog med ett fokus. Tack Östersjöstiftelsen för finansieringen.

Jag tackar alla er som deltagit med era levnadsberättelser och ni som deltagit i de inspelade intervjuerna. Det är helt och hållet tack vare er som jag fick något att skriva om. Tack för att ni gav mig det förtroendet, att ni la ner er tid och öppnade er var hela förutsättningen för projektet. Ett extra tack till er som öppnade upp era hem för att genomföra möten och intervjuer. Tack till alla er som spred information om projektet och fick med andra. Tack till er som deltog i skrivkursen på Paideia: Danuta Biterman, Krysia Flato, Aleksander Ratz, Michał Bron, Katarina Warman, Regina Fuks, Zofia Pankowska, Sofia Szpiro, Maja Salsbäck och Jurek Gold. I detta sammanhang vill jag även rikta det varmaste tack till Ivana Koutnikova och min medlärare Stephan Mendel-Enk. Utöver att vara en fantastisk författare och skrivlärare har du kunnat ge mig ett svenskjudiskt perspektiv på den mångfasetterade relationen mellan polskjudiskt och svenskjudiskt i Sverige. Ett extra tack till Jurek Gold för att du var den första att skicka en levnadsberättelse till mig. Tack Ella för modet att skriva om dina erfarenheter. Tack Piotr Zettinger för att du kom och besökte mig och mina elever, du var den första från er migration som jag pratade med. Tack även till Paulina och Bronia Sokolow som tidigt bidrog med en levnadsberättelse och gav stöd genom hela projektet.

Jag fick tidigt i projektet kontakt med Jaff Schatz som introducerade mig för både forskning och människor som kunde delta i projektet. Stort tack för det Jaff. Tack Łukasz Górniok för att du redan på ansökningsstadiet så generöst och uppmuntrande diskuterade projektet med mig. Tack Izabela Dahl för att du tog dig tid och bidrog med din stora kunskap om ämnet. Tack Marta Prochwicz och

Polins vänförening. Tack Henryk Rozenberg och Anna Krieger för att ni hjälpte till, deltog och öppnade upp ert hem. Stort tack för det och även för bilderna du bidrog med Henryk. Till Maria Rotstein känner jag en alldeles speciell tacksamhet då hon lät sig intervjuas i tre timmar om sitt dramatiska liv vid 96 års ålder, ett halvår innan hon gick bort.

Stort tack till alla som läst och reagerat under resans gång. Håkan Blomqvist, du var den första Södertörnshistoriker som stöttade min idé om att samla in dessa polska judars erfarenheter. Det har varit fantastiskt att få din hjälp och ditt stöd genom hela projektet. Det är ett stort privilegium att få samarbeta med en historieberättare av din rang. Tack Annika Olsson för den värdefulla halvtids-läsningen, din litteraturvetenskapliga oral history-blick. Tack Martin Wiklund för slutseminarieläsningen, en milstolpe som skakade om projektet i grunden och som bidrog till stora förbättringar. Tack Ulf Zander för den genomgående läsningen inför upploppet. Du gjorde åtskilligt för läsbarheten och fick mig att städa upp bland begreppen. Även Leif Runefelt ska ett speciellt tack för läsning då jag kastade introduktionskapitlet på dig strax före deadline. Tack Leif för att du läste på tåget i Italien och pekade ut där begreppsanvändningen var som mest flytande. Johannes Heuman, din grönläsning med sin koncisa respons har varit avgörande. Tack för det och all annan hjälp du bidragit med. Fantastiskt att vi har dig här på Södertörn. Tack David Payne för att du granskat min svengelska och förvandlat den till engelska. Du har varit så generös och skicklig i din språkgranskning. Desamma gäller Jonathan Robson, tack för snabb och kreativ hjälp. Tack hela Södertörns universitetsbibliotek, ni är fantastiska och har hjälp mig med massor. Tack Olov Larsson för Zotero-hjälpen.

Södertörns högskola är en fantastisk arbetsplats. Det finns hundratals kollegor här som på olika sätt har hjälpt mig och gjort livet angenämt. Stort tack CBEES och alla som jag mött genom forskarskolan BEEGS. Det var ett oerhört privilegium att få inleda min forskarutbildning på CBEES med all kunskap som finns där om Polen, Sovjetunionen och annat Östersjörelaterat. Tack Joakim Ekman för ditt vänliga och uppmuntrande ledarskap. Tack Vit Kysilka, du är själva blodomloppet som får CBEES-kroppen att leva. Tack Tora Lane för hur du hjälpte mig i början och sammankopplade mig med personer som kunde delta i insamlingen. Tack Florence Fröhlig som skapar en så varm och positiv atmosfär för doktorander på BEEGS. Tack hela den magiska doktorandgene-rationen som började 2019. Ellen Jacobsson, tack för att du finns och att du har ungefär samma fladdrande energinivå som jag själv. Du lyfte hela stämningen på CBEES. Douglas Mattsson och Liza Jakobsson, vi hade det finaste kontors-häng man kan tänka sig. Varje dag på kontoret var en fröjd. Tack Liza för alla resor med Nationella forskarskolan, så himla skönt att ha dig med där. Tack också Nationella forskarskolan för alla spännande och givande diskussioner på skånska slott och herrgårdar. Så lyxigt! Tack för finansieringen av utbytet i Warszawa. Tack Hanne Sanders, Henrik Rosengren, Barbro Bergner, Ariadne Fioretos, Kajsa Weber, Cecilia Riving och alla andra som gjort denna initiering i historievetenskapen så angenäm. Tack Jens Carlesson Magalhães för att du varit en stabil judiska studier-kompis i forskarskolan. Tack Arnold Kłonczyński, Kazimierz Musiał, Maria Sibińska, Joanna Engländer-Brzozowska och alla andra som hjälpte och tog hand om mig på universitetet i Gdansk. Tack Dariusz Stola (igen) för platsen du ordnade i Warszawa och tack Jozef Markiewicz för att du tog emot mig på Polin. Tack Ulla Manns för ditt stöd och intresse genom hela projektet.

Hela Södertörns högskola är en fantastisk arbetsplats men F-huset och institutionen för historia och samtidsstudier är kanske lite extra fantastiskt ändå. Tack alla ni som burit ansvar för historieämnet och skapat vår miljö: Martin Wottle, Helena Bergman och Andreas Åkerlund. Till Andreas vill jag säga tack för att du understrukit vikten av att bli färdig. När du läser detta är det färdigt. Helena, tack för att du är med i oral history-peppen och att du har sådan koll på allt för oss doktorander. Det går inte att nämna alla namn på fina kollegor som hjälpt mig på olika sätt. I korridorerna där historia, idéhistoria, arkivvetenskap, bibliotek- och informationsvetenskap, etnologi, arkeologi och religionsvetenskap håller till finns de överallt: kloka, hjälpsamma och inspirerande människor som hjälpt mig. Tack alla! Tack Lena Roos för att du är den bärande pelare som vi bygger Södertörns judiska studier kring. Tack Simon Sorgenfrei för att du alltid är uppmuntrande, skarpsynt och håller på med sjukt viktig forskning. Aleksandra Reczuch, tack för spännande samtal och din hjälp med polskan. Tack Jenny Gunnarsson Payne för att jag fick en kompanjon i kampen med det polska språket. Tack Julia Malitska för att du så positivt uppmuntrat mina myrsteg i denna språkutveckling. Tack ni som kan polska!

Tack alla kollegor på lärarutbildningen. Det har varit så skönt att ha ett riktigt jobb ibland också. Anna Lindqvist, fantastiskt att ha dig som chef där. Lotta Björkman, tack för att du tipsade mig om att undervisa på lärarutbildningen och att vi kunde träda in i doktorerandet samtidigt. Tack Jennie Plate Blomberg och Anders Burman för fint lärarlagande. Tack också alla ni som en gång i tiden utbildade mig på denna lärarutbildning, inte minst Monica Einarsson som jag nu har blivit kollega med. Tack mitt kära lärarlag på Blackebergs gymnasium där jag på riktigt förlöstes som historielärare.

Oändligt med tack till min familj. Maria – min stora kärlek – du har varit förutsättningen för allt under dessa år. När allt är jobbigt är du alltid där. Du får syn på hela min fladdrighet och pekar ut hur jag kan skärpa mig. Jag har älskat att diskutera avhandlingsprojektet och allt runt det med dig. Josef och Harriet, ni fantastiska ungar, tack för att ni fanns där hela tiden och visade på det allra viktigaste i mitt liv. Jag tycker det låter så fint när ni säger att pappa forskar om polska judar. Tänk att jag får vara er pappa. Tänk att jag får forska om polska judar.

Jag är ytterst tacksam för alla de tillfällen då jag blivit insläppt i judiska sammanhang. Tack Lizzie Oved Scheja för att du till och med ville arrangera en samtalsserie i Judisk kulturs regi där vi tillsammans utforskade fördrivningen av de polska judarna tillsammans med internationellt ledande forskare på området och många andra. Tack Mångkulturellt centrum och Ebaluna Guevara Acevedo för ert deltagande. Tack Dariusz Stola och Anat Plocker för att ni kom. Tack Anna Grinzweig Jacobsson som tog initiativ till detta arrangemang utöver allt annat du bidragit med. Tack Dorotea Bromberg och Maciej Zaremba för att ni deltog och även att ni diskuterade projektet vidare med mig. Tack Gregor Nowinski för att du kom och diskuterade din fantastiska film. Tack Anneli Rådestad, Maja Thrane, Sarah Gampel, Karolina Dzięciołowska och Ula Chowaniec för polskjudiskt bokklubbande. Det blev en fin fortsättning på samtalet. Att vara del av alla dessa judiska sammanhang gör att jag numer ibland tvekar när någon frågar ifall jag själv är judisk. Tack Gabriel Itkes Sznap för att det alltid är roligt och spännande att prata om det polskjudiska med dig. Tack Yvonne Rock för de inspirerande sammanhang du bjudit in mig i.

Stort tack även till min gamla familj, mina föräldrar och mina bröder. Jag har alltid känt ert stöd och uppskattar det intresse ni visat för projektet. Det brukar ju finnas ett visst mått lidande under en forskarutbildning. Det har onekligen varit några toppar och dalar under projektets gång. Men under varje dipp har jag blivit upplyft av någon, min familj eller mina handledare. Jag har även fått en oerhörd energi av att intervjua. Flera gånger har jag gått från intervjusituationen med en upprymd känsla och tänkt att det jag håller på med är något på riktigt, att det handlar om människor som varit med om riktiga grejer. Tack alla som deltagit i intervjuer!

Tack till mitt band Weimarrepubliken. Ni är så viktiga för mig även om vi repar alldeles för sällan. Till mina kära vänner i Stockholm Pigs vill jag säga att våra resor och träffar utgör en liten trygg bubbla som tagit 90-talets finaste punkhäng in i 20-talet. Tack Victoria Rixer, du är kanske den coolaste jag känner. Tack ni kompisar som läst och gett respons. Niclas Järvklo, du gav klockren respons på min ansökan och nu fortsätter vi i samma fält, tusen tack! Magnus Linton, tack för att du pekar ut det stelt pretentiösa i min akademiska prosa. Det tar tid att bota men jag börjar få probleminsikt. Och tack för lånet av skrivlyan, kände mig nästan som en riktig författare. Anna-Maria Sörberg, tack för din nyktra läsning av slutkapitlet, den var förlösande på många sätt. Stort tack Maria Lönn för att du i hela din varelse förgyller humaniora, du får forskning att kännas glamorös. Tack Leila Tamaddon för ditt intresse och att du följde med till Bajit och lyssnade på bundist-poesi.

Tack alla fina vänner som hjälpt mig att sudda ut gränsen mellan det professionella och det privata. Tack Niklas Svensson som jag tillsammans krigade mig igenom uppsats efter uppsats med. Tack Samuel Edquist för att du handledde dessa uppsatser och att du tog emot mig på seminariet i Sundsvall. Tack Oscar Nygren för att du är en så fantastisk karaktär. Det är inspirerande och roligt att få ha din godsmottagning som kontor. Det är ett gott tecken att vi inte får något vettigt gjort ifall vi är på kontoret samtidigt. Tack alla som deltagit i styrkelyft för historiker och alla historiker som låtit sig dras in i basketspel. Johanna Ringarp, tack! Ellen Ceder Henriksson, den tekniska nivån i styrkelyftningen har verkligen höjts sedan du börjat. Jim Hagström, Daniel Bodén och Tony Blomqvist: så fruktansvärt lyxigt att det finns så fina bjj-utövare på jobbet. Stort tack! Tack Susan Lindholm och Ann-Judith Rabenschlag, ni har bidragit med många fina samtal. Tack Fredrik Petersson för att du också krigar långa sena pass på kontoret. Tack Martin Johansson och Lovisa Olsson, ni är stabila och starka kollegor att lita på. Marie Jonsson och Karin Jonsson, jag tänkte inte tacka er i samma mening men nu blev det så. Ni är två riktigt tunga komponenter i den fantastiska arbetsmiljö jag haft under doktorandtiden. Tack Jörgen Löwenfeldt på Nordiska museet som kompis, basketspelare och expert på digital insamling. På Nordiska vill jag även tacka Sven Rentzhog och Marie Steinrud. Det har varit så viktigt att få er entusiasm och stöd med mig i detta projekt. Enormt tack Sara Ludin för radiohjälp.

Det finns många olika forskningsmiljöer och nätverk som varit betydelsefulla för mig. Dels för att lära mig och utveckla projektet, dels för att finna gemenskap. Det har varit viktigt att hitta trygghet i schyssta och kloka människor som vill mig och mitt projekt väl. På det sättet vill jag rikta det varmaste tack till Cia Wassén, Lars M Andersson, Karin Kvist Geverts, Pär Frohnert, Britta Zetterström Geschwind och Olaf Glöckner. Tack till nätverket med Hansalbin Sältenberg, Marta Kolankiewicz och Olof Bortz. Det är alltid inspirerande att diskutera med er. Tack Barbara Törnquist-Plewa för att du tog dig tid att diskutera mitt projekt och ordnade ett seminarium i Lund med tung kompetens om Polen, ytterst värdefullt. Tack Joanna Michlic för intressanta samtal och din djupa kunskap om polskjudisk historia. Tack Jan Selling som introducerat mig för kritiska romska studier tillsammans med Solvor Mjöberg Lauritzen och Dezso Mate. Jag är även tacksam mot Andrej Kotliartchouk och de sammanhang som du introducerat mig för. Tack Ylva Waldemarsson, Norbert Götz och

Carl Marklund för att ni hjälpt och stöttat mig i samtidshistoriska sammanhang. Ett stort tack till alla oral history-typer jag samarbetat med. Ni på Memoar i Norge är sannerligen en förebild som vi har att sträva mot: tack Björn Enes. Sebastian Kaasa och Cathrine Hasselberg. Jag längtar efter att kasta mig ut i arbetet med att utveckla oral history i Sverige tillsammans med er. Tack Robert Nilsson Mohammadi för den inspirerande kursen du arrangerade i Malmö och tack alla som deltog. Jag är även ytterst tacksam mot Florence Fröhlig (igen), Hans Ruin och Yuliya Yurchuk som räddade finansieringen av vår oral history-konferens i elfte timmen. Tack också för det spännande och inspirerande arbete som ni gör med memory studies-plattformen utöver konferensräddande akut-uttryckningar. Tack Yulia Gradskova och Cagla Demirel för fint samarbete.

Tack till den transnationella krets av Förintelseforskare kring Hank Greenspan som samlas och schmoozar på zoom några gånger om året: Tori Van Orden Martinez, Christine Schmidt, Monika Vrzgulova, Daan de Leeuw, Penny Herbst, Eugenia Mihalcea, Orly Fuerst, Tiarra Alanna Maznick, Yael Siman, Sylwia Szymanska Smolkin. Tack Malin för att du introducerade mig för detta gäng. När världen dras isär ger det hopp att ha detta kloka och vänliga sammanhang. Extra tack till dig Sylwia för all den polskjudiska expertis som du så generöst har delat med dig av. Till Sylwia, Ula Chowaniec, Simo Muir och Jan Schwarz: tack för att ni kan jiddisch. Sista kvällen innan deadline inser jag att *Summary in English* måste språkgranskas. Enormt tack Tori för att du räddade mig i elfte timmen! Tack för att du kan engelska, på riktigt.

Detta tackord är skrivet enligt isbergsprincipen, jag nämner ett fåtal personer för att antyda den enorma massa av människor jag står i tacksamhetsskuld tid. Detta kollektiv är den historiska orsaken till att vi nu har en avhandling som heter *Vi, de fördrivna*. Jag avslutar med att upprepa det allra viktigaste: tack alla som bidragit med sina historiska erfarenheter till insamlingen *Vi, de fördrivna*. Tack handledarna, barnen och Maria: Christopher Collstedt, Malin Thor Tureby, Harriet Englund Almström, Josef Englund Almström, Maria Almström: Boken är till er. Hoppas ni gillar den.

Martin Englund, våren 2025, Flemingsberg

Innehållsförteckning

KAPITEL 1

Introduktion

En betydande del av judarna i Sverige har sitt ursprung i Polen. Polska judar har migrerat till Sverige under olika perioder. Åren kring 1970 fördrevs cirka 15 000 judar från Polen genom en statlig antisemitisk kampanj som initierades av den kommunistiska regimen. När den antisemitiska kampanjen inleddes fanns det enbart cirka 30 000 judar kvar i Polen. En spillra av den tidigare så omfattande polska judenheten som före andra världskriget och Förintelsen hade uppgått till över 3 miljoner. Hälften av denna judiska minoritet som fortfarande levde i Polen lämnade landet under slutet av 1960-talet och början på 1970-talet. Detta har kallats för de polska judarnas sista exodus och kan betraktas som det sista steget i förstörelsen av den polskjudiska kulturen drygt 20 år efter Förintelsen. Omkring 3 000 av de fördrivna kom till Sverige och skapade sig nya liv. Denna avhandling handlar om deras historiska erfarenheter.

De äldre bland dessa flyktingar hade överlevt Förintelsen, huvudsakligen genom att fly till Sovjetunionen. De yngre hade vuxit upp i ruinerna efter kriget och Förintelsen i den nyskapade Folkrepubliken Polen. Polens gränser hade förskjutits västerut. Nya, före detta tyska områden, hade tillkommit; medan Sovjetunionen hade införlivat östliga delar av landet. Den största skillnaden var ändå att det judiska Polen var borta, cirka nittio procent av de polska judarna hade mördats och av de överlevande hade ytterligare cirka nittio procent lämnat landet. De som fortfarande fanns kvar 1967 hade valt att stanna i Polen under flera judiska migrationer från landet. Många hade satt sin tilltro till att Folk-republiken Polen skulle kunna övervinna antisemitismen, en antisemitism som inte enbart hade gett sig till känna genom nazisternas folkmord utan även präglat politiken och kulturen i Polen före andra världskriget och Förintelsen.

Drygt femtio år efter dessa personers ankomst till Sverige formulerade jag projektet *Vi, de fördrivna* för att samla in och utforska deras historiska erfarenheter. De hade då levt över halva sitt liv i Sverige. De bar med sig erfarenheter från Förintelsen och den antisemitiska kampanjen när de skapade sig nya liv. Många var sekulariserade med en stark polsk identitet men i och med fördrivningen kom flera att utveckla sin judiska identitet. De studerade, arbetade, bildade familjer och blev en del av Sverige. Den här avhandlingen handlar inte enbart om att förstå hur den antisemitiska kampanjen eller

Förintelsen är ständigt närvarande i deras historiska orientering, utan den handlar om erfarenheter från hela deras liv.

Syfte och forskningsfrågor

Syftet med denna avhandling är att bidra med en fördjupad och mer nyanserad förståelse av den svenskpolskjudiska historien i relation till två centrala historiska händelser: Förintelsen och den antisemitiska kampanj som ledde till den sista stora polskjudiska emigrationen. I centrum står de polskjudiska flyktingar som kom till Sverige 1967–1972 i och med denna antisemitiska kampanj.

Följande mer övergripande frågeställningar bildar utgångspunkt för analysen:

1. Vilka historiska erfarenheter kommuniceras av de personer som kom som flyktingar från Polen till Sverige 1967–1972 till följd av den antisemitiska kampanjen?
2. Hur orienterar de sig historiskt genom erfarenheterna de kommunicerar?
3. Hur är deras historiska erfarenheter relaterade till varandra och vilka grundläggande brytpunkter och tidsskikt strukturerar de historiska erfarenheterna?

De övergripande frågeställningar som presenterats här kommer att utvecklas i mer detaljerade frågor som presenteras i inledningen av varje empiriskt kapitel. Syftet med avhandlingen är empiriskt och nära knutet till de specifika historiska erfarenheter som förmedlas av de personer som kom till Sverige som polskjudiska flyktingar åren 1967–1972.

Den antisemitiska kampanjen som ledde till fördrivningen av halva den judiska minoriteten från Polen har i tidigare forskning tidfästs till åren 1968–1972.[1] Jag har valt att inkludera 1967 i föreliggande undersökning av två anledningar. Den antisemitiska kampanjen inleddes i Polen i samband med sexdagarskriget i juni 1967. Det var i relation till det som den officiella antisemitiska retoriken uppenbarade sig i den polska offentligheten. Jag har även funnit några polska judar som kom till Sverige redan 1967 och vill därmed även inkludera deras erfarenheter i avhandlingen.

Den statligt sanktionerade så kallade antisionistiska kampanjen avslutades egentligen tidigare, men den judiska emigrationen från Polen fortsatte till 1972. Därför utgör ramen för studien de polska judar som flydde till Sverige 1967–

---

[1] Se till exempel Dahl, *Ausschluss und Zugehörigkeit*; Górniok, *Swedish Refugee Policymaking in Transition?*; Schatz, *The generation*.

1972. Det förekom fler antisemitiska kampanjer i de så kallade öststaterna under kalla kriget, men när jag skriver om den antisemitiska kampanjen i bestämd form hänvisar jag till just den polska antisemitiska kampanjen som inleddes 1967.

En undersökning av de svenskpolska judarnas historiska erfarenheter öppnar för möjligheten att belysa några av det europeiska 1900-talets mest centrala historiska händelser: Förintelsen, andra världskriget och kalla kriget. Mitt inledande intresse för gruppen berodde på det historiska faktumet att en massiv antisemitisk kampanj kunde inledas 22 år efter andra världskrigets slut, det vill säga ett par decennier efter att det systematiska massmördandet av judar upphörde i Polen, landet som utgjorde Förintelsens epicentrum. En viktig aspekt av att förstå Förintelsen är att förstå dess återverkningar, i vilken mån och på vilket sätt Förintelsen som erfarenhet präglar ett samhälle och formar människors liv. Den antisemitiska kampanjen i Polen som kulminerade i mars 1968 är ett exempel på att antisemitismen som politiskt redskap inte alls var förbrukat, perifert eller omöjligt efter Förintelsen.

Gruppen i fråga har alltså specifika historiska erfarenheter med nära anknytning till 1900-talets stora historiska trauman. Några av personerna i studien är själva Förintelseöverlevande medan majoriteten är barn till överlevande. De har även erfarenheter av livet på båda sidor av järnridån, inklusive erfarenheter av en migration från öst till väst samt av kalla krigets slut. De flesta har erfarenheter i familjen av att överleva Förintelsen i de östligare regionerna av Sovjetunionen.

Studien är avgränsad till de historiska erfarenheter som förmedlas av den grupp som fördrevs till Sverige. Jag inkluderar till exempel inte dem som flydde till Danmark eller till Israel. Den grupp människor som jag studerar har spenderat över halva sina liv i Sverige. En stor del av deras erfarenheter handlar därmed om Sverige. De har även utvecklat sin förståelse av tidigare erfarenheter i Sverige och inom en svenskpolskjudisk historiekultur. De historiska erfarenheter som studeras i den här avhandlingen kommuniceras på 2000-talet, huvudsakligen under 2020-talet. Perspektivet är alltså tillbakablickande, vi betraktar det som de har varit med om utifrån dagens perspektiv. Detta samtida tidsskikt är en betydelsefull del av analysen och därför formuleras i varje kapitel de tongivande narrativ som dominerar den historiekulturella situation de berättar utifrån.

Forskningsläge

Forskningsläget består av två delar: *Svenskpolskjudisk historia* och *Historiska erfarenheter bland de polskjudiska flyktingar som kom till Sverige 1967–1972*. I den första delen redogör jag för historisk forskning om svenskpolskjudisk historia i stort. I den andra delen diskuterar jag mer specifikt forskningen kring den polskjudiska grupp vars historiska erfarenheter analyseras här.

Svenskpolskjudisk historia

Polska judars liv i Sverige – och de transnationella sammanhang som de ingår i – utgör ett forskningsområde som fångar in centrala aspekter av moderniteten. Det rör sig om aspekter som migration, integration, rasism och antisemitism, minoritetskultur, identitetsformering, föreställningar om öst och väst, mångkultur, Förintelsen och kalla kriget. Historikern Martin Wiklund har utifrån flera betydelsefulla historiska tänkare konstaterat att 1900-talets viktigaste historiska lärdomar handlar om de totalitära regimerna Nazityskland och Sovjetunionen.[2] Den moderna svenskpolskjudiska historien ger unika perspektiv på dessa två totalitära regimer. Jag vill därmed understryka relevansen i att utveckla den svenskpolskjudiska historieskrivningen för att uppmärksamma nya betydelsefulla perspektiv för historievetenskapen. I denna genomgång av den svenskpolskjudiska historieskrivningen beskriver jag den helhetsbild av den svenskpolskjudiska historien som forskningen ger, en historisk bakgrund till det jag studerar. Den svenskpolskjudisk historien har även en tidigare utveckling, före 1900-talet. Inom denna längre svenskpolskjudiska kontinuitet vill jag placera min studie av de polska judar som kom till Sverige, 1967–1972, på grund av den antisemitiska kampanjen.

Judarna fick år 2000 en officiell status som en av Sveriges fem nationella minoriteter med jiddisch som officiellt minoritetsspråk. Det har emellertid funnits en etablerad judisk befolkning i Sverige sedan 1700-talet. Dessutom finns det källor som visar på att det har funnits judar i landet sedan 1500-talet.[3] Trots det tillhör Sverige – i ett globalt perspektiv – periferin av judisk historia. Polen däremot kan på många sätt betraktas som centrum av det judiska Europa.

---

[2] Wiklund, "Ett ansvarslöst ansvar?: om historikerns ansvar för historiska lärdomar", 195–98.
[3] För svenskjudisk historia se Carlsson, *Judarnas historia i Sverige*.

Judar har levt i Polen ungefär sedan formeringen av det första polska riket på medeltiden.[4] Före Förintelsen levde över 3 miljoner judar i Polen.[5]

Även om gränserna förändrats har Sverige existerat som en självständig stat relativt länge. Polens statsbildningar har däremot skiftat drastiskt under den moderna epoken. Under det sena 1700-talet försvann Polen från den politiska kartan, uppdelat mellan de tre angränsade imperierna Ryssland, Preussen och Österrike. Polen återuppstod som självständig stat efter första världskriget med stora regionala olikheter och en multietnisk befolkning. Cirka tio procent av denna befolkning var judar vilket var den näst största minoriteten efter ukrainarna. Mellankrigstiden var en dynamisk period i den polskjudiska historien då de polska judarna mötte modernitetens utmaningar och möjligheter på olika sätt. En del assimilerades medan andra bevarade en stark judisk identitet och livsstil. En betydande del bevarade den religiösa ortodoxin medan många revolterade mot den. Sociala rörelser bildades till höger och vänster som förespråkade sionism eller att den judiska kulturen i Europa skulle utvecklas. En del levde traditionella liv i en karaktäristisk judisk *shtetl* (småstad) medan många andra levde urbana liv i de stora polska städerna. En del fortsatte tala jiddisch medan andra övergick till polska, många kombinerade även dessa språk i olika situationer.[6] Sedan 1800-talet hade det skett en omfattande judisk migration från Central- och Östeuropa, huvudsakligen till Amerika men även till andra europeiska länder, däribland Sverige.[7]

Andra världskriget inleddes med ännu en uppdelning av Polen, nu mellan Hitlers Tyskland och Stalins Sovjetunionen. Tyskland bröt den så kallade icke-angreppspakten med Sovjetunionen 1941 och efter kriget kom landets gränser som nämnts att flyttas västerut. Tyskland fick avstå landområden till Polen och Sovjetunionen övertog före detta polska områden. Folkmorden och fördrivningarna som begicks under andra världskriget hade lett till att Polen blev en betydligt mer homogen nationalstat efter 1945. Av de polska judarna hade cirka 300 000 överlevt Förintelsen, majoriteten av de överlevande – cirka 200 000 – hade tagit sin tillflykt till Sovjetunionen.[8] Efter kriget var det många omständlig-

---

[4] För en introduktion till den polskjudiska historien se Polonsky, *The Jews in Poland and Russia*. Forskningen om den polskjudiska historien är ett väl etablerat fält internationellt. Som exempel kan nämnas årsboken *Polin: Studies in Polish Jewry* som har givits ut av det brittiska *Institute for Polish-Jewish Studies* i samarbete med *American Association for Polish-Jewish* studies sedan 1986.

[5] Se till exempel Ilicki, *Den föränderliga identiteten*, 35–42.

[6] Om jiddisch och polska i Polen se: Geller, "The Polonization of Yiddish: A Path towards Language-Shift?"; Polonsky m.fl., *Jews in Independent Poland 1918–1939*.

[7] Carlsson, *Judarnas historia i Sverige*, 142–47. Se även följande antologi för en överblick på den transnationella judiska migrationen från Östeuropa. Brinkmann, *Points of Passage*.

[8] Se Adler, *Survival on the Margins* om de polska judar som överlevde Förintelsen i Sovjetunionen.

heter som gjorde det svårt eller omöjligt för överlevande polska judar att återvända till sina tidigare hemorter. Dels kunde grannarna ha övertagit deras bostäder och ägodelar, dels kunde de utsättas för antisemitiskt våld. Många har vittnat om de antisemitiska slagord som mötte återvändande polska judar.[9] En annan aspekt var pullfaktorer från andra delar av världen. Många europeiska judar ville efter Förintelsen starta ett nytt liv någon annanstans, till exempel i USA, Kanada, Australien eller av allra störst betydelse: i Israel. Ett antal överlevande polska judar, i huvudsak från nazisternas läger, kom till Sverige kring krigsslutet.

Sverige har en perifer men tämligen unik position i modern judisk historia med tanke på att landet stod utanför andra världskriget. Den svenskpolskjudiska historien kan framställas som en berättelse uppbyggd kring en rad betydelsefulla migrationer som inträffat vid olika tidpunkter: under den stora migrationsepoken på 1800-talet och 1905 då politiska oroligheter och pogromer skakade det ryska imperiet, 1945 vid andra världskriget slut, 1968 på grund av den antisemitiska kampanjen. Till dessa kan även tilläggas 1956 då avstaliniseringen i Polen öppnade för emigration, men den polskjudiska migrationen gick inte till Sverige i någon större utsträckning. Det var i stället ungerska judar som kom till Sverige 1956 i och med ungernrevolten.[10]

Gränsdragningen för den svenskpolskjudiska historia som jag har skisserat här går att problematisera. För den specifika migration som jag skriver om har det polskjudiska tydliga konturer. Dessa människor var tydligt polska även om den antisemitiska kampanjen misstänkliggjorde deras polskhet och tillsammans med migrationen skapade ett behov av identitetsmässig omorientering. Men om vi i stället betraktar tidigare migrationer, i synnerhet den på 1800-talet, var inte polskheten lika självklar. De levde då huvudsakligen i tsarens ryska imperium; i annat fall i det kejserliga Tyskland eller Österrike–Ungern. De talade huvudsakligen jiddisch som modersmål och polackerna runt dem talade om dem som innehavandes en judisk nationalitet. De tillhörde det som kallas *Jiddischland*; den askenasiska judenhetens kärnområden med dess omfattande utsträckning över stora delar av Europa till det osmanska riket och med kärnområdet i dagens Polen, Litauen, Belarus, Ryssland och Ukraina.[11]

Denna askenasiska jiddischkultur var vittförgrenad och grep in i flera religiösa, språkliga, sociala och familjemässiga sammanhang och nätverk. Det går inte att beskriva detta Jiddischland som något rakt igenom polskt. När judar från det ryska imperiet emigrerade till Sverige i början av 1900-talet talade man

---

[9] Se t.ex. Gross, *Fear*.
[10] Carlsson, *Judarnas historia i Sverige*, 317f.
[11] För en populärvetenskaplig skildring av Jiddischland Schulman, *Jiddischland*.

om "östjudar" även om de kom från områden som varit polska eller skulle komma att bli polska igen. Deras identitet var antagligen främst judisk och varken polsk eller rysk. Inom judiska kretsar i Sverige under 1800-talet och det tidiga 1900-talet användes begreppet "polacker" för att tala om de anländande judarna från det ryska imperiet medan dessa refererade till sin svenskjudiska motpart som "tyskar".[12]

Trots icke-polskheten hos dessa judiska emigranter från det sena 1800-talet och det tidiga 1900-talet, vill jag med dem inleda en kronologi över den svenskpolskjudiska historien. De skapar en transnationell judisk interaktion mellan Sverige och Polen som kom att utvecklas i senare migrationer.

Historikern Carl Henrik Carlsson, som i sin doktorsavhandling har behandlat hur judar från östra Europa och Ryssland diskriminerades av svenska myndigheter har utvecklat begreppet "östjudefobi". Östjudefobi innebär en specifik aversion mot östjudar utan att östjudefobikern behöver ha en aversion mot judar i allmänhet. Carlsson visar på östjudefobins uppkomst och internationella spridning samt relaterar det till den stora migrationsepoken under 1800-talet. Bland svenskfödda judar var östjudefobin utbredd, poängterar han.[13] Carlssons centrala resultat är att östjudar diskriminerades i stor utsträckning på ett sätt som västjudar inte gjorde. Även historikern Jens Carlesson Magalhães har diskuterat begreppet östjudefobi i artikeln "Ostjudeophobia: press, poor relief, and Jewish communities in Sweden, ca. 1810–1900". Han beskriver östjudefobi utifrån en tysk occidental identitet som avgränsade sig mot "Ostjuden" samtidigt som kristna antijudiska tänkares intresse för östjudar ökade.[14]

Anna Bessermans artikel från 1984 "…eftersom nu en gång en nådig försyn täckts hosta upp dem på Sveriges gästvänliga stränder". Mosaiska församlingen i Stockholm inför den östjudiska invandringen till staden 1860–1914, kan beskrivas som ett pionjärarbete i forskningen om östjudefobi och svenskpolskjudisk historia. Hon beskriver först den östjudiska migrationen till Sverige för att sedan fokusera på mosaiska församlingens reaktioner på denna invandring. Församlingen var negativt inställd till den östjudiska migrationen. Besserman förklarar deras inställning med en oro inför det svenska majoritetssamhällets attityder till den judiska minoriteten, att den nyligen uppnådda judiska emancipationen hotades om den svenska judenheten till större del skulle bestå av jiddisch-språkiga, ortodoxa östjudar. Det fanns även en oro för

---

[12] Carlesson Magalhães, "Ostjudeophobia", 2; Besserman, "'… eftersom nu en gång en nådig försyn täckts hosta upp dem på Sveriges gästvänliga stränder'. Mosaiska församlingen i Stockholm inför den östjudiska invandringen till staden 1860–1914".

[13] Carlsson, *Medborgarskap och diskriminering*, 56–59.

[14] Carlesson Magalhães, "Ostjudeophobia", 1–3.

hur dessa ortodoxa judar skulle påverka det judiska församlingslivet.[15] Min studie handlar om en annorlunda polskjudisk migration som kommer under annorlunda omständigheter men situationen av ett komplicerat möte mellan svenskjudiskt och polskjudiskt, väst och öst, etablerade och nyanlända återkommer.

Historikern Per Hammarstöm har i *Nationens styvbarn: judisk samhällsintegration i några Norrlandsstäder 1870–1940* utforskat den judiska minoritetens sociala ställning i relation till majoritetssamhället. Med fokus på judarna i Sundsvall beskriver Hammarström hur runt hälften av judarna förbättrade sin sociala och ekonomiska ställning under perioden och därmed tonade de ned det synligt judiska när de gick från gårdfarihandlare till grosshandlare. Det verkar i Hammarströms analys som att klass, graden av synlig judiskhet och östjudiskhet är sammankopplad. Oavsett den sociala statusen drabbades samtliga av antisemitismen, vilken Hammarström kallar för en kulturell kod i majoritetssamhället.[16]

Både Besserman och Hammarström arbetar med den judiska minoritetens historia i Sverige efter emancipationen och hur den påverkades av majoritetssamhället. Utifrån en svenskpolskjudisk historieskrivning kan deras studier skildra villkoren för den polskjudiska gruppen som kom till Sverige från det ryska imperiet som en icke-emanciperad grupp, med synliga judiska tecken, generellt betydligt fattigare och religiöst ortodoxa. Medan en del gör en klassresa och antar majoritetssamhällets nationellt borgerliga identitet, passerar de fattigare som östliga, religiösa och förmoderna på ett sätt som de rikare befarar hotar den judiska emancipationen. Majoritetssamhällets antisemitism är den bakomliggande fond som gör dessa spänningar inom den judiska minoriteten begripliga.

I antologin *Plats i staden: Göteborgs judiska artonhundratal* belyser flera av artiklarna betydelsefulla frågor i svenskpolskjudisk historia.[17] Jens Carlesson Magalhães och Pia Lundqvist utvecklar bland annat diskussionen från Besserman, Carlsson och Hammarström genom att diskutera östjudefobi, krocken mellan föreställningar om östligt och västligt som samspelar med klass.[18]

I sin avhandling *En jude är en jude är en jude* applicerar historikern Lars M Andersson en orientalism-analys på antisemitiska karikatyrer i svensk skämt-

---

[15] Besserman, '"… eftersom nu en gång en nådig försyn täckts hosta upp dem på Sveriges gästvänliga stränder'. Mosaiska församlingen i Stockholm inför den östjudiska invandringen till staden 1860–1914."

[16] Hammarström, *Nationens styvbarn*, 2007.

[17] Lundqvist, *Plats i staden*.

[18] Lundqvist.

press.[19] Han definierar antisemitism som en hegemonisk diskurs och att "juden" ständigt framställs i skämtpressen som en oriental. Oavsett vad en jude gör eller vilken position juden har i samhället kommer juden att uppfattas som främst en jude.[20] Genom beskrivningen av svensk antisemitism som orientalism kan den placeras i en rasismens temporala geografi. Östlighet kan riktas mot Mellanöstern, Ostasien och allt annat som bakas ihop i den benämningen. Men rasistiska föreställningar om östlighet kan också från ett svenskt perspektiv, i synnerhet ett svenskjudiskt, riktas mot Östeuropa och polska judar. På samma sätt som mot den föreställda Orienten förknippas denna europeiska östlighet med fattigdom, religiös fundamentalism, bakåtsträvande och obildning; en *countertype* till det progressiva väst, som George L. Mosse har uttryckt det.[21] Att förstå spänningen mellan öst och väst i synen på olika judiska grupperingar är en grundläggande dimension i den svenskpolskjudiska historieskrivningen.

Håkan Blomqvists *Socialism på jiddisch: Judiska Arbeter Bund i Sverige* är en flyktinghistoria om polska judar i Sverige som delar flera drag med min studie. Bund var en stor och betydelsefull politisk rörelse i mellankrigstidens Polen som förespråkade en demokratisk socialism och en sekulär judisk kultur i Europa, *doykait*, i motsats till sionismen. Merparten av bundisterna mördades i Förintelsen. Efter kriget försökte de att samla ihop rörelsen och återknyta kontakter. Blomqvist följer de bundister som hamnade i Sverige och som bodde i olika kollektiv. *Socialism på jiddisch* handlar i likhet med min studie även om polskjudisk socialism, politisk mobilisering och besvikelse; betydelsefulla erfarenheter i den polskjudiska historien. Den bundistiska flyktingmigrationen kom till stor del att lämna Sverige och fortsätta till andra platser med en större judisk befolkning som USA, Kanada och – ironiskt men förståeligt nog – Israel. Bund kom därmed att lämna den svenskpolskjudiska historien efter det temporalt välavgränsade gästspel som Blomqvist beskriver, till skillnad från migrationen i anknytning till den antisemitiska kampanjen då majoriteten kom att stanna i Sverige och bli en betydande del av den svenska judenheten. Blomquist konstaterar att Bund tillhörde historiens förlorare men skriver i bokens avslutning att det verkar finnas någon slags renässans för Bund. Han skriver:

> Som politisk rörelse tillhör Bund historien. Men som idé och förslag till strategier förblir den en slags gnagande erfarenhet av försök att demokratiskt hantera spänningen mellan universalism och partikularism, mellan pragmatisk *doykait*

---

[19] Andersson, *En jude är en jude är en jude*, 14.
[20] Andersson, *En jude är en jude är en jude*.
[21] Mosse, *The image of man*. Mosse beskriver hur det fascistiska mansidealet konstruerades med juden som *countertype* i sin betydelsefulla studie av maskulinitet, modernitet, fascism, nationalism och antisemitism.

och nationell utopism – eller fanatism – i en tid av återvändsgränder och isärslitningarnas återkomst.[22]

Erfarenheterna från Bund finns även bland de svenskpolska judar jag skriver om. Blomqvists bok ramar in bundisternas historiska erfarenheter som något vi kan vi lära av, det vill säga något som kan utgöra en grund för politisk, etisk och historisk orientering. En ansats som liknar min analys av historiska erfarenheter. Bunds historia i Sverige visar på en tidigare polskjudisk migration med generellt starkare förankring i jiddisch-kulturen än den grupp som jag undersöker. Bund lämnade dock inga djupare spår inom den svenska judenheten. Bundisterna stod den svenska socialdemokratin nära och delade i stort deras visioner om ett modernt, rationellt samhälle, präglat av demokratisk socialism. De var till och med antireligiösa i sin modernism. Blomqvist inkluderar inte östjudefobin i analysen av bundisternas erfarenheter från Sverige. De rasistiska föreställningar som drabbade tidigare östjudiska migrationer var möjligen vanskliga att applicera på bundisterna. Samtidigt kan vi med Lars M Andersson konstatera att en jude alltid betraktades som en jude enligt den hegemoniska antisemitiska diskursen. Att tala jiddisch och att vara en judisk socialist lär rimligtvis aktivera majoritetssamhällets antisemitism men nu på ett annat sätt än den äldre östjudefobin. Blomqvists skildring av Bund lyfter flera betydelsefulla spänningsfält inom den svenskpolskjudiska historien religiöst-sekulärt, doykait-sionism, öst-väst.

Vidare har historikern Izabela Dahl arbetat med källorna från det polska källinstitutet i Lund (PIZ), bland annat i sin avhandling *Ausschluss und Zugehörigkeit* och i en rad artiklar.[23] Även Victoria Van Orden Martinez avhandling från 2024 handlar om PIZ och deras arbete 1945–1946 med att samla vittnesmål om de nazistiska förbrytelserna från både majoritetspolska och polskjudiska överlevanden.[24] För en svenskpolskjudisk historieskrivning fångar detta en unik situation direkt efter andra världskriget och Förintelsen. I likhet med Håkan Blomquists *Socialism på jiddisch* handlar det om polskjudiska flyktingar i Sverige direkt efter kriget, men Martinez van Orden inkluderar även majoritetspolska flyktingar. Hon visar på flyktingarnas betydelse och aktörskap i arbetet för PIZ. Genom sitt arbete med att dokumentera nazisternas förbrytelser

---

[22] Blomqvist, *Socialism på jiddisch*, 225.

[23] Dahl, "From Victim to Survivor of Nazi Persecution : Gendering the Collection of the Polish Research Institute (PIŹ) in Lund"; Dahl, "„…this Is Material Arousing Interest in Common History" : Zygmunt Łakociński and Polish Survivors' Protocols"; Dahl, "Witnessing the Holocaust : Jewish Experiences and the Collection of the Polish Source Institute in Lund"; Dahl, "Collective Memory and National Identity Construction : Polish Survivors' Records in Sweden".

[24] Van Orden Martinez, *Afterlives*.

kunde de bidra till humanitärt arbete och rättsprocesser. Van Orden Martinez anlägger ett transnationellt perspektiv som visar på de polska (både judiska och ickejudiska) flyktingkvinnornas aktörskap, vilket förringats i tidigare forskning. Hon visar att PIZ arbete liknade andra, huvudsakligen judiska, historiska kommissioner under perioden. Martinez van Orden ger nya perspektiv på en avgörande period i den svenskpolskjudiska historien. Hon placerar även denna svenskpolskjudiska flyktingmigration inom den transnationella kontext som utgör själva grunden för en svenskpolskjudisk historieskrivning. Utöver det bidrar hon även till min studie genom att visa på komplexiteten och solidariteten som förekom i de judiska-majoritetspolska relationerna. På detta sätt utmanas gränsdragningen för svenskpolskjudisk historia.

För att sammanfatta historieskrivningen om det svenskpolskjudiska har det handlat om ett antal migrationer och dessa gruppers möte med Sverige och det svenskjudiska. Det har handlat om antisemitism och östjudefobi, integration och vidare-migration, inkludering och exkludering. Det har handlat om krigserfarenheter och Förintelsen. Jag utgår från forskningen om denna svenskpolskjudiska historia när jag ska förstå historiska erfarenheter hos den polskjudiska migration som kom till Sverige på grund av den antisemitiska kampanjen. Det ska tilläggas att det i sammanhanget centrala begreppet östjudefobi kan vara både relevant och missvisande för att förstå de polskjudiska flyktingar som kom till Sverige 1967–1972. Dels var denna grupp östliga i kalla krigets bemärkelse, det vill säga från andra sidan järnridån. Dels uppstod en konflikt i mötet mellan en etablerad västlig svensk judenhet och de anländande östliga polska judarna. De uppfattades dock inte som de förmoderna, traditionellt religiösa östjudar som anlände under 1900-talets början. Snarare var de, som vi ska se, sekulära med en generellt låg kunskap om judiskt liv och judiska traditioner.

Historiska erfarenheter bland de polskjudiska flyktingar som kom till Sverige 1967–1972

Det finns få tidigare studier som specifikt berör den svenskpolskjudiska grupp som står i fokus för min avhandling. Allt som allt rör det sig om fyra doktorsavhandlingar. Under 1980-talet skrev två sociologer om denna grupp som de själva båda tillhörde. Julian Ilicki publicerade *Den föränderliga identiteten* 1988 och Jaff Schatz *The Generation* 1989. På 2010-talet har historikern Izabela Dahl skrivit *Ausschluss und Zugehörigkeit* 2013 och Lukasz Górniok *Swedish Refugee Policymaking in Transaction* 2016. Jag kommer att diskutera dessa fyra avhandlingar i kronologisk publikationsordning för att synliggöra hur de bidragit till förståelsen av den aktuella gruppens historiska erfarenheter och hur föreliggande avhandling relaterar till denna forskning.

Julian Ilickis avhandling Den föränderliga identiteten: om identitetsförändringar hos den yngre generationen polska judar som invandrade till Sverige under åren 1968–1972 är en kvantitativ statistisk enkätstudie. Ilicki avgränsar den yngre generationen till personer födda 1935–1952.[25] Det är samma grupp, i stor utsträckning, som har deltagit i min studie. Ilickis generationsindelning kan framstå som märklig när andra världskriget och Förintelsen utgör den absolut mest betydelsefulla gränsdragningen i en modern polskjudisk historia. Ilicki väljer dock att avgränsa generationen från 1935 med hänvisning till att de var uppväxta i efterkrigstidens Polen även om de var födda något tidigare.[26]

Ilickis studie av gruppens självupplevda identitet har varit av grundläggande betydelse för min förståelse av gruppens historiska erfarenheter. Historiska erfarenheter hänger samman med sätten på vilka individer och grupper orienterar sig i och mellan olika tidsskikt och att genom historien nå en förståelse för vem man själv är och vad man hör samman med. Historiska erfarenheter är således identitetsskapande. Ilicki utgår från ett historiskt perspektiv i sin analys. Han ägnar ett helt kapitel åt att beskriva den polskjudiska historien vilket tyder på att han delar min utgångspunkt att en människas identitet behöver förstås utifrån historiska erfarenheter, att identiteten är ett resultat av historisk orientering. På det sättet läser jag Ilickis avhandling som en studie av historiska erfarenheters orienterande funktioner. Det grundläggande resultatet av studien är att den judiska identiteten generellt stärks i och med migrationen. Den brytpunkt som den antisemitiska kampanjen innebar, fördrivningen från Polen, tvingade fram en identitetsmässig omorientering i riktning mot en stärkt judisk identitet.

Medan Ilicki ägnade sig åt den yngre generationens självupplevda identitet har Jaff Schatz studerat den äldre generationen, de som är födda kring 1910, i sin avhandling *The Generation: The Rise and Fall of the Jewish Communists of Poland*. Schatz har genomfört en sociologisk-historiskt inriktad intervjustudie med flyktingar från både Sverige och Danmark. Han arbetar, liksom jag, med *oral history* och förhåller sig till detta fält i avhandlingens avslutningsdel. Medan Ilicki visar en statistisk bild med många avvikelser presenterar Schatz ett koherent narrativ om en generations livsbana. Han pekar på en del individuella avvikelser, men presenterar i stort en kollektiv livsbana. De föds kring 1910, blir kommunister under mellankrigstiden då många av dem sitter i fängelse och får

---

[25] Ilicki, *Den föränderliga identiteten*, 123.
[26] Ilicki, 123.

sin ideologiska skolning. Vid krigsutbrottet 1939 släpps de ut ur fångenskapen för att ta sig till Sovjetunionen där de överlever Förintelsen. Kring krigsslutet återvänder de till Polen och deltar i upprättandet av Folkrepubliken Polen. De väljer att stanna under flera polskjudiska emigrationer fram till den antisemitiska kampanjen då de slutligen lämnar Polen och hamnar i Sverige eller Danmark. Schatz uttalar en ambition i avhandlingens inledning att behandla denna generation, som hans föräldrar tillhör, med en empatisk förståelse, att inte döma deras agerande utifrån senare erfarenheter. Han rekonstruerar den polska judenheten i mötet med moderniteten på ett sätt som gör deras kommunistiska ställningstagande begripligt.[27]

Schatz relaterar generationens kommunistiska engagemang till en judisk messianism. På samma sätt som tidigare forskning till stor del sett ned på sabbatianismen, den sista stora misslyckade rörelsen kring en aspirerande messias inom judendomen, har mellankrigstidens kommunister dömts efter ett senare misslyckande med att skapa ett jämlikt samhälle, utan antisemitism och annat förtryck.[28] Schatz narrativ blir i stället till en tragedi där goda intentioner kommer på skam. *The Generation* presenterar därigenom en mer komplex etisk historisk orientering.

Schatz avhandling utgör en viktig grund som min analys utgår från. Jag har huvudsakligen talat med denna äldre generations barn, födda åren efter krigsslutet. Jag har utgått från Schatz analys av deras föräldrars liv när jag analyserar barnens erfarenheter. Till skillnad från Schatz försöker jag inte renodla ett lika koherent narrativ utan inkluderar en större mångfald av erfarenheter i min analys. Jag inkluderar även samtliga levande generationer och avgränsar ingen specifik grupp så som Schatz fokuserar på kommunister. Jag läser Schatz avhandling som en studie av historiska erfarenheter på samma sätt som Ilickis. De teoretiserar inte explicit kring begrepp som historiemedvetande, historiekultur, historiska erfarenheter, orientering och mening, men de bidrar avsevärt till min förståelse av denna grupps historiska erfarenheter.

Izabela Dahl har i *Ausschluss und Zugehörigkeit: Polnische jüdische Zwangsmigration in Schweden nach dem Zweite Weltkrieg* utforskat all polskjudisk tvångsmigration till Sverige efter andra världskriget. Det rör sig huvudsakligen om två migrationer: först den i direkt anslutning till kriget 1945–1946 och sedan den som jag studerar, 1968–1972. Dahl genomför en bred studie som kombinerar många olika slags källmaterial och teoretiska ansatser. Hon har studerat pressmaterial från Polska källinstitutets arkiv, myndighetsarkiv och judiska

---

[27] Schatz, *The generation*.
[28] Schatz, 38–43.

församlingars arkiv. Hon har även genomfört oral history-intervjuer. En stor del av Dahls resultat handlar om historiska erfarenheter även om hon inte använder sig av det begreppet. Hon analyserar intersektioner av genus, klass och nationalitet, alltså rör det sig om ett perspektiv som belyser hur olika makt- och identitetsordningar interagerar med varandra.[29] Det hon benämner som narrativ identitetskonstruktion går till stor del att inkludera i min analys av historiska erfarenheters identitetsorienterande funktion och detta kommer att presenteras i de olika empiriska kapitlen. Dahls avhandling syftar till att förstå de polska judarnas situation i Sverige som en specifik sociokulturell migrationskontext. Den mest betydelsefulla skillnaden mellan våra studier är att jag gör en mer avgränsad studie som följer en empirisk och teoretisk ansats med fokus på de historiska erfarenheterna hos denna specifika grupp, alltså smalare och mer avgränsat än Dahl.

En av Dahls delstudier består av intervjuer med samma grupp som jag har arbetar med. Resultaten av dessa konkluderar hon genom att lista fyra kollektiva minnen som frekvent återkommer i intervjuerna. 1. Minnet av polsk antisemitism. 2. Minnet av ett traumatiskt förflutet som inkluderar såväl Förintelsen som fördrivningen från Polen. 3. Minnet av den judiska traditionen, som beskrivs på väldigt olika sätt men som återkommer som betydelsefull. 4. Minnet av polsk kultur.[30] Dessa kollektiva minnen är en betydelsefull utgångspunkt i min analys av den undersökta gruppens historiska erfarenheter.

Att Förintelsen har en grundläggande betydelse för den narrativa identiteten är ett genomgående resultat i Dahls avhandling. Detta är även en grundläggande utgångspunkt i min studie. Dahl använder begreppet trauma för att beskriva de svåra erfarenheter som format de polskjudiska tvångsmigranternas narrativa identitet. Jag har valt att inte använda trauma som ett teoretiskt begrepp utan förhåller mig i stället till hur trauma används i min empiri. Jag analyserar således den funktion begrepp som trauma och det traumatiska har i historiska erfarenheter. Jag betraktar Förintelsen med stöd av Dahl, och även Ilicki och Schatz, som en historisk orienteringspunkt av den mest grundläggande betydelse för de polska judar som kom till Sverige i och med den antisemitiska kampanjen. Detta konstaterande utgör själva grundansatsen i mitt projekt, det vill säga att förstå Förintelsen och den antisemitiska kampanjen som två grundläggande historiska orienteringspunkter i den svenskpolskjudiska historien. Dahl talar om dessa två som brytpunkter, "Bruch"[31], i identitetsprocessen. Här pekar hon ut det grundproblem som jag utvecklar, det vill säga hur

---

[29] Dahl, *Ausschluss und Zugehörigkeit*, 64–67.
[30] Dahl, 360.
[31] Dahl, 361.

olika brytpunkter i denna polskjudiska grupps erfarenhetskronologi utgör grunden i deras historiska orientering.

Izabela Dahl har även publicerat kortare texter om de flyktingar som kom till Sverige i samband med den antisemitiska kampanjen. I antologin *Från sidensjalar till flyktingmottagning: judarna i Sverige – en minoritets historia* har hon skrivit kapitlet "Mottagandet av polska judar i Sverige 1968–1972". Denna text behandlar hur det polska politiska spelet påverkade judarnas situation, hur de svenska myndigheterna reagerade på antisemitismens instrumentalisering och på de svenska myndigheternas omhändertagande av de polska judarna.[32]

Lukasz Górnioks avhandling *Swedish Refugee Policymaking in Transition?: Czechoslovaks and Polish Jews in Sweden, 1968–1972* utforskar svenska myndigheters policy angående flyktingmottagande i relation till Pragvåren och den antisemitiska kampanjen i Polen. Fokus ligger på myndigheternas dokument och perspektiv. *Swedish Refugee Policymaking in Transition?* har varit av stor betydelse för min historiska förförståelse av skeendena kring den antisemitiska kampanjen och migrationen jag studerar. Men eftersom Górniok inte diskuterar flyktingarnas egna perspektiv har han heller inte explicit förhållit sig till deras historiska erfarenheter. Hans kunskapsintresse ligger i att förstå policyförändringen inom svensk flyktingpolitik. Genom analysen av detta ges sekundär kunskap om dessa polska judars historiska erfarenheter.

Polsk forskning om den antisemitiska kampanjen och den relaterade flyktingmigrationen har endast undantagsvis fokuserat på de efterföljande erfarenheterna i Sverige eller hur de bearbetat och utvecklat sina erfarenheter från Polen senare i Sverige. Migrationsforskaren Arnold Kłonczyński har intresserat sig för polsk migration till Sverige, vilket även inkluderar polskjudiska migrationer. Boken *My w Szwecji nie porastamy mchem* [Vi i Sverige samlar ingen mossa] täcker perioden från andra världskrigets slut till 1980. Den syftar till att beskriva den sociala, ekonomiska och politiska karaktären på de polska migranterna i Sverige. Det är först under denna period som en betydande mängd människor börjar emigrera till Sverige. Kłonczyński beskriver deras organisationer, deras inbördes relationer och även deras relation till Polen. Ett kapitel behandlar polska judar i Sverige under perioden. Den så kallade postmars-68-migrationen beskrivs som en välutbildad, intellektuell och kulturell elit. Den exemplifieras av en rad framstående personer från politiken, militären, kulturen etcetera. Angående deras liv i Sverige fokuserar Kłonczyński en hel del på friktionen mellan de etablerade svenskjudiska institutionerna och de polska

---

[32] Dahl, "Mottagandet av polska judar i Sverige 1968–1972". Dahl har även handlett Peter M. Fingers C-uppsats i historia från 2017 som är en oral history-studie baserad på 5 intervjuer med polska judar som kom till Sverige 1968–1972. Fingers syfte är att beskriva hur de intervjuade upplevde tvångsmigrationen.

judarna. Även den låga graden av kontakt med polska invandrarföreningar kommenteras. En del av de aspekter Kłonczyński nämner behandlar jag i de empiriska kapitlen.[33]

Studierna av Ilicki, Schatz, Dahl, Gorniok och Kłonczyński utgör viktiga utgångspunkter för den här avhandlingen. Ingen av studierna har emellertid ett uttalat fokus på att förstå historiska erfarenheter och deras orienterande funktioner. Ett konventionellt sätt att betrakta historievetenskaplig relevans handlar om att identifiera och fylla forskningsluckor. Jag vill hellre vända på liknelsen och säga att jag öppnar en lucka och tittar ut genom den. Utifrån min teoretiska och metodologiska infallsvinkel – en hermeneutiskt grundad oral history – hoppas jag med avhandlingen att nå en fördjupad och mångdimensionell förståelse för några av den europeiska modernitetens mest centrala historiska erfarenheter.

Teoretiska och metodologiska utgångspunkter

En hermeneutisk kunskapssyn

Avhandlingens kunskapsteoretiska och metodologiska inramning kan alltså beskrivas som en hermeneutiskt grundad oral history. Jag börjar med att beskriva den övergripande hermeneutiska kunskapssynen för att sedan närma mig den forskande praktiken, från det abstrakta till det konkreta. På en konkret nivå är de bärande teoretiska begreppen huvudsakligen hämtade från den tyske historiefilosofen och historiedidaktiska tänkaren Jörn Rüsen. Rüsen tillhandahåller en begreppsapparat som möjliggör en analys av historiska erfarenheters orienterande funktion.

Det finns ett tydligt *jag* i denna teoriformulering. Detta har sin grund i hermeneutikens postulat att all kunskapsproduktion sker med utgångspunkt i den egna förförståelsen. Jag har otaliga gånger svarat på frågor när jag berättat om mitt projekt. Hur blev du intresserad av det här? Är du judisk? Är du polsk? Har du någon familjekoppling? Är du kanske gift med någon som är judisk eller polsk? De är frågor av grundläggande betydelse för att förstå min relation till ämnet.

Min hermeneutiska utgångspunkt ska dock inte förstås som att jag är ensidigt kritisk mot andra historievetenskapliga ansatser. Det finns förtjänster med att välja motsatta perspektiv och teoretiska ansatser. Teoretisk och epistemologisk mångfald berikar, som jag ser det, historieämnet och möjliggör större syntesbyggen. I det svenskpolskjudiska forskningsfält jag utgår från finns en rad

---

[33] Kłonczyński, *My w Szwecji nie porastamy mchem.*

olika teoretiska ansatser. Mitt val att arbeta hermeneutiskt svarar mot avhandlingens syfte och de krav som ställs på en ingående studie av hur historiska erfarenheter kommuniceras i olika sammanhang, inte minst i samtal med gruppen i fråga.

Genom en hermeneutisk oral history sätts fokus på uttolkandet av historisk mening mellan människor i dialog, en intersubjektiv kunskapsväg. Ett centralt inslag i oral history generellt är det gemensamt uttolkande samtalet.[34] Det kan vara etiskt problematiskt att göra exempelvis en distanserad diskursanalys av människors berättelser och formulera en bakomliggande logik i deras utsagor som de själva i värsta fall inte känner igen sig i. Det riskerar att forskaren framträder som en intresserad och välvillig dialogpartner i intervjusituationen medan hen sedan bryter det förtroendet i den fortsatta analysprocessen. Min ambition är att analysera erfarenheterna tillsammans med de jag intervjuar. Det finns en arbetsallians mellan mig som muntlig historiker och de som deltar genom hela forskningsprocessen.

Jag betraktar hermeneutiken som en epistemologisk grundposition, ett grundläggande sätt att tänka kring vetenskap med fokus på tolkning och förståelse. Hermeneutik kan beskrivas som en epistemologisk tradition som söker humanvetenskaplig kunskap genom att uttolka mening. Annorlunda uttryckt kan hermeneutik förstås som en teori om tolkning och mening.[35] Etymologiskt kommer ordet hermeneutik från guden Hermes, budbäraren mellan gudar och människor. För att förstå gudarnas budskap krävdes Hermes hjälp. På så sätt förknippades Hermes med uttolkning. Hermeneutik har länge använts som ett kristet teologiskt begrepp i betydelsen biblisk tolkningslära, ett ursprung inom teologi som sedan breddats till en allmän kunskapsfilosofi. Den moderna filosofiska hermeneutikens historia inleds ofta med teologen Friedrich Schleiermacher (1768–1834). Han försökte förena upplysningens tankar med den kristna teologin inom ramen för en tyskromantisk filosofisk tradition. Hermeneutiken gick från att vara en bibeltolkningslära till en allmän tolkningslära om hur vi förstår text. Detta har sedan varit utgångspunkten inom den hermeneutiska traditionen från Schleiermacher till Friedrich Ast, Wilhelm Dilthey, Martin Heidegger, Hans–Georg Gadamer, Paul Ricoeur och, inom historiefilosofin, Reinhart Koselleck.

Den hermeneutiska tanketraditionen har under modern tid utvecklats tillsammans med den fenomenologiska traditionen. Många tänkare som till exempel Husserl, Heidegger eller Gadamer förknippas både med hermeneutik

---

[34] Se till exempel Abrams, *Oral History Theory*, 9–11.
[35] För en allmän introduktion till hermeneutiken se Ödman, *Tolkning, förståelse, vetande*.

och fenomenologi. När litteraturvetaren Hanna Meretoja i *Historiens hemvist* behandlar "Historia, erfarenhet och narrativ tolkning" skriver hon om en fenomenologisk–hermeneutisk tanketradition som utgår från den mänskliga existensen som tolkande i motsats till den syn på narrativisering som bland annat Hayden White representerar.

> Den fenomenologisk–hermeneutiska tanketraditionen baseras på en väsentligt annorlunda idé om den historiska verkligheten. Den betonar att den mänskliga tillvaron i grunden är tolkande, det vill säga att det är verkligheten som konstitueras genom de sätt på vilka vi tolkar våra erfarenheter och det som händer omkring oss.[36]

Vi ska återkomma till Meretojas distinktion av den fenomenologisk-hermeneutiska synen på tolkning och narrativ. För stunden nöjer vi oss med att konstatera att hermeneutik och fenomenologi går hand i hand i att uppfatta den mänsklig tillvaron som tolkande. Fenomenen är det som framträder i vår livsvärld inför vår tolkande perception och hermeneutiken är den tolkande process varigenom vi försöker förstå fenomenen.

Det verk som tydligast representerar den mer samtida hermeneutiska traditionen är Gadamers *Wahrheit und Methode*, vilken även jag utgår från i min definition av hermeneutiken. Den svenska översättningen av boken, *Sanning och metod*, innehåller bara delar av originalet. Därför kommer den reviderade engelska översättning från 1989, *Truth and Method*, att användas i citat och hänvisningar. Jag bjuder den svenskspråkiga läsekretsen på engelska översättningar i stället för den tyska originaltexten på grund av läsvänligheten. Det kan tyckas att Gadamers titel borde ge en manual för att söka sanning genom vetenskaplig metod, men tvärtemot ställer han sanning och metod mot varandra. Boken skulle likaväl kunnat ha titeln *Sanning eller metod*. I förordet skriver han:

> The hermeneutics developed here is not, therefor, a methodology of the human sciences, but an attempt to understand what the human sciences truly are, beyond the methodological self–consciousness, and what connects them with the totality of our experience of the world.[37]

Gadamers projekt är alltså betydligt mer anspråksfullt än att bara bidra med en metodologi. Frågan om sanning överstiger frågan om metod. Det innebär inte att metodformulering och metodanvändning är något hinder i sig i sökandet

---

[36] Meretoja, "Historia, erfarenhet och narrativ tolkning", 259.
[37] Gadamer, *Truth and Method*, xxiii.

efter sanning. Snarare handlar det om att vi inte kan lösa frågan om sanningen genom en strikt metod.[38] Jag arbetar i denna anda genom att ständigt fokusera på sökandet efter historiska erfarenheter utan att helt och hållet underordna mig en strikt metodologi. Till exempel har intervjuerna varit inriktade på att fördjupa analysen och förståelsen av de erfarenheter som är viktigast för de intervjuade. De har alltså inte följt ett förutbestämt frågeformulär.

I allmänhet fokuserar Gadamer på att redogöra för förståelse av texter, men han behandlar även förståelsen av konst. I sin beskrivning av förståelse använder han liknelser om samtal och dialog, att gå i dialog med text eller konst etcetera. Det muntliga samtalet framträder därigenom som den mest grundläggande formen för att söka kunskap. I boken går Gadamer igenom den hermeneutiska traditionen och placerar sig själv i det främsta ledet, efter Heidegger. Gadamer positionerar sig, typiskt hermeneutiskt, starkt emot att humaniora skulle positivistiskt söka en objektivt sann kunskap med naturvetenskapen som förebild. Samtidigt förhåller han sig också kritisk till den tidigare romantiska hermeneutiken som föreställde sig möjligheten att nå en ren förståelse av intentionen bakom en text.

Gadamers hermeneutik är genomgående historiserande, vilket gör den användbar i historisk forskning. Särskilt vill jag argumentera för dess användbarhet inom oral history. När en text skall förstås står två förståelsehorisonter mot varandra. Dessa båda horisonter är präglade av ett verkningshistoriskt medvetande, *wirkungsgeschichtliches Bewusstsein*, på engelska översatt till *historically-effected consciousness*. Vår förståelse har sin egen tolkningshistoria samt att en händelses verkningar påverkar vår förståelse. Gadamer talar om en dialog mellan förståelsehorisonter. Denna tänkta dialog mellan en läsare och författare förvandlas inom oral history till en verklig dialog mellan två människor. En helt ny möjlighet uppstår när vi inte bara kan tolka en historisk redogörelse som en passiv text, utan även kan testa våra tolkningar gentemot den som givit redogörelsen. Vi kan då bli medvetna om gränserna för vår egen förståelsehorisont och även få den utmanad genom att våra dialogpartners kan gå emot vår tolkning eller vidareutveckla den i en annan riktning. Samtidigt är det av avgörande betydelse att förstå den gemensamma förståelsehorisont vi har idag, i den stund dialogen äger rum. Vilka verkningshistoriska förutsättningar i vår samtida historiska horisont blir bestämmande för vår formulering av historiska erfarenheter?

---

[38] För en kritisk analys av metod hos Gadamer som en uppgörelse med Descartes se Dalissier, "Gadamer, Descartes, and the Problem of Method". En vulgärtolkning av Gadamer kan vara att han är emot vetenskaplig metodformulering och tillämpning. Det är något helt annat än att understryka hur frågan om sanning överskrider frågan om metod.

Gadamer närmar sig alltså texttolkning som en dialog i form av två olika horisonter som närmar sig varandra. Denna tänkta dialog förvandlas till en reell dialog mellan två människor genom hermeneutisk oral history. Det dialogiska är i detta fall en ömsesidig relation; båda parter i dialogen deltar som frågande och svarande; båda är närvarande som tänkande och talande varelser. Att understryka det dialogiska i oral history inbegriper en avgränsning gentemot att betrakta den intervjuade som ett vittne och forskaren som den passiva mottagaren av vittnesmålet.[39] I stället betraktas båda parter som aktiva i intervjusituationen. Den historiska redogörelsen, narrativet om man så vill, finns inte fixerat i den intervjuades huvud utan modelleras fram i dialogen. Min formulering av en hermeneutisk oral history utgår från förståelsen av det mellanmänskliga mötet som en dialog kring historiska erfarenheter. Gadamer skriver följande om dialogens grundläggande förutsättningar.

> Every conversation presupposes a common language, or better, creates a common language. Something is placed in the center, as the Greeks say, which the partners in dialogue both share, and concerning which they can exchange ideas with one another. Hence reaching an understanding in the subject matter of a conversation necessarily means that a common language must first be worked out in the conversation. This is not an external matter of simply adjusting our tools; nor is it even right to say that the partners adapt themselves to one another but, rather, in a successful conversation they both come under the influence of the truth of the object and are thus bound to one another in a new community. To reach an understanding in a dialogue is not merely a matter of putting one self forward and successfully asserting one´s own point of view, but being transformed into a communion in which we do not remain what we were.[40]

Hermeneutiken förknippas ofta med den hermeneutiska cirkeln, en pedagogisk visualisering av tolkningsprocessens rörelse mellan del och helhet. Hela min forskningsprocess är strukturerad som en hermeneutisk spiral som söker allt djupare förståelse för den svenskpolskjudiska gruppens historiska erfarenheter. Samtidigt som jag har rört mig mellan specifika erfarenheter bildar de tillsammans en helhetsbild. Helhetsbilden kan sedan utmanas av nya erfarenheter samt av att min analys nyanseras och utvecklas i dialog med människorna jag forskar om och med.

---

[39] Greenspans bok *On Listening to Holocaust Survivors* finns i en andra utgåva med ett reflekterande tilläggskapitel *Beyond Testimony*. Detta summerar Greenspans arbete med Förintelseöverlevande. Greenspan, *On Listening to Holocaust Survivors*.

[40] Gadamer, *Truth and Method*, 378f.

En kärnfull definition av hermeneutiken som för samman flera auktoritativa namn ges av filosofen Marcia Sá Cavalcante Schuback i inledningen av texten *Hermeneutikens exil*. Hon pekar ut erfarenheten av mening som hermeneutikens kärna.

> Hermeneutiken är "konsten att förstå den andras diskurs rätt", med Schleiermachers berömda definition. En rätt förståelse är den "som förstår författaren bättre än författaren själv", enligt Dilthey efter en formel präglad av Kant. Heidegger formulerade om denna hermeneutiska maxim och hävdade att det egentligen handlar om att förstå författaren "annorlunda" än författaren själv. "Rätt", "bättre" eller "annorlunda", dessa tre kanoniska bestämningar, understryker att kärnan i hermeneutiken är konsten att tolka och förstå. Inte att tolka och förstå saker och ting utan att tolka och förstå mening. Därmed skakas en sedan länge härskande sanning om sanningen. Till skillnad från en meningsteori framställer hermeneutiken en förståelsens erfarenhet i vilken meningen ger sig tillkänna ur erfarenheten. Vid en förståelseakt får meningen en mening och i denna bemärkelse kan hermeneutiken beskrivas som ett sökande efter att ge mening åt meningen.[41]

Det är denna förståelseakt, när meningen får en mening, som står i fokus för den hermeneutiskt inriktade oral history som jag bedriver. Målet är inte att likt en hermeneutisk filosof teoretisera kring förståelseprocessen utan i stället handlar en hermeneutisk oral history om att försöka förstå meningen i de historiska erfarenheterna. Kunskapsintresset är i första hand empiriskt. Att ge mening åt meningen är att försöka förstå vad någon annan uttrycker och sedan svara genom att formulera vidare mening, en dialog av meningsformulerande.

Det dialogiska är i denna form av hermeneutisk oral history inte enbart en fråga om kunskapsteoretiskt perspektiv eller historiesyn, det är ett grundläggande mänskligt förhållningssätt till de jag bedriver dialoger med för att förstå deras historiska erfarenheter. I en uppmärksammad debatt mellan Gadamer och Jacques Derrida ställdes sådana frågor på sin spets. Gadamers hermeneutiska ståndpunkt var att samtal och dialog handlar om att söka en förståelse av något medan Derrida hävdade att det i grunden handlade om en maktkamp mellan parterna. Jag vill inte förneka att det finns många maktaspekter att ta hänsyn till i ett samtal men jag väljer att förstå samtal på Gadamers sätt.

---

[41] Sá Cavalcante Schuback, "Hermeneutikens exil", 195.

Historiska erfarenheter och historiekultur; orientering, minne och mening

För att definiera vad historiska erfarenheter är har jag hämtat inspiration från Jörn Rüsens historiefilosofiska reflektioner. Det finns ingen ambition att i sin helhet presentera Rüsens omfattande systematisering av fenomenet historia. Jag har i stället hämtat användbara begrepp som bidrar till mitt specifika syfte att ringa in vad som studeras genom en hermeneutisk oral history.

Avhandlingens teoretiska och metodologiska utgångspunkter är alltså centrerade kring begreppet *historisk erfarenhet* i relation till begreppen *orientering, mening, minne* och *historiekultur*. Mycket förenklat uttryckt hänger dessa centrala begrepp samman på följande sätt:

Historiska erfarenheter består av ett minne med tillhörande mening. Minnets mening är orienterande. Minne bör här förstås i bred bemärkelse som antingen ett individuellt eller ett kollektivt/kulturellt minne. Alla historiska erfarenheter är påverkade av den historiekultur eller de historiekulturer de ingår i.[42]

Historiska erfarenheter

I mötet med de människor som min forskning handlar om har fokuset på historiska erfarenheter varit en fruktbar ingång. Att fråga efter deltagarnas erfarenheter gör att samtalet både handlar om vad som hände och hur personen i fråga förstår vad hen varit med om, ett minne med tillhörande mening. En erfarenhet är inte en kvarleva eller ett fast tidsdokument från det förflutna. Det vi har erfarit bär vi med oss som erfarenhet genom tolkning, vi formulerar och omformulerar någon form av mening med det inträffade. I en av dialogerna fick jag följande svar när jag frågade om vilka erfarenheter de bär med sig: "Det är en svår fråga för att jag tycker synen på vad man bär med sig ändras med tiden."[43] Svaret fångar något centralt i hur historiska erfarenheter fungerar; det man bär med sig förändras.

De historiska erfarenheter jag studerar är kommunicerade till mig, antingen genom text eller muntlig dialog. I båda fallen handlar det, på samma sätt som i all kommunicering av erfarenhet, om en narrativisering. I Rüsens historiefilosofiska system har narrativiseringen av erfarenheter en central betydelse.[44] Det är som narrativ en historisk erfarenhet blir till. Förnarrativa eller icke-narrativa historiska erfarenheter finns per definition inte enligt detta synsätt.

---

[42] Se följande om kombinationen av historiemedvetande, historiekultur och historiska erfarenheter i Rüsens tänkande. Rüsen, "How to Make Sense of the Past – Salient Issues of Metahistory".

[43] Intervju Aleksander Ratz, Tola Ratz, Wanda Sikorska, Joanna Rose, Artur Halmin, och Bronisław. 00:49:46-00:49:54.

[44] Se till exempel Rüsen, *History*, 9–57.

På senare år har erfarenhetshistoria, history of experience, etablerats som ett eget forskningsfält. Ett exempel på detta är serien *Palgrave Studies in the History of Experience* med de finska historikerna Pirjo Markkola, Raisa Maria Toivo och Ville Kivimäki som redaktörer. Publikationsseriens olika teman sträcker sig globalt och temporalt över vitt skilda ämnen, men det handlar genomgående om erfarenheter som historiskt betingade fenomen. De talar ofta om erfarenhetshistoria och känslohistoria som nära besläktade. I presentationen av serien avgränsar de sig mot studier av autentiska eller essentialistiska erfarenheter. De betonar att de inte försöker komma nära någon slags objektiv verklighet, det som verkligen hände människorna vid en given tidpunkt.[45] Mitt kunskapsintresse står nära denna forskning, samtidigt som jag vänder mig mot dikotomin mellan något autentiskt och något historiskt betingat i betydelsen socialt konstruerad. På samma vis som i diskussionen av hermeneutisk-fenomenologisk narrativ tolkning ovan vill jag hänvisa till Hanna Meretojas påpekande om att även den direkta erfarenheten är en tolkningsakt.[46] Det finns ingen essentiell eller autentisk erfarenhet före tolkningen. Därför uppfattar jag dikotomin som meningslös. Historiska erfarenheter kommuniceras på olika sätt beroende på situation och tolkningssammanhang.

Inom detta fält har Sari Katajala-Peltomaa och Raisa Maria Toivo definierat tre nivåer av erfarenhet. För det första betraktar de erfarenhet som en del av den sociala verkligheten, vad som verkligen händer i stunden, att erfara något direkt. För det andra är erfarenhet den process som ger mening till det inträffade. Att förstå det man erfor. För det tredje är det en analytisk kategori för att analysera det två första nivåerna, att betrakta erfarenheten utifrån.[47] När jag formulerar mina resultat som historiska erfarenheter rör jag mig alltså på den tredje nivån. De två första nivåerna är teoretiskt möjliga att skilja åt men jag vill återigen påpeka att tolkning sker även i det direkta erfarandet. Att utforska historiska erfarenheter genom oral history skapar ytterligare en dimension genom den dialogiska situation där erfarenheter förmedlas.

Vi behöver även göra en distinktion mellan en människas självupplevda erfarenheter och de erfarenheter som traderats från ens föräldrar eller som på något annat sätt har vidareförts från tidigare generationer. Gränsen mellan ens egna och föräldrarnas erfarenheter kan emellertid lösas upp av alla de direkta verkningar som kommer av föräldrarnas erfarenheter. Det finns många skildringar från den så kallade andra generationens Förintelseöver-

---

[45] För förlagets presentation av serien se: ”Palgrave Studies in the History of Experience”.
[46] Meretoja, ”Historia, erfarenhet och narrativ tolkning”.
[47] Katajala–Peltomaa och Toivo, *Lived Religion and Gender in Late Medieval and Early Modern Europe*, 11–14.

levanden som vittnar om hur de växte upp med folkmordet som en ständigt närvarande erfarenhet, ett tämligen konkret fenomen som påverkat deras liv i hög grad.[48] Därutöver var även deras konkreta livsmiljö till stor del ett resultat av kriget. Det finns alltså anledningar att ibland ifrågasätta en alltför skarp gräns mellan självupplevde och icke självupplevda historiska erfarenheter som en individ bär på.[49]

I detta arbete studeras historiska erfarenheter. Med "historiska" menar jag i linje med Rüsen erfarenheter från det förflutna som blir historiskt orienterande. Det behöver inte vara av slaget att de härrör från någon distinkt historisk händelse, till exempel demonstrationerna i Warszawa i mars 1968. Det kan lika gärna vara ett minne från en semester i Tatrabergen som gjorde ett starkt intryck under en av livets brytpunkter. Det privata är historiskt, och jag har en ambition att bidra med en bredd av historiska erfarenheter till historievetenskapen, specifikt sådana privata erfarenheter som ofta förbises.

Orientering, minne och mening

När jag studerar historiska erfarenheter studerar jag alltså meningsfulla minnen. Meningen är orienterande för minnena. Om vi föreställer oss orientering som att förstå var på kartan vi är handlar historisk orientering om att förstå positioner på en multidimensionell karta. Den historiska meningen orienterar oss rent kausalt, etiskt, estetiskt och identitetsmässigt. Hur förhåller sig då denna mening som studeras till en objektiv historisk verklighet, det som egentligen hände? Det är en sak att komma åt meningen bakom vad någon uttryckt, till exempel i tal eller text, det vill säga det bakomliggande budskapet från upphovspersonen; men det är en helt annan sak att fastställa vad en historisk händelse hade för mening, dess betydelse för den fortsatta historien eller hur händelsen bör förstås som ett historiskt fenomen. Rüsen introducerar sin förståelse av historisk mening på följande vis:

> Mening består av tre komponenter: förklaring av reella tidsförlopp som utmynnar i de nuvarande omständigheterna och betingelserna för livspraxisen; normativt riktade framtidsperspektiv som motiverar och inspirerar mänskligt handlande; och som subjektens konsistenta förhållande till sig själva inom den tidsdimension av deras liv som är förutsättningen för deras handlingsförmåga.

---

[48] Se till exempel Epstein, *Children of the Holocaust.*

[49] Dessa frågor om kollektivt, kommunikativt och kulturellt minne är det centrala inom det omfattande fältet memory studies. För en introduktion se: Olick, Vinitzky-Seroussi, och Levy, *The collective memory reader.*

> Den historiska meningen tolkar tiden i empiriskt och normativt hänseende och relaterar samtidigt denna tolkning till subjektens självförståelse.[50]

Alltså handlar historisk mening om det förflutna som en resurs för att förstå samtiden, framtiden, vem man själv är och hur man bör handla, allt med utgångspunkt i det förflutna. Processen det innebär att analysera meningen i det förflutna och därigenom förstå vem man själv är bör enligt detta synsätt inte beskrivas som något påhittat. Det är snarare något som växer fram i dialog med fenomen i en gemensam livsvärld och med andra människor som försöker förstå detta på olika sätt. Dessa fenomen är givna individen snarare än konstruerade av densamme. När en människa ställer sig frågan: *Hur ska jag förstå mitt liv och den historiska utveckling som mitt liv är en del av?* är svaret inte, som jag uppfattar det, en fri skapelse av oss själva. Vi kan inte fritt fabulera våra historiska narrativ efter tycke och smak om vi vill passera som trovärdiga och rationella. Det finns allt för många omständigheter utanför vår egen kontroll att förhålla oss till. De är från början givna när vi försöker förstå det förflutna även om vår perception av dem är rakt igenom subjektiv. Den intersubjektiva och kreativa växelverkan i formulerandet av historiska erfarenheter kan bäst beskrivas som dialogisk.

Meningslösa minnen lägger vi ingen möda på. I den direkta tolkningen av vår omvärld, perceptionen, sorterar vi bort det meningslösa. Förintelsen var på många sätt obegriplig och i det avseendet meningslös, men samtidigt är de flesta som är insatta i dess bakgrund och händelseförlopp eniga om att det är meningsfullt att försöka förstå Förintelsen. Att erfara något som får en att inse tillvarons yttersta meningslöshet är något ytterst meningsfullt då det leder till en sådan insikt. Erfarenhetens mening är inte fixerad, utan minnet tolkas ständigt vidare när vi konfronteras med ny kunskap och nya erfarenheter. Meningsskapandet kring minnen är en subjektiv process, men den är fokuserad mot det förflutna, den onåbara historien-i-sig.

Studiet av minne, *memory studies*, är ett snabbt växande fält inom humaniora och samhällsvetenskaperna. Inom detta fält har intresset utgått från det kollektiva-, kulturella- eller sociala minnet snarare än individuella minnen. Det finns en rad redogörelser för detta fälts framväxt från klassiska texter av Maurice Halbwachs, Pierre Nora, Aleida och Jan Assmann, till Astrid Erll, Marianne Hirsch, Michael Rothberg med flera.[51] Jag vill undvika att lägga för mycket utrymme på att sammanfatta utvecklingen inom detta fält för att i stället försöka

---

[50] Rüsen, *Berättande och förnuft*, 9.

[51] Se till exempel introduktionen i The Collective Memory Reader för en överblick. Olick, Vinitzky-Seroussi, och Levy, *The collective memory reader*, 3–62.

positionera mitt sätt att bedriva memory studies. Jag återkommer till memory studies i avsnittet nedan om oral history, där jag argumenterar för ett närmare samarbete mellan de två fälten.

Det finns dock olika sätt att tala om mening inom historisk forskning, vilket leder till behovet av att avgränsa begreppet. Ett exempel på en svensk oral history-studie som förhåller sig till mening på ett sätt som skiljer sig från mitt är Robert Nilsson Mohammadis *Den stora gruvstrejken i Malmfälten*. Han gör en genomgång av de oral history-studier som bedrivits i Sverige och de olika angreppssätt som tillämpats. Nilsson Mohammadi positionerar sig själv inom den inriktning av oral history som intresserar sig för historiska aktörers meningsskapande.

> Jag ansluter till den inriktning av fältet som hävdar att muntlig historia bäst bidrar till historieskrivning genom att lyfta fram och undersöka historiska aktörers meningsskapande. I denna inriktning uppfattas muntliga källor inte enbart som bidrag till lösningen på historiska problem, utan som historiska problem i sig – vars lösningar i sin tur bidrar till insikter i kontexter och processer.[52]

Detta slags meningsskapande är något annat än den mening som Rüsen talar om som grundläggande för historiska erfarenheter. Eller snarare, att studera meningsskapande är ett annat perspektiv än att dialogiskt utforska meningen tillsammans. Om Nilsson Mohammadis metod, förenklat uttryckt, innebär att han ställer sig bredvid och tittar på någon som försöker skapa mening i sin relation till det förflutna befinner jag mig mitt i den meningsskapande processen. Jag vill understryka att alla historiker ägnar sig åt meningsskapande. Även de historiker som försöker att beskriva vad som egentligen hände, på det mest positivistiskt tänkbara sätt, kommer att söka efter det meningsfulla i det förflutna.

Vidare sammanbinder Nilsson Mohammadi begreppet berättelse med meningsskapande när han utgår från att berättelser "blir till i ett komplex av nutida och historiska relationer, varav den mellan intervjuad och intervjuare är den mest närvarande".[53] I intervjusituationen befinner han sig alltså mitt i meningsskapandet medan han sedan analyserar meningsskapandet under vetenskapens lupp frikopplad från det dialogiska meningsskapandet i intervjusituationen. Själv höjer jag mig aldrig till denna nivå över meningsskapandet, utan befinner mig mitt i det historiska meningsskapandet genom hela forsk-

---

[52] Nilsson Mohammadi, *Den stora gruvstrejken i Malmfälten: en muntlig historia*, 37.
[53] Nilsson Mohammadi, 37.

ningsprocessen. Alltså, jag söker historisk mening tillsammans med de jag forskar om och med. Slutsatser jag formulerar är ett försök att utveckla analysen som framkommit i dialogerna.

Historiemedvetande och historiekultur

För Rüsen är historiemedvetande det grundläggande begreppet i hans beskrivning av vad historia är. Han skriver:

> The mental process of historical consciousness can be shortly described as making sense of the experience of time by interpreting the past in order to understand the present and to expect the future.[54]

Historiemedvetandets funktion är att svara upp mot det grundläggande mänskliga behovet av att orientera sig temporalt, det vill säga att reflektera över det förflutnas betydelse för samtiden och framtiden. Framtidsdimensionen innebär att historiemedvetandet är en grundläggande faktor för mänskligt handlande, vi förstår vilka vi är, vilka vi hör samman med och vart vi är på väg genom medvetenhet om det förgångna. Rüsen talar om denna aktivitet som orientering, att förstå var vi är i bred bemärkelse. När historisk orientering kommuniceras språkligt, det vill säga när historiemedvetandet konkretiseras i kommunikativa handlingar, sker det i en narrativ form. Det enda sättet att kommunicera historia på är genom narrativ, enligt Rüsen.[55]

Då historiemedvetandet är något som sker i just medvetandet kan vi enbart ana det genom olika observerbara gestaltningar. Till exempel genom de biografier, levnadsberättelser och dialoger som studeras här. Min analys av specifika historiska erfarenheter handlar om att förstå hur människor orienterar sig temporalt: det är alltså en studie av historiemedvetandets uttrycksformer. Trots det används begreppet historiemedvetande tämligen sällan i avhandlingstexten då begreppet historiska erfarenheter befinner sig på en empiriskt konkretare nivå.

När jag beskriver de större meningssammanhang som de studerade historiska erfarenheterna ingår i använder jag historiekultur som det centrala begreppet.

Rüsen beskriver historiekultur på följande sätt:

> The interpretive work of historical consciousness and its product, the cognitive structure called 'history' is concretely manifested in a society's historical culture. Historical culture is multidimensional, like every other culture. It has religious,

---

[54] Rüsen, "How to Make Sense of the Past – Salient Issues of Metahistory", 175.
[55] Detta är en bärande tanke genom följande bok: Rüsen, *History*.

> moral, pedagogical, political, and rhetorical expressions; its cognitive substance
> is always the knowledge of 'wie es eigentlich gewesen' (how it really was).[56]

Historiemedvetande tar sig uttryck och formas av historiekultur. Sedan fortsätter han med att definiera tre grundläggande dimensioner av historiekulturen: en politisk, en estetisk och en kognitiv. Den politiska dimensionen kan handla om att legitimera politiska system eller att utmana den politiska ordningen genom olika bruk av historia. Det politiska hänger även samman med historiekulturens identitetsskapande funktioner genom historier om vi-och-dem. Den estetiska dimensionen bidrar med ett känslomässigt engagemang i historiekulturen. Det kan handla om att gestalta historiska skeenden i offentliga åminnelser, högtider och ritualer eller i konstnärliga gestaltningar som romaner, spelfilmer, bildkonst eller spel. Den kognitiva dimensionen handlar om kunskapen om förflutna händelsers betydelse för samtiden. Historiekulturen ägnar sig åt det som uppfattas som relevant för att förklara samtiden.[57]

Rüsens beskrivning av historiekultur pekar på att våra historiska erfarenheter inte flyter fritt utan att de förhåller sig till vissa kulturella föreställningar och gemenskaper som traderar historiska erfarenheter tillsammans enligt olika kulturellt etablerade föreställningar. Historiekultur kan ses som ett kulturellt ramverk att relatera enskilda erfarenheter till. Ett samhälle kan vid en viss tidpunkt bestå av flera historiekulturer. Det går tillexempel att tala om en svenskpolskjudisk historiekultur som skiljer sig både från den svenska historiekulturen i stort och även den svenskjudiska historiekulturen. Allt detta är del av en västerländsk historiekultur. Jag kan även tala om historiekulturen kring en specifik händelse eller epok. Historiekultur befinner sig i ständig förändring precis som kultur i stort. I historiekulturen traderas historiska erfarenheter, både sådant som idag levande människor har upplevt och tidigare erfarenheter som förmedlats vidare. Jag använder både historiekultur i obestämd form för att prata om fenomenet och historiekulturen i bestämd form för att tala om en specifik historiekultur som råder vid en given tid och plats.

Studiens empiriska fokus ligger alltså på historiska erfarenheter. Dessa erfarenheter kommuniceras och formas i ett historiekulturellt sammanhang. Både på en individuell och kollektiv nivå går det att tala om historiemedvetande, en person ingår i större gemenskaper och delar erfarenheter med andra inom dessa gemenskaper i en blandning av gemensam och individuell historisk orientering. Historiemedvetandet för både individer och kollektiv är dynamiskt och flytande. Det finns heller ingen fullständig avgränsning mellan olika

---

[56] Rüsen "How to make sense of the past – salient issues of Metahistory", 179.
[57] Rüsen, 179f.

kollektiv och en individ kan ingå i olika slags minnesgemenskaper; allt flyter helt enkelt. Historiemedvetandets flytande karaktär är inte ett tecken på total godtycklighet eller betydelsefattigdom. Tvärtom, är historiemedvetandet dynamiskt för att vi ständigt processar det, individuellt som kollektivt.

Historiemedvetande finns både hos akademiskt skolade historiker och alla andra tänkande människor. Jag ser ingen essentiell skillnad i historiemedvetandet hos mina dialogpartners och mitt eget. Vi har båda egna erfarenheter och har båda tagit del av historiekulturer baserat på andras erfarenheter. Flera av deltagarna i projektet har ett stort historieintresse med imponerande kunskaper. Vi brottas med olika frågeställningar kring hur vi ska förstå det förflutna och försöker att orientera oss utifrån det. Givetvis har vi olika roller i detta sammanhang och den akademiska historieskrivning som jag företräder har till uppdrag att utforska det förflutna enligt vissa historievetenskapliga ideal. Historikern Martin Wiklund uttrycker det på följande sätt när han introducerar Rüsens tänkande:

> Vi läser oss själva och vår situation och orienterar vårt handlande inför framtiden genom sådana berättelser. Begreppet historiemedvetande fångar just detta fenomen: att förstå sin situation i relation till ett förflutet och en framtid och är således något allmänmänskligt och mera grundläggande än historievetenskap. Historievetenskap är en särskild form av historiemedvetande som utmärks av sitt anspråk på rationalitet och sin metodiska och systematiska karaktär.[58]

I enighet med Wiklunds och Rüsens synsätt syftar detta projekt till att utforska subjektiva erfarenheter på ett rationellt, metodiskt och systematiskt sätt. Denna rationella och metodiska ambition balanseras mot risken att genom en strikt metodexercis skapa en illusion av rationalitet som begränsar den dialogiska tolkningen av historiska erfarenheter.

Narrativ

Narrativ, eller berättelser om man så vill, är ett sätt att kommunicera mening. Ett narrativ behöver inte vara historiskt, men här är vi huvudsakligen intresserade av historiska narrativ. Det vill säga narrativ som behandlar det förflutna och kommunicerar historisk mening. Genom historiska narrativ förstår vi oss själva, vår omvärld och den historiska förändring som vi är en del av. Historiska narrativ är uppbyggda av olika tidsskikt som sammanställs och struktureras i en viss ordning och som därmed kommunicerar en mening.

---

[58] Martin Wiklund i Rüsen, *Berättande och förnuft*, 18.

Mitt projekt handlar till stor del om att samla in och analysera skriftliga och muntliga levnadsberättelser. Begreppet narrativ är ett av de allra mest använda begreppen inom humaniora sedan den så kallade språkliga vändningen. Det är omöjligt att här försöka omfamna hela den rika vetenskapsteoretiska flora som finns kring begreppet narrativ. Vi kan kort konstatera att det handlar om berättelser. Alltså blir följande påpekande en truism: de levnadsberättelser som samlas in i detta projekt är rakt igenom narrativa. Jörn Rüsen pekar på att narrativisering är en förutsättning för att formulera historia. Det är i narrativisering historia uppstår. Att orientera sig i tiden genom berättelser är ett allmänmänskligt behov om vi får tro Rüsen. Det som historiedidaktikern Robert Thorp definierar som speciellt för Rüsens syn på historiemedvetande är just narrationens betydelse, att historiemedvetandet är en narrativ kompetens hos en individ.[59]

Rüsen konstaterar alltså att historia är rakt igenom narrativt. Trots det har begreppet narrativ inom historieämnet konnotationer av att vara fiktivt, påhittat, osäkert etcetera. Det kan tyckas att en i viss mån traditionell historiefilosof som Rüsen borde hamna i konflikt med en tänkare som Hayden White, men i sin syn på narrativitet vill båda poängtera den etiska aspekten av att skapa historiska narrativ. Martin Wiklund skriver i artikeln "Ett ansvarslöst ansvar?" om historikerns ansvar för historiska lärdomar. Wiklund uttalar en strävan efter att finna ett ansvarsfullt och icke-instrumentellt förhållningssätt till historiska lärdomar.[60] På samma sätt betraktar jag det som en etisk uppgift, i relation till läsare och de som deltagit i *Vi, de fördrivna*, att presentera ett historiskt narrativ som är rimligt utifrån den empiri jag mött och det jag lärt mig genom tidigare forskning. Jag har gått in i projektet med en intention att lära mig av dem jag möter, tillsammans med dem. Detta i motsats till att närma sig empirin med en förutbestämd analys som forskaren söker bekräftelse för. Samtidigt betyder inte det att jag går in okritiskt i dialogen. Jag är frågande och prövande utifrån den kunskap jag har. Enligt Martin Bubers dialogiska filosofi kan det beskrivas som att samtliga parter i dialogen har att beakta varandra som ett påtagligt *du* i motsats till ett *det*.[61]

Lynn Abrams skriver i *Oral History Theory* om levnadsberättelseintervjun som en självnarration av den som berättar om sitt liv men att intervjuaren är där för att möjliggöra och underlätta självnarrationen.[62] Det är en bra bild att börja med men jag vill tillföra ett antal aspekter. En självnarration kan ge intryck

---

[59] Thorp, "Vad är ett historiemedvetande egentligen och varför är det viktigt?", 101.

[60] Wiklund, "Ett ansvarslöst ansvar?: om historikerns ansvar för historiska lärdomar".

[61] Detta är den bärande tanken i Bubers mest centrala verk *Jag och du*. Buber, *Jag och du*.

[62] Abrams, *Oral History Theory*, 33–53.

av att det är något som hittas på. Att berätta om sitt liv är en kreativ process men det finns i allmänhet en större dedikation gentemot uppgiften att berätta om sitt liv på ett riktigt sätt än att hitta på något rent fiktivt. Problemet är bara att livet innehåller oändligt många minnen som kan presenteras ur olika perspektiv och med olika aspekter i centrum. Det ger möjligheten att nya betydelser, effekter och budskap ständigt uppstår varje gång en människa berättar om sitt liv. Det gemensamma sökandet, prövandet och omskapandet mellan intervjuare och intervjuad bör huvudsakligen ses som ett engagemang gentemot levnads-berättelsen som är själva kärnan i dialogen, *die Sache*.[63] Henry Greenspan uttrycker det på följande vis: "A good interview is a process in which two people work hard to understand the views and experiences of one person: the interviewee"[64]. Samma sak gäller en skriven levnadsberättelse som kommit till som svar på frågor formulerade av en forskare samtidigt som diverse samtal har stöttat skrivandet. Inte bara de som berättar om sitt liv ger ett narrativ utan även hela historievetenskapen är narrativ till sin karaktär liksom historiekulturen i stort. En människa som berättar om sitt liv måste relatera sitt narrativ till många andra narrativ som cirkulerar i historiekulturen och i samhället i stort.

Rüsen skriver att "Berättelser framförs när handlande subjekt orienterar sig i tiden."[65] Berättandet är enligt Rüsen ett universellt kulturellt bruk. Historia består av de berättelser som sammanställs om det förflutna. Även historie-vetenskapen utgörs av berättelser. Samtidigt som detta har blivit väl accepterat genom ett historieteoretiskt intresse för narrativ förknippas berättande med, som Rüsen skriver, "teorifattig och analytiskt tunn historia om händelser, varför varje ansats till en teoretiskt reflekterad och analytiskt differentierad historie-betraktelse ser sig som ett kognitivt företag som avgjort vill överskrida det 'rena berättandet'."[66] Ändå är historievetenskapen helt utlämnat åt ett berättande eftersom berättelsen är det enda meningsbärande medium som det förflutna kan gestaltas i.

I artikeln "Historia, erfarenhet och narrativ tolkning" som citeras ovan gör Hanna Meretoja en distinktion mellan två motsatta sätt att se på narrativ i (sen-) modern historisk forskning. Det ena synsättet representeras främst av Hayden White. Han beskriver historievetenskapen som narrativiserande av en icke-narrativ verklighet.[67] Meretoja pekar på hur detta synsätt utgår från att det finns

---

[63] Här använder jag Gadamers begrepp för att anknyta till hans hermeneutiska tankar kring dialoger.

[64] Greenspan, *On Listening to Holocaust Survivors*, 3.

[65] Rüsen, *Berättande och förnuft*, 61.

[66] Rüsen, 88.

[67] White, *Metahistory*. Detta verk är det mest klassiska exemplet på Hayden Whites narrativa syn på historieämnet.

en omedelbar och obearbetad erfarenhet som sedan narrativiseras i historie-vetenskaplig praktik. Erfarenheten går alltså från icke-narrativ till narrativ. Det andra synsättet är det fenomenologisk-hermeneutiska som betraktar hela den mänskliga tillvaron som tolkande. Den obearbetade erfarenheten i Hayden Whites förståelse framstår för hermeneutiker som Paul Ricoeur eller David Carr lika mycket som en tolkning som den senare narrativa tolkningen. Med referens till Gadamer förklarar Meretoja att förstå-något-som-något alltid kräver en tolkning.[68] Det går inte att komma åt en erfarenhet före tolkningen för det är inte en erfarenhet. Vi erfar genom tolkning. Ett historiskt narrativ är det som framträder när tiden får en mening.

Tongivande narrativ

För att fullt ut förstå de historiska erfarenheter som kommuniceras krävs även, som jag redan har antytt, en förståelse för den vidare tidskontext de kommuniceras i. Vilket narrativ dominerar i den historiekulturella situation som de kommunicerar sina historiska erfarenheter i? Jag har valt att skissera tongivande narrativ i varje kapitel i syfte att skapa en fond mot vilken analyserna av de historiska erfarenheterna kan ställas. Martin Wiklund skriver:

> När man som historiker ska närma sig ett betydelsefullt historiskt fenomen finns det skäl att artikulera de berättelser som ligger till grund för vår förståelse av det. Det gör det lättare att reflektera över de tolkningar vi bär med oss sedan tidigare.[69]

Det tongivande narrativet utgör alltså en central kontext, i vilken de historiska erfarenheterna kommuniceras, det anger tonen för berättandet. Det som kommuniceras kan antingen bryta av mot det tongivande narrativet eller spela med i dess tonart. Vidare kan det tongivande narrativet utmanas, nyanseras eller förnekas men det finns alltjämt närvarande som en fond till det som kommu-niceras. Det tongivande narrativet påverkar även forskarens förförståelse och genom att göra det explicit hoppas jag på att kunna synliggöra min tolk-ningsram. Utöver att vi får syn på vår egen förförståelse kan den specifika grup-pens historiska erfarenheter relateras till det tongivande narrativet och på så sätt ställas i blixtbelysning. Angreppssättet tydliggör vad som är speciellt med deras historiska erfarenheter och på vilket sätt de utmanar den vidare historie-kulturen.

---

[68] Meretoja, "Historia, erfarenhet och narrativ tolkning", 259.
[69] Wiklund, "1973 som prisma: 1970-talets tidsanda och dess innebörder", 160.

Med stöd från tidigare forskning skisserar jag därför tongivande narrativ i inledningen av varje empiriskt kapitel och sedan fungerar detta narrativ som en fond mot vilken analysen av de historiska erfarenheterna ställs. Jag genomför alltså inte någon utförlig empirisk studie för att undersöka hur det tongivande narrativet ser ut, utan jag försöker i stället vara effektiv i att belägga dess betydelse inom det historiekulturella sammanhang som den svenskpolskjudiska gruppen kommunicerar sina historiska erfarenheter inom.

Tidsskikt, brytpunkter och erfarenhetskronologi

För att beskriva de grundläggande narrativa strukturer som finns i de historiska erfarenheter jag vill analysera krävs det att ett språk etableras med ändamålsenliga begrepp. Dels framträder en etablerad erfarenhetsgeografi där olika länder och områden har specifika betydelser och konnotationer. Dels aktiveras olika tidsskikt som spelar mot varandra i formuleringen av historisk mening. På det sättet tecknar jag en flerdimensionell erfarenhetskarta som fångar in rörelse över och mellan olika tidsskikt och rum/platser.

Mellan de tidsskikt som de historiska erfarenheterna innehåller går specifika gränsdragningar som kan vara av en kollektiv makrohistorisk karaktär. Det främsta exemplet är Förintelsen, men de kan också vara av mer personlig eller mikrohistorisk karaktär: att en förälder dör, ett barn föds eller att man får kunskap om familjens judiska ursprung. Makro- och mikronivån är sammanflätade. Genom att studera personliga erfarenheter är det möjligt att också nå den makrohistoriska nivån. Historiska erfarenheter är inte enbart retrospektivt orienterande utan de orienterar oss även mot framtiden, på det sättet kan även framtida tidsskikt formuleras genom det sätt på vilka historiska erfarenheter kommuniceras. Ett ytterst påtagligt tidsskikt som på många sätt är bestämmande för hela återgivningen av de historiska erfarenheterna är det skrivande eller talande nuet. Detta nu kan vara mer eller mindre uttalat men det utgör alltid den verkningshistoriska horisont som erfarenheter framträder i. Enklare uttryckt: vi förstår alltid det förflutna utifrån samtiden.

Jörn Rüsen kallar de viktigaste brytpunkterna för *borderline events* eller *borderline experiences*. Han skriver:

> The Holocaust problematizes, or even prevents a meaningful interpretation for any unbroken (narrative) interrelationship between the time before and after it. It is a 'borderline-experience' of history, which does not allow its integration into

a coherent sense bearing narrative. Each attempt to apply comprehensive concepts of historical development fails here.[70]

I Sverige har Ulf Zander och Klas-Göran Karlsson låtit sig inspireras av Rüsens resonemang. Karlsson har översatt begreppet *borderline event* till "gränssättande händelse".[71] Han använder detta begrepp i en rad sammanhang, bland annat om Förintelsen, första världskriget och det armeniska folkmordet. Varken Rüsen, Zander eller Karlsson närmar sig emellertid dessa gränssättande händelser utifrån individuella erfarenheter på det sätt jag gör. Jag har valt att tala om brytpunkter i stället för gränssättande händelser. Medan gränssättande händelser ger makrohistoriska konnotationer, det vill säga hur historieskrivningen finner en gräns mellan två epoker, har en brytpunkt mer mikrohistoriska konnotationer, det passar bättre i beskrivningen av en människas levnadsbana. Livets brytpunkter låter bättre än livets gränssättande händelser. Däremot vill jag understryka att de borderline events som Rüsen, Karlsson och Zander beskriver överensstämmer med de brytpunkter som jag finner i den erfarenhetskronologi jag studerar.

Den tyske historiefilosofen Reinhart Koselleck använder tidsskikt [Zeitschichten] som ett centralt begrepp i sitt tänkande. Koselleck använder tidsskikt på flera olika sätt i en argumentation för att kunna tala om tid och historia på ett mångdimensionellt sätt. Bland annat talar han om cirkulär och linjär tid som två simultana tidsskikt eller hur olika långsamt repetitiva tidsskikt sammanfaller med singulära händelser.[72] Ibland överensstämmer min användning av begreppet med Kosellecks och liknelsen som utgår från geologiska skikt är densamma. Även Kosellecks utgångspunkt i att historia handlar om erfarenhet överensstämmer med min ansats. Kosellecks begrepp utgör en av grundstenarna i ett historiefilosofiskt system som lägger fram vad fenomenet historia är och hur det fungerar. Mitt begrepp utgår från behovet att tala om de tider som aktiveras i människors historiska berättande, det tidsskiktsbegrepp som jag använder är därmed inte lika mångtydigt som Kosellecks. När människor berättar om sina liv aktiveras ett antal tider i det förflutna som är meningsfulla för dem. Jag kallar dessa tider för tidsskikt eftersom de läggs på varandra och därigenom blir de historiskt orienterande. I min läsning av levnadsberättelser och under intervjuer har jag upplevt att olika tidsskikt har aktiverats simultant för att kommunicera en specifik mening, som skikt man lägger på varandra för att förstå den mark vi står på idag. Det är som analytisk ingång till denna form

---

[70] Rüsen, "How to Make Sense of the Past – Salient Issues of Metahistory", 205.
[71] Karlsson, "Folkmordet på armenierna efter hundra år", 212–14.
[72] Koselleck, *Sediments of Time*, 3–9.

av multitemporalt historiskt meningsskapande som jag använder begreppet tidsskikt.

Metod

Oral history, dialog och kollaborativa konversationer

Fram till nu har jag diskuterat avhandlingens hermeneutiska utgångspunkter och centrala begrepp. Mot denna historiefilosofiska och vetenskapsteoretiska fond ska jag nu utveckla vad jag kallar en hermeneutisk oral history.

Jag har valt att använda det engelska begreppet *oral history* i stället för det svenska begreppet *muntlig historia*. Båda uttrycken används i en svensk kontext men oral history är vanligast. Begreppet oral history syftar även till något mer än en metod. Oral history är ett forskningsfält som inrymmer fler än en metod och flera olika sätt att skriva och göra historia. Oral history är även en internationell rörelse med medlemmar både i och utanför akademin. [73] I en akademisk kontext har oral history utvecklats till en historieteoretisk kunskapstradition i sin egen rätt.[74] Det finns klassiker och koncept inom forskningsfältet oral history som i viss mån verkat vid sidan av de historieteoretiska diskussioner som till exempel Jörn Rüsen bedrivit. Formulerandet av en hermeneutisk oral history handlar därför om att sammanföra två olika historieteoretiska fält.

Ett exempel på oral history som fångar den historiska erfarenhetens komplexitet kommer från den australiske historikern Alistair Thomson och hans arbete med krigsveteraner från första världskriget. Thomson har återvänt till samma tema och samma person, den australiske förstavärldskrigsveteranen Fred Farall, över årtionden i en fördjupad analys med nya teoretiska perspektiv. Grundläggande i Thomsons analys är dels att förstå hur Faralls erfarenheter berättades olika i olika sammanhang och vid olika tidpunkter, dels att Thomsons egen förståelse förändrades och påverkades av nya ansatser.[75] Erfarenheterna förändras ständigt i relation till historiekulturens utveckling. Denna dialogiska studie över tid, där samma personer möts och samma händelser utforskas med resultatet att nya betydelser framträder, uppfattar jag som en implicit hermeneutisk oral history.

---

[73] Malin Thor Tureby, "Oral history i en internationell kontext: en svensk historikers perspektiv" i Malin Thor Tureby & Lars Hansson (red.). *Muntlig historia: i teori och praktik*, Lund: Studentlitteratur, 9–24.

[74] För utvecklingen av oral history se Charlton m.fl., *History of Oral History..* Perks och Thomson, *The oral history reader*.

[75] För den ursprungliga studien se Thomson, *Anzac Memories*; Thomson, "'Anzac Memories' Revisited: Trauma, Memory and Oral History".

Paul Thompsons, *The Voice of the Past*,[76] först utgiven 1978, betraktas av många som det mest centrala verket för att göra oral history till ett eget vetenskapligt fält.[77] Han argumenterar för muntliga källors tillförlitlighet i en traditionell källkritisk bemärkelse. Genom att arbeta med oral history blev det möjligt att skapa historiska dokument med tidigare förbisedda perspektiv på historiska skeenden. Det finns även en tradition av *elite oral history* som söker nya perspektiv genom att intervjua makthavare och andra betydelsefulla personer om deras erfarenheter. Även inom denna historia ovanifrån har nya och tidigare förbisedda aspekter lyfts fram vid sidan av en traditionell politisk historia.[78]

Utan att explicit tala om hermeneutik skrev Malin Thor Tureby 2001 artikeln "Oral history – mer än en metod"[79] med utgångspunkt i Martin Bubers dialog-filosofi.[80] Hon inleder artikeln med ett poetiskt Buber–citat som talar om att möta ett Du. Detta kontrasteras sedan direkt mot ett utdrag ur en från recension av en oral history–studie. Thor Tureby betonar att det i Sverige i början av 2000-talet saknades initierad kunskap om och sammanhang för att vetenskapligt diskutera oral history som forskningsfält. Artikeln kan beskrivas som en intro-duktion av oral history som något mer än *en* metod. Det dialogiska och her-meneutiska i Thor Turebys Buber-inspirerade ingång till oral history kommer jag att utveckla nedan. Flera kilometer band har rullat på oral history–band-spelarna i Sverige sedan 2001.[81] Den brist på kunskap och vetenskapliga sam-manhang som Thor Tureby framhöll har åtgärdats genom flera olika initiativ. Inte minst på grund av Thor Turebys eget arbete med bland annat antologierna *Muntlig historia* från 2006 och *Muntlig historia: i teori och praktik* från 2015. I dag finns ett nätverk *Oral History in Sweden* (OHIS) som samlar forskare som på olika sätt arbetar med oral history. Oral history har i stor utsträckning blivit mer accepterat inom den svenska historievetenskapen.

En av de viktigaste tänkarna inom oral history är den italienske litteratur-vetaren Alessandro Portelli. Han har lyckats fånga flera centrala aspekter av att bedriva oral history och har i uttolkande arbete visat på djupare kunskapsnivåer i det han utforskat. Portelli har mig veterligen inte intresserat sig för filosofisk

---

[76] Thompson, *The voice of the past.*

[77] Se till exempel Perks och Thomson, *The oral history reader*, 2f. om den betydelse *The Voice of the Past* haft för oral history–fältet.

[78] För elite oral history utifrån metoden med vittnesseminarium se Waldemarsson, "Med makten som källa till historien".

[79] Thor Tureby, "Oral history – mer än en metod".

[80] Se Bubers *Jag och du* för en framställning av hans centrala tankar. Buber, *Jag och du.*

[81] Även om ingen använder bandspelare längre är bandspelaren fortfarande den internationella symbolen och liknelsen för oral history.

hermeneutik, men hans djupgående uttolkande av mening har varit av betydelse för min formulering av en hermeneutisk oral history. Ett exempel är den klassiska artikeln "The Death of Luigi Trastulli" som handlar om hur människor i en industriell småstad minns fel angående när en fabriksarbetare blev mördad av militären under en demonstration. Portelli började med att säkerställa det han kunde ta reda på genom skriftliga källor och annan dokumentation för att sedan närma sig människors berättelser och försöka förstå dessa. Trastulli hade uppenbarligen blivit skjuten i en demonstration mot Nato 1949 medan människor mindes det som att han blivit skjuten under en demonstration som handlade om omfattande avskedningar på fabriken 1953. Portelli nöjde sig inte med att avfärda dessa minnesfel utan identifierade i stället de kollektiva processer som gjorde att berättelsen om Trastulli fick symbolisera en större mening. Avskedningarna 1953 hade varit en betydligt viktigare fråga för samhället än Nato-demonstrationen. Därför hade Trastullis tragiska död relaterats till den större tragedin 1953. I Portellis analys hålls tre tidsskikt levande samtidigt: den samtid som berättelsen konstrueras i, den historiska situation dådet inträffade i och den historiska situation dådet tolkas in i. Dessa tre tidsskikt står i relation till varandra. Jag delar Portellis totalansats för att hantera flera tidsskikt samtidigt och därmed uttolka historisk mening på ett mer djupgående sätt. Han öppnar upp nya horisonter för vad historievetenskaplig kunskap kan vara. Detta förhållningssätt inspirerar min hermeneutiska oral history. Den kunskap som Portelli presenterar är svår att nå utan muntliga källor. Hans angreppssätt är särskilt användbart i hermeneutiska studier av historiska erfarenheter.

Den amerikanska muntliga historikern Linda Shopes har i artikeln *"Insights and Oversights": Reflections on the Documentary Tradition and the Theoretical Turn in Oral History* reflekterat över förändringarna inom oral history som hon själv följt inifrån rörelsen under flera årtionden. Hon beskriver hur en teoretisk vändning skett inom oral history som en del av en bredare epistemologisk utveckling inom humaniora. Det fanns en tid innan historievetenskapliga avhandlingar obligatoriskt skulle formulera sin teoretiska utgångspunkt. Förändring mot en explicit teoretisering av historieämnet har bidragit till att oral history-intervjun främst betraktas som text i stället för dokument. Alltså, i äldre texter som exempelvis *The Voice of the Past* diskuteras hur intervjumaterial kan användas som tidsdokument, för att rekonstruera det som egentligen hände. I senare ansatser, efter den teoretiska och språkliga vändningen, betraktas intervjumaterialet som en text, att studera i sitt textmässiga eller diskursiva sammanhang. Shopes har skrivit artikeln i polemik mot uppfattningar som sätter fokus på övergången från dokument till text och kommer fram till någon slags balanserad totallösning. Hon konstaterar att mycket som görs fortfarande är dokumentärt och att det är helt i sin ordning.

Shopes vill bevara intervjun i centrum, det empiriska, och sedan låta det teoretiska anslagen värderas utifrån vad de gör för berättelsen i intervjun. Det väsentliga för Shopes är att bevara den ursprungliga ansatsen inom oral history för att ge plats åt röster och berättelser som annars försummats.[82] Jag relaterar Shopes oro för ett överteoretiserande till Gadamers skepsis inför den positivistiska tilltron till metodologi. Att postmodernistiskt blomma ut i omfattande teoribyggen eller att positivistiskt följa strikta metodologiska procedurer kan hindra oss från att fullt fokusera på det verkligen viktiga. Vad berättas? Vad är meningen med berättelsen? Shopes kan möjligtvis uppskatta ansatsen i en hermeneutisk oral history, eftersom den fokuserar på att ständigt fördjupa sig i dialogen.

De mer eller mindre klassiska verk inom oral history som har inspirerat mig har inte uttryckt något intresse för en filosofisk hermeneutisk tradition.[83] I stället har jag inom oral history mött en uttolkande kunskapstradition, en rörelse som ständigt håller empirin levande i sin analys och därmed för implicita men långtgående hermeneutiska reflektioner.[84] Dialogen hyllas inom den filosofiska hermeneutiken som ett kunskapsideal medan en reell dialog mellan människor är fundamentet inom oral history. I dialog formas kunskap och erfarenhet – en levd hermeneutik, hermeneutik i praktiken. Jag vill göra denna koppling tydlig och placera in mitt utövande av oral history i ett hermeneutiskt kunskapsuniversum.

Det kan tyckas att mitt arbete, som börjar med att läsa och samla in skriftliga källor, inte är oral history. Men, utövare av oral history använder även skriftliga källor. Portellis exempel visar hur utförliga studier av skriftliga källor samverkar med insamling och bearbetning av muntliga källor för att skapa en djupare förståelse. Hela forskningsprocessen i detta projekt om de polskjudiska flyktingar som kom till Sverige 1967–1972 är ett sätt att förbereda och föra dialog;

---

[82] Shopes, "Insights and Oversights": Reflections on the Documentary Tradition and the Theoretical Turn in Oral History". Shopes skriver artikeln i polemik med Thomson och Perks "four paradugmatic shifts" som inleder *The Oral History Reader*. Perks och Thomson, *The oral history reader*, 1–13.

[83] Se till exempel Portelli, *The death of Luigi Trastulli, and other stories*; Portelli, *The order has been carried out*; Thomson, "'Anzac Memories' Revisited: Trauma, Memory and Oral History"; Abrams, *Oral History Theory*; Frisch, *A Shared Authority*; Passerini, *Autobiography of a Generation*; Greenspan, *On Listening to Holocaust Survivors*.

[84] Den enda text jag hittat som explicit handlar om hermeneutisk oral history är Jeff Friedmans artikel "Oral History, Hermeneutics, and Embodiment." som sätter fokus på just den kroppsliga upplevelsen. Friedman är muntlig historiker och dansare, hans fokus på tidsmedvetenhet och *embodiment* i intervjusituationen fångar upp aspekter som ofta förbigås men hans artikel har tämligen välavgränsad träffyta. Friedman, "Oral History, Hermeneutics, and Embodiment".

den muntliga och dialogiska aspekten är den centrala. Slutmålet är det gemensamma samtalet, den kollaborativa konversationen. Därför betraktar jag mitt projekt som oral history rakt igenom, även om det innehåller analyser av biografier och skrivna levnadsberättelser.[85]

Som nämnts ovan utgick Malin Thor Tureby från Bubers dialogiska och hermeneutiska filosofi när hon i början av 2000-talet skrev artikeln "Oral history – mer än en metod". Det är svårt att kommunicera Bubers budskap i en koncis sammanfattning eller ett belysande citat. I läsningen av Buber framträder en uppmaning på ett grundläggande mänskligt existentiellt plan: det handlar om att söka ett Du, att sträva efter en subjekt-subjekt–relation. Detta går lätt att skriva om i ett introduktionskapitel men det ställer desto större krav i mötet med människor. Jag tolkar Buber som en uppmaning att ha en öppenhet för vad jag kommer att möta, att jag både frågar och svarar med en vilja att bli förändrad i dialogen. Jag uppfattar detta buberska ideal som förpliktigande genom hela forskningsprocessen. Det kan vara lockande att ta med sig intervjuinspelningen och hacka upp den för att passa en tillspetsad och renodlad analys med effektfulla poänger men det viktiga enligt mitt dialogiska förhållningssätt är att respektera den analys som fanns i den dialogiska situationen. Den muntlige historikern Michael Frisch understryker ett liknande förhållningssätt genom sitt inom fältet centrala begrepp *shared authority*.[86] Frisch myntade begreppet shared authority som en ordlek med ordet author, författare. I intervjusituationen delar den muntliga historikern och den intervjuade på författarskapet över det narrativ som framkommer. Begreppen har sedan tolkats vidare som ett ideal att dela med sig av auktoritet: *sharing authority*.[87] Båda aspekterna av shared/sharing authority är vägledande i min formulering av en hermeneutisk oral history: att erkänna den delade auktoriteten över det framkomna narrativet och att som forskare försöka dela auktoriteten över den analys som presenteras. Jag kommer att återkomma till hur jag ägnar mig åt *sharing authority* i själva insamlingsarbetet nedan.

Det kanske främsta exemplet på dialogisk oral history är Henry "Hank" Greenspans arbete med ett fåtal Förintelseöverlevande som han intervjuat kontinuerligt och analyserat under fem årtionden.[88] Hans arbete tar sin utgångspunkt i en ny ansats till att intervjua överlevande. I inledningen av *On Listening*

---

[85] I Finland finns en tradition av att sammanföra oral history med all forskning om levnadsberättelse. Den finska nätverket FOHN har till syfte att skapa ett forum för "oral history, memory studies and life storying scholars in Finland". "FOHN Finnish Oral History Network".

[86] Frisch, *A Shared Authority*.

[87] Adair, Filene, och Koloski, *Letting go?*; Thor Tureby och Olsson, "Editorial introduction : revisiting shared authority".

[88] Greenspan, *On Listening to Holocaust Survivors*.

to Holocaust Survivors återberättar Greenspan vad en kollega sa om hans ansats. "'The Shoah Project wants to interview 50,000 different survivors once,' she reflected. 'Hank wants to interview the same survivor 50,000 times.'"[89]

Greenspan är psykolog och pjäsförfattare, därmed kan han förhålla sig tämligen fritt till historieämnets konventioner. Till exempel understryker han att vi bör lyssna på överlevande för att lyssna på överlevande; inte för alla andra syften som formulerats i och med att det offentliga Förintelseminnet formerat sig.[90] Ändå vill jag integrera hans sätt att dialogiskt söka kunskap i min hermeneutiska oral history inom ramen för historievetenskaplig forskning. Personen jag har framför mig i dialogen är alltid närvarande i gestaltningen av det förflutna och dess mening.

Greenspan väljer begreppet *recounting* framför *witnessing* då han vill understryka den rörliga dialogiska processen i återberättandet. *Witnessing* signalerar något fast och monologiskt med juridiska eller religiösa konnotationer. *Recounting* understryker det processuella i vad som framkommer i en dialog, olika situationer och dialogiska processer kommer att resultera i olika berättelser.[91] Greenspan beskriver sin kunskapsprocess som "knowing *with*" de överlevande i motsats till "knowing *from*" eller "knowing *about*". Både *from* och *about* leder till monologer medan *with* leder till dialog.[92] Greenspan kallar det *collaborative conversations*, vilket han avgränsar mot det gängse sättet att intervjua överlevande, vittnesmålet. Genom att tala med människor många gånger kan samma historier berättas på olika sätt av olika anledningar och med olika budskap. En hermeneutisk oral history handlar om att gå på djupet i människors historiska erfarenheter. Även om jag inte har möjligheten att genomföra intervjuer över årtionden, har jag konstruerat en analytisk process där jag kommer tillbaka till samma människor i kollaborativa konversationer – eller dialoger som jag helt enkelt kallar det – om hur vi tillsammans kan förstå deras erfarenheter.

Om det finns ett ord som kan sammanfatta en hermeneutisk oral history är det dialog.

Insamlingen Vi, de fördrivna på Nordiska museet och Minnen.se

Vi, de fördrivna är ett insamlingsprojekt på den digitala plattformen Minnen.se som används av en rad kulturarvsinstitutioner i Sverige. En av de mest betydelsefulla av dessa är Nordiska museet. *Vi, de fördrivna* är ett samarbetsprojekt

---

89 Greenspan, 1.
90 Greenspan, 211f.
91 Greenspan, 3f.
92 Greenspan, 218.

mellan Nordiska museet och Södertörns högskola, initierat av mig. Syftet med projektet är att samla skrivna levnadsberättelser och inspelade dialoger från den polskjudiska grupp som kom till Sverige på grund av den antisemitiska kampanjen i slutet på1960-talet och början på 1970-talet. Materialet som samlas in görs tillgängligt på Minnen.se under insamlingsperioden och sedan kommer det att arkiveras i Nordiska museets arkiv. Insamlingen inleddes 2021 och avslutades 2025. I detta insamlingsarbete har Nordiska museet gett stöd, resurser och en institutionell inramning, men det är huvudsakligen jag som utformat och genomfört projektet. Materialet som samlas in i projektet utgör merparten av det källmaterial som denna avhandling bygger på. Insamlingen *Vi, de fördrivna* har även ett värde som arkivsamling, en resurs för framtida intresse för denna svenskpolskjudiska grupp. Insamlingen inleddes runt 50 år efter deras ankomst till Sverige. Det innebär att den yngre generationen som kom har blivit äldre. För att även fånga erfarenheter från en uppväxt i Polen, upplevelsen av att lämna Polen i och med den antisemitiska kampanjen och att leva ett liv i Sverige fick inte detta projekt vänta för länge.

Nordiska museet har till uppgift att bevara och levandegöra minnet av liv och arbete i Sverige.[93] Det är det största kulturhistoriska museet i Sverige med det största och viktigaste arkivet i landet för att samla folkets historia. Ett mål med att genomföra och arkivera insamlingen på Nordiska museet är att dessa svenskpolskjudiska erfarenheter får ta plats i ett officiellt svenskt kulturarv.[94] Trots att Sverige var en av de absolut viktigaste tillflyktsmålen för de som lämnade Polen i och med den antisemitiska kampanjen är kunskapen ringa om dessa händelser i Sverige.[95] Museet om den polska judenhetens historia *Polin*, som är beläget i Warszawa, har gjort fortgående insamlingar och utställningar om temat i fråga. Det är både del av den permanenta utställningen och specifikt behandlat i en tillfällig utställning 2018 *Estranged: March ´68 and its Aftermath*. Mars-68-händelserna har i Polen en viktig plats i ett narrativ om det motstånd mot regimen som ledde fram till Solidaritet och regimens upplösning 1989.[96] Det gör att antisemitismen och fördrivningen av judar inte alltid hamnar i centrum när mars 68 behandlas i Polen.

---

[93] "Nordiska museet. Vårt uppdrag".

[94] För forskning om insamlingar, kulturarv, minoriteter och migration se Silvén och Gudmundsson, *Samtiden som kulturarv.* och Thor Tureby, *Migration och kulturarv.*

[95] Se till exempel hur Anna Grinzweig Jacobsson beskriver den svenska okunskapen om den antisemitiska kampanjen och den påföljande migrationen. Grinzweig Jacobsson, *Flykten till Marstrand*, 8–10.

[96] Detta narrativ hör samman med det som Anat Plocker kallar dissidentnarrativet i forskningen om den antisemitiska kampanjen. Plocker, *The Expulsion of Jews from Communist Poland*. Även Anna Grinzweig Jacobsson konstaterar att det finns ett intresse för dessa händelser i Polen genom reportageböcker etcetera. Grinzweig Jacobsson, *Flykten till Marstrand*, 10.

I Polen hade alltså mars 68 en betydande plats i offentligt etablerade narrativ. Det var i Sverige jag ville göra en insats. Nordiska museet hade i den permanenta insamlingen *Att minnas migrationen* som inleddes 2008 formulerat ett behov av att det svenska kulturarvet borde inkludera fler migrantperspektiv.[97] Denna insamling har ett brett anslag som omfattar samtliga migranter till Sverige och på detta sätt riskerar den att bli otydlig. Om alla är inbjudna är det få som känner sig kallade. Min strategi är i stället att vända mig till en specifik grupp med ett intresse för deras specifika historiska erfarenheter. Jag har även arbetat inbjudande och uppsökande i min dialogiska forskningsprocess och försökt skapa återkommande tillfällen för oss att mötas.

På Minnen.se, i den aktiva insamlingen *Vi, de fördrivna*, finns en röd knapp att klicka på som heter "+Lämna minne". Den ger intrycket av att människor surfar in på Minnen.se och sedan bestämmer de sig för att klicka på "+Lämna minne" och svarar på frågorna som insamlingen ställer. Min erfarenhet av att arbeta med *Vi, de fördrivna* är att det i allmänhet måste gå till på ett helt annat sätt. Det finns något enstaka exempel på människor som hittat sidan och svarat på insamlingen utan assistans, men det stora flertalet har haft utförliga dialoger med mig kring skrivandet och publicerandet. Det innebär att vi har haft en dialogisk analytisk process genom hela arbetet med insamlingen.

Den offentliga prägeln på insamlingen *Vi, de fördrivna* är typisk för oral history. Intentionen med att försöka nå ut med deras historiska erfarenheter, folkbilda om man så vill, var avgörande för att människor skulle vilja vara med.[98] Kontakten med den aktuella svenskpolskjudiska gruppen etablerades genom den så kallade snöbollsmetoden. Jag använde de olika ingångar som stod till buds. Dessa kontakter ledde till nya kontakter och till slut kunde jag få mer formell hjälp att nå ut till gruppen. När jag mötte människor som kunde tänka sig att delta ville de förstå vem jag var som tagit initiativ till detta projekt. Jag tillhör inte deras grupp och är vare sig judisk eller polsk. Varför var jag intresserad av detta ämne? Och viktigast av allt: var jag verkligen intresserad av detta på allvar? Skulle jag komma att hantera deras levnadsberättelser med respekt och omtanke? Det är högst befogade frågor som inte besvarades genom några enkla uttalanden. Det var nödvändigt att upprätthålla en dialog över tid för att förtroende skulle kunna byggas. En rad aktiviteter var avgörande för hur projektet genomfördes och den spridning det fick. Nedan beskriver och diskuterar jag insamlingen som metod.

---

[97] För en kritisk analys av *Att minnas migrationen* se Johansson och Thor Tureby, "Att minnas migrationen: Intersektionella perspektiv på Nordiska museets insamlingar och urval av invandrares berättelser".
[98] För en utförlig introduktion till public history och participartory pratice se Miller, Little, och High, *Going Public*.

Insamlingen som metod

Redan vid de första mötena med människor som kom till Sverige i den aktuella flyktingmigrationen gjorde jag intervjuer. Dessa intervjuer var öppna, ostrukturerade och sökande. De genomfördes i grupp och bidrog till projektet på flera olika sätt. Dels kunde jag närma mig deras historiska erfarenheter, dels fick vi möjlighet att lära känna varandra och skapa ett grundläggande förtroende.[99] Oral history är ett hantverk som behövs övas i praktiken. På samma sätt som jag hade ett behov av att i lagom takt närma mig deras erfarenheter analytiskt, hade jag även ett behov av att få öva konsten att utföra oral history-intervjuer. Dessa informella intervjuer och spontana samtal har haft en avgörande betydelse för min förståelse av deras historiska erfarenheter. Jag kunde även i detta sammanhang få synpunkter på frågelistan som fanns som ett möjligt stöd till skrivandet av levnadsberättelserna.[100] Jag arrangerade sådana samlingar i Stockholm, Malmö-Lund och Göteborg.

Vid ett tillfälle i början av insamlingen bjöd jag tillsammans med Nordiska museet in till ett möte där projektet presenterades och diskuterades. Vi delade upp mötesdeltagarna i fokusgrupper och kunde diskutera deras erfarenheter i relation till projektet. Detta var avgörande för att anpassa projektet och sprida kunskap om det. Det var även av grundläggande betydelse för att etablera relationen mellan Nordiska museet och de som skulle delta i projektet.

På folkhögskolan Paideia, som har judisk profil, arrangerades skrivkursen *Att skriva om sitt liv: Vi, de fördrivna*. Kursen bestod i att deltagarna skrev texter kring något minne som vi sedan diskuterade när vi träffades. Kursen leddes av mig och författaren/skrivläraren Stephan Mendel-Enk. Detta resulterade i att jag fick ta del av många minnen. Dessutom diskuterade vi dessa i grupp. Jag fick ett rikt empiriskt material, som tyvärr inte finns sparat i insamlingen då enbart ett fåtal av texterna i slutändan kom att användas i de insamlade levnadsberättelserna. Kursen genomfördes i två omgångar med sammanlagt ett tiotal undervisningstillfällen.

Redan tidigt i arbetet med *Vi, de fördrivna* kom jag i kontakt med författaren Anna Grinzweig Jacobsson som skrivit *Flykten till Marstrand*. År 2023 var det 55 år sedan marshändelserna 1968 och tillsammans inledde jag och Grinzweig Jacobsson ett samarbete med föreningen *Judisk kultur* och Mångkulturellt centrum för att minnas och diskutera arvet av det polskjudiska 1968, 55 år

---

[99] Om att skapa en arbetsallians i intervjuarbete se Greenspan, *On Listening to Holocaust Survivors*, 257; för ett flertal olika perspektiv på att samarbeta med olika communities i oral history-projekt se Miller, Little, and High, *Going Public*.
[100] Se bilaga 1, Frågelista skrivupprop.

senare. Det var ett viktigt steg för att sprida kunskapen om arvet efter det polsk-judiska 1968 och att uppmärksamma projektet *Vi, de fördrivna* i offentligheten. Det ledde till publicerandet av antologin *1968: fördrivningen av Polens judar*.[101] De offentliga samtalen finns tillgängliga via Judisk kulturs hemsida.[102] Vi arrangerade en filmvisning av Gregor Nowinskis *Vägen till det blågula* med efterföljande diskussion på Mångkulturellt centrum. Samtidigt visade Grinzweig Jakobsson sin utställning om de som kom till Marstrand. Ett samtal i Judisk kulturs samtalsserie genomfördes med vuxna barn till de som kom i anslutning med den antisemitiska kampanjen. Det ledde vidare till ett liknande samtal på Limmud Stockholm.[103] Jag hade tidigare även diskuterat projektet i Paideias regi på det judiska centret Bajit i Stockholm och för Museets Polins svenska vän-förening, som till övervägande del består av polska judar från den här aktuella migrationen. Under samtliga dessa tillfällen gjorde jag reklam för insamlingen och uppmuntrade alla polska judar som kommit till Sverige i samband med den antisemitiska kampanjen att delta i insamlingen. På grund av de aktiviteter som jag lyckades genomföra har kunskap om projektet spridits i judiska sam-manhang. Det betyder att de polska judar som inte har någon anknytning till judiska sammanhang i sitt liv riskerar att missa information om insamlingen.

En betydelsefull aspekt av arbetet med insamlingen har varit mejlkorres-pondens och främst ett nyhetsbrev om projektet som jag skickat ett antal gånger under projektets gång. Det sista nyhetsbrevet hade 73 mottagare, nästan ute-slutande personer från den aktuella svenskpolskjudiska gruppen. Nyhetsbreven har möjliggjort en kontinuerlig kontakt med samtliga som deltagit i insam-lingen eller funderat på att delta.

Insamlingen *Vi, de fördrivna* samlade först levnadsberättelser och sedan inspelade dialoger. Jag kommer att diskutera dessa två material som skapades i och med insamlingen nedan under rubrikerna Levnadsberättelser och Inspelade dialoger. Tillsammans med publicerade biografiska böcker utgör de studiens empiriska material. Jag betraktar den skrivna avhandlingen tillsammans med de insamlade materialet som en del i en större dialog om denna grupps historiska erfarenheter. Som Elizabeth Miller, en av initiativtagarna till *Montreal Life Stories* resonerar bör vi lägga mer fokus på det som kommer efter själva kun-skapsproduktionen i public/oral history-projekt, då dialogen fortsätter.[104]

---

[101] Pedersen, *1968 – fördrivningen av Polens judar*.

[102] "Programserie 1968: fördrivningen av Polens judar. Del 2"; "Programserie 1968: fördrivningen av Polens judar. Del 3".

[103] Limmud är en judisk bildningsfestival som arrangeras på många olika platser i världen.

[104] Miller, Little, och High, *Going Public*, 37f.

Alla dessa tillfällen av interaktion med människor från den aktuella polsk-judiska migrationen har handlat om att på ett så mångsidigt sätt som möjligt gå i dialog med dem om deras historiska erfarenheter och därigenom ge dem möjlighet att påverka projektet. Den massa av historiska erfarenheter jag mött utgör grunden till den text som jag producerar här, en shared author-ity i enighet med Frischs ordvits.

Etik, anonymitet och citering

Projektets centrala material har samlats in i samarbete med Nordiska museet och deras plattform för insamling Minnen.se. Det har därigenom funnits upparbetade rutiner för rättigheter till materialet, hantering av personuppgifter etcetera. De som har bidragit till insamlingen har godkänt dessa villkor. De har även angett om de vill delta med sitt fullständiga namn, enbart förnamn eller under pseudonym. När jag citerar levnadsberättelser och dialoger använder jag de namn de har angivit. De har även haft möjlighet att bidra med material till samlingen på Minnen.se utan att det blivit tillgängligt för allmänheten. Utöver det formella godkännandet av materialets publicering på Minnen.se har jag lagt vikt vid att beskriva hur insamlingen går till och vilken tillgänglighet den får. De har alltså under informerat samtycke publicerat levnadsberättelser och dialoger på Minnen.se.

När jag citerar återger jag ordagrant vad som står i deras levnadsberättelser. Jag har inte redigerat språket på något sätt. Ifall jag skulle rätta till stavfel eller grammatik förvanskar jag citaten, de fungerar alldeles utmärkt i den språkdräkt som de har. Ibland bryter de mot gängse språknormer men betydelsen i samtliga citat är tämligen klar och ifall jag skulle redigera dem kan en ursprunglig ton gå förlorad. Jag uppfattar det som önskvärt att en tydlig skillnad i ton och stil skiljer sig mellan min text och citaten. När jag citerar dialogerna transkriberar jag vad de sagt, även i detta fall håller jag mig till de ursprungliga ordvalen.

Att använda människors namn handlar om respekt för deras individualitet och rätt att uttala sig. Det är upp till varje individ att avgöra om man vill vara namngiven i insamlingen och avhandlingen. I det avslutande kapitlet kommer jag att återkomma till den forskningsetiska diskussionen kring anonymisering. Då denna avhandling behandlar Förintelsen och Förintelseöverlevande anknyter den till en bredare tradition av att minnas och uttala namn, på både offer och överlevande.

Den dialogiska ansatsen i en hermeneutiskt grundad oral history innebär att jag lagt stor vikt vid att bevara den analys som finns i den dialogiska situationen. Kring skrivandet av levnadsberättelser och inspelningen av dialoger har vi samtalat med varandra och jag har därmed fått en klarare bild av de menar. Min ambition har varit att aldrig använda citat från levnadsberättelser och dialoger för att lägga fram analyser som de skulle motsätta sig. De ska kunna återfinna sina namn i avhandlingen på ett sätt som de känner igen sig i.

Material

Det finns tre källmaterial som jag använt i denna studie och som jag har analyserat huvudsakligen i följande ordning. 1. Publicerade biografier. 2. Insamlade levnadsberättelser. 3. Inspelade dialoger. För de två senare materialtyperna har jag själv varit delaktig i dess tillkomst. Utöver dessa materialtyper finns det flera andra källor som bidragit till min förståelse av de historiska erfarenheterna hos denna svenskpolskjudiska grupp, inte minst alla de samtal om deras historiska erfarenheter som inte har spelats in.

Biografier

Den empiriska underökningen av den svenskpolskjudiska gruppens historiska erfarenheter inleddes med en läsning av de biografiska böcker som finns publicerade om och av flyktingar som kom till Sverige på grund av den antisemitiska kampanjen. Jag har inkluderat samtliga biografier jag har funnit. Analysen är baserad på sju verk publicerade mellan 2000 och 2023. Dessa biografier skiljer sig åt sinsemellan i en rad olika aspekter, till exempel i vilken grad de är självbiografiska, vilken spridning de har haft och deras tilltänkta målgrupp. Biografierna presenterar huvudpersonernas historiska erfarenheter i ett meningsskapande som är tämligen utförligt i jämförelse med de övriga materialtyperna som använts. De har även genomgått en redaktionell process som riktats mot att kunna ge ett anslag i en offentlig läsekrets. De har också – i mer eller mindre utsträckning – en ambition att bidra till det offentliga samtalet om en rad aktuella frågor. De erfarenheter vi möter i biografierna kommer från välutbildade människor som generellt sett har haft framgångsrika yrkesliv. Samtliga har ett kulturellt kapital över genomsnittet. Det är således inte vem som helst som får sin biografi publicerad. Nedan följer en kortfattad genomgång av de olika biografierna i kronologisk publikationsordning.

Historien om Adam Bromberg, utgiven år 2000, är en biografi med en tämligen komplicerad tillkomsthistoria.[105] Den är skriven som en självbiografi av Adam Bromberg men är egentligen författad av den polskjudiske författaren Henryk Grynberg. Boken är baserad på en stor mängd inspelningar och texter

---

[105] Grynberg, *Historien om Adam Bromberg*.

där Adam Bromberg berättar om sitt liv. Grynberg beskriver bokens tillkomst på följande sätt:

> Jag fick dessa hundratals sidor och dussintals kassetter av berättarens dotter först fem år efter hans död och kunde därför inte ställa honom de frågor som jag hade behövt få svar på för att fylla en rad luckor i framställningen. Här har jag fått stor hjälp av medlemmarna från hans familj, av hans bekanta och andra personer från hans samtid. Men många frågor har jag själv fått leta upp svaren på.
>
> Av detta har det blivit en berättelse som i huvudsak bygger på Adam Brombergs och hans närståendes minnen. Det är dem jag har att tacka för det grundläggande råmaterialet, men själva produkten – inklusive den episka bakgrunden, variationerna, uttolkningarna och slutsatserna – är helt och hållet min. Ofta använder jag ett språk och en stil som jag lyssnat mig till av berättarens inspelningar, men det är jag som författat texten, komponerat berättelsen och målat alla porträtten, inbegripet det som Adam Bromberg själv står modell till.[106]

Boken är ursprungligen skriven på polska under titeln *Memorbuch* men översattes till svenska och utgavs samma år, 2000, på både polska och svenska. Det är alltså egentligen en biografi om men inte av Adam Bromberg men då den är skriven i jagform och baserad på hans egna berättelser, behandlar jag den till stor del som en självbiografi. Jag har valt att skriva "enligt Adam Bromberg" i stället för "enligt Grynbergs Adam Bromberg". Det är viktigt att poängtera detta extra led av förmedling i *Historien om Adam Bromberg*. En annan betydelsefull aspekt för att förstå denna biografis uppkomst är att Adams dotter Dorotea Bromberg spelat en aktiv del i bokens tillkomst och att den är utgiven på Brombergs förlag som hon grundade med sin far och efter hans bortgång drev själv. Dorotea Bromberg är en framstående person inom den aktuella svenskpolskjudiska gruppen. Hon har bland annat talat om sina erfarenheter i ett SR P1 sommarprat från 2004 och i SR P1 Söndagsintervjun från 2020. I samband med en utställning på Judiska museet 2008 skrev hon texten "Kvinnodagen som fick marken att rämna", som återpublicerades 2023 i antologin *1968 – fördrivningen av Polens judar*.[107]

Ett liv i glädje och tårar: en polsk judes öde är en självbiografi i kronologisk ordning av filosofidocenten Zalma Puterman från 2008.[108] Han skrev boken till sina barnbarn som ett sätt att överbrygga det historiska och geografiska avstånd som finns mellan dem:

---

[106] Grynberg, 7f.
[107] Pedersen, *1968 – fördrivningen av Polens judar*, 48–52.
[108] Puterman, *Ett liv i glädje och tårar*.

> De vet i princip inte någonting om min härkomst och hur jag hade det när jag var i deras ålder, eller om mitt liv överhuvud taget samt omständigheterna kring det – bortsett från enstaka historier som jag berättat för dem i olika sammanhang.[109]

Zalma Puterman föddes 1931 i vad han kallar en typisk Shtetl i likhet med den miljö som beskrivs av Isaac Bashevis Singer.[110] Boken spänner över andra världskrigets utbrott, flykten till Sovjetunionen och hur hans släkt mördas i Förintelsen, återkomsten till och livet i det kommunistiska Polen fram till den antisemitiska kampanjen. Puterman lägger även vikt vid att beskriva emigrationen och livet i Sverige. Den historiska situationen varvas med personliga berättelser, reflektioner och visdomar.

Hilarys historia från 2013 skriven av den kände kriminologen Jerzy Sarnecki är en biografi om hans far, Hilary Sarnecki, men även till stor del en berättelse om Jerzy Sarnecki själv.[111] Det är huvudsakligen ett djupgående intervjuprojekt som bygger på en serie intervjuer som genomfördes med fadern fram till hans död. Hilary har en imponerande förmåga att berätta. Till stor del återberättar Jerzy Sarnecki sin faders berättelse med en omfattande mängd citat. Han väver dock ihop faderns berättelse med sina egna minnen och ibland inflikar han historiska kontextualiseringar för att sätta in faderns berättelser i ett sammanhang som blir begripligt för en svensk läsekrets. Utöver att Hilarys historia presenteras innehåller boken även en pågående dialog mellan far och son om livet, historien, antisemitismen, Polen, Sverige, kommunismen och mycket mer.

Åka skidskor i Warszawa är psykiatrikern Emilia Degenius självbiografi från 2014.[112] Boken byggs upp av två konsekventa tidsspår som presenteras i växelvisa avsnitt. Det ena handlar om Degenius som barn och ungdom, eller om Emilia Białostocka som hon hette då. Det andra tidsspåret handlar om när hon på 2010-talet söker efter kunskap om sin barndom och ungdom, sina föräldrar och hela det historiska sammanhang hon var en del av. Degenius är psykolog till yrket, och det präglar hennes förståelse av sina erfarenheter. Eller kan det vara tvärtom, att hennes erfarenheter och förståelsen av dessa har lett henne till denna yrkesbana. I vilket fall får läsaren av *Åka skridskor i Warszawa* följa ett sökande efter ursprung som leder till en konfrontation med den antisemitiska kampanjen, den polska antisemitismen och en mor som försöker navigera den uppkomna situationen. De två tidsspåren åtskiljs av en distinkt linje, migra-

---

[109] Puterman, 8.
[110] Puterman, 12.
[111] Sarnecki, *Hilarys historia.*
[112] Degenius, *Åka skridskor i Warszawa.*

tionen, som leder till att hon byter namn, språk och i flera bemärkelser identitet. Modern avlider under samma period och det innebär ett brott med kontakten till hennes polska rötter. På det sättet blir det senare tidsspåret berättelsen om en mogen kvinna som försöker blicka över en bruten tidslinje och i och med det återuppta kontakten med ett Polen som framstår som skrämmande.

Huset med de två tornen från 2018 är journalisten och författaren Maciej Zarembas biografi över sina föräldrar. Precis som i Jerzy Sarneckis exempel även till stor del en biografi över sig själv.[113] Zaremba har gjort ett genomgående arkivarbete i kombination med egna minnen, ibland ägnar han sig åt en initierad historisk spekulation. Vid några tillfällen tilltalar han någon av sina föräldrar direkt i sina försök att förstå dem. Det är å ena sidan en väldigt personlig bok som handlar om Zarembas sökande efter sitt ursprung samtidigt som att den å andra sidan är en ingående historieskrivning över centrala aspekter av den polska judenhetens- och Polens historia. På detta sätt är boken skriven i en stil som är utmärkande för den granskande samhällsjournalisten Maciej Zaremba, samtidigt som den innehåller ett djupt personligt och känslomässigt sökande kring honom själv och hans föräldrar.

Flykten till Marstrand är en bok från 2020 av fysikern och författaren Anna Grinzweig Jacobsson som utgår från de polskjudiska flyktingar som 1969 kom till en förläggning på ön Marstrand för att lära sig svenska.[114] Hon kom dit när hon var sex år gammal, och på det sättet blir det delvis en självbiografisk bok. Hon följer upp ett antal personer som var på Marstrand och intervjuar dessa om tiden där, flykten och att starta ett nytt liv i Sverige. Det ligger nära till hands att beskriva boken som en kollektiv biografi över de 17 intervjuade. Deras utsagor blandas i tematiskt ordnade avsnitt där de olika individernas utsagor vävs samman och den kollektiva erfarenheten framträder. Framställningen är inte helt olik hur jag analyserar den kollektiva erfarenheten ur de individuella.

En låda apelsiner är en bok av Lena Einhorn som är baserad på journalisten och författaren Jackie Jakubowskis liv. Einhorn har tidigare skrivit om sin polskjudiska mammas överlevnadsberättelse i *Ninas resa*.[115] Hon har alltså en nära relation till polskjudiska livsöden i anslutning till Förintelsen, både som författare och som privatperson. Einhorn har poängterat att *En låda apelsiner* är en roman, att det rör sig om skönlitteratur, men den verkliga personen Jackie Jakubowski med sin specifika levnadsberättelse framträder med stor tydlighet, vilket gör att denna roman framstår som en tämligen klassisk biografi. Exempelvis dediceras boken på följande sätt: ”Till minne av Joachim Marek Jakubow-

---

[113] Zaremba, *Huset med de två tornen.*
[114] Grinzweig Jacobsson, *Flykten till Marstrand.*
[115] Einhorn, *Ninas resa.*

ski, som gav mig förtroendet att förvalta hans berättelse."[116] Jakubowski var från 1980 till 2015 chefredaktör för *Judisk Krönika* och han skrev vid flera tillfällen om sitt liv. Han sommarpratade i P1 2006. Det han berättade då går igen i *En låda apelsiner*.

Utöver dessa verk finns det ett antal böcker som bör nämnas i sammanhanget. *Jag var barn i Gulag* är skriven av Julian Better, som föddes 1937 i ett sovjetiskt fängelse. [117] Han växte upp i Gulag och kom tillsammans med sin mor till moderns hemland Polen efter andra världskrigets slut. På grund av den antisemitiska kampanjen i Polen kom han till Sverige 1970.[118] Som titeln antyder ligger fokus på hans upplevelser som barn i Sovjetunionen. Livet efter den antisemitiska kampanjen eller migrationen till Sverige behandlar han inte. Jurek Sawka har skrivit romanen *Quality time*. Boken innehåller självbiografiska inslag, men är i stort ett fiktivt verk. Även den historiska romanen *Hemma inte hemma* av Danuta Ciasnocha är baserad på historiska erfarenheter av de som emigrerade i anslutning till den antisemitiska kampanjen.[119] Dessa böcker har bidragit till min förståelse av deras historiska erfarenheter även om de inte behandlats direkt som analysmaterial.

Levnadsberättelser

Den andra materialtypen som jag har analyserat är levnadsberättelserna som samlats in genom skrivuppropet *Vi, de fördrivna* på Nordiska museet och den digitala plattformen Minnen.se.[120] Jag har även fått läsa en rad levnadsberättelser som inte inkluderats i insamlingen, dels av integritetsskäl, dels för att de aldrig blev färdigskrivna. Den genomsnittliga levnadsberättelsen är betydligt kortare än den kortaste publicerade biografin. Den kortaste levnadsberättelsen är enbart någon sida lång. Levnadsberättelserna innehåller en stor bredd av erfarenheter. Jag uppfattar dessa som mer koncentrerade än biografierna. När en människa presenterar sitt liv på en sida inkapslar varje mening ett universum av erfarenheter. Då levnadsberättelserna är kortare i längd är de i stället fler till antalet, vilket skapar en större mångfald än i biografierna. Skrivuppropet vände sig till hela den aktuella svenskpolskjudiska migrationen.

På Minnen.se i insamlingen *Vi. de fördrivna* finns 16 levnadsberättelser tillgängliga för allmänheten. Det är dessa 16 levnadsberättelser som analyserats och tillsammans med biografierna legat till grund för den förståelsehorisont jag

---

[116] Einhorn, *En låda apelsiner*, 5.

[117] Sawka, *Quality time*.

[118] Better, *Jag var barn i Gulag*.

[119] Ciasnocha, *Hemma inte hemma*.

[120] Referenser till levnadsberättelserna skrivs med skribentens för- och efternamn samt sidnummer.

närmat mig dialogerna från. Utöver dessa 16 levnadsberättelser har jag tagit del av tre levnadsberättelser till som skribenterna velat visa men i övrigt behållit för sig själv. I skrivkursen på Paideia har jag även läst och diskuterat åtskilliga utkast till självbiografiska texter som ännu inte resulterade i färdiga levnadsberättelser. Alla dessa opublicerade och oarkiverade texter har haft en betydande påverkan på min analys även om jag inte citerar dem.

De som skrivit om sitt liv till insamlingen *Vi, de fördrivna* har inte enbart uppmuntrats till att berätta om sina egna liv utan även om sina föräldrar och tidigare generationer. Jag har kommunicerat en sådant intresse till dem både muntligen och i den skriftliga frågelista som skrivuppropet bygger på.[121] Deras självnarration drar därmed linjer bakåt i tiden, till tiden före deras egen födelse. De orienterar sin identitet historiskt. De vet att de skriver sin levnadsberättelse; personerna, platserna och händelserna ur det förflutna som de väljer att lyfta fram har alltså något med deras egen person att göra.

Levnadsberättelserna är tillkomna i ett dialogiskt sammanhang i vilket jag har varit delaktig. De är ett svar på ett skrivupprop som jag formulerat under Nordiska museets flagg, och till skrivuppropet har det funnits en frågelista som jag formulerat till hjälp för de skrivande. Jag har även testat och diskuterat frågelistan med några av dem innan jag publicerade insamlingen på Minnen.se. Utöver att jag formulerat frågorna har jag korresponderat med eller träffat dem under skrivandets gång och på det sättet har jag försökt stötta deras skrivande. Ganska ofta har de varit måna om att ge mig det format som jag vill ha, samtidigt som jag försökt bedyra att de själva får välja på vilket sätt de vill framställa sina erfarenheter.

Levnadsberättelserna är skrivna av människor födda mellan 1926 och 1971. Det finns även äldre personer som visat intresse för projektet men som valt att inte skriva för att de inte har kunnat motiverat sig att skriva om det jämförelsevis stillsamma livet i Sverige när det jämförs med deras erfarenheter kring andra världskriget eller från Sovjetunionen under Stalintiden. Den centrala orienteringspunkten är Förintelsen. De som överlevt den, på något sätt, ser denna erfarenhet som central att berätta framför senare erfarenheter som den antisemitiska kampanjen. Levnadsberättelserna är skrivna från 2020 till och med 2024. Det betyder att det generellt dröjde drygt 50 år mellan migrationen och författandet av levnadsberättelsen.

---

[121] Se Bilaga 1, Frågelista för insamlande av levnadsberättelser.

Inspelade dialoger

Jag testar mina analyser tillsammans med mina dialogpartners. Även dessa inspelade dialoger tillhör den digitala samlingen på Minnen.se. Den dialogiska aspekten som även varit närvarande i arbetet med skrivna levnadsberättelser hamnar sålunda här i centrum. Samlingen innehåller tio inspelade dialoger med sammanlagt 26 deltagare. Det finns även en omfattande individuell intervju på cirka tre timmar med Maria Rotstein i den del av samlingen som inte är tillgänglig på nätet. Dialogerna har spelats in under en rad olika situationer. Det har varit en hermeneutisk process som kontinuerligt utvecklat dialogernas form och innehåll. De första dialogerna var betydligt friare från min sida, medan de senare kom att följa en tydligare ordning som baserades på de analytiska slutsatser som hade formerats. Inspelningen skedde varvat med analytiskt skrivande, vilket har gjort att analysen har kunnat växa fram kontinuerligt.

Ursprungligen baserades dialogerna på det jag hade lärt mig av biografierna och levnadsberättelserna. Sedan har dialogerna utvecklats efter det som framkommit under den pågående insamlings- och forskningsprocessen. Analysen har fördjupats. Även om jag har haft intentionen att ha gemensamma analytiska samtal om deras erfarenheter, har dialogerna periodvis präglats av ett kronologiskt berättande om den egna livsbanan. Det är ofta en förutsättning för att komma till den punkt i dialogen där alla blir beredda att diskutera med varandra.

Insamlingen består således av både skrivna levnadsberättelser och intervjuer. Intervjuerna har genomförts som utforskande dialoger där 2–7 personer har samlats för att samtala och diskutera sina erfarenheter tillsammans med varandra och mig. Dialogerna har förberetts genom min läsning av tidigare forskning, biografier och levnadsberättelser, vilket är förutsättningen för att kunna leda ett utforskande samtal om deras erfarenheter. Det har funnits en spänning under dialogerna mellan att ge kronologiska livsnarrativ och att diskutera specifika gemensamma aspekter av deras erfarenheter. Jag har försökt att balansera dessa två i en ambition att fördjupa centrala teman bland deras erfarenheter.

Det finns tre individuella intervjuer med i insamlingen som bryter av mot den generella bilden av gruppdialoger som analyserar centrala teman bland deras historiska erfarenheter. Den första är med Michael ”Misiu” Edelman, som har fungerat som en social organisatör för den aktuella gruppen polska judar i Sverige. Hans resor, läger och andra sociala arrangemang har spelat en central roll för sammanhållningen i de sociala nätverken. Därför valde jag att intervjua honom individuellt om hans erfarenheter från denna verksamhet i relation till hans egen livshistoria.[122] Den andra individuella intervjun är med Maud Edgren Schori, som arbetade på den svenska ambassaden i Warszawa under den antisemitiska kampanjen. För många av dessa polskjudiska migranter var hon deras första kontakt med svenska myndigheter. Då hennes perspektiv på händelserna skiljer sig från övriga deltagare valde jag att intervjua henne individuellt.[123] Den tredje individuella intervjun är med Roman Wasserman Wroblewski som har varit aktivt engagerad i att utveckla Förintelseminnet i Sverige.[124] I samlingen på Nordiska museet finns även tre timmar intervju med Maria Rotstein som föddes 1926. Intervjun handlar till stor del om hennes erfarenheter från Sovjetunionen under kriget.[125]

Empiriska begrepp

Antisemitism

Ett begrepp som är bärande i de studerade historiska erfarenheter är antisemitism. Antisemitism är ett debatterat begrepp med många olika definitioner. Forskningen om antisemitism befinner sig långt ifrån någon konsensus kring definitionen. Bland annat råder oenighet kring om antisemitism bör beskrivas som en form av rasism eller om antisemitism främst bör förstås som ett separat fenomen. Det råder en viss uppdelning mellan forskning om rasism och antisemitism, och de två forskningsfälten är till stor del åtskilda.[126] Denna konflikt överlappar även en större social konflikt kring tolkningen av antisemitism och rasism. Den mest institutionellt etablerade och spridda definitionen av antisemitism är den så kallade Stockholmsdeklarationen som *International Holocaust Remembrance Alliance*, IHRA, står för. IHRA definierar att antisemitismens uttryck "kan inkludera sådana som riktas mot staten Israel som en judisk samfälldhet".[127] De historiska erfarenheter som studeras här innehåller en antisemitisk kampanj som utgav sig för att vara antisionistisk.

Jag använder antisemitism främst som en empirisk kategori för att beskriva vilken roll den spelar i de kommunicerade historiska erfarenheter som studeras här. Jag låter min förståelse av antisemitism framträda ur empirin. Det är inte mitt primära syfte att bidra till en förståelse av antisemitism i sig utan mitt syfte är att förstå historiska erfarenheter som i skiftande utsträckning handlar om

---

[122] Intervju Michael "Misiu" Edelman
[123] Intervju Maud Edgren Schori
[124] Intervju Roman Wasserman Wroblewski
[125] Intervju Maria Rotstein, fil 1–3.
[126] För svenska exempel som behandlar relationen mellan dessa forskningsfält se Andersson och Kvist Geverts, "Antisemitismen: antirasismens blinda fläck?"; Sältenberg, *Anti-Jewish racism*, 31–34.
[127] "IHRA Arbetsdefinitionen av antisemitism".

antisemitism. Malin Thor Tureby och Emma Hall tillämpar ett motsvarande angreppssätt i sin studie av antisemitism i artikeln "Historiska perspektiv på judiska kvinnors berättelser om erfarenheter av antisemitism i Sverige under 1900-talet och 2000-talet". De skriver:

> I likhet med den israeliska historikern Manuela Consonni menar vi att antisemitism är ett historiskt fenomen och inte en analytisk kategori (se t.ex. Consonni 2022, 2023). Därmed utgår vår studie från kvinnornas tolkningar av vad de benämner som eller berättar om erfarenheter av antisemitism och inte från en på förhand fastslagen definition av antisemitism. Den brittiska sociologen och genusvetaren Nira Yuval-Davis argumenterar för att definitioner aldrig är neutrala utan alltid härrör från politiska och sociala kontexter, värderingar och intressen. Hon menar därför att forskning om alla former av rasism bör operationalisera vad den studerar i en dialogisk process med de som deltar i forskningsprojektet och inkludera deras situated gazes (situerade blickar) (Yuval-Davis 2023). Yuval-Davis kallar detta för intersektionalitetens dialogiska epistemologi. Vi söker att följa Yuval-Davis uppmaning och gör detta med utgångspunkt i begreppet shared authority (delad auktoritet) som betonar vikten av att inte enbart lyssna efter och redogöra för vad de intervjuade berättar om sina erfarenheter, utan även hur de tolkar sina erfarenheter (Frisch 1990).[128]

Med referens till Consonni, Yuval-Davis och Frisch studerar de dialogiskt situerade tolkningar av antisemitism. Frisch är redan en betydelsefull tänkare i min formulering av en hermeneutisk oral history och dialog är dess mest grundläggande begrepp.

Vad som uppfattas som antisemitism skiljer sig rimligtvis mellan individer inom den aktuella svenskpolskjudiska gruppen och därmed behöver jag hålla mig flexibel till olika sätt att förstå antisemitism. På grund av detta förhållningssätt vill jag anamma en bred förståelse av det historiska fenomenet antisemitism för att kunna inkludera samtliga sätt som fenomenet framträder i de historiska erfarenheter som studeras. När antisemitism behandlas explicit eller när olika gestaltningar förekommer av antijudiska attityder, åsikter, handlingar etcetera, då kommer de att inkluderas i min analys av antisemitismens historiskt orienterande funktion.

När jag analyserar den polskjudiska gruppens erfarenheter har jag uppfattat att de oftast talar om en strukturellt etablerad antisemitism. Strukturell antisemitism är inte något ord som används i biografierna eller levnadsberättelserna, utan det är ett begrepp som jag använder för att beskriva den hög-

---

[128] Thor Tureby och Hall, "Historiska perspektiv på judiska kvinnors berättelser om erfarenheter av antisemitism i Sverige under 1900-talet och 2000-talet", 55.

frekventa återgivningen av antisemitism i Polen som förekommer i biografi-erna. Jag väljer begreppet för att visa på den antisemitism som finns i de sociala strukturerna, det som alla måste förhålla sig till. Alltså framträdde inte anti-semitismen främst som en genomtänkt ideologi som företräds av bekännande antisemiter. I stället handlar det huvudsakligen om att beskriva den manifesta antisemitism som finns brett och djupt etablerat i det polska samhället. Jag har talat om avgränsningen strukturell kontra ideologisk antisemitism med dem i dialogerna. När jag försökt att reflektera deras erfarenheter genom dessa begrepp har de accepterat dem. Det som jag kallar strukturell antisemitism har kallats diskurs–antisemitism inom svensk historisk forskning. När Lars M Andersson beskriver antisemitismen som en hegemonisk diskurs understryker även det att den är strukturellt etablerad.[129] Om något har hegemoni finns det i de sociala strukturerna.

Den antisemitism som främst förekommer i min studie är den polska antisemitism som spelar en central roll i deras historiekultur. Frågor kring polsk antisemitism är avgörande för den historiska orienteringen hos denna grupp svenskpolska judar. Därför vill jag här kort introducera fenomenet polsk antisemitism. Historikern Joanna Michlic har i *Poland´s Threatening Other: The Image of the Jew from 1880 to the Present* beskrivit antisemitismens roll i för den polska nationalismen. Michlic positionerar sig mot historieskrivning som enligt henne förringar den polska antisemitismen men hon motsätter sig även en attityd som mytologiserar polsk antisemitism. Hon skriver:

> This book opposes an attitude that can be found in popular collective Jewish memory that presents Polish anti-Semitism as "unique" or "uniguely extreme," as equal to or "even more severe" than Nazi anti-Semitism, with its full-scale genocidal solution to the "Jewish question."[130]

Detta påpekande är av betydelse i mitt arbete. Jag studerar historiska erfar-enheter av människor som drabbats av polsk antisemitism, som varit måltavla för en antisemitisk kampanj som ledde till att de lämnade landet. Hela projektet bär på en risk att mytologisera polsk antisemitism som jag är medveten om.

Att likt Michlic beskriva judar som *Poland's Threatening Other* överensstäm-mer med den judiska *countertype* som historikern George L. Mosse beskriver i *The Image of Man: The Creation of Modern Masculinity*. En betydelsefull motbild i konstruktionen av nationen, manligheten, framsteget, västerlandet etcetera. Studier som *Polands Threatening Other* och *Fear* av Jan Tomasz Gross

---

[129] Andersson, *En jude är en jude är en jude.*
[130] Michlic, *Poland's threatening other*, 13.

belägger tydligt att den strukturella antisemitismen i Polen har varit av stor betydelse. När jag studerar dessa polska judars historiska erfarenheter utgår jag från detta konstaterande. Jag tar forskningen till dialogen, det gör även de i varierande mån. Tillsammans försöker vi förstå vilken roll den strukturella antisemitismen har spelat i deras liv. Perspektivet är från 2020-talet, det måste inkluderas i förståelsen av resultatet. Avhandlingstexten, som fryser och presenterar detta dialogiska och retrospektiva resultat, presenterar historia på en nivå av kommunicerade historiska erfarenheter. Det är några nivåer från en aktörsnära analys av vad som drev de som initierade den antisemitiska kampanjen. Samtidigt är kommunicerade historiska erfarenheter ett perspektiv för att bidra till förståelsen av en strukturell antisemitism.

Vad ska jag kalla dem?

Vad ska jag kalla de människor vars historiska erfarenheter jag studerar? Denna fråga innehåller en rad dilemman som jag burit med mig genom hela avhandlingsarbetet. I tidigare forskning har de kallats invandrare, tvångsmigranter eller flyktingar. Jag har även diskuterat detta dilemma med flera av dem och fått olika synpunkter på hur de bör benämnas. Under ett skrivkurstillfälle kom en spontan diskussion upp om de var flyktingar eller ej. Flera argument dök upp för båda sidor. Samma sak gäller ifall de betraktar det som en fördrivning. Några fruktade för sitt liv ifall den antisemitiska utvecklingen hade eskalerat medan andra såg detta som en chans att få emigrera till ett friare samhälle. Jag har valt att använda begreppet flykting för att understryka det hotfulla och förtryckande i situationen. Dels har jag fått den uppfattningen genom tidigare forskning, dels genom alla erfarenheter som kommunicerats till mig i insamlingen. Enligt den större bild jag fått tolkar jag det inte som något fritt val att emigrera. Men, det är fortfarande ett dilemma att jag inkluderar en del människor som inte ser sig själva som flyktingar i en flyktingkategori.

Nästa steg i begreppsproblematiken kring de jag arbetar med är ifall någon är en flykting under flykten, under själva resan och ometableringstiden eller om en flykting är en flykting hela livet. På samma sätt som människor kallas invandrare hela sitt liv trots att själva invandrandet kan ha skett för årtionden sedan. Det talas till och med om andra och tredje generationens invandrare. Hur länge måste man vandra för att komma in? Själva detta språkbruk blir exkluderande och därmed undviker jag begreppet invandrare men på samma sätt kan även flykting tolkas ifall det används långt efteråt. Därför använder jag flykting så länge en individ befinner sig i anslutning till flykten. När jag talar om dem under senare perioder i Sverige kallar jag dem svenskpolska judar. Detta blir ett begrepp som understryker min ansats att skriva svenskpolskjudisk historia och jag har sett att det finns en specifik svenskpolskjudisk gemenskap som spelar roll för majoriteten av de jag mött. Att jag lägger till prefixet svensk, kan möjligen förvirra när vi betraktar deras historiska erfarenheter från före migrationen. Då var de givetvis inte svenska över huvud taget, men hela detta arbete studerar historiska erfarenheter från ett svenskt perspektiv, den historiska erfarenheten formuleras och kommuniceras i Sverige. Alltså förståelsen av allt utgår från Sverige i det tidsskikt de berättar i. De är även svenskar, svenska medborgare som skrivit och talat på svenska om sina liv till en insamling på Nordiska museet.

Kommunism

Kommunism har en central plats i de historiska erfarenheter som dessa svensk-polska judar kommunicerar. Det har även ett starkt meningsbärande värde i den svenska historiekultur som de kommunicerar sina erfarenheter i. Det finns en rad olika betydelser och laddningar av kommunism och kommunist vilket kommer att behandlas i de olika empiriska kapitlen.

Folkrepubliken Polen kallas allmänt för ett kommunistiskt samhälle och det styrande partiet kallas för kommunistpartiet. Ordet fanns dock inte med i partinamnet: *Polska Zjednoczona Partia Robotnicza* (PZPR), vilket betyder polska förenade arbetarpartiet. Det äldre polska kommunistpartiet hade upplösts av Stalin 1938. En del av dess medlemmar mördades medan andra kunde fortsätta sin politiska bana efter kriget i PZPR. PZPR hade en marxist-leninistisk ideologi och det stod under sovjetisk kontroll enligt kalla krigets logik. Alla som deltagit i *Vi, de fördrivna* har kallat PZPR för kommunistpartiet eller bara partiet. Det är ett språkbruk som jag följer i avhandlingen.

En kommunist kan betyda olika saker i olika sammanhang. Dels kan det betyda att personen i fråga är med i ett kommunistiskt parti. Det kan också betyda att någon är övertygad om en kommunistisk ideologi. I olika perioder och situationer fylls detta med olika laddningar. Det gäller alltså att läsa analysen med en öppenhet och historisk känslighet för kommunism-begreppets rör-lighet.

Disposition

Avhandlingen består av sju kapitel. Ett inledande kapitel som förklarar studiens kunskapsintresse och teoretiska ram; ett avslutande kapitel som summerar och diskuterar resultaten och däremellan fem empiriska kapitel. De empiriska kapitlen är både tematiskt och kronologiskt ordnande. De historiska erfaren-heter som analyseras presenteras utifrån den grundläggande kronologi som uttrycks kollektivt i deras historiska erfarenheter. Själva kapitelrubrikerna kan betraktas som beskrivningar av studiens mest grundläggande resultat. Det finns två grundläggande brytpunkter som ordnar deras historiska erfarenheter. Det första och mest betydelsefulla är Förintelsen. Det andra är den antisemitiska kampanjen tillsammans med migrationen som hörde samman med den. Dessa två brytpunkter skapar en kronologi i fem akter. 1. Före, 2. Första brytpunkten, 3. Emellan, 4. Andra brytpunkten, 5. Efter.

Varje kapitel innehåller ett avsnitt med avslutande reflektioner som underlättar läsningen genom att summera kapitlets slutsatser samtidigt som de relaterar till helhetsanalysen av deras historiska erfarenheter: erfarenhetskronologin i stort. På det viset pekar de avslutande reflektionerna vidare mot kommande kapitel. Många teman återkommer i olika kapitel och fördjupas, erfarenheterna från de olika tidsskikten hänger samman och påverkar varandra. Jag har lagt stor vikt vid att ge rikligt med empiriska exempel så att läsaren har möjlighet att tränga in i materialet via min analys och förnimma rösterna jag varit i dialog med. För den läsare som enbart vill få en överblick av studiens resultat går det att läsa främst de olika sammanfattande diskussioner som avslutar varje kapitel.

Jag avslutar detta introduktionskapitel med ett empiriskt exempel från de insamlade levnadsberättelserna. I detta citat sammanvävs hela den kronologi som strukturerar den undersökta gruppens historiska erfarenheter. Leona Leah Rapoport skriver om sin uppväxtmiljö:

> Min familj följde det judiska ortodoxa livet och jag fick anpassa mig. Jag åt aldrig fläsk eller annat kött hos andra familjer som inte höll kosher! Det pratades flera språk i hemmet. Mina föräldrar och farbror pratade Jiddisch och mina föräldrar pratade även hebreiska. Jag svarade alltid på polska. Jiddisch var för mig ett onödigt språk, då vi bodde i Polen. Livet erbjuder flera överraskningar, sedan 13 år tillbaka är jag nämligen med i en Jiddischcirkel, där vi träffas var 3:e vecka hos någon. Idag kan vi alla i cirkeln läsa texter på Jiddisch och översätta till svenska. Vi är för närvarande 13 personer och träffas under pandemi genom ZOOM. Jiddisch är mitt favoritspråk och jag deltar, sedan mer än 13 år tillbaka, alltid vid Jiddisch sommarseminariet som organiseras av Jiddischförbundet i Sverige under augusti månad.[131]

Den äldre polskjudiska historien med sina traditioner och språk fanns närvarande i hemmet men hon själv svarade alltid på polska. Efter den antisemitiska kampanjen och flykten till Sverige kom hon att orientera sig bort från det

---

[131] Leona Leah Rapoport, 5.

majoritetspolska och i stället orientera sig mot jiddisch, föräldrarnas och den polska judenhetens språk. Det är svårt att sortera citatet som tillhörande en viss tidpunkt. Analysen kommer att återkomma till detta citat men här vill jag främst visa ett tydligt exempel på hur samtliga betydelsebärande tidsskikt samspelar för att kommunicera detta betydelsefulla budskap om hennes historiska orientering. Det är sådan orientering genom historiska erfarenheter som denna avhandling handlar om.

Tiden före: sökande efter ursprung i den polskjudiska kulturen före Förintelsen

Polen är ett av de viktigaste länderna i judendomens historia. Landet utgör sedan medeltiden kärnområdet för den askenasiska judenheten och dess jiddischspråkiga kultur. Av de runt tre miljoner judar som levde i landet i början av 1900-talet var det många som levde ett traditionellt religiöst judiskt liv samtidigt som många började att distansera sig från det traditionella i såväl religiös som i vidare kulturell mening. Bland de polska judarna fanns många olika föreställningar om hur de bäst skulle möta modernitetens utmaningar, men det var Förintelsen som förändrade allt i grunden. Den äldre jiddischspråkiga judiska kulturen i Polen närmast utplånades.[132] Samtidigt står det klart att minnet av denna kultur idag utgör en betydelsefull historisk orienteringspunkt för judar globalt.[133]

Den övergripande frågan i det här kapitlet är vilken mening och funktion de kommunicerade historiska erfarenheterna av det judiska livet i Polen före Förintelsen har för de judar som migrerade till Sverige till följd av den polska antisemitiska kampanjen som inleddes 1967. Som nämnts är de flesta personerna som står i fokus för den här avhandlingen födda efter andra världskriget. Det ska därför understrykas att de historiska erfarenheter som analyseras i detta kapitel är av en annan karaktär än i efterföljande kapitel. Endast ett fåtal har egna minnen från tiden före Förintelsen. Det är nästan uteslutande bland personerna vars liv skildras i biografierna som tillhör denna äldre generation. I stort handlar det om att närma sig ett tidsskikt som de flesta i denna svensk-polskjudiska grupp som undersöks inte har upplevt själva, men som ändå utgör en väsentlig orienteringspunkt från vilken de kommunicerar vidare historiska erfarenheter. De erfarenheter av det polskjudiska livet före Förintelsen som kommuniceras genom levnadsberättelserna har dels överförts till skribenterna från äldre generationer. Dels torde det röra sig om direkta eller indirekta hän-

---

132 Polonsky, *The Jews in Poland and Russia*. Den sista delen i Polonskys omfattande serie om judarna i Polen och Ryssland är en god introduktion till detta moderna skeende i den polskjudiska historien. Årsboken Polin studies in Polish Jewry från 1994 belyser olika aspekter av judiska liv i det självständiga Polen 1918–1939 i 17 artiklar. Polonsky m.fl., *Jews in Independent Poland 1918–1939*.
133 Polonsky, *The Shtetl*.

visningar till de dominerande berättelser som utmärker vår tids polskjudiska historiekultur. En sådan, särskilt tongivande och meningsskapande berättelse är vad jag här vill beteckna som *shtetlnarrativet*. I det följande ska shtetlnarrativets innehåll samt mening och funktion i nutida historiekultur kring den polskjudiska historien först presenteras. Mot denna mer generella bakgrund ska sedan biografierna, levnadsberättelserna och dialogerna analyseras. Som utgångspunkt för de kommande analyserna fungerar dessa frågeställningar: Hur förhåller sig de kommunicerade historiska erfarenheterna till det tongivande shtetlnarrativet? På vilka sätt utgör det en orienteringspunkt från vilken historiska erfarenheter förmedlas och struktureras i biografier, levnadsberättelser och dialoger? Hur utgör de kommunicerade historiska erfarenheterna om tiden före Förintelsen ett identitetsmässigt ursprung?

Begreppet ursprung har nästan mytiska konnotationer. Jag talar här om ursprung som en form av begynnelsemyt, där en människa andligen eller känslomässigt kommer från. Ursprunget är den historiska startpunkten för självförståelsen. Jag uppfattar sökande efter ursprung som en historisk orientering och inte som en konstruktion. Det är i dialog med samtiden och våra historiska erfarenheter som vi söker förstå vårt ursprung. Människor som fritt konstruerar sitt ursprung utan att bry sig om dessa dialogiska aspekter tenderar att uppfattas som icke-trovärdiga eller irrationella. Jag betraktar i stället sökandet efter ursprung som ett genuint försök att komma i kontakt med de delar av det förflutna som en enskild människa eller en grupp anser sig höra samman med. Mitt sätt att betrakta sökande efter ursprung är i detta avseende till betydande del inspirerat av det Jörn Rüsen beskriver som människans historiska orientering för att formulera identitet, både kollektivt och individuellt.[134]

Shtetlnarrativet

Shtetl betyder småstad på jiddisch. Före Förintelsen bodde den polska judenheten till stor del i shtetlar, även om ett betydande antal judar också levde i storstäderna. Diskussionen om vad som bör räknas som shtetl i motsats till byar, storstäder eller småstäder som inte har en tillräckligt judisk prägel, är omfattande. Det råder även en diskrepans mellan vad som uppfattades som en shtetl då de fortfarande fanns och vad som betraktas som shtetl utifrån en senare

---

[134] Rüsen, "How to Make Sense of the Past – Salient Issues of Metahistory". Detta tema, historiemedvetande och identitet, är ett återkommande tema i boken och i Rüsens tänkande i stort.

historiekultur.[135] Shtetl-miljön, den kultur och det samhälle som den förknippas med, har en dominerande ställning i estetiska skildringar av den polska judenheten före Förintelsen. Jag väljer att beskriva det som ett "shtetlnarrativ". Detta narrativ gestaltas och traderas i många olika sammanhang och genom åtskilliga vitt skilda uttrycksformer. De mest frekventa uttrycken är genom Marc Chagalls målningar, Isaac Bashevis Singers litteratur och musikalen *Spelman på taket* som är baserad på Sholem Aleichems *Tevje der milkhiker*. Med shtetlnarrativet menar jag det idealiserande judiska narrativ som dominerar historiekulturella föreställningar om den polskjudiska kulturen före Förintelsen.

På jiddisch kan shtetl syfta på vilken småstad som helst. Hudiksvall benämns som en shtetl på jiddisch trots att det inte finns någon påtaglig judisk prägel på orten i fråga. Men på alla andra språk som lånar ordet shtetl från jiddisch betyder det en judisk småstad i Öst- eller Centraleuropa.[136] Shtetl är inte ett uteslutande polskjudiskt fenomen. Det bör snarare kopplas till det större Jiddischland som Polen i dess olika historiskgeografiska manifestationer utgjort en central del av. Samtidigt har Jiddischland alltid varit större än Polen. Årsboksserien *Polin*, som sedan 1986 har belyst olika aspekter av polskjudisk historia hade 2004 temat *The Shtetl: Myth and Reality*. Boken utgår från spänningen mellan den föreställda shtetln och den faktiska historiska shtetln, mellan myten och verkligheten.

Historikern Ben-Cion Pinchuk beskriver hur den stereotypiska shtetln, myten, redan var etablerad vid 1900-talets början. Han skriver:

> Mendele Mokher Seforim, Y. L. Peretz, and Sholem Aleichem, together of a long list of less famous authors, made a major contribution to the popular conception of the shtetl. The influence of their literary images was so pervasive that one could wonder whether discussions of the shtetl were dealing with literary stereotypes and myths or with a real historical and geographic entity. The question of the existence of a stereotypical shtetl could be raised as early as the beginning of the twentieth century, when much of its traditional structure had already disintegrated and many of its sons and daughters had gone overseas. By finally destroying the shtetl, the Russian revolution, and subsequently the Holocaust, provided the added incentives of nostalgia and guilt to intensify what may be described as the mythical elements in the image of the small town.[137]

---

[135] Polonsky, *The Shtetl*, 3–23. Polonskys inledning till *The Shtetl: Myth and Reality* introducerar denna begreppsdiskussion i kombination med relationen mellan myt och historisk verklighet.
[136] Shandler, *Shtetl: a vernacular intellectual history*, 1–4.
[137] Pinchuk, "How Jewish Was the Shtetl?", 109.

Shtetl som mytisk miljö kommunicerar uppfattningar om det traditionella judiska livet: autenticitet och ursprunglighet. Shtetl kan bli symbol för det traditionella på ett både positivt och negativt sätt. Det rör sig om ett narrativ som understryker det traditionella och riktar ljuset bort från modernitet och förändring trots att social förändring ofta är ett centralt tema i litteratur och andra estetiska skildringar av livet i en shtetl. Modernitet och förändring är ett hot mot shtetlns existens.

Det finns en stor mängd skilda populärkulturella gestaltningar av en traditionell idealiserad judisk shtetl som kommunicerar olika budskap. Det finns även kitsch och antisemitiska gestaltningar som hänvisar till en traditionell polskjudisk värld, till exempel den i Polen populära försäljningen av *money jews* eller *lucky jews,* vilken kan förekomma i områden som tidigare haft en betydande judisk befolkning.[138] I sitt förord till den svenska översättningen av Aleichems *Tevje der milkhiker* skiljer Salomon Schulman Aleichems ursprungliga Tevje från musikalens Tevje, vilken Schulman avskydde. På det viset distanserade han sig mot ett populärt shtetlnarrativ och introducerade en i hans mening mer genuin relation till shtetlns värld. Var människor drar gränsen mellan nostalgi, kitsch och antisemitism varierar, liksom uppfattningar om vad som är äkta och vad som är falskt. Med det sagt vill jag poängtera att det inte finns någon entydighet i gestaltningar av det gamla polskjudiska shtetl-livet. Att Singer fick nobelpriset 1978, att *Spelman på taket* är en av världens mest uppsatta musikaler och att Chagall är en av världens mest berömda konstnärer, vittnar om att shtetlnarrativet är etablerat långt utanför den judiska gruppen. Shtetln är en globalt etablerad miljö och en grundläggande historisk orienteringspunkt. Till exempel heter Anna Svensons bok om den judiska stadsdelen Nöden i Lund just *Nöden: en shtetl i Lund.*[139] Isak- och Anna Nachman gjorde även en dokumentärfilm med samma titel.[140] Blir det en tillräckligt stark östjudisk prägel på ett område kan det kallas för shtetl, även om det ligger i Sverige. Museet över de polska judarnas historia *Polin* har döpt sin digitala webb-portal, som ger tillgång till en stor mängd material om den polskjudiska historien, till *Virtual Shtetl.*[141]

Shtetlnarrativet är på ett grundläggande sätt format av historiekulturen efter Förintelsen. Den viktigaste källan för att minnas de olika shtetlarna är de minnesböcker *yizkor bikher* som sammanställdes under och kort efter Förintelsen, främst i USA och Israel. Dessa böcker skrevs av så kallade *landsmanshaftn*

---

[138] För en omfattande analys av detta fenomen se Bilewicz m.fl., *Na szczęście to Żyd.*
[139] Svenson, *Nöden – en shtetl i Lund.*
[140] *Nöden: en shtetl i Lund.*
[141] "Virtual Shtetl".

som bestod av överlevande och tidigare emigranter från den aktuella orten.[142] Böckerna publicerades i små upplagor och det antogs att de enbart skulle intressera de som kom från eller hade ett ursprung i orten i fråga. *Yizkor bikher* har beskrivits som gravstenar över förstörda samhällen. De är i sig andliga minnesartefakter, religiösa föremål som ansluter till en uråldrig judisk tradition av att minnas samhällen och människor. Genom dem skrivs alltså de förstörda shtetlarna in i den mytiska historien tillsammans med Abraham, Moses, den babyloniska fångenskapen, templets förstörelse etcetera. De bör förstås som en del av en intern judisk historiekultur långt före 1990-talets så kallade memory boom. Det finns alltså en väl utvecklad litterär genre vars syfte är att bidra till åminnelsen av olika shtetlar efter deras förstörelse.[143]

En viktig aspekt för att manifestera shtetlnarrativet hänger samman med chassidismen eller haredim. Utan att gå för långt i detta omfattande ämne bör det understrykas att det finns många judiskt religiösa grupper som har sitt ursprung i det europeiska Jiddischland. Det finns betydelsefulla vallfärdsorter där olika Rebbes, andliga ledare inom chassidisk judendom, har levt. Att haredim även har en traditionell judisk klädsel gör att de genom sin blotta uppenbarelse väcker associationer till shtetlnarrativet. De talar dessutom jiddisch, vilket ytterligare stärker kopplingen till denna miljö. Deras uppenbarelse överbryggar den brytpunkt som Förintelsen utgör och binder samman två distinkt skilda tidsskikt. De införlivar många av den öst- och centraleuropeiska diasporans kulturella och religiösa uttryck i till exempel Israel, Williamsburg eller Stamford Hill. Annorlunda uttryckt kan man säga att de aktiverar shtetlnarrativet genom klädernas historiska estetik.

Spänningen mellan modernitet och tradition

Tiden före Förintelsen, på många sätt en dynamisk tid i den polskjudiska historien, kan framstå från den historiska horisonten på 2000-talet som ett mytiskt, nästan stillastående singerskt urtillstånd. Det tydligaste exemplet på detta fenomen har jag funnit vid sidan av mitt material i Joanna Rubin Drangers grafiska dokumentärroman *Ihågkom oss till liv*, som även den är ett polskjudiskt historiskt orienterande i den egna släktens förflutna. När Rubin Dranger får se fotografier på sina släktingar i Grodno under mellankrigstiden blir hon

---

[142] Adler och Jelen, *Reconstructing the Old Country*. Denna antologi lyfter olika aspekter av det tidiga Förintelseminnet i USA. Se i synnerhet Eliyana R. Adlers bidrag *Mapping a Lost World: Postwar Jews and (Re)creating the Past in Memorial Books* om *Yizkor bikher*. Om yizkor bikher se även Becker, *A Mention to Those not Mentioned: Yizkor Books and Holocaust Memory 1943–2008*.

[143] Se till exempel följande för en introduktion till *Yizkor bikher*. Amir och Horowitz, "Yizkor Books in the Twenty-First Century".

överraskad av hur moderna de ser ut. "De är så närvarande, så moderna. De snygga kläderna, staden, floden, stranden, båtarna..."[144] Det är som att hon föreställt sig en traditionell shtetl med kaftaner och långa skägg hämtad från Chagall, *Spelman på taket* eller Singer.

Shtetlnarrativet, som alltså gestaltar en idealiserad och traditionell judisk värld, är ett narrativ som har en dominant position i den samtida historiekulturen kring gestaltningen av den polskjudiska kulturen före Förintelsen. Av de polska judar som överlevde Förintelsen var andelen traditionella judar, med synliga attribut och en traditionell religiös livsstil, väldigt liten.[145] Det var extremt få som hade egna minnen av en traditionell shtetl-miljö. I historiekulturen har vi alltså den paradoxala situationen att shtetlnarrativet har blivit dominerande, det vill säga den historiska- och litterära miljö som utgör skådeplatsen för den polska judenhetens möte med moderniteten, samtidigt som de flesta överlevande växte upp i andra mer moderna miljöer. Det traditionella och judiska utgör motsats till modernitetens utmaningar.

Flera av de svenskpolska judar jag talat med har tipsat om Andrzej Wajdas klassiska film *The Promised Land* [Zemia obiecana] som utspelar sig under 1800-talet i det högindustriella Łódź. Den visar upp det moderna, dynamiska och mångkulturella i det ännu inte återförenade Polen före första världskriget. Om shtetlnarrativet visar en värld fylld av tusenåriga traditioner och förmodern mystik, visar det modernitetsfokuserade narrativet på en kraftfull förändring, modernitetsprocessen där allt som är fast förflyktigas.[146] Richard Lerner inleder sin levnadsberättelse genom att relatera sin barndomsmiljö i efterkrigstidens Łódź till stadens industriella storhetstid under 1800-talet. Även om den historiska orienteringen här söker ett tidsskikt långt före Förintelsen är det fokuserat på moderniteten:

> Under 1800-talet utvecklades Lodz från ett litet samhälle till att bli en av de mest betydelsefulla textilindustristäderna i Europa. De stora textilindustriimperierna uppbyggda av tyska och judiska familjer fanns inte kvar efter 2:a världskriget och industrin höll på att förlora sin betydelse men fabrikerna stod kvar under hela min uppväxt. Utrustade med maskiner från slutet på 1800-talet pyrde de ut svart rök som lade sig som en hinna över staden och färgade allting grått. När jag under övre tonåren började bry mig om mitt utseende behövde jag alltid byta skjorta innan jag gick ut efter skolan för att slippa de svarta ränderna på manschetterna och kragen. Trots att Lodz storhetstid som industristad var förbi gjorde

---

[144] Rubin Dranger, *Ihågkom oss till liv*, 282.
[145] Polonsky, *The Jews in Poland and Russia*, 628f.
[146] Uttrycket "Allt som är fast förflyktigas" härstammar från Marx och Marshall Berman utgår från det i sin klassiska studie av modernism och modernitet. Berman, *Allt som är fast förflyktigas*.

stadens geografiska närhet till Warszawa (som nästan totalförstördes under krigets slutskede) att den i många avseenden fungerade som landets centrum.[147]

Citatet beskriver Lerners uppväxtstad efter kriget, men det finns flera betydelsefulla historiska referenser till tiden dessförinnan. Först kan vi konstatera det högindustriella tidsskiktets närvaro med koleldade maskiner som spred sin svarta rök över staden. Även det mångkulturella Polen före kriget finns beskrivet genom att tyskar och judar hade byggt upp textilimperierna. Den påtagliga närvaron av tyskar och judar var nästan helt borta när Lerner växte upp. De fanns där före den stora brytpunkten. Kriget och Förintelsen kastar skuggor både framåt och bakåt i den historiska orienteringen.

Egentligen ryms spänningen mellan tradition och modernitet inom shtetlnarrativet. Det idealiserade judiska och antimoderna som shtetlnarrativet representerar, är en kontrast till moderniteten. Om vi djupare granskar shtetlnarrativet möter vi en påträngande modernitet som antites till det traditionella. Det litterära gestaltandet av shtetl-miljön förhåller sig återkommande till en utmanande förändring. Ett karaktäristiskt exempel är *Spelman på taket* där Tevjes traditionella värderingar krockar med döttrarnas, som motsätter sig hans äktenskapsarrangemang utifrån en mer individualistisk och romantisk syn på äktenskap. Även den omvälvande politiska situationen i det ryska imperiet är en grundläggande del i handlingen. Precis som att naturromantik kräver en urban motsats behöver shtetl-romantiken en modern motsats att ta spjärn emot. Chagalls målningar med motiv hämtade från shtetlnarrativet var modernistiska pionjärverk: idealiserade bilder av det traditionellt judiska presenterade genom estetiskt avantgarde.

Genom den svenskpolskjudiska historien har polskjudiska eller östjudiska migranter återkommande uppfattats av både etablerade svenska judar och den svenska majoritetsbefolkningen som förmoderna, bakåtsträvande och oupplysta. Detta kan betraktas som grundföreställningen i östjudefobin, vilket har beskrivits i inledningskapitlet. Även här finns spänningen mellan modernitet och tradition som en central del i beskrivningen av de östliga shtetl-judarna.

Under 2000-talet har den historiska distansen till verklighetens shtetlar blivit så stor att det inte längre utgör ett stigma att orientera sig i riktning mot denna miljö. Östjudiska immigranter betraktades som bakåtsträvande och fundamentalistiska på 1800-talet och det tidiga 1900-talet, medan de som kom till Sverige 1967–1972 i allmänhet betraktades som utan kontakt med den judiska

---

[147] Richard Lerner, 1.

religionen och traditionerna.[148] I båda fallen skapade det friktion i mötet med den svenska judenheten men av motsatta anledningar. Först var östjudarna för antimoderna, sedan var de för moderna. Det finns ytterligare en ambivalens i relationen mellan det östjudiska och det västjudiska som Steven E. Aschheim beskriver i "From Myth to Counter-myth: The Romanticization of the Eastern Jew (1880–1914)". Föreställningar om en förmodern östjude har varit en betydelsefull del inom en västlig judisk identitet, inte enbart som en motbild utan som en mer ursprunglig och genuin jude.[149]

Sökandet efter ursprung

I de historiska erfarenheter som kommuniceras av den svenskpolskjudiska grupp som studeras i den här avhandlingen är shtetlnarrativet som sagt närvarande. Det är en meningsfull historisk orienteringspunkt, men generellt sett är det inte dominerande. När tiden före Förintelsen nämns handlar det främst om erfarenheter från andra miljöer. I biografier, levnadsberättelser och dialoger relateras det till tidsskikt i den polskjudiska historien före Förintelsen som på olika sätt innebar ett sökande efter ursprung. Shtetln var en reell historisk miljö som blivit till en mytisk miljö att förhålla sig till i ett polskjudiskt sökande efter ursprung; den bidrar med bilder, föreställningar, musik och humor som fyller de historiska erfarenheterna med mening. Shtetlnarrativet utformar en grundläggande estetik i ett polskjudiskt sökande efter ursprung. Rüsen pekar på historiemedvetandets betydelse för att forma och uttrycka identitet. I nuet, på tröskeln mellan ursprung och framtid åkallas det förflutna i en både individuell och kollektiv formulering av historiska erfarenheter. Hela denna temporala orientering, ursprung – nu – framtid, är en intellektuell aktivitet av avgörande betydelse för människors identitet.[150]

Som påpekats tidigare har jag i insamlingsarbetet kommunicerat ett intresse för föräldrar och tidigare generationer, både muntligen och i den skriftliga frågelista som skrivuppropet bygger på.[151] Deras självnarration drar därmed linjer bakåt i tiden, till tiden före deras egen födelse. De formulerar sig självständigt kring deras judiska ursprung, men det finns också ett tydligt intresse

---

[148] Hammarström, *Nationens styvbarn*, 2007; Carlsson, *Medborgarskap och diskriminering*; Besserman, "'… eftersom nu en gång en nådig försyn täckts hosta upp dem på Sveriges gästvänliga stränder'. Mosaiska församlingen i Stockholm inför den östjudiska invandringen till staden 1860–1914". Dessa tre verk behandlar den östjudefobiska synen på den äldre östjudiska migrationen till Sverige. För krocken mellan den polskjudiska migration som står I centrum här och den svenska judenheten se kapitel 6: I Sverige.
[149] Aschheim, "From myth to counter-myth: The romanticization of the Eastern Jew (1880–1914)".
[150] Rüsen, "How to Make Sense of the Past – Salient Issues of Metahistory", 179f.
[151] Se Bilaga 1, Frågelista för insamlande av levnadsberättelser.

för detta formulerat av mig, deras dialogpartner. De skriver sin levnadsberättelse till en offentlig insamling, vilket gör att personerna, platserna och händelserna ur det förflutna som de väljer att lyfta fram kopplas till deras egen identitet. I flera fall reflekterar de explicit över detta judiska ursprung. Ewa Gutniak skriver:

> Mitt förhållande till det judiska ursprunget har förändrats under åren. Från att i början ha varit distanserad har jag börjat söka mig till kulturen och miljöerna: är nu medlem i en jiddisch-kör, lyssnar på och njuter av traditionell klezmermusik, söker kontakt med avlägsna släktingar runtom i världen och kompletterar mitt genealogiska träd som tydligt visar var jag kommer ifrån.[152]

Ursprunget kan sökas på olika sätt som släktforskning, musik, kultur, platser, släktkontakter etcetera. Detta sökande kan orientera sig enligt en rad olika parametrar: geografiskt, nationellt, ideologiskt, religiöst och etniskt. Generationstillhörigheten är, som tidigare påpekats, en central faktor för att förstå sig själv både gentemot nuet och det förflutna med Förintelsen som en fundamental brytpunkt i tiden. Den skapar ett före och ett efter att orientera sig utifrån. Även migrationen från Polen till Sverige är en grundläggande brytpunkt att orientera sig efter.

Emilia Degenius beskriver i sin självbiografi *Åka skridskor i Warszawa* hur hon blivit tvungen att skaffa sig en bild av sitt ursprung på distans utan några föräldrar eller äldre släktingar i livet att få hjälp av. I stället har hon fått tänka kring sitt ursprung helt själv:

> [J]ag har aldrig suttit i farmors eller farfars knä, och far har aldrig berättat om sin mor och far, inte vad jag minns, inte vad min syster minns, jag har fått skapa mig alldeles egna historier om tiden för länge sedan,[…][153]

Degenius är starkare avklippt från tidigare generationer än vad de flesta andra är i hennes migration, men det är ändå en generell erfarenhet att det finns två distinkta brott mot deras ursprung som de måste söka sig över för att formulera sitt ursprung: Förintelsen och den antisemitiska kampanjen med tillhörande migration.

Ett ursprung i detta sammanhang bör inte förstås som något objektivt eller essentiellt. En människa formulerar och omformulerar sitt ursprung under livets gång genom en aktiv historisk orientering. Det är en grundläggande del

---

[152] Ewa Gutniak, 6.
[153] Degenius, *Åka skridskor i Warszawa*, 84f.

av den föränderliga identitetsprocessen.[154] Som vi ser i fallet med den specifika svenskpolskjudiska grupp som analyseras här sker också detta sökande efter ursprung i relation till andra människor i den historiekultur de är en del av. De har erfarenheter som går utöver det vanliga, de kommer någon annanstans ifrån. I viss mån ingår jag i den stora massa av majoritetssvenskar som vid upprepade tillfällen frågar "var kommer du ifrån?". Jurek Gold kom till insikt om att han aldrig skulle kunna passera som "fullkomligt svensk" på grund av den frågan.[155] Svaret på frågan är ursprunget. Den till synes oskyldiga men ofta artigt exkluderande frågan synliggör den socialt dialogiska process som omger ursprungsformuleringen. Jurek Gold upplevde exkludering på en busstation i Sverige och den antisemitiska kampanjen riktade den identitetsmässiga historiska orienteringen bort från den polska nationen. Den polskjudiska kulturen blir därmed en möjlighet till att söka ett ursprung som inte exkluderar men det kräver att de närmar sig den förstörda polskjudiska världen.

Shtetlnarrativet är på intet sätt ett enhetligt och konsekvent fenomen. Det är till stor del en estetisk fråga när en människa anknyter till det i sitt sökande efter ursprung. Är denna idealiserade judiska värld något jag hör samman med? Föreställer jag mig att mina föregångare levde ungefär som Tevje i sin idealiserade shtetl Anatevka? Rüsen understryker betydelsen av den estetiska dimensionen i historisk orientering och att en stark historisk orientering måste involvera flera sinnen.[156] Shtetlnarrativet utgör i allmänhet en rik känslomässig resurs i ett polskjudiskt sökande efter ursprung. Trots det nyttjas denna resurs inte särskilt flitigt av de som deltagit i *Vi, de fördrivna*.

Isaac Bashevis Singer: historisk orientering
genom skönlitteratur

Isaac Bashevis Singer är den författare som mest frekvent nämns i relation till den polskjudiska världen före Förintelsen. För den grupp jag har studerat är hans författarskap det mest centrala för att kommunicera shtetlnarrativet. Urtypen för den polskjudiska världen före Förintelsen är en singersk Shtetl. Till exempel relaterar Jerzy Sarnecki sina föräldrars uppväxtmiljö till Singers värld:

> När jag lyssnar på detta tänker jag att Isaac Bashevis Singers värld fanns där på riktigt. De personer och miljöer han skrev om tycks i betydligt mindre utsträckning vara produkter av författarens fantasi än jag har föreställt mig. Körsbärs-

---

[154] Ilicki, *Den föränderliga identiteten.* Här ekar jag avsiktligt titeln på Julian Ilickis avhandling som behandlar den föränderliga identieten inom just denna svenskpolskjudiska migration.
[155] Jurek Gold, 4.
[156] Rüsen, "How to Make Sense of the Past – Salient Issues of Metahistory", 174–80.

alléer, blinda hundraåriga gårdfarihandlare, fiskare med hår på hela kroppen, bärare, godsägare, världens starkaste man och hans magra syster. Alla fanns de där, fast inte så länge till.[157]

Även Zalma Puterman relaterar vid flera tillfällen till Singers författarskap för att komma i kontakt med det Jiddischland som än gång fanns. Bland annat skriver han:

> Jag föddes i en småstad i centrala Polen, Wyszogród, en typisk jiddisch *shtetl* (judisk småstad) lik den Isaak Bashevis Singer så målande kärleksfullt och sanningsenligt beskriver i sina berättelser.[158]

Puterman uttrycker en stark polskjudisk identitet samtidigt som han lämnat sin polska identitet bakom sig. I inledningen till sin självbiografi skriver Puterman att han vänder sig till sina barnbarn i sitt skrivande. Det blir ett sätt att skänka vidare kunskapen om hans ursprung i det judiska Polen före kriget till kommande generationer.[159] Ursprunget är inte så mycket något Puterman söker och gör efterforskningar om. Det är snarare något som han bär med sig och nu skriver ned för att kunna ge vidare. Genom Singer kan Puterman knyta an till en mer spridd bild av uppväxtmiljön i Jiddischland. När han tillägger att miljön är sanningsenligt beskriven av Singer kan hans barnbarn och andra som vill förstå Putermans ursprung söka sig till Singers böcker: han förenar fiktion och verklighet för att ge läsaren en möjlighet till estetisk inlevelse. Samtidigt poängterar han att boken inte handlar om "judarnas historia i Polen utan om mig själv och mitt liv som jude i bland annat Polen".[160] Han relaterar dock sin person, den han blivit, starkt till uppväxtmiljön. Uppväxten var tämligen fattig, och trots att han inte längre är fattig kan han inte låta bli att räta ut krokiga spikar. Han skyller på att det är miljövänligt men det är nog snarare hans undermedvetna, resonerar han.[161] På många sätt bär han sin shtetl med sig.

Under rubriken "Mina släktingar" presenterar Puterman en mängd personer varav nästan alla mördades i Förintelsen.[162] Konventionella genealogier signalerar ofta en kontinuitet av generation som följer på varandra, till exempel gestaltade som ett släktträd. Putermans polskjudiska släkt gestaltas snarare kring ett distinkt brott med ett före och ett efter. Puterman kan minnas och

---

157 Sarnecki, *Hilarys historia*, 87.
158 Puterman, *Ett liv i glädje och tårar*, 12.
159 Puterman, 8.
160 Puterman, 13.
161 Puterman, 17–19.
162 Puterman, 17–19.

berätta om det som fanns före. Men Förintelsens skugga ligger över alla minnen från tiden före. Detta blir tydligt i följande exempel. Som barn krossade han en nagel när han var tillsammans med en kusin:

> Det gjorde fruktansvärt ont. Sådant glömmer man aldrig. Men inget ont som inte har något gott med sig. Det som hände hjälpte mig att bevara minnet av min käre kusin, som mördades på ett grymt sätt av nazisterna.[163]

Trots den varma beskrivningen av barndomsmiljön med hänvisning till Singer kan han inte senare ha något kärleksfullt förhållande till staden där han växte upp.

> Inte heller kan jag ha något kärleksfullt förhållande till denna stad, som inte längre är min stad, eftersom alla jag älskade där, mina närmaste släktingar och vänner, är döda. Död är därmed också min kärlek till staden.[164]

Puterman kan därför inte längre söka sitt ursprung i staden eller platsen. Att lämna Polen under den antisemitiska kampanjen hade redan föregåtts av Förintelsen och tidigare polskjudiska migrationsvågor. Aversionen mot Wyszogród blev tydlig genom ett besök på 1950- och 1960-talet samt efter det fråntagna polska medborgarskapet.[165] Det som han orienterar sig gentemot finns inte kvar. Det är snarare till Singers shtetl han orienterar sig. Detta skulle kunna betraktas som ett påpekande om att historisk orientering bakåt är fiktiv när den inspireras av skönlitteratur. Men om vi ska förstå det liv som pågick i den shtetl där Puterman föddes lär vi oss antagligen mer av Singer än att betrakta Wyszogród idag. Singers romaner och noveller fångar en miljö som Puterman kände väl. De fångar även humor och världsåskådningar som fanns i denna värld. De surrealistiska och magiska inslaget speglar fantasin och kulturen på ett sätt som historievetenskapliga redogörelser har svårt att förmedla.

Trots att Zalma Putermans familj flydde till Sovjetunionen under andra världskriget fick Puterman en judisk utbildning medan de var flyktingar. Först hade han placerats i en grupp med polska flyktingbarn i vad han beskriver som ett katolskt indoktrineringsförsök. Därefter kändes det bra när han i stället fick undervisning i hebreiska och jiddisch av en gammal melamed som saknade sin cheder.[166] En länk skapades till den polskjudiska historia och tradition som han hade separerats från i och med kriget, flykten och Förintelsen. Utan att vara

---

[163] Puterman, 25f.

[164] Puterman, 28.

[165] Puterman, 28.

[166] Puterman, 92. En melamed är en lärare på en cheder, en traditionell judisk grundskola.

religiös har Puterman många referenser och erfarenheter som stärker hans judiska identitet. Han föddes i ett singerskt Jiddischland. Hans modersmål var jiddisch även om föräldrarna satte honom i en polsk skola i stället för en cheder. Han fick viss utbildning inom en judisk tradition och han delar det kollektiva judiska traumat att ha genomlevt Förintelsen. Men Puterman relaterar det judiska till mer, såsom hans sinne för humor.[167] Eftersom hans ursprungsland är förstört är han orolig för att förlora kontakten med sitt ursprung. Han är orolig för att förlora sitt modersmål, jiddisch:

> Men när jag läser Isaac Bashevis Singer, och det gör jag ofta, tänker jag inte sällan på jiddisch oberoende om det är en polsk eller svensk översättning.[168]

Singer hjälper säkerligen till att upprätthålla humorn som Puterman får dåligt gehör för i sin svenska omgivning. Själv har han svårt att förstå det roliga i Norge-historier. *Ett liv i glädje och tårar* avslutas med en diskussion om identitet där Puterman konkluderar att han är en kosmopolit. Detta blir effektfullt mot bakgrund av att just kosmopolit var en av de saker som judar anklagades för att vara under den antisemitiska kampanjen. En kosmopolit ansågs vara en person som inte var lojal med det nationellt socialistiska politiska projektet. Puterman vänder på detta och förklarar sig vara kosmopolit i ordets positiva innebörd.[169] Det polskjudiska arvet kan lika gärna leva vidare i Sverige eller var som helst. Eller kan det kanske rentav lättare leva vidare utanför Polen? Anna Grinzweig Jacobsson förklarar i *Flykten till Marstrand* att hon inte hade stuckit ned några djupa rötter i Polen vilket gjorde det lättare att emigrera.[170] Puterman däremot fick sina djupa rötter brutalt avsågade, dessutom vid två tillfällen. Ändå lyckas han bära en stor del av sitt ursprung med sig till livet i Sverige, vilket gestaltas med det inledande fotografiet i Putermans biografi, ett valnötsträd från Polen som han planterat i Norra Uppland och som bär frukt.[171]

Singers böcker bidrar med en polskjudisk värld att återanknyta till. Den presenteras med ett färgstarkt berättande och en humor som levandegör den polskjudiska historien till skillnad från mer sakliga redogörelser. Skönlitterär läsning kan, som sagt, bli en framkomlig väg till ett judiskt ursprung, särskilt när kontakten med ett sådant ursprung inte förmedlats i uppväxtmiljön.

---

[167] Puterman, 326.

[168] Puterman, 330.

[169] Puterman, 332. Begreppet kosmopolit kommer att diskuteras mer utförligt i kapitel 5.

[170] Se Anna Grinzweig Jacobssons resonemang om rötter i Polen: Grinzweig Jacobsson, *Flykten till Marstrand*, 152.

[171] Puterman, *Ett liv i glädje och tårar*, 11.

Shtetlnarrativet har en betydelsefull ersättningsfunktion här. Maria Rotstein skriver i sin levnadsberättelse:

> Givetvis, även de judiska författare så som Singer, Potok, Roth, Amos Oz mm påverkade mitt judiska jag.
>
> Det är inte så enkelt med mitt judiska jag.
>
> Jag har inte fått det med judiska uppfostran hemifrån, tom visste jag inte ens om mitt judiska ursprung fram till tolvårsåldern.[172]

Wowa Klamra berättar i en dialog om hur han upplevde att de svenska judarna visste mycket om judiska traditioner och religion, men att de inte kände till judisk litteratur. Den judiska litteraturen – med Singer i centrum – har en central plats i Klamras judiska identitet. Han beskriver även andra aspekter som krockade mellan polska och svenska judar i deras tidiga möten. Den judiska orienteringen från Sverige behövde alltså inte ske tillsammans med den svenska judenheten i stort, utan även utifrån ett eget intresse eller den polskjudiska gruppen i Sverige. Kunskap om Singer och andra judiska författare kan därmed även ha en gränsdragande effekt mellan olika uppfattningar om vad det judiska innebär. Wowa Klamra säger följande om de svenska judarna i intervjun:

> Dom var judar på det sättet som jag fattade inte att det fanns såna judar. I Polen hade jag aldrig sett några religiösa judar. Fast vi hade en bekant som var religiös men han skyltade aldrig med det. Men att inte veta namn på kända judiska författare. Att inte veta om judisk historia. Judisk motståndsrörelse under kriget. Såna judar har jag aldrig träffat förr.[173]

Att relatera sin judiska identitet till shtetlnarrativet med hjälp av Singer och annan litteratur eller att huvudsakligen identifiera sig med judendomens religiösa traditioner kan vara en grundläggande skiljelinje mellan olika sätt att vara jude. Orienteringen gentemot shtetlnarrativet fungerar alltså inte nödvändigtvis som något traditionellt religiöst; för Wowa Klamra fungerar det tvärtom. Han läser Singer i motsats till Tora, om man vill spetsa till det.

Samtidigt kan det konstateras att många inte alls anknyter sin familj och sina erfarenheter till en singersk shtetl. När jag intervjuade sju personer samtidigt, som alla kom från Warszawa och varav flera hade lärt känna varandra i scouterna, var det ingen som nappade på att prata om denna mytiska traditionella polskjudiska värld. De hade ingen närmare relation till den i sina familjer. I

---

[172] Maria Rotstein, 8.
[173] Intervju Maja Orska och Wowa Klamra, 48:15.

följande citat från denna intervju framgår hur jag försöker bjuda in Aleksander Ratz att beskriva sin familjs historia i shtetlnarrativa former och jag nämner både Singer och Sholem Aleichem i sammanhanget. Men han har inget att säga om det:

> Martin: Det som jag stött på med många andra jag pratat med. En polskjudisk kultur. Om man pratar om Singer, Sholem Aleichem. Om man vill knyta an till en tanke på en shtetl-värld. Det gamla judiska Polen. Den slags miljön, kanske har inte varit för er så levande i ert minne. Eller hur tänker du Aleksander på din bakgrund?

> Aleksander: Då är svaret nej. Du hittar inget av den varan hos mig. Jag har andra historier att berätta men inte det.[174]

Shtetlnarrativet behöver i allmänhet hjälp av estetiska representationer för att utveckla sig i det historiska berättandet. På det sättet intar Isaac Bashevis Singer en central plats i både *Ett liv i glädje och tårar* och *Historien om Adam Bromberg*. Brombergs förlag lät översätta Singer till svenska och ge ut honom innan han fick nobelpriset. Singer hälsade på Adam och Dorotea Bromberg regelbundet i Stockholm. *Historien om Adam Bromberg* avslutas med att Singer får leverera en sista visdom, ett ackord som läsningen av boken får klinga ut till. En intervju med Singer återberättas där han tillfrågas om hur han fortfarande kan tro på Gud efter allt han erfarit. Singer förklarar att han inte har sagt att djävulen inte finns och att han har mött djävulen i människorna.[175] På detta sätt blir Singer mer än en romanförfattare. Han levererar visdom från det gamla Jiddischland efter att det genomgått modernitetens värsta katastrof. Han blir en förmedlare av ett andligt kulturellt arv till yngre generationer som vill återanknyta till den polskjudiska värld som en gång fanns.

Jiddisch: en språklig historisk orientering

Språk är en central del av människors identitetsmässiga orientering.[176] I historiekulturer spelar olika språk betydelsefulla roller och skapar olika effekter. Jiddisch förekommer på flera olika sätt och med olika innebörder i de historiska erfarenheter som analyseras här. För att förstå detta måste en större svenskpolskjudisk erfarenhetsorienterande språkkarta läggas ut. Vi har ovan sett flera

---

[174] Intervju Aleksander Ratz, Tola Ratz, Wanda Sikorska, Joanna Rose, Artur Halmin, och Bronisław. 00:37:01-00:37:43.
[175] Grynberg, *Historien om Adam Bromberg*.
[176] För en introduktion till detta omfattande tema se: Llamas och Watt, *Language and Identities*.

exempel på hur jiddisch förekommer i den historiska orienteringen gentemot ett judiskt ursprung. Jiddisch är kanske det allra tydligaste uttrycket för den gamla polskjudiska kulturen. I exemplet ovan tänker Puterman på jiddisch när han läser Singer, oavsett vilken översättning han har. Jiddisch betyder helt enkelt judiska och därmed kan *Jiddischland* betyda både det judiska landet och det judiska språkets land.[177] Att tala om Jiddischland signalerar även en temporal position; det hänvisar till den judiska kultur som fanns i Öst- och Centraleuropa före Förintelsen. Jiddischland kopplas således samman med shtetlnarrativet i ett gemensamt tidsskikt.

Som beskrivits ovan hade den traditionella polskjudiska kulturen förändrats avsevärt inför modernitetens utmaningar långt före andra världskriget. Shtetlnarrativet uppstod som en reaktion på denna förändring som konstateras i inledningen av detta kapitel. Många polska judar hade övergått från jiddisch till polska, medan andra levde vidare i en jiddischspråkig värld. De flesta behärskade båda språken mer eller mindre och blandade dem i olika situationer och miljöer.[178]

År 2000 fick judarna status som en av fem nationella minoriteter i Sverige med jiddisch som deras officiella minoritetsspråk.[179] Valet av jiddisch framför hebreiska sammankopplar den svenskjudiska minoriteten till ett europeiskt Jiddischland och skapar därmed en gemensam grund för svenskpolska judar och svensksvenska judar. Jiddisch är ett germanskt språk med slaviska och hebreiska inslag; det skrivs med det hebreiska alfabetet. Det finns flera olika vitt skilda dialekter av jiddisch och idag talas det huvudsakligen av ortodoxa judar i Israel och USA som ett vardagsspråk till skillnad från hebreiskan, som de använder i religiösa sammanhang.[180]

Hebreiska är det heliga språket, tillsammans med arameiska utgör det den judiska bibelns språk. Det är även den moderna staten Israels språk. Det symboliserar därigenom både modernitet och tradition, det kan symbolisera en orientering till urtillståndet före diaspora och tillståndet efter diaspora. Jiddisch däremot är ett språk som är djupt sammankopplat med diasporan. Denna identitetsmässiga temporala och geografiska dynamik mellan hebreiska och jiddisch har varit betydelsefull för den sionistiska rörelsens försök att skapa en modern och framtidsinriktad judisk nationalstat.[181]

---

[177] Schulman, *Jiddischland*. Schulmans bok Jiddischland är en lättillgänglig introduktion till detta land utan stat som fanns före Förintelsen.

[178] För relationen mellan jiddisch och polska i Polen under mellankrigstiden se: Geller, "The Polonization of Yiddish: A Path towards Language-Shift?"

[179] Carlsson, *Judarnas historia i Sverige*, 341–46.

[180] För en genomgående historisk behandling av jiddisch se Shandler, *Yiddish*.

[181] Se till exempel följande verk för om betydelsen av jiddisch i Israel. Rojanski, *Yiddish in Israel*.

När Ewa Gutniak skriver om sitt förhållande till ett judiskt ursprung nämner hon att hon är med i en jiddischkör och njuter av traditionell klezmermusik, vilket är två centrala musikaliska kopplingar till den polskjudiska jiddisch-kulturen.[182] Regina Feierbergs koncisa levnadsberättelser fångar flera typiska erfarenheter för den aktuella gruppen. Betydelsen av jiddisch som språket från en förlorad värld framträder tydligt i inledningen av hennes levnadsberättelse:

> Jag heter Regina Feierberg är född 1946 i Zdunska Wola som enda barnet till Chaja och Ajzyk Celnik, bägge överlevande från getton i Lodz och Warszawa samt koncentrationsläger Ravensbruck och Auschwitz. Jag växte upp med stark judisk identitet, dvs ett liv hemma och ett annat liv utanför. Mina föräldrar pratade jiddisch med varandra och med sina vänner, ofta om upplevelser under kriget.[183]

I ett senare tidsskikt kunde jiddisch användas som det förgångnas språk. I citatet ovan talar föräldrarna retrospektivt om händelser under kriget. I andra exempel kan jiddisch användas när barnen inte ska förstå. Majoriteten beskriver en uppväxt där det judiska hade hamnat i bakgrunden, men det finns ett antal som delar Regina Feierbergs erfarenhet av att växa upp med en stark judisk identitet. Till exempel växte Leona Leah Rapoport upp i en ortodox judisk miljö:

> Min familj följde det judiska ortodoxa livet och jag fick anpassa mig. Jag åt aldrig fläsk eller annat kött hos andra familjer som inte höll kosher! Det pratades flera språk i hemmet. Mina föräldrar och farbror pratade Jiddisch och mina föräldrar pratade även hebreiska. Jag svarade alltid på polska. Jiddisch var för mig ett onödigt språk, då vi bodde i Polen. Livet erbjuder flera överraskningar, sedan 13 år tillbaka är jag nämligen med i en Jiddischcirkel, där vi träffas var 3:e vecka hos någon. Idag kan vi alla i cirkeln läsa texter på Jiddisch och översätta till svenska. Vi är för närvarande 13 personer och träffas under pandemi genom ZOOM. Jiddisch är mitt favoritspråk och jag deltar, sedan mer än 13 år tillbaka, alltid vid Jiddisch sommarseminariet som organiseras av Jiddischförbundet i Sverige under augusti månad.[184]

Hon betraktade föräldrarnas jiddisch som förlegat, men i ett senare tidsskikt blir jiddisch hennes "favoritspråk". Hon närmar sig det polskjudiska ursprung som föräldrarna representerade, från ungdomlig frigörelse från föräldrarnas ursprung till återvändande. Tidsskikten ställs mot varandra och samspelar i en cirkulär historisk orientering.

---

[182] Ewa Gutniak, 6.
[183] Regina Feierberg, 1.
[184] Leona Leah Rapoport, 5.

Leona Leah Rapoport nämner jiddischförbundet i Sverige. Att jiddisch är ett nationellt minoritetsspråk och att det finns ett jiddischförbund som arrangerar kulturevenemang gör att det finns miljöer som öppnar upp för orientering gentemot den polskjudiska kulturen före kriget, genom shtetlnarrativet. Föreningen Judisk kultur och Jiddischsällskapet i Stockholm arrangerade i december 2023 ett internationellt symposium om Isaac Bashevis Singer och hans två syskon som också var författare: Esther Kreitman och Israel Joshua Singer.[185] Vid Lunds universitet och Paideia folkhögskola går det att studera jiddisch.[186] Det finns tecken på ett ökat intresse för jiddisch, både i Sverige och i andra länder. Detta skapar miljöer som underlättar ett identitetsmässigt sökande efter ursprung i den äldre polskjudiska kulturen.

Trots att jiddisch och hebreiska är viktiga språk för en judisk identitet, sökandet efter ursprung och annan historisk orientering, är det generellt sett svenska och polska som de behärskar och använder till vardags. Ett fåtal har tagit ett aktivt beslut att inte tala polska medan de flesta ingår i många svenskpolskjudiska sammanhang där primärt polska används. Jiddisch är ett språk som till skillnad från svenska och polska inte tillhör det vardagligas sfär, det är i stället grunden i en specifik historiekultur.

Antisemitismens funktion i sökandet efter ursprung

Även om shtetlnarrativet presenterar en idealiserad judisk värld finns det i skönlitterära gestaltningar ofta icke-judar med i olika återkommande roller, bland annat som makthavare eller bönder.[187] Antisemitismen gestaltas inom shtetlnarrativet men det tar i allmänhet inte överhanden. I *Spelman på taket* gestaltas en förödande pogrom och fördrivning, men det är låtarna och Tevjes monologer som hamnar i centrum. Shtetlnarrativet antyder att det fanns en judisk värld att leva i, små oaser av idealiserad judiskhet som existerat oavsett den icke-judiska omgivningen. På det viset bereder shtetlnarrativet väg för ett sökande efter ursprung i Jiddischland. Många estetiska gestaltningar av shtetlnarrativet inkluderar antisemitiska spänningar men hela den idealiserande inramningen signalerar att ett judiskt liv ändå är möjligt. Detta får stöd i forskning om judisk och majoritetspolsk samexistens och integration som poängterar mer positiva inslag i relationerna mellan de båda grupperna.[188]

---

[185] "Dancing with Demons: The Singers".
[186] "Lunds universitet. Språk och litteraturcentrum. Jiddisch"; "Paideia folkhögskola. Kurser i judiska språk."
[187] Polonsky, *The Shtetl*, 5–7.
[188] Lehmann, "Jewish Patrons and Polish Clients".

Men om antisemitismen tar överhanden och Polen beskrivs som ett fundamentalt antisemitiskt land – som alltid varit omöjligt för judar att leva gott och säkert i – då brister shtetlnarrativet. För de som inte uppfattar antisemitismen som en grundläggande struktur i Polen går det lättare att relatera till detta land som sitt ursprung. Därmed har den polska antisemitismen en djupt identitetsorienterande funktion. Ett genomgående tema i skildringen av Polen före Förintelsen i levnadsberättelser, dialoger och i synnerhet biografier är den strukturella polska antisemitismen. Den polska judenhetens historia är djupt sammanbunden med den strukturella polska antisemitismen. Strukturell antisemitism är, som tidigare nämnts, inte något ord som används i biografierna och levnadsberättelserna utan det är ett begrepp som jag använder för att beskriva den högfrekventa återgivningen av antisemitism i Polen. När jag använt begreppet i dialoger har det allmänt accepterats. Jag väljer begreppet för att visa på den antisemitism som finns i de sociala strukturerna, i kulturen om man så vill, det som alla måste förhålla sig till. Alltså betraktas inte antisemitismen främst här som en genomtänkt ideologi som företräds av bekännande antisemiter. I stället handlar det huvudsakligen om att beskriva den strukturella antisemitism som finns brett och djupt etablerat i det polska samhället. Det är framför allt en sådan som kommuniceras. Ett talesätt som upprepats för mig flera gånger i informella samtal är att polacker får antisemitismen med modersmjölken. I de historiska erfarenheter som kommuniceras av gruppen är den strukturella polska antisemitismen av grundläggande identitetsmässig betydelse.

Med det sagt finns det även gestaltningar av en mer uttalad ideologisk antisemitism som bland annat spelade en betydelsefull roll i den polska politiken före andra världskriget. Livsvillkoren för den polska judenheten har i stor utsträckning, på liknande sätt som i andra europeiska länder, bestämts av majoritetssamhällets och de styrandes antisemitism och deras olika tankar om den judiska minoritetens plats i samhället och ekonomin.[189]

De historiska erfarenheter av antisemitism i Polen före Förintelsen som uttrycks i biografier, levnadsberättelser och dialoger är inte enbart konstaterenden om hur det var i det förflutna. Det är en del av den djupt identitetsmässigt orienterande diskussionen om den polska antisemitismens grundläggande karaktär. Hur såg det ut före kriget, före den tyska ockupationen och före operation Barbarossa, före Folkrepubliken? Hur såg de ut när det fanns cirka tre miljoner judar i den självständiga staten Polen? Var antisemitismen en

---

[189] För en genomgående presentation av antisemitism i Polen se Cała, *Jew, the eternal enemy?* och Michlic, *Poland's threatening other*.

grundläggande struktur i detta samhälle och för den polska nationella gemenskapen? Eller var antisemitismen på liknande sätt som i de flesta andra europeiska länder, ett stort men inte allomfattande problem? Alltså har den historiskt empiriska uppgiften att beskriva den polska antisemitismen från tiden före Förintelsen en djupt identitetsmässigt orienterande funktion för dessa polska judar i Sverige.

Även om samtliga biografier och levnadsberättelser gestaltar den strukturella polska antisemitismen på ett genomgående sätt går Maciej Zaremba klart längst i sin analys av fenomenet. Han lägger, i enighet med forskning om polsk antisemitism, stor betydelse vid den moderna polska nationalitetsformeringen.[190] Zaremba tog upp frågan om den specifikt polska antisemitismen när han diskuterade *Huset med de två tornen* i podcasten *Polenpodden*. Tidigare hade han ansett att Polen historiskt sett hade utmärkts av en stor tolerans mot olika grupper och att antisemitismen är densamma i alla europeiska länder. Men med tiden har han skiftat uppfattning och talar i stället om en specifik polsk antisemitism.[191] I *Huset med de två tornen* konstaterar han:

> "Den polska antisemitismen", ska det heta, i bestämd form. En alldeles egen judenoja, skräddarsydd för Polen. Extremt tålig och slitstark. Visar sig överleva i kargaste miljöer, också utan judar. Så passformad att den måste ha prövats ut i ett laboratorium.[192]

Polen var från 1700-talets slut till 1918 uppdelat mellan det habsburgska riket, Preussen/Tyskland och Ryssland. När Polen efter första världskriget förenades i ett modernt nationsbygge kom antisemitismen att bli ett avgörande redskap i denna integrationsprocess. Zaremba pekar på betydelsen av det nationaldemokratiska partiet och dess ledare Roman Dmowski som beskrev antisemitismen som det sammanhållande kittet i integrationsprojektet.[193] Då polacker från olika riksdelar och samhällsklasser hade få saker gemensamt blev det betydelsefullt att gemensamt kunna identifiera sig i motsats till det judiska. Historikern George Mosse har i *The Image of Man* utforskat hur ett modernt västerländskt nationellt mansideal konstruerades med juden som *countertype*, en nödvändig motbild till den egna nationen.[194] Zaremba ger en färgstark beskrivning av

---

[190] Se till exempel Petersen och Salzborn, *Antisemitism in Eastern Europe*, 9–28. Michlic, *Poland's threatening other*; Cała, *Jew, the eternal enemy?*

[191] Polenpodden, "Polenpodden. Avsnitt 64: Om tung vecka för polska kyrkan, intervju med Maciej Zaremba och uppdatering av läget i urskogen Białowieża (2019)".

[192] Zaremba, *Huset med de två tornen*, 142.

[193] Zaremba, 147.

[194] Mosse, *The image of man*, 56–76.

samma fenomen: "Utan motbilden med kroknäsa blir polacker av hans skola vilsna som koltbarn."[195]

Dmowski och det nationaldemokratiska partiet blir i Zarembas skildring det yttersta beviset på kraften i den polska antisemitismen och dess sammankoppling med den polska nationalismen. Zaremba beskriver hur det nationaldemokratiska partiets strategi är att göra Polen vämjeligt för alla judar, *obrzydzić*, att föräckla Polen. Utifrån folkräkningsstatistik drar han slutsatsen att strategin var framgångsrik, då allt färre polska judar uppger sig vara polacker. Han kallar det för att de gått i en inre exil.[196] Även om det bara är Zaremba som ger denna historiskt argumenterande förklaring till hur det polska samhället aktivt har gjorts vämjeligt för den judiska minoriteten, finns det genomgående exempel i majoriteten av de biografier, levnadsberättelser och dialoger som studeras här på hur svårt det varit att leva som jude i Polen.[197]

I biografierna och levnadsberättelserna framträder antisemitismen på ett antal olika sätt i huvudpersonernas liv och ger samtidigt en samlad men mångfasetterad bild av fenomenet. Antisemitismen förekommer med en sådan frekvens, implicit eller explicit, att den kan beskrivas som ett grundläggande livsvillkor. Zalma Puterman skriver vid ett tillfälle att en person är "angripen av det polska antisemitiska giftet".[198] Jerzy Sarnecki skriver redan i inledningen av *Hilarys historia* följande:

> Oundvikligen handlar den här boken om antisemitismen. Denna hatets ideologi som är så obegriplig, inte minst för oss som hatet riktar sig mot. Det spelar nämligen ingen roll vad vi gör, vad vi tycker eller vilka vi är, hatet är alltid där.[199]

Zaremba ringar in hela den polska judenhetens historia som ett sätt att förhålla sig till en mångfasetterad antisemitism och att den ständigt söker olika vägar att överleva i relation till dess skiftande villkor:

> Sådan är sociologin i ett land som i fem århundraden välkomnat judar men stängt dem ute från jordägande, ämbeten och skrån. Men det är just för att den enes skäl att ogilla juden är olikt den andres som det går att leva. Alltid finns det någon som är fredligt sinnad, eller behöver ens tjänster.[200]

---

[195] Zaremba, *Huset med de två tornen*, 150.
[196] Zaremba, 133–136.
[197] För en genomgående historisk studie av Dmowskis betydelse se Krzywiec, *Chauvinism, Polish Style*.
[198] Puterman, *Ett liv i glädje och tårar*, 105.
[199] Sarnecki, *Hilarys historia*, 10.
[200] Zaremba, *Huset med de två tornen*, 144.

Att han växte upp utan vetskap om sina judiska rötter var ett resultat av att hans mor Lila fruktade att hennes barn skulle drabbas av samma förföljelse som hon själv. Om hans barndom på detta sätt var fredad från egna upplevelser av antisemitism berodde det alltså på den våldsamma antisemitism som modern överlevt. Zaremba försöker utifrån den knapphändiga information han har om moderns barndom rekonstruera hur hon fick reda på att hon var jude, då även hon kom från ett hem som hade lagt bort de judiska traditionerna och talade polska:

> När Lila slår vet hon att "jude" är en förolämpning också utan "äckel". Judar det är människor som går i lumpor, pratar fult och har en härsken lukt. Hennes mamma låter flickan tro det. Hur länge? Vad svarar hon när Lila kanske redan nästa dag frågar: "Mamma, är det sant att vi är judar?" Det är möjligt att hon svarar "ja". Hur ska hon förklara för ett barn att de är judar – men vill inte vara det?[201]

Han rekonstruerar sin moders tankar och barndomsvärld i det tidsskikt han utforskar. Den strukturella polska antisemitismen gör att alla förstår "jude" som en förolämpning. Utforskandet handlar delvis om att lära känna nya (eller äldre) sidor av sin mor, men även att uppmärksamma hennes värld i skrivandets samtida tidsskikt. Han riktar sig på detta sätt mot både en polsk- och en svensk offentlighet. Zaremba ställer faktumet att antisemiten Dmowski kan få en gata uppkallad efter sig i Tarnów mot faktumet att staden i fråga tidigare hade en stor judisk befolkning som nu är helt borta. Han skriver:

> År 1939 bodde det 25 000 judar i Tarnów, där mamma tog studenten. Idag finns ingen. Den siste, Abraham Ladner, dog 1993. Roman Dmowski har fått en gata uppkallad efter sig. Inte på grund av hans syn på judar, gud förbjude. Den saken är glömd. Som tack för sina insatser för Polens självständighet.[202]

Det hela signalerar att antisemiterna har segrat och att antisemitismen inte ens längre diskuteras. Men genom att skriva detta lyfter han detta faktum till en offentlig nivå. På ett liknande sätt föreslår Zaremba en minnestavla utanför det hus i Poznań där Polens läkarförbund 1937 beslutade att utesluta judiska läkare. Zaremba påpekar också att detta verkar vara okänt bland polska historiker.[203]

Maciej Zaremba har bibehållit nära kontakter med det polska och är en etablerad författare inom en polsk läsekrets. Det polska framstår inte som något

---

[201] Zaremba, 110.
[202] Zaremba, 163.
[203] Zaremba, 136–39.

främmande i hans skildring. Det som däremot framträder för Zaremba som ny mark är att utforska hans föräldrar, deras ursprung och den polskjudiska värld som hans mor härstammade från. Samhällsjournalisten Zaremba närmar sig det mest personliga och känsliga. Hans angreppssätt blir ändå tydligt riktat mot offentligheten. Bland annat uppsöker han ett museum i moderns barndomsort Krzeszowice. På museet nämns inget om den stora judiska befolkning som levde där fram till Förintelsen. Inte ett enda fotografi på en jude men Zaremba skänker ett foto på sin mamma:

> Jag kan inte längre fråga dig mamma, men jag hoppas att du inte misstycker. Nu har muséet i Krzeszowice fått en bild. Du sitter på en fälld björkstam i vit klänning, skrapade knän och en boll i handen. Huvudet lätt lutat, under hårburret en självmedveten blick. Du är fem år. Du vet inte att du är judinna. Men de i Krzeszowice vet förstås.

Att söka efter ursprunget blir till en minnespolitisk handling. Genom en bild på en femårig flicka manifesteras ett okontroversiellt men ändå omskakande faktum. Det fanns judar här. Zaremba uttrycker inte någon rädsla för att föra fram ett narrativ som går i öppen polemik med den etablerade historieskrivningen i Polen, som också understöds aktivt av officiell minnespolitik när han skriver detta 2018. Han delar en intellektuell maktkritisk diskurs tillsammans med andra – akademiker, journalister, filmskapare och författare – som velat lyfta in smärtsamma aspekter i den offentliga polska historiekulturen, till exempel Jan Tomasz Gross, Anna Bikont, Pawel Pawlikowski, Jan Grabowski, Barbara Engelking, Olga Tokarczuk, Dariusz Stola, Joanna Michlic.[204] Även om Zaremba skriver sin egen och sina föräldrars biografi deltar han i den offentliga polska minnespolitikens mest centrala strider. Han lyfter sin familjehistoria till en dagsaktuell politisk nivå.

Den strukturella polska antisemitismen före Förintelsen är ett betydelsefullt tema även i *Historien om Adam Bromberg*. Lublin som Bromberg föddes och växte upp i beskrivs utifrån spänningen mellan den judiska och den kristna staden. Denna spänning utgjorde ett ständigt hot mot den judiska befolkningen.[205] "Borgmuren delade Lublin i två delar. En jude i kaftan stack inte ut

---

[204] Se till exempel Michlic, "History "Wars" and the Battle for Truth and National Memory"; Törnquist-Plewa, "Coming to terms with anti-semitism: Jan T. Gross´s writings and the construction of cultural trauma in post-communist Poland"; Törnquist-Plewa, "Mordet i Jedwabne – en utmaning för polackernas kollektiva minne. En analys av den polska debatten kring Jan Gross bok Sasiedzi ("Grannar")".

[205] För judisk-katolska relationer i Lublin under mellankrigstiden se Dziaczkowska, *The Memory of Meanings: the Images of Jewish-Catholic Relations in Interwar Lublin in Oral Histories.*

näsan genom Borgporten, och gjorde han det så var det i smyg."[206] Ett annat målande exempel på maktrelationen mellan de två grupperna i Lublin är följande citat: "En gång såg jag på väg till skolan hur en pojke i min ålder jagade en gammal jude med piska. Juden tog lustiga skutt där han sprang, han försvarade sig inte, eftersom det skulle ha slutat illa för alla judar."[207]

Judarna i Lublin hade en egen stadsdel och där kunde de leva sitt liv, men de var ständigt beroende av att hålla den kristna majoritetsbefolkningen vänligt sinnad. All form av konflikt skulle kunna stå judarna dyrt, vilket ledde till att de svalde den sorts förnedring som citatet ovan beskriver. Men däremot berättas det också om Brombergs släkt i Borysław som gick med i det judiska självförsvaret. "När de kom ut på gatan gick antisemiterna över på andra sidan."[208] Hilary Sarnecki umgicks med kristna kompisar i ett gäng som försvarade honom mot antisemitiskt våld. "Fast det betyder förstås inte att de inte kunde tänka sig att klå upp andra killar bara därför att de råkade vara judar."[209] Under sin uppväxt minns Hilary tre tillfällen då han blivit slagen, i samtliga fall på grund av att han var jude. Det värsta, konstaterar han, är ändå rädslan och den ständiga utsattheten.[210]

Utöver den rent vardagliga antisemitism på gatorna i Adam Bromberg uppväxtstad beskrivs hur den största lokaltidningen *Lublins röst* ständigt spred antijudisk propaganda. Brombergs egen erfarenhet av att bli utsatt för antisemitiskt våld kopplas samman med den institutionaliserade antisemitismen framkommer i följande citat:

> År 1918 grundades Lublins Katolska Universitet (KUL), vars rektor ägnade sig åt att skriva antijudiska pamfletter, medan studenterna roade sig med att trakassera judar. När de gick i procession med sina kors och banér gömde sig judarna i portgångarna, därför att den som inte tog av sig mössan, knäböjde och gjorde korstecken låg illa till. Det fick jag känna på mitt eget skinn den gången en student sprang fram och fimpade sin cigarett på min kind.[211]

---

206 Grynberg, *Historien om Adam Bromberg*, 21.

207 Grynberg, 21.

208 Grynberg, 56.

209 Sarnecki, *Hilarys historia*, 41.

210 Sarnecki, 46.

211 Grynberg, *Historien om Adam Bromberg*, 21. Det finns en studie baserad på oral history-material av historikern Magdalena Dziaczkowska som fokuserar på våldet som studenter från Lublins katolska universitet utövade mot den judiska befolkningen i Lublin. Dziaczkowska, "I Don't Know if They Really Hated Us or if It Was for Fun": Memories of Anti-Jewish Violence Perpetrated by Students of the Catholic University of Lublin in Oral Histories from the Grodzka Gate – NN Theatre Centre".

Boken skildrar även hur Adam Brombergs far lyckades att driva en framgångsrik affärsrörelse med humle i denna miljö mellan judar och kristen majoritetsbefolkning, eller judar och polacker som det står i boken. De bor i den kristna delen av staden och talar uteslutande polska men umgås inte privat med sina kristna grannar. Bromberg beskriver hur han kunde känna av illviljan. Zarembas morfar Izak Immerdauer var den första judiska domaren i Tarnów. Han kallar sig för Wilhelm istället för Izak.[212] I denna strävan att överkomma antisemitismen och uppnå en respektabel position i samhället har de distanserat sig från det judiska. Samtidigt umgås inte heller denna familj med den kristna majoritetsbefolkningen. "Familjen Immerdauer får inga gäster."[213] Strategin misslyckas och domare Immerdauer får en efterhängsen antisemitisk fiende som kommer med grundlösa anklagelser om att han ligger i maskopi med olika personer med judiska namn.[214] Utöver att Zaremba beskriver sin morfar för att förstå sin släkt och familj blir morfaderns levnadsberättelse en del av hans genomgående tes om den polska antisemitismen.

Vid ett tillfälle berättar Adam Bromberg om en judisk oljemagnat han träffade i fängelset under mellankrigstiden. Oljemagnaten hade blivit tagen av en polis när han själv blivit bestulen på teatern. "'Jaså du lyfter hand mot en myndighetsutövare din jude!' ropade polismannen, tog honom i bäverkragen och ledde ut honom till en droska, till publikens stora munterhet."[215] Trots pengar och framgång kan antisemitismen alltid ruinera allt för en jude i Polen. Antisemitismen tycks verka enligt principen *damned if you do, damned if you don't*. Försöker judarna assimilera sig och bli polacker attackeras de som falska polacker, misstänkliggörs och isoleras. Försöker judarna behålla sin judiska identitet i umgänge, kläder, språk och traditioner attackeras de för att de inte är polacker.

Adam Bromberg inleder sitt kommunistiska engagemang under mellankrigstiden.[216] Att kommunismen var en universalistisk rörelse som blandade de etniska grupperna i Polen är av central betydelse i Jaff Schatz analys av de polskjudiska kommunisterna *The Generation*.[217] Kommunisterna kunde genom att överbygga etniska skiljelinjer på ett trovärdigt sätt argumentera för en emancipation, ett socialistiskt samhälle där etnisk jämlikhet rådde, då de redan kunde visa på denna jämlika blandning inom rörelsen. Efter upprättandet av det

---

[212] Zaremba, *Huset med de två tornen*, 123.
[213] Zaremba, 123.
[214] Zaremba, 127.
[215] Grynberg, *Historien om Adam Bromberg*, 67.
[216] Grynberg, 34.
[217] Schatz, *The generation*, 54–65.

kommunistiska Polen blir antisemitismens motståndskraft smärtsamt tydlig i den antisemitiska kampanjen då många av de judar som längst hållit fast vid förhoppningen att överkomma antisemitismen i ett socialistiskt samhälle tvingades att emigrera. På det sättet finns senare tidsskikt – Förintelsen och den antisemitiska kampanjen – närvarande i kommunicerandet av historiska erfarenheter från Polen före kriget. Till exempel finns en senare tragik närvarande i skildringen av det politiska engagemang som inleddes under mellankrigstiden av de polskjudiska kommunister som Schatz studerar. Maciej Zaremba förklarar för sin svenska läsekrets i 2000-talets Sverige att förkrigskommunist betyder att personen i fråga är en hederlig människa.[218] Från vårt tidsskikt behövs en historisk vägledning för att kunna förstå vad kommunism innebär i olika tidsskikt med motsatta förutsättningar. Före kriget sattes kommunister i fängelse och fick sina karriärer förstörda. Efter kriget blev många kommunister för att det gynnade deras karriärer. Före kriget blev man kommunist av ideologisk övertygelse, drömmen om jämlikhet och emancipation. Begreppet förkrigskommunist får därmed en etisk historisk laddning.

Ett avsnitt i *Hilarys historia* tydliggör en spänning mellan generationer i förståelsen av antisemitismen i det polska samhället före andra världskriget. Han reagerar på att fadern hade kompisar som var antisemiter men som accepterade honom.[219] Ett annat exempel är när Hilary låter irriterad över att Jerzy inte verkar känna till att judar var förbjudna att arbeta på statliga myndigheter och företag.[220] Trots irritationen bör den dialogiska situationen uppfattas som en horisontsammanslutning där Hilary lyckas förmedla sina historiska erfarenheter till sin son. Jerzy ges insikter om den officiella antisemitismen i Polen före kriget som blir historiskt orienterande. Förståelsen för den antisemitism som påverkat hans familj på flera olika fundamentala sätt fördjupas. Det är en historisk erfarenhet som förmedlas från Hilary via Jerzy till biografins läsekrets.

Den strukturella polska antisemitismens långa historia är central i de historiska erfarenheter som kommuniceras i biografier, levnadsberättelser och dialoger. De beskriver en kollektivt riktad fientlighet mot dem och kommunicerar det för en läsekrets. Det sätter ord på erfarenheten av att komma från ett samhälle som var fientligt mot dem samtidigt som detta samhälle rymde hela deras liv, inklusive alla de positiva sidorna av tillvaron. Att betrakta denna antisemitism från Sverige skapar ett avstånd där saker kan framstå i större tydlighet, men de kan också bli otydliga. I Sverige finns det ett större svängrum att formulera sig om polsk antisemitism utan att möta ifrågasättanden eller

---

[218] Zaremba, *Huset med de två tornen*, 97.
[219] Sarnecki, *Hilarys historia*, 41.
[220] Sarnecki, 44.

motstånd. Det är en betydelsefull förutsättning när de formulerar sig för mig om den strukturella polska antisemitismen.

Aleksander Reich beskriver i sin levnadsberättelse den polska antisemitismen på följande sätt:

> Den polska antisemitismen enligt min uppfattning har sina rötter i den turbulenta polska historia och i den därav resulterande nationalistiska katolicismen. Den är svår att bekämpa på grund av den rädslofyllda polska nationalkänslan. Antisemitismen har använts och används fortfarande av skrupellösa makthavare. Som jag upplever det pågår det en kamp mellan det rationella och framgångsrika nya Polen och de rädda, gammaldags och ofta fattigare grupper. Denna kamp pågår inte bara i Polen utan i flera länder oavsett judisk närvaro. Vi får hoppas att tolerans, demokrati och välstånd kan överleva den turbulenta tid som vi befinner oss i.[221]

Här blir den polska antisemitismen en av två krafter som kämpar mot varandra i Polen liksom i andra länder. Det är utmärkande hur han pekar på den rädslofyllda polska nationalkänslan. Polsk antisemitism verkar utgå från en känsla av hot, enligt Reich.

Den strukturella polska antisemitismens funktion i den identitetsmässiga historiska orienteringen är avgörande. En sammantagen läsning av de historiska erfarenheter som kommunicerats till mig ger ett intryck av att antisemitismen omöjliggör en djupgående relation till Polen, trots att de växte upp som polacker. Trots att de identifierar sig med Polen på många sätt – när det gäller mat, konst, kultur, humor, vänner etcetera – och trots att de flesta uppskattar att resa till Polen i olika sammanhang, uttrycker deras kommunicerade historiska erfarenheter till stor del att Polen aldrig var en värld för dem. Denna uppfattning kan även bli orienterande för framtiden. Till exempel uttrycks generellt att de inte kan tänka sig att flytta till Polen.

Ett polskjudiskt ursprung bortom shtetlnarrativet

Det finns många deltagare i projektet *Vi, de fördrivna* som kommunicerat en stark polskjudisk identitet utan att förhålla sig till shtetlnarrativets utmärkande symboler. Artur Halmin, som intervjuades tillsammans med en grupp vänner som inte kommunicerade någon koppling till shtetlnarrativet, uttrycker ändå ett tydligt polskjudiskt ursprung. Till exempel har han tagit hand om sina föräldrars gravar på den judiska begravningsplatsen i Warszawa, detta har en

---

[221] Aleksander Reich, 5.

stark betydelse för honom. Det judiska Warszawa utgör en urban motsats till shtetln:

> Artur: Min mamma är från Warszawa. Hennes föräldrar ligger på Warszawas judiska kyrkogård. Hon var föräldralös sen hon var 10 år gammal. Och numera ligger hon också på samman kyrkogård, begraven. Inte långt från Wandas familj.
>
> Joanna: Alltså judiska begravningsplatsen!?
>
> Artur: Just det, i Warszawa. Och jag har designat deras gravsten, mammas och pappas, vilket jag är väldigt stolt för.[222]

Den Wanda som nämns av Artur är också med i intervjun. Joanna understryker lite diskret med sin fråga att det heter judisk begravningsplats och inte kyrkogård. De visar en stark anknytning till Warszawas judiska historia samtidigt som de beskriver något som inte är typiskt för shtetlnarrativet.

Jaff Schatz beskriver i *The Generation* den livliga ideologiska miljön bland polska judar under mellankrigstiden. I mötet med moderniteten hade en rad olika rörelser uppstått för att tackla den nya tidens utmaningar på vitt skilda sätt.[223] Men det som i grunden kom att bestämma villkoren för den polska judenhetens framtida öde låg i de angränsande diktaturernas händer som skapade den mest djupgående historiska brytpunkten genom att invadera Polen 1939.

Det är omöjligt att från en samtida horisont betrakta den polska judenhetens mellankrigstida tidsskikt utan att de historiska erfarenheterna av Förintelsen inverkar på skildringen. Det är också svårt att betrakta den livliga idédebatten och aktiviteten inom de polska judarnas folkrörelser och på allvar greppa förhoppningarna och framtidsutsikterna i deras tidsskikt. Det modernitetsfokuserade större narrativet som Schatz presenterar i en vetenskaplig version är ett försök att göra det, genom att visa på alla de dynamiska utvecklingsprocesser som var möjliga, men som helt avbröts. Samma sak gäller Håkan Blomqvists skildring av Bund. Han konstaterar att Bund tillhör historiens förlorare men att de har något viktigt att säga till vår samtid. Bunds idéer om mångkulturell samexistens upplever någon form av renässans.[224]

Vi möter många föräldrar i de historiska erfarenheter som förmedlats, vilka blev kommunister under mellankrigstiden. Julius Glaser beskriver sin fars kommunistiska engagemang på följande sätt i en intervju:

---

[222] Intervju Aleksander Ratz, Tola Ratz, Wanda Sikorska, Joanna Rose, Artur Halmin, och Bronislaw. 00:03:08–00.04.03
[223] Schatz, *The generation*, 30–36.
[224] Blomqvist, *Socialism På Jiddisch*, 213–217.

> Min far, han som flera fattiga judar, han var kommunist före kriget. Eller kommunist, han var inte aktiv i partiet men han hade sådana åsikter. Då skulle alla vara jämlika, även judarna skulle ha samma rättigheter som andra.[225]

Beskrivningen av de kommunistiska föräldrarnas livssituation är ett av flera exempel på ett modernitetsfokuserat narrativ. Det står i opposition till den idealiserade judiska värld som gestaltas i shtetlnarrativet. Medan det ena narrativet riktar blicken mot det traditionellt judiska, riktar det modernitetsfokuserade narrativet blicken mot en utopisk framtid som moderniteten möjliggör, hur den polska judenheten och även mänskligheten i stort skall skrida från mörkret till ljuset.

I ett modernitetsinriktat narrativ som det om kommunistiska judar i Polen under mellankrigstiden finns det en större kontinuitet mellan tiden före och tiden efter än i shtetlnarrativet. I många fall återkommer följande narrativa kontinuitet: ett kommunistiskt engagemang från mellankrigstiden till överlevnad i Sovjetunionen, återkomst till Polen och engagemang i uppbyggandet av Folkrepubliken Polen. Det ena följer efter det andra fram till fördrivningen 1968.[226] I detta narrativ blir tiden före en skildring av mötet med modernitetens utmaningar och ett ställningstagande för frigörelsen i motsats till de förtryck och det bakåtsträvande de såg kring sig. De motsatte sig antisemitism, kapitalism och de traditionellt religiösa judiska auktoriteterna. I viss mån kan deras inställning beskrivas som anti-shtetl om vi förstår shtetl som just en myt om en idealiserad traditionellt judisk värld.

Det är heller ingen av de svenskpolska judar jag kommit i kontakt med eller hört talas om under arbetet med *Vi, de fördrivna* som varit del av en chassidisk rörelse. Trots att de generellt uttrycker en stark judisk identitet och i vissa fall ett andligt intresse verkar ortodoxa chassidiska rörelser inte tilltala dem alls. Arnold Walfisz beskriver i en dialog hur hans föräldrar, som unga under mellankrigstiden, revolterade mot den traditionellt religiösa miljö som de hade växt upp i. De bröt med föräldrarnas traditioner, gick med i den kommunistiska rörelsen och hade en kärleksrelation som ogifta.[227] Ett typiskt modernt brott mot det idealiserat judiska liv som representeras i shtetlnarrativet. Även Anna Krieger beskriver på ett utmärkande sätt hur hennes fars familj var "väldigt anti den här gamla shtetln och shtetl-andan", den "inkrökta och inrökta." Att ta avstånd från den gamla shtetl-andan stod inte i konflikt med att ha en stark

---

[225] Intervju Juliusz Brzezinski, Julius Glaser och Julian Better. 00:42:42–00:42:58

[226] Schatz, *The generation*. Detta är grundnarrativet i Schatz studie av denna generation polskjudiska kommunister.

[227] Intervju Aleksander Reich och Arnold Walfisz, 00:03:10-00:07:30.

judisk identitet och i stället nämner hon hur de var stolta över judiska kultur-
personligheter och vetenskapsmän; en modernitetsinriktad judisk identitet.[228]

Judiskt ursprung bortom Polen

Även om ursprunget till största del söks inom den polskjudiska kulturen, vid
sidan av shtetlnarrativet, finns det exempel på hur de orienterar sitt ursprung
bortom Polen. Ett historiskt identitetsmässigt ursprung kan sökas till andra
platser och tider när de kommunicerar sina historiska erfarenheter. Enligt den
genom migrationen generellt sett stärkta judiska identiteten kan sökandet efter
ursprung sträcka sig över diasporan i Polen till det historiska och religiösa
ursprung i Mellanöstern som förenar alla judar.

Historisk orientering försiggår både i tid och rum. Polen är den viktigaste
punkten på kartan och sedan Sverige, men även Israel och Sovjetunionen/
Ryssland utgör betydelsefulla punkter i denna geografi. Upplevelsen av den
strukturella polska antisemitismen och den antisemitiska kampanjen i kom-
binationen med en senare motvilja i Polen att genomgående hantera dessa
historiska erfarenheter, har gjort att många distanserat sin identitet från Polen
samtidigt som det är Polen de kommer från. En kvinna sa till mig i ett samtal
som jag inte spelade in att Polen var landet där hon tyvärr råkade födas.

För flera men absolut inte alla har en koppling till Israel blivit betydelsefull.
Till exempel känner Maria Rotstein stor sympati och tacksamhet gentemot
Israel och det israeliska folket.[229] Ella skriver i sin levnadsberättelse om sina
kontakter med Israel:

> Under mitt yrkesliv som arkeolog i Sverige hade jag även goda kontakter med
> forskare och arkeologer i Israel. När våra barn var tonåringar ordnade jag under
> två sommarsäsonger med hjälp av min israeliska väninna volontärarbete på
> kibbutz under två sommarperioder. "Våra" barn kände varandra väl, tack vare
> Maccabi klubben, sommarkolonier och Israelvistelser. Inte konstigt att några av
> dem blev senare par och bildade familjer.[230]

Det är ett exempel på hur orientering gentemot det judiska inte behövde handla
om att söka sig mot den egna familjens polskjudiska rötter, utan i stället kan
uppmärksamheten riktas mot Israel. Intresset för Israel framstår dock oftare
som samtids- eller framtidsorienterat medan Polen betraktas som det förflutnas
land. Barnen lär sig hebreiska medan de själva lär sig jiddisch, för att visa en

---

[228] Intervju Anna Krieger, Henryk Rozenberg och Adam Kowalski, 00:04:10–00:05:48.
[229] Maria Rotstein, 8. 15–20.
[230] Ella, 13.

förenklad bild av hur olika generationer söker sig till något judiskt. Eller som Aleksander Ratz skriver: "Mina barn är engagerade i det judiska livet i Stockholm och jag är med i styrelsen för Vänföreningen för Polska Judars Historia (Polin) i Warszawa."[231]

Barnen är mer svenskjudiska medan fadern har en mer svenskpolskjudisk identitet. Polins vänförening består nästan uteslutande av polska judar som kommit till Sverige i anslutning till den antisemitiska kampanjen. Vänföreningen blir ett organiserat sätt att komma i kontakt med den polska judenhetens tusenåriga historia. Det är även ett sätt att verka för att den historien ska ta plats i dagens Polen.

Sökandet efter ursprung har alltså skett under livets gång och kontakten med ett judiskt förflutet har ofta återknutits. Levnadsberättelserna innehåller även tankar om vad barn och barnbarn har med sig av detta ursprung och vad som blir betydelsefullt av det i framtiden. Jurek Gold avslutar sin levnadsberättelse på följande sätt under rubriken "Tankar om framtiden":

> Mina barn är i mycket stor grad medvetna om vårt förflutna i Polen, i mitt tycke frågar de kanske för lite om detaljer ur våra liv i Polen men jag förstår de, delvis åtminstone. De är upptagna av sina liv, arbete, barn, familj, de har inte tid att tänka på det. Hoppas att jag blir närvarande, både kroppsligt och intellektuellt när de mognar till att vilja fråga mig.
>
> För mina barnbarn blir nog mitt förflutna snarare ett kuriosum, jag hoppas dock att de behåller sin judiska identitet livet ut och förmedlar den vidare till nästa generationer.[232]

Själv försöker han acceptera hur hans polska uppväxt kommer att glömmas bort medan han hoppas på att en judisk identitet bevaras över generationerna. Kopplingen till det gamla judiska Polen verkar blekna med tiden.

I flera av biografierna och levnadsberättelserna talas det om att vara kosmopolit, en världsmedborgare. Att kalla sig kosmopolit innebär en frikoppling från shtetlnarrativet. En kosmopolit tillhör ingen specifik plats eller nation. Samtidigt kan det handla om att bära sin shtetl med sig som Zalma Puterman. Med tanke på att shtetlarna i Jiddischland är förstörda är deras arv kosmopolitiskt och därmed frigjort från sitt geografiska ursprung. Begreppet kosmopolit och dess olika laddningar i olika tidsskikt kommer att behandlas mer ingående i kapitel 5.

---

[231] Aleksander Ratz, 4.
[232] Jurek Gold, 5.

Att orientera ett polskjudiskt ursprung från Sverige

Att lämna Polen gör att biografiernas huvudpersoner distanseras från den polskjudiska historien rent geografiskt. Samtidigt stärks en polskjudisk gemenskap i Sverige där många av dem intresserar sig för sitt polskjudiska ursprung. Den polska judenhetens historia före Förintelsen blir på detta sätta en mytisk värld, ett tidsskikt som är oåtkomligt men ändå centralt för identitet och gemenskap. Att den polskjudiska världen, Jiddischland, är förstörd kan beskrivas som en andra diaspora. För en svenskpolsk jude finns det alltså två tydliga historiska orienteringspunkter att förhålla sig till i ett judiskt sökande efter ursprung, Israel och Jiddischland.

Det kan tyckas paradoxalt att många människor verkar komma närmare det förflutna ju äldre de blir. Samtidigt finns det något allmänmänskligt i att yngre människor är mer samtids- och framtidsorienterade, medan äldre orienterar sig mer mot det förflutna i reflektion över ens liv och ursprung. Men utöver denna allmänmänskliga aspekt finns det ytterligare dimensioner i den temporala orienteringen hos de som lämnade Polen i anslutning till den antisemitiska kampanjen. När de orienterar sitt polskjudiska ursprung behöver de ofta ta ett långt kliv över det tidsskikt då de själva var unga och levde i Polen för att återfinna den omfattande polskjudiska kultur som fanns i tidsskiktet före Förintelsen. Många av de kommunicerade erfarenheterna om livet i Folkrepubliken Polen behandlar judiska inslag som vittnar om det judiska livet från tiden före Förintelsen. Antagligen tar dessa judiska spår oproportionerligt stor plats i deras kommunicerade erfarenheter i jämförelse med hur centralt de uppfattade dessa judiska inslag i sina liv under efterkrigstiden. Det är först i ett senare tidsskikt, efter fördrivningen från Polen, som intresset för det judiska blev identitetsmässigt centralt generellt sett. Med det sagt finns det många som avviker från denna historiskt identitetsmässiga orientering.

Richard Lerner skriver:

> Vi bytte vårt efternamn från Lechowicz till Lerner 1975. Lerner var min farmors flicknamn och vi tyckte att det var lättare att använda i Sverige än Lichtson som var min fars ursprungliga efternamn. Jag tyckte att det var en lättnad att bli av med det polskt klingande Lechowicz. Jag hade börjat intressera mig för det judiska och Chaim Potok blev min favoritförfattare. I Polen uppfattade jag mig som polack med judiskt ursprung. Nu blev jag jude som härstammar från Polen.[233]

---

[233] Richard Lerner, 2

På samma sätt som Singer förekommer som en viktig författare i anknytningen till det judiska nämner Richard Lerner Chaim Potok, en amerikanskjudisk författare med polskjudiska föräldrar. Lerner beskriver hur den judiska komponenten i identiteten blev betydelsefullare i Sverige. Samtidigt som de blivit fördrivna från Polen och nu hade ett behov av att omorientera sin identitet var även många polska namn svåra att uttala för svenskar. Att återta familjens jiddischklingande efternamn blev både en anpassning till svenskarnas bristande uttalsförmåga och ett närmande av ett judiskt ursprung från tiden före. I Lerners fall via sin farmors flicknamn.

Shtetlnarrativet utgör en viktig klangbotten när de närmar sig ett polsk-judiskt ursprung från Sverige. Det finns etablerat i den svenska majoritets-befolkningen genom en rad estetiska representationer och det finns etablerat i den svenskjudiska minoriteten som en minst 150-årig spänning mellan östjudiskt och västjudiskt. Samtidigt är det ofta helt andra miljöer, erfarenheter och estetiska uttryck som dominerar i de erfarenheter de kommunicerar från tiden före Förintelsen utifrån en svensk horisont på 2000-talet. De lyfter fram betydligt fler modernitetsrelaterade aspekter: urbana miljöer, industrialisering, politiska rörelser och då i synnerhet kommunism. Huvudsakligen lyfter de judiska erfarenheter från det gamla Jiddischland som går bortom ett idealiserat judiskt och traditionsinriktat shtetlnarrativ.

Avslutande reflektioner: ett modernt ursprung i Jiddischland

Detta kapitel behandlar historiska erfarenheter av den polskjudiska kulturen – Jiddischland – före Förintelsen. Jag betraktar den historiska orienteringen i dessa erfarenheter som ett sökande efter ursprung, en identitetsmässig historisk orientering till tiden före den största brytpunkten. Den övergripande frågan i kapitlet är vilken mening och funktion de kommunicerade historiska erfar-enheterna av det judiska livet i Polen före Förintelsen har för de judar som migrerade till Sverige till följd av den polska antisemitiska kampanjen som inleddes 1967. Detta kapitel är till stor del baserat på de publicerade biografier som jag analyserat. I levnadsberättelser och dialoger har tiden före främst framträtt genom återberättandet av föräldrars erfarenheter. De historiska erfarenheterna utmärks därför av en tydligare distans än i kommande kapitel, vilka till större del bygger på egenupplevda erfarenheter.

Kapitlets analys utgår från det jag kallar shtetlnarrativet. Detta narrativ är tongivande i den vidare historiekulturen kring det polskjudiska livet före Förintelsen. Shtetlnarrativet gestaltar den polskjudiska kulturen genom en uppsjö av estetiska gestaltningar. Shtetlnarrativet gestaltar en idealiserad och traditionell judisk värld. Det är i sig en reaktion på moderniteten, spänningen mellan tradition och modernitet utgör själva förutsättningen för alla romantiserande- eller demoniserande skildringar av shtetl-miljön.

Den främste företrädaren för shtetlnarrativet är Isaac Bashevis Singer som förekommer frekvent i de kommunicerade historiska erfarenheterna. Han utgör en historiskt orienterande resurs i att estetiskt tillgängliggöra Jiddischland i det tidsskikt som föregick Förintelsen. Singer blir genom det en grundläggande del i en judisk identitet som baseras på estetik och historia snarare än religiösa traditioner, även om det religiösa har en central plats i Singers författarskap. Hans litteratur blir en estetisk historisk resurs i sökandet efter ett judiskt ursprung. På liknande sätt fungerar andra estetiska uttryck som Sholem Aleichems litteratur, Chagalls konst eller klezmermusik.

Språket jiddisch är en central del av både shtetlnarrativet och den historiska orienteringen hos de svenskpolska judar vars historiska erfarenheter studeras här. Jiddisch har även status av nationellt minoritetsspråk i Sverige och jiddischarrangemang kan fungera som en offentlig minneskultur för svenskpolska judar. Betydelsen av jiddisch framträder med större tydlighet i jämförelse med hebreiskan. Hebreiska och jiddisch är två judiska språk som bidrar med olika språkligt historiska orienteringsriktningar. Jiddisch är djupt förknippat med diasporan och kan utgöra en betydelsefull del i ett polskjudiskt ursprung. Ett svenskpolskjudiskt sökande efter ursprung behöver inte söka sig till det europeiska Jiddischland utan det kan orientera sig längre bak i tiden, till Israel, ursprunget före diasporan som förenar alla judar. Det finns många exempel på en identitetsmässig relation till Israel, men det polskjudiska ursprunget är betydligt mer påtagligt. Deras barn verkar dock generellt orientera sig mer mot Israel eller en global judenhet.

Shtetlnarrativet är inte dominerande i de historiska erfarenheter som studeras här. Det finns närvarande men det är inte det vanligast förekommande. I stället dominerar mer modernitetsrelaterade historiska erfarenheter, ofta från urbana miljöer. Deras historiska erfarenheter bryter tydligt av mot shtetlnarrativets polskjudiska värld. Många beskriver den kommunistiska rörelsen under mellankrigstiden och dess utopiska framtidstro på ett jämlikt samhälle. Mellankrigstidens judiska Polen framträder i det historiska berättandet som en modern miljö, fylld av framtidstro, men med en framtida katastrof hängande över sig. De kommunicerar i stort ett modernt ursprung i Jiddischland.

Den strukturella polska antisemitismen spelar en avgörande roll för dessa svenskpolska judars sökande efter ursprung. När historiska erfarenheter av polsk antisemitism tar överhanden distanserar de sin identitetsmässiga historiska orientering bort från Polen, ett land som uppfattas som så fundamentalt antisemitiskt att ett gott och säkert judiskt liv där är omöjligt. Detta gör att shtetlnarrativet förlorar sin dragningskraft.

Intresset för ett judiskt eller polskjudiskt ursprung har utvecklats i Sverige. Att lämna Polen ledde till en distansering från polskjudisk historia rent rumsligt, men genom en stark polskjudisk gemenskap i Sverige har intresset för det judiska ursprunget ökat. Den polskjudiska historien före Förintelsen har blivit en central del av deras identitet.

Till skillnad från tidigare forskning om svenskpolskjudisk historia lyfts shtetlnarrativet fram som ett tongivande narrativ att orientera ett identitetsmässigt ursprung gentemot samtidigt som det starkt utmanas av modernitetspräglade erfarenheter. Izabela Dahl lyfter i hennes intervjustudie fram hur minnet av en judisk tradition kommuniceras men hon genomför ingen ingående analys av dess olika komponenter.[234] Genom att analysera hur polska judar orienterar sig i relation till shtetlnarrativet belyser detta kapitel de spänningar som uppstår i tillbakablickandet mellan en idealiserad bild av den traditionella judiska miljön och moderniteten.

I den forskning som jag använt för att teckna det tongivande shtetlnarrativet – kulturhistoriska studier av gestaltningen av shtetln i litteratur och konst – har inte shtetlnarrativet analyserats som en del av en specifik grupp människors historiska erfarenheter. Detta kapitel visar att de kommunicerade historiska erfarenheterna bryter av mot shtetlnarrativet. Genom att genomföra en analys av historiska erfarenheter från tiden före Förintelsen med utgångspunkt i shtetlnarrativet hos denna svenskpolskjudiska grupp ansluter denna studie till det forskningsområde som summeras i *The Shtetl: Myth and Reality*.[235] Min studie bidrar med ett specifikt svenskpolskjudiskt perspektiv som kan nyansera helhetsbilden av det gamla Jiddischland i dess estetiska representationer.

Nästa kapitel kommer att handla om historiska erfarenheter från Förintelsen och deras funktion i erfarenhetskronologin. Eftersom Förintelsen utgör den grundläggande brytpunkten att förhålla sig till, bleknar den orienterande funktionen för tiden före. Vad som hände under Förintelsen, både för kulturen de härstammar från och för enskilda individer, är av större betydelse. Skildringen av tiden före, i ljuset av de historiska erfarenheterna av Förintelsen, blir till spår av en värld som en gång fanns.

---

[234] Dahl, *Ausschluss und Zugehörigkeit*, 360–362.
[235] Polonsky, *The Shtetl*.

Brytpunkten Förintelsen

När andra världskriget bröt ut fanns det över tre miljoner judar i Polen. Av de polska judarna överlevde runt en tiondel det folkmord som kom att bli den mest centrala historiska orienteringspunkten inte bara i judisk historiekultur utan även i en västerländsk globaliserad historiekultur.[236] Förintelsen, det folkmord som drabbade Europas judar, kom att bli grundexemplet som begreppet folkmord, *genocide*, baserades på.[237] Folkmord definieras inom internationell rätt som ett brott mot mänskligheten med utgångspunkt i Nürnbergrättegångarna efter andra världskriget.[238] De svenskpolska judar som jag studerar bär själva på erfarenheter av detta brott mot mänskligheten, direkt eller via sina föräldrar. Förintelsen genomfördes i olika faser, på olika sätt, över en spridd geografisk yta, men Polen utgjorde epicentrum för mördandet. I Polen låg Förintelselägren Auschwitz-Birkenau, Treblinka, Sobibór, Bełżec, Chełmno och Majdanek.[239] På samma sätt som att Polen utgjorde centrum av det gamla Jiddischland utgjorde Polen centrum för dess förstörelse. Förintelsen kan betraktas som en judisk historisk erfarenhet med en central position i en global historiekultur. Genom Förintelsens historiekulturellt centrala position finns det ett väl etablerat narrativ om denna händelse, jag benämner detta narrativ helt enkelt det tongivande narrativet om Förintelsen.

Jörn Rüsen beskriver Förintelsen som en *borderline event*, den mest radikala erfarenheten av kris i historien:

> The Holocaust is the most radical experience of crisis in history. It is unique in its genocidal character and its radical negation and destruction of the basic values of modern civilization. As such it negates and destroys even the principles of its historical interpretation.[240]

---

[236] Levy och Sznaider, *The Holocaust and Memory in the Global Age*.

[237] Odello och Łubiński, *The concept of genocide in international criminal law*.

[238] Sadat, *Forging a Convention for Crimes against Humanity*.

[239] För en översikt se till exempel Friedländer, *Tredje riket och judarna. D. 2*.

[240] Rüsen, *History*, 189.

Förintelsen är alltså inte enbart en katastrofal händelse i historien utan en händelse som förstör den moderna civilisationens grundläggande värden och därmed förstörs även det historiska tänkande som försöker förstå händelsen.

Hannah Arendt och Zygmunt Bauman har fokuserat på det moderna och civiliserade i Förintelsen.[241] De utgår från en mindre idealiserad uppfattning av den moderna civilisationens värden än Rüsen. Den organisation, vetenskaplighet och effektivitet som folkmordet genomdrevs med är utmärkande för den moderna civilisationen. Förintelsen krossar framstegstanken: modernitet och civilisation kan innebära total katastrof. Erfarenheten av Förintelsen omskapar den historiska orienteringens förutsättningar i grunden.

Den övergripande frågan i föreliggande kapitel är vilken mening och funktion de kommunicerade historiska erfarenheterna av Förintelsen och andra världskriget har för de judar som migrerade till Sverige till följd av den polska antisemitiska kampanjen. I analysen av levnadsberättelserna framstår Förintelsen som en brytpunkt, ett brott i tiden som skapar ett tydligt före och efter. Deras kommunicerade historiska erfarenheter utgår från denna grundläggande orienteringspunkt. Förintelsen finns därmed närvarande både framåt och bakåt i historien. I föregående kapitel analyserades kommunicerade historiska erfarenheter från tiden före Förintelsen. Att formulera sig kring denna tid handlar om att sträcka sig över denna grundläggande brytpunkt i ett sökande efter ursprung. Brytpunkten formar minnet av det som fanns tidigare. Skuggan av Förintelsen vilar över gestaltningen av hela detta tidsskikt och gör tiden före till en mytisk tid att söka sitt ursprung i, en ursprunglig tid vi är separerade från. I detta kapitel fokuseras på förstörelsen av denna ursprungliga värld. Vi betraktar inte längre Förintelsens skugga utan vi tränger i stället in i det mörker som har kraft att bryta sönder tiden och omdefiniera historien i grunden.

Analyserna i detta kapitel utgår från följande frågeställningar: Hur förhåller de kommunicerade historiska erfarenheterna sig till det tongivande narrativet om Förintelsen? På vilka sätt utgör det narrativet en orienteringspunkt från vilken historiska erfarenheter förmedlas och struktureras i publicerade biografier, insamlade levnadsberättelser och genomförda dialoger? På vilka sätt utgör de kommunicerade historiska erfarenheterna om Förintelsen en brytpunkt i erfarenhetskronologin?

Förintelsestudier, eller Holocaust studies, är ett omfattande interdisciplinärt forskningsfält med flera akademiska institutioner, arkiv och tidskrifter. Det finns sedan det sena 1970-talet även ett stort publikt intresse för Förintelsen som tar sig uttryck i offentlig debatt, sociala medier, museer, litteratur, konst och

---

[241] Arendt, *The Origins of Totalitarianism*; Bauman, *Modernity and the Holocaust*.

film. Ständigt formuleras forskning om nya aspekter av Förintelsen. I och med att de flesta som överlevde Förintelsen håller på att gå ur tiden talas det om att vi är på väg från *The Era of the Witness* till *The Era of Postmemory*.[242] Detta avspeglar sig bland annat i att Förintelseforskningen och historiekulturen i stort intresserar sig för erfarenheter från den andra och tredje generationen.[243] Ny forskning om minnet av Förintelsen publiceras ständigt inom bland annat det expansiva forskningsfältet memory studies. Det är det mest utforskade minnet inom fältet, eller som Förintelse- och minnesforskaren Wulf Kantsteiner uttrycker det: "Holocaust memory and memory studies have always been intertwined."[244] Det är omöjligt att ge en fullständig överblick av hela det omfattande fältet Förintelsestudier. Jag kommer därför enbart att referera till de verk som används för att förstå de historiska erfarenheter som studeras här.

När Jörn Rüsen inleder sin genomgång av historia och historikerns roll utgår han från ett allmänmänskligt behov av att orientera sig i tiden. Det finns historiska erfarenheter som står ut och är av central betydelse för oss som individer och för våra samhällen. På det sättet har Rüsen behandlat den historiska erfarenheten av Förintelsen som den mest centralt orienterande erfarenheten i den historiekultur han växt upp i.[245] Som tysk möter han den dock från motsatt håll i jämförelse med det svenskpolskjudiska perspektiv som presenteras här. Rüsen försöker bidra som professionell historiker och historiefilosof till de förövar- och skuldfrågeställningar som varit dominerande i en tysk historiekultur.[246] Oavsett om perspektivet utgår från förövarna eller de drabbade har historiska erfarenheter från Förintelsen en grundläggande etiskt- och identitetsmässigt orienterande funktion. På samma sätt som i föregående kapitel om tiden före Förintelsen har estetiska gestaltningar en avgörande betydelse för historiekulturen. Film, skönlitteratur, konst och andra konstnärliga uttryck bidrar med en estetik att förstå historia genom.

Förintelsen är den grundläggande brytpunkten för den grupp som studeras här. De polska judar som kom till Sverige på grund av den antisemitiska kampanjen tillhörde exceptionella familjer inom den polska judenheten i och med att de hade överlevt Förintelsen. Cirka 90 procent av de polska judarna mördades under Förintelsen. De överlevande bar alla sina specifika överlevnadsberättelser med sig som en betydelsefull del av ett identitetsmässigt och

---

[242] Wieviorka, *The Era of the Witness*; Hirsch, *The Generation of Postmemory*.

[243] Hirsch, *The Generation of Postmemory*.

[244] Kantsteiner, "Transnational Holocaust Memory, Digital Culture and the End of Reception Studies", 305.

[245] Rüsen, *History*, 189–204.

[246] Rüsens teoretiserande kring Förintelsen som en *borderline event* utgår till stor del från den efterkrigstida tyska historiekulturens fokus på att hantera den nationalsocialistiska epoken och Förintelsen. Se till exempel Rüsen, "Holocaust Experience and Historical Sense Generation from a German Perspective".

etiskt historiskt orienterande. Då Förintelsen är historien om en värld som förstördes utgör överlevnadsberättelsen en passage över förstörelsen, från den värld som en gång fanns till den nya värld som uppstår i ruinerna.

En gemensam exceptionell erfarenhet för de överlevande är att de har överlevt Förintelsen, men det finns en mångfald av överlevnadsberättelser. Det finns även en mångfald av berättelser inom varje överlevnadsberättelse. Överlevnadsberättelser presenteras på skilda sätt vid olika tillfällen beroende på graden av offentlighet, relationen till den/de som lyssnar, om de framförs som monologer eller dialoger och så vidare. Berättandet påverkas även över tid i relation till historiekulturens förändringar. Många Förintelseöverlevande har berättat sina överlevnadsberättelser mängder av gånger, till exempel för skolklasser, därmed formeras ett tydligt sammanhållet narrativ med ett antal fasta punkter som återkommer i berättandet. Det anpassar sig efter publikens intresse, förkunskap och förmåga att förstå. Henry "Hank" Greenspan har visat, i sina återkommande samtal med ett fåtal Förintelseöverlevande, att det uppstår olika meningar och berättelser i olika sammanhang.[247] Överlevnadsberättelsen är ibland ett koherent narrativ som återberättas vid olika tillfällen. Men berättandet kan också finna andra vägar och meningar, i synnerhet i mer dialogiska sammanhang. Jerzy Sarnecki beskriver hur frågan "Hur överlevde du?" återkommer när hans faders generation polska judar möts i Sverige.[248] På så vis traderas överlevnadsberättelserna i både privata och offentliga sammanhang. De inträder i dialogiska sammanhang med varandra och även med historiekulturen i stort.

Det tongivande Förintelsenarrativet

När jag skriver om Förintelsen gör jag det med versalt F.[249] Det vittnar om att jag är del av en historiekultur som understryker Förintelsens unicitet och grundläggande betydelse i historien. Jag har även arbetat som historielärare i denna historiekultur tillsammans med instanser som *Forum för levande historia* och följt en läroplan som understryker Förintelsens betydelse. Det är denna kontext, den officiella svenska minnespolitiken som del av en global västerländsk historiekultur kring Förintelsen, som utgör det sammanhang i vilka

---

[247] Att olika berättelser och meningar uppstår vid olika tillfällen är en grundläggande poäng i Greenspan, *On Listening to Holocaust Survivors*. Ett tydligt exempel på det finns i föjande artikel: Greenspan, "Collaborative Interpretation of Survivors' Accounts: A Radical Challenge to Conventional Practice".

[248] Sarnecki, *Hilarys historia*. 423.

[249] Stavningen av Förintelsen med versalt F har varit föremål för historievetenskapliga diskussioner i Sverige, se till exempel: Karlsson, "Debatt: Förintelsen – i historien eller över Historien?"; Andersson, "Att moralisera över det moraliska historiebruket". Min ambition är här att enbart reflektera vad detta brott mot svenska språknormer innebär och att jag är en del av denna historiekultur där versalt F har blivit norm.

dessa svenskpolska judar kommunicerar sina historiska erfarenheter i. Det tongivande narrativet om Förintelsen har fått sitt innehåll genom de olika representationer som detta folkmord fått i offentligheten. Därför blir presentationen av detta narrativ även en kort historik över Förintelseminnets framväxt, från ett tidigt judiskt minnesarbete till vittnets tidsålder, memory boom och the era of postmemory.

Även om nazisternas folkmord blev känt medan det pågick och i synnerhet när de första lägren befriades, var det först långt senare som det offentliga minnet kring Holocaust eller Förintelsen formerades och intog en central position i historiekulturen. Inom memory studies har det talats om en memory boom på 1980- och 1990-talet.[250] Under den perioden formerades Förintelseminnet på ett sätt som till stor del dominerar historiekulturen i Sverige och stora delar av världen medan detta skrivs på 2020-talet. Förintelsen betraktades som en historisk erfarenhet som kan ligga till grund för ett ställningstagande för humanism och mänskliga rättigheter globalt.[251]

Det har talats om en tystnad kring Förintelsen under efterkrigstiden. I senare forskning har denna bild utmanats och det talas numera om en myt om tystnaden.[252] Tanja Schult har beskrivit tidiga Förintelsemonument som restes i Sverige,[253] och i antologin *Early Holocaust Memory in Sweden* ges en rad olika perspektiv på det tidiga Förintelseminnet. I inledningskapitlet argumenterar Johannes Heuman och Pontus Rudberg mot idén om tystnaden och visar i stället på ett transnationellt judiskt minnesarbete. De lyfter även den specifikt svenska förutsättningen som ställer räddningsaktioner som de vita bussarna i centrum, en källa till nationell stolthet.[254]

Även om det aldrig rådde en total tystnad om nazisternas folkmord hade det under efterkrigstiden en betydligt mer undanskymd plats i historiekulturen än det fick senare.[255] Förintelseminnet förmedlades inledningsvis främst inom den judiska minoriteten, till exempel restes monument på judiska begravningsplatser där allmänheten inte såg dem.[256] I föregående kapitel nämndes hur min-

---

[250] Olick, Vinitzky-Seroussi, och Levy, *The collective memory reader*, 3–8.

[251] Levy och Sznaider, *The Holocaust and Memory in the Global Age*.

[252] Om tystnadsmyten se Diner, *We Remember with Reverence and Love*. Cesarani och Sundquist, *After the Holocaust*.

[253] Schult, "Gestaltningen och etablering av Förintelseminnet i Sverige", 05 december 2016; Schult, "Gestaltningen och etablerandet av Förintelseminnet i Sverige", 02 december 2017.

[254] Heuman och Rudberg, "Holocaust Memory in Sweden".

[255] Till exempel har Daniel Levy och Natan Sznaider delat in Förintelseminnet i fyra perioder: 1945–1946 som präglas av tystnad; 1960–1978 med ett ökat offentligt intresse för Förintelsen; 1979–1988 då Förintelseminnet amerikaniserades; och slutligen en period från och med 1988 där Förintelseminnet globaliseras.

[256] Schult, "Gestaltningen och etablerandet av Förintelseminnet i Sverige", 02 december 2017.

nesböcker, *yizkor bikher*, om förstörda judiska orter i Central- och Östeuropa sammanställdes åren efter Förintelsen. Dessa böcker skrevs huvudsakligen på jiddisch eller hebreiska och publicerades i små upplagor. Förintelsen benämndes *khurbn* på jiddisch, vilket betyder förstörelse och begreppet används om det första och andra templets förstörelse i Jerusalem.[257] Samtidigt pågick juridiska processer där vittnesmål från Förintelsen användes för att klargöra nazisternas brott. Men, som bland annat den franska historikern Annette Wieviorka har visat, var det först i och med rättegången mot Adolf Eichmann 1961–1962 som det Förintelseöverlevande vittnet introduceras på allvar i offentligheten.[258] Den tidiga minneskultur kring Förintelsen, före begreppet Förintelsen/Holocaust var etablerat, var betydelsefull. Men det är först senare med mer populärkulturella och massmediala gestaltningar som Förintelsen kommit att inta en central position i historiekulturen för hela samhället.[259]

Rättegången mot Adolf Eichmann i Jerusalem var inte bara ett betydelsefullt steg i att sprida och tillgängliggöra en offentlig minneskultur om Förintelsen. Det ändrade även Förintelseminnets karaktär. Annette Wieviorka har i *The Era of the Witness* beskrivit Eichmannrättegångens betydelse för att placera Förintelsevittnet i förgrunden för diskussioner om folkmordet. Rättegången hade i den bemärkelsen både ett känslomässigt och pedagogiskt värde som stärktes av den juridiska och institutionella legitimitet som rättsprocessen gav.[260] Därmed lades grunden för den centrala roll som Förintelsevittnet kom att spela under vittnets tidsålder: en överlevande, en bärare av historia.[261] Förintelseminnet blev på detta sätt individualiserat, det utgår från individuella överlevanden och deras specifika erfarenheter och känslor.[262]

Begreppet Holocaust etablerades genom den amerikanska TV-serien *Holocaust* från 1978. Det var en TV-serie som fick stort genomslag i många länder, inte minst i Västtyskland. I Sverige fick serien namnet Förintelsen och därmed blev denna term etablerad för att beskriva nazisternas folkmord på judarna.[263] Claude Lanzmanns över nio timmar långa dokumentärfilm *Shoah* blev färdig

---

[257] Yizkor bikher nämns även i föregående kapitel för mer se Adler och Jelen, *Reconstructing the Old Country*; Becker, *A Mention to Those not Mentioned: Yizkor Books and Holocaust Memory 1943–2008*.

[258] En utförlig studie av hur Eichmann-rättegången inledde vittnets tidsålder finns i Wieviorka, *The Era of the Witness*; Shandler, *While America Watches*.

[259] Till exempel pekar Tanja Schult på att denna förändring skedde på 1980- och 1990-talet. Schult, "Gestaltningen och etablering av Förintelseminnet i Sverige", 05 december 2016, 15.

[260] Wieviorka, *The Era of the Witness*, 56–95.

[261] Wieviorka, 96–144.

[262] Bothe och Nesselrodt, "Survivor: Towards a Conceptual History", 67–74.

[263] Om TV-serien *The Holocaust* och debatten kring den se Zander, "Holocaust at the Limits. Historical Culture and the Nazi Genocide in the Television Era".

1985 och fick ett stort internationellt genomslag. Spelfilmen *Schindler´s list* från 1993 kan beskrivas som kulmen på 1990-talets så kallade memory boom. Under arbetet med denna spelfilm inledde Steven Spielberg sitt omfattande dokumentära arbete med att samla vittnesmål från Förintelsen till *USC Shoah Foundation*. I Sverige kan denna genombrottsperiod för ett offentligt Förintelseminne beskrivas genom etableringen av Forum för levande historia; först som ett statligt projekt initierat av statsminister Göran Persson 1997, och sedan som en myndighet 2003.[264]

När kalla kriget tog slut förändrades den minnespolitiska spelplanen avsevärt i stora delar av världen. Den sovjetiska minnespolitiken fick lämna plats åt nationalistiska narrativ i de forna öststaterna. Samtidigt utvecklades en Förintelseminneskultur i väst som på flera sätt krockade med perspektiv från de nygamla nationalstaterna i Central- och Östeuropa vars historiekulturer fokuserade på det kommunistiska förtrycket.[265] Under samma tid, kring 1990, började även Förintelseförnekare som Robert Faurisson och Ahmed Rami märkas i offentligheten. I Sverige fanns det en högerextrem våg och Föreningen Förintelsens överlevande bildades 1990 för att sprida kunskap om Förintelsen, till stor del på grund av Förintelseförnekarnas aktivitet.[266] Detta utgör en kortfattad överblick på utvecklingen av det svenska Förintelseminnet och det centrala är att peka på denna kontext av memory boom på 1990-talet.[267] Det är då Förintelsen intar positionen av att vara en central erfarenheten i en svensk offentlig historiekultur.

Timothy Snyder sätter fingret på ett utmärkande drag i Förintelseminnet som han är kritisk mot. Han betraktar Förintelseminnet som *commemorative* och inte historiskt. Det kommemorativa[268] undviker komplexitet och föredrar monokausala förklaringar vars mål är att väcka känslor och stödja den egna världsuppfattningen. Det kommemorativa Förintelseminnet ägnar sig åt åminnelse snarare än historia. Detta gäller enligt Snyder både en västeuropeisk Förintelseminneskultur av *civilizers* och en östeuropeisk av *nationalizers*. Människor håller sig bekvämt inom sin egen, av dessa två minneskulturer.[269] Att beskriva komplexiteten i en historisk situation ställer större krav på kunskap

---

[264] Om Forum för levande historias historia se "Vår historia".

[265] För en genomgående studie av Förintelseminnet i post-kommunistiska stater se: Subotić, *Yellow Star, Red Star*.

[266] "Om Föreningen Förintelsens Överlevande och dess historia". Om förnekandet av Förintelsen se Maria Karlsson, *Cultures of Denial*.

[267] För en studie om konstruktionen av den Förintelseöverlevande i en svensk offentlighet se Wagrell, *Chorus of the saved*. För historiedebatter på 1990-talet se Zander, *Fornstora dagar, moderna tider*.

[268] Jag översätter Snyders begrepp *commemorative* till kommemorativ på svenska.

[269] Snyder, "Commemorative causality".

och komplexiteten har svårare att gestaltas i åminnelse. Att kritiskt granska och att lyfta nya perspektiv stör och utmanar en högtidlig åminnelse.[270] Samtidigt riktas intresset mot den händelse som står i centrum för åminnelsen och därmed skapas även förutsättningar för mer fördjupade studier som inte undviker komplexitet.

Förintelseminnet kan beskrivas som en central del i en västerländsk minneskultur som blivit global.[271] Samtidigt finns det kritik av tesen om Förintelseminnets globalisering, att det snarare rör sig om en västerländsk historiekultur. Det finns flera betydande exempel på där det uppstått en situation av konkurrerande minnen och konkurrerande offerskap där Förintelsen ställts mot andra historiska brott mot mänskligheten. Detta har varit uppenbart i mötet mellan ett västligt Förintelseminne representerat av de tidiga staterna i EU som å ena sidan understryker Förintelsens unicitet och de före detta sovjetiska satellitstater å andra sidan som vill ge brott mot mänskligheten under kommunistiska regimer en mer central position jämte Förintelsen.[272]

Michael Rothberg har i det för memory studies centrala verket *Multidirectional Memory* beskrivit hur minnet av den transatlantiska slavhandeln har ställts mot Förintelsen som ett nollsummespel, att debatten har utgått från att det finns ett fixerat utrymme för historiska brott i offentligheten. Rothberg vill i motsats till detta förhållningssätt peka på att kunskap om den ena historiska händelsen kan leda till ett intresse för den andra.[273] I Polen har det förekommit en liknande situation där majoritetspolackers lidande hamnat i en konkurrenssituation gentemot judars lidande. Det polska lidandet var enormt under kriget. Efter kriget återskapades Polen som en sovjetisk satellitstat. Denna nationella historiekultur hade svårt att acceptera att den judiska erfarenheten från kriget var betydligt värre än majoritetsbefolkningens.

Utöver konkurrenssituationen om att äga lidandet i historiekulturen ledde de judiska erfarenheterna till frågor om polsk kollaboration och deltagande i Förintelsen. Majoritetspolackerna riskerar då inte enbart att förlora det centrala offerskapet; de riskerar även att inkluderas i förövarkategorin. I Polen har dessa frågor skapat hårda och infekterade diskussioner.[274] En offentlig minnespolitik

---

[270] Förintelsehistorikern David Cesarani resonerar på liknande sätt som Snyder kring hur kommemorativa evenemang undviker komplexitet. Cesarani, *Final Solution*, xxvii.

[271] Tesen om Förintelseminnets globalisering är det centrala temat i Levy och Sznaider, *The Holocaust and Memory in the Global Age*. För kritiska analyser av tesen om Förintelseminnets globalisering se: Goldberg och Hazan, *Marking Evil*.

[272] Van Der Poel, "Memory Crisis".

[273] Rothberg, *Multidirectional memory*, 1–7.

[274] Om konfliktdimensioner inom Förintelseminnet i det postkommunistiska Europa se Himka och Michlic, *Bringing the dark past to light*; se även Subotić, *Yellow Star, Red Star*.

har sanktionerat historiska narrativ som visar på motstånd och polacker som räddade judar, till exempel har om majoritetspolska *Righteous Among the Nations*. Det vill säga de som räddade och hjälpte judar under Förintelsen.[275] Det har även skapats minneslagstiftning mot de som lägger skuld på den polska nationen för Förintelsen.[276] Flera böcker och uttalanden om polackers deltagande i Förintelsen har skapat kraftfulla rektioner. Till exempel kring Jan Tomasz Gross bok *Neighbours*[277] eller Jan Grabowski och Barbara Engelkings *Night Without End*.[278] Det tongivande Förintelseminnet i Sverige är föga förvånande inte lika fokuserat på polackers agerande under Förintelsen och det är klart distanserat från en polsk historiekultur fokuserad på hjältemod, motstånd och *Righteous Among the Nations*. I stället brottas den svenska minneskulturen med sina egna historiskt etiskt svåra frågor kring svensk kollaboration och antisemitism i flyktingpolitiken i motsats till nationell stolthet med Raoul Wallenberg och vita bussar.[279]

Det skiftande minnet av Förintelsen är en historiekulturell faktor som haft stor påverkan på historiska erfarenheter bland de polskjudiska flyktingar som kom till Sverige under den antisemitiska kampanjen. Genom levnadsberättelser, biografier och dialoger framträder en mångfasetterad bild av det tidiga Förintelseminnet i polskjudiska familjer. I en del miljöer verkar det trots allt råda en efterkrigstida tystnad kring Förintelsen. Bronia Sokolow skriver att hennes föräldrar ville skona barnen och att de hade ett framtidsfokus på uppbyggnaden efter kriget:

> De pratade aldrig med oss barn om kriget eller om sitt liv i den sovjetiska exilen De ville bespara oss sina och släktens svåra umbäranden. De kände tacksamhet gentemot den sovjetiska makten som tog emot de i deras flykt undan förintelsen. Judar som stannade kvar i det ockuperade Polen överlevde inte. Föräldrarna ville se framåt och delta i uppbyggnaden av ett nytt Polen.[280]

---

[275] Se till exempel Wassermann, "Polish Discourse about the Righteous among the Nations: Between Commemoration, Education and Justification?"

[276] Belavusau, "The Rise of Memory Laws in Poland: An Adequate Tool to Counter Historical Disinformation?"

[277] Gross, *Neighbors*.

[278] Engelking och Grabowski, *Night Without End*.

[279] För en utförlig historievetenskaplig studie som bearbetar denna etiska problematik se Åmark, *Att bo granne med ondskan*. Om antisemitism i den svenska flyktingpolitiken Kvist Geverts, *Ett främmande element i nationen*. För den etiska debatten kring Sveriges agerande gentemot Nazityskland se: Andersson och Tydén, *Sverige och Nazityskland*.

[280] Bronia Sokolow, 5.

Det finns flera liknande uttalanden om föräldrar som inte berättade om vad som hände familjen under kriget och Förintelsen, men det finns även många uttalanden om föräldrar som pratade mycket om det. Ett exempel finns i Richard Lerners levnadsberättelse. Han skriver:

> Min far berättade sällan och ogärna om det förflutna men hans syster Hanka pratade desto mer om det. För henne verkade uppväxtåren i föräldrahemmet vara den lyckligaste tiden i livet och antog smått sagolika proportioner. Hon brukade berätta om det varje gång vi pratades vid. Vid något tillfälle rådde min fru, Nina, henne att skriva ner dessa minnen. Detta resulterade i ett manuskript. När Hanka skulle fylla 90 år 2007 tog jag mig an manuskriptet och gav ut det i form av en bok som blev Hankas födelsedagspresent.[281]

Richard Lerners fader var i allmänhet tyst men hans faster talade gärna om det förflutna. Stycket spänner över en lång tidsperiod där faster Hankas delade sina minnen inom en privat sfär under hela sitt liv, vilka till sist sammanställdes 2007 till hennes 90-årsdag. Richard Lerner befinner sig då i Sverige och Förintelseminnet har genomgått en *memory boom* och fått en central plats i historiekulturen. Att samla de överlevandes erfarenheter i en strukturerad form, i exempelvis en bok eller en videoinspelning, går att relatera till denna förändring i minneskulturen kring Förintelsen.

Maria Rotstein har placerat några mördade anhörigas namn på Förintelsemonumentet *Glöm oss inte*.[282] Roman Wasserman Wroblewski har arbetat med att utveckla Förintelseminnet i Sverige, bland annat genom Föreningen Förintelsens Minne, sammanställandet av boken *6 tusen av 6 miljoner* och initiativ till att resa ett minnesmonument.[283] De svenskpolska judar som deltagit i insamlingsprojektet *Vi, de fördrivna* har flera spelat en aktiv roll i att forma det offentliga Förintelseminnet i Sverige.

Det tongivande narrativet om Förintelsen som dominerar historiekulturen när dessa svenskpolska judar kommunicerar historiska erfarenheter från Förintelsen bör förstås utifrån hur det utvecklades under vittnets tidsålder. Det handlar om att gestalta ondskan med utgångspunkt i de som upplevt den på nära håll. Det är ett individuellt och känslomässigt narrativ men har en både identitetsmässigt och etiskt orienterande funktion som en kollektiv historisk erfarenhet. Det är också ett narrativ inriktat på åminnelse som därmed undviker vissa former av komplexitet. Det tongivande narrativet utgår från att Förintelsen

---

[281] Richard Lerner, 1.
[282] Maria Rotstein, 4.
[283] Schult, "Gestaltningen och etablering av Förintelseminnet i Sverige", 05 december 2016, 16–18; Wasserman Wroblewski, "Om"; Wasserman Wroblewski, *6 tusen av 6 miljoner*.

är ett brott mot mänskligheten som är unikt och ojämförbart. Det ställer Förintelsen som det yttersta exemplet på vad rasism, antisemitism och annan intolerans kan leda till i ett modernt samhälle och därmed ifrågasätter tilltron till moderniteten som företeelse.

Brytpunkten: Förintelsens grundläggande betydelse i den historiska orienteringen

Förintelsen är den mest grundläggande brytpunkten och alla som överlevt den har sin specifika överlevnadsberättelse. Leona Leah Rapoport börjar sin levnadsberättelse på ett sätt som relaterar hennes födelse till den polska judenhetens tynande position efter Förintelsen. Hon föddes 1948, tre år efter den brytpunkt som kriget och Förintelsen innebar. "Jag heter Leona Leah Rapoport (f.d. Mansdorf), född 8 april 1948 i Bytom (Polen), i det sista judiska sjukhuset i södra Polen."[284] Hon fortsätter sedan med att berätta om sin familj och specifikt hennes farbror som var överlevande från Auschwitz "Barack 6, där nazisterna sköt hans fru och hans tvillingpojkar framför hans ögon".[285] Förintelsen presenteras på båda dessa nivåer genomgående i levnadsberättelserna, dels som personliga erfarenheter i familjen, dels som en kollektiv brytpunkt i tiden för alla att orientera sig efter. Det som fanns kvar efteråt var bara spillror av den tidigare så omfattande judiska kulturen i Polen: några individer, föreningar, verksamheter, församlingar, ett sjukhus i Rapoports fall.

När Zalma Puterman beskriver sin släkt och sin uppväxtmiljö på 1930-talet söker han i minnet för att formulera så mycket han kan minnas. Nästan alla de personer han beskriver mördades i Auschwitz 1942.[286] Som nämnts i föregående kapitel minns Puterman sin kusin tack vare en krossad nagel från före kriget, minnet av den fysiska smärtan hjälper Puterman att minnas honom över denna allomfattande brytpunkt som kusinen mördades i.[287] Det kan knappast tänkas att det finns en tydligare och mer smärtsam gränsdragning i både en enskild individs liv och för ett samhälle. Förintelsen är den grundläggande brytpunkten, det som Rüsen kallar en *borderline event*.

Luisa Simberg sammanfattar i sin levnadsberättelse brytpunktens innebörd för hennes familj under rubriken "Resultat av kriget":

---

[284] Leona Leah Rapoport, 1.
[285] Leona Leah Rapoport, 1.
[286] Puterman, *Ett liv i glädje och tårar*, 19–27.
[287] Puterman, 25f.

4. Resultat av kriget

Min mamma förlorade sin mor och tre bröder. Min mormor var gömd i Czestochowa på den ariska sidan och även hon lurades av tyskar att komma ur sitt gömställe i utbyte mot frihet och blev dödad någonstans.

Efter beskedet att både pappa och mamma förlorade de flesta av sina familjer, gifte sig mina föräldrar.

Min biologiske pappa Josef förlorade sina döttrar, sin fru, och yngre bror som har begått självmord strax innan krigets slut. Dessutom gasades hans kusiner och vänner ihjäl. Dessutom förlorade hans familj alla sina ägodelar, lägenheter, bostadshus, pengar och fabriker som de ägde.

Mina föräldrar fick en dotter 1946, min syster som dog efter en infektion på grund av brist av antibiotika på den tiden.

Min styvpappa Leon förlorade sin syster, föräldrar, kusiner och all annan släkt.

Dessutom splittrades hela hans familj och de förlorade allt som de ägde.[288]

Med en rak uppradning av familjemedlemmarnas öden framträder förstörelsen av den gamla världen. Historien efter är något helt annat. Leo Kantor växte upp i Nedre Sląsk/Schlesien som tidigare varit tyskt men i och med freden blev polskt. Med en rad vardagliga exempel fångar han upplevelsen av att växa upp i en värld som uppstått efter Förintelsen. Kantor signalerar en diskret känsla av hopp mitt i det makabra genom barn som leker med krigets kvarlämningar:

> Tyskarna gav sig av, man lät dem endast ta med sig en del personliga ägodelar. Bakom sig lämnade de sina hus och lägenheter, alltid välstädade, rena och med var sak på sin rätta plats, som om de hade för avsikt att snart vara tillbaka. Och vi judiska och polska barn var förstås överlyckliga över alla kvarlämnade leksaker, cyklar, kälkar och skidor som vi nu kunde leka med.[289]

Historikern Raul Hilberg kallade sitt centrala översiktsverk i tre band om Förintelsen för *The Destruction of the European Jews*.[290] Denna *destruction*, förstörelse, illustrerar tydligt hur Förintelsen utgör den grundläggande brytpunkten. Det handlar om olika sätt att kommunicera hur en hel värld gick under. De människor vars historiska erfarenheter studeras här har denna Förintelse och

---

[288] Luisa Simberg, 8.
[289] Leo Kantor, 2.
[290] Hilberg, *The Destruction of the European Jews*.

brytpunkt att förhålla sig till. De skriver på svenska till en offentlig insamling på Nordiska museet. De rör sig alltså inom en svensk historiekultur och de anpassar sina berättelser för tänkta svenska förståelsehorisonter. Samma sak gäller dialogerna och biografierna som huvudsakligen är skrivna för en svensk läsekrets. Det finns många saker som kräver förklaringar om judiska eller polska teman men Förintelsen känner läsarna till.

Förintelsen och andra världskriget kan beskrivas som en grundläggande brytpunkt för stora delar av världen efter 1945. I varje land har historiekulturerna tagit sig olika uttryck. Raul Hilberg etablerade en uppdelning i förövare, offer och åskådare.[291] Tyskland har som det huvudsakliga förövarlandet fokuserat på att hantera skuld-frågan, medan Förintelsen inom den israeliska historiekulturen har betraktats som en avgörande gemensam erfarenhet som föregick landets uppkomst.[292] I Polen har det förekommit ett konkurrerande offerskap mellan judiskt och majoritetspolskt lidande i kombination med uppslitande minneskrig om polackers deltagande i Förintelsen. Det är diskussioner som visar på polacker som räddare, åskådare, offer och förövare. I Sverige har det egna landets förhållningssätt till nazismen och Förintelsen debatterats, från räddande hjälteinsatser till kollaboration med de tyska nazisterna.[293] I samtliga ovannämnda fall har Förintelsen en central position som brytpunkt och historisk orienteringspunkt. Men orienteringspunktens funktion skiljer sig åt mellan olika historiekulturella sammanhang.

Det finns även en judisk minneskultur kring Förintelsen som skiljer sig från majoritetsbefolkningens i både Sverige och Polen. I Polen där det finns en stark nationell minneskultur om det polska motståndet under andra världskriget har det uppstått konfliktdimensioner mellan en judisk minneskultur och majoritetsbefolkningens. I Sverige är skillnaden mindre tydlig. Det råder inte en situation av konkurrerande offerskap, men skillnaden på en majoritetssvensk och en minoritetsjudisk Förintelseminneskultur existerar, inte minst utifrån den grundläggande utgångspunkten att Förintelsens offer betraktas som de Andra och inte ett vi av majoritetsbefolkningen. Som nämnts tidigare benämndes Förintelsen *khurbn* på jiddisch i en tidig inomjudisk minneskultur. Khurbn relaterar på detta sätt till den religiösa judiska historien och den jiddischkultur som förstördes, begreppet förklarar Förintelsen på de mördades främsta språk.

Lena Einhorns bok om Jackie Jakubowskis liv *En låda apelsiner* inleds med en sida som enbart innehåller en mening: "Och detta var den förklaring man gav honom – detta, sa man, var orsaken till allt som sedan hände:" På nästa

---

[291] Hilberg, *Perpetrators, Victims, Bystanders.*
[292] Om israelisk Förintelseminneskultur se Ofer, "We Israelis Remember, But How?"
[293] Se till exempel: Andersson och Tydén, *Sverige och Nazityskland*; Boëthius, *Heder och samvete.*

uppslag beskrivs hur två systrar gömmer sig under Förintelsen. Efter den sekvensen står det: "Detta var vad man berättat för honom. Det var nästan det enda han visste om sin mor."[294] Förintelsen utgör anslaget till hela berättelsen och förklarar huvudpersonens separation från sin moder. Denna inledning är skriven i en annan stil, mer poetisk, nästan ritualiserad. Förintelsen aktiveras som utgångspunkt innan det mer prosaiska berättandet startar. Detta är ett tydligt exempel, men för samtliga kommunicerade historiska erfarenheter som studeras här är Förintelsen den grundläggande brytpunkten som den som berättar utgår från, både vad det gäller det privata och det storpolitiska. I och med etablerandet av det tongivande Förintelsenarrativet under 1980- och 1990-talet kan hela Einhorns svenska och till stor del icke-judiska läsekrets relatera till denna brytpunkt.

Förintelsen som etisk orienteringspunkt

Det finns åtskilliga tillfällen i biografierna, levnadsberättelserna och dialogerna där Förintelseerfarenheten blir en utgångspunkt för etiska resonemang och ställningstaganden. Ibland presenteras de etiska slutsatserna explicit. Vid andra tillfällen presenteras i stället resonemang som pekar på det motsägelsefulla, det kaotiska och det svårfångade i att greppa det etiska i den historiska utvecklingen kring Förintelsen och andra världskriget.

Ellas levnadsberättelse kommunicerar hennes moders livsvisdom om tolerans och att aldrig döma människor kollektivt. Denna visdom härleds ur moderns överlevnadsberättelse och får därmed en helt annan tyngd än andra föräldravisdomar:

> Många av hennes berättelser handlade om alla de omöjliga tillfälligheter som gång på gång räddade hennes liv. En gång var det en flyende tysk soldat som gav dem sin sista brödbit. Med den berättelsen uppfostrade min mamma oss, mig och min broder, i tolerans. "En tysk räddade mig från hungerdöden", sa hon ofta till oss. En annan gång blev hon och hennes väninna stoppade av två tyska SS-män som snabbt misstänkte att de var judinnor och skulle eskortera dem till Gestapo. Då hördes donet av ryska tankar, en av soldaterna skulle skjuta dem i sista stunden, den andra drog sin kamrat med sig, de kastade sig på sina cyklar och flydde.[295]

Även Stefan Zylberstein framhäver en tysk soldat som exempel på att det inte går att dra alla över en kam. I detta fall är det hans far som blir oväntat vänligt

---

[294] Einhorn, *En låda apelsiner*, 7–9.
[295] Ella, 2.

bemött av en tysk som vill förklara för honom att alla tyskar inte är likadana. Även om detta citat inte har samma avgörande betydelse för händelseutvecklingen som i Ellas fall är det uppenbart att denna erfarenhet blev betydelsefull för Zylbersteins far och att han vidareförmedlat erfarenheten till sin son:

> Judar blev tillsagda att gå av trottoaren om det gick en tysk på trottoaren. En gång hände far en småunderlig sak. Han går på en tom trottoar, så är han på väg att möta en tysk officer. Far går ner i rännstenen som anbefallt är. Officeren stannar till, vinkar far mot sig med pekfingret, och talar lågmält på tyska: Jag förstår att du måste gå ur vägen för en tysk, sådan är ordern. Men jag vill att du skall veta att inte alla vi tyskar är likadana. Varpå han nickade till far och gick vidare.[296]

Av än mer avgörande betydelse blir en tysk med "ett mänskligt ansikte" som hänvisar Zylbersteins far och farbror till ett tåg österut, från det tyskockuperade Polen till Sovjetunionen:

> Så ryggsäckarna från mobiliseringen åkte fram igen. Far och brodern gick till stationen för att söka upp ett tåg som gick österut. Det fanns ingen tydlig skyltning. Så far hittade en järnvägare (dvs en tysk) som verkade ha ett mänskligt ansikte. Gick fram till honom och frågade honom på sin bästa skoltyska varifrån gick tåget österut (far uppgav väl namnet på en stad nära gränsen). Tysken tittade på far en stund, nickade åt sidan mot ett tåg. Där, det tåget går om en timme. Försök hitta plats där… Ytterligare en anständig tysk.[297]

På liknande sätt får Regina Fuks sin syn på tyskar nyanserad av hennes far som hade överlevt Förintelsen. Hon berättar att hon i sin ungdom kom hem efter att ha sett en film om kriget och uttryckte sin vrede mot tyskarna. Fadern hade flytt från ett tyskt arbetsläger och överlevt hos en bonde i Tyskland:

> Och min pappa berättade att det fanns både polacker och tyskar som hjälpte judar. Och jag kunde inte förstå att han var så tolerant. Jag kände bara vrede, för allting han förlorat, för allting som jag har förlorat.[298]

Dels visar dessa *anständiga tyskar* att det i situationen går att välja det rätta trots att den kommunicerade historiska erfarenheten befinner sig inom ramen för Förintelsen och att de tillhör de förövande tyskarna. Dels kan dessa erfarenheter kommunicera en mening om den historiska situationens tvingande kraft där anständiga människor tvingas tjäna större skeenden som är katastrofala. En

---

[296] Stefan Zylberstein, 5.
[297] Stefan Zylberstein, 6.
[298] Intervju Danuta Biterman, Katarina Warman och Regina Fuks. 00:36:02–00:36:23

tredje mening kan vara att samma människa som utövat den mest utstuderade ondska plötsligt kan agera gott. Minneskulturen kring Förintelsen har traderat meningslösheten i det som hände. Hur kan vi söka en mening i Förintelsens meningslösa ondska? Samtidigt finns det ingen historisk händelse som på samma sätt utgör en resurs för etisk historisk orientering, till exempel när *Forum för levande historia* tar utgångspunkt i Förintelsen för hela sin tolerans- och demokratifrämjande verksamhet. Det finns en förhoppning om att rätt och fel blir tydligt när vi betraktar de brott mot mänskligheten som Förintelsen innebar, ett historiskt exempel som kan vägleda vårt handlande i samtiden och lyckas förhindra en liknande utveckling.

Det finns en betydande del av Förintelsestudier som intresserar sig för psykologiska aspekter av förövarnas beteende, ondskan om man så vill. Centrala verk i denna genre är Christopher Brownings *Ordinary men*, Harald Welzers *Gärningsmän* och Daniel Jonah Goldhagens *Hitlers Willing Executioners* som söker olika förklaringar till att människor kunde begå dessa handlingar.[299] Rüsen undertrycker i sin definition av historiemedvetande och historiekultur att det innefattar historia som formuleras både inom- och utomakademiskt. Historiker bör enligt hans synsätt bidra till den offentliga historiekulturen och denna forskning kan ses som ett sådant exempel då Browning och Welzer i sina inzoomade studier tar sig an hur "vanliga män" blev till massmördare. Liknande tankebanor har inspirerat socialpsykologiska och etiska experiment som Milgrams eller Stamford prison.[300] Detta är forskning som fått ett starkt genomslag i samhället i stort. Alla dessa exempel är försök att hantera de centrala etiska frågor som Förintelsen aktualiserar. Genom att studera ondskan formulerar de en etik, explicit eller implicit, som till stor del kan ersätta den religiösa etikens plats i en sekulär historiekultur.

Studier som fokuserat på etisk historisk orientering utifrån ett offer- och vittnesperspektiv är Carolyn Deans, *The Moral Witness. Trials and Testimony after Genocide* och *The Ethics of Memory* av Avishai Margalit. Dessa verk kan betraktas inom ramen för vittnets tidsålder. Dean beskriver en historisk process, där överlevande offer för historiska förbrytelser har gått från periferi till centrum av kulturen, i synnerhet för en etisk historisk orientering.[301] Filosofen Avishai Margalit ägnar ett av kapitlen i *The Ethics of Memory* åt "the moral

---

[299] Browning, *Ordinary Men*; Welzer, *Gärningsmän*; Goldhagen, *Hitler's Willing Executioners*.

[300] Om dessa experiment och dess betydelse se De Vos, "From Milgram to Zimbardo: The Double Birth of Postwar Psychology/Psychologization".. I Klas Åmarks rapport över forskning om Förintelsen och antisemitism tar har upp Brownings *Helt vanliga män: reservbataljon 101 och den slutgiltiga lösningen i Polen.* Åmark, *Förintelsen och antisemitism*, 15.

[301] Dean, *The Moral Witness*.

witness". Han skriver: "Thus, to become a moral witness one has to witness the combination of evil and the suffering it produces: witnessing only evil or only suffering is not enough."[302]

Det är på grund av Förintelsens centrala position i historiekulturen som flera representanter för den romska gruppen vill inkludera nazisternas folkmord på romerna i begreppet Förintelsen. Att separeras från begreppet Förintelsen innebär en mindre central position i den offentliga historiekulturen. De historiskt etiska frågorna får alltså inte samma tyngd om de inte är direkt relaterade till Förintelsen. Ett tydligt exempel på Förintelsens etiskt orienterande funktion i det svenska samhället är boken ... *om detta må ni berätta* som sprids till svenska skolungdomar på statligt initiativ för att ge en grundläggande kunskap om Förintelsen i samhället. En förhoppning sätts till att kunskap om Förintelsen ska göra oss till bättre människor.[303]

Synen på Förintelseöverlevande har förändrats tillsammans med historiekulturen. I och med det som Annette Wieviorka kallar *The Era of the Witness* har den överlevande intagit en central position i historiekulturen som vittne till den mest centralt etiskt orienterande händelsen.[304] Wieviorka kritiserar en moraliserande och känslobaserad historieskrivning som har tappat sin kritiska distans och Timothy Snyder kritiserar att åminnelse och inte historia präglar förhållningssättet till Förintelsen.[305] Att Förintelsen under flera årtionden varit en central etisk orienteringspunkt verkar inte alltid gynna etablerandet av en historievetenskaplig kunskap om de historiska skeendena som behandlar en mångfald av aspekter. Den känslomässiga logiken i historisk åminnelse tenderar att undvika de mer komplexa aspekterna av det förflutna. Samtidigt argumenterar inte Wieviorka eller Snyder mot att det går att dra lärdomar eller att Förintelsen bör förflyttas till en mindre framträdande position i den offentliga historiekulturen. De påkallar snarare ett större och mer djupgående historiskt intresse som tar denna historisk händelse på allvar och inte undviker komplexitet.[306]

Överlevnad i Sovjetunionen

Det tongivande narrativet om Förintelsen fokuserar på läger i allmänhet och Auschwitz i synnerhet. Auschwitz fungerar till och med i vissa sammanhang

---

[302] Margalit, *The ethics of memory*, 148.
[303] Bruchfeld, *... om detta må ni berätta: en bok om Förintelsen i Europa 1933–1945.*
[304] Wieviorka, *The Era of the Witness.*
[305] Wieviorka; Snyder, "Commemorative causality".
[306] För mer utförliga resonemang om problematik som uppstår när Förintelsen används i etiskt fostrande syften se inledningen i Cesarani, *Final Solution.*

som en synonym för Förintelsen. Till exempel översattes Zygmunt Baumans *Modernity and the Holocaust* till *Auschwitz och det moderna samhället* på svenska.[307] Förintelsen är – som konstaterats ovan – central för etisk historisk orientering. Men när historiska erfarenheter av mer etiskt komplex karaktär kommuniceras riskerar de att hamna utanför den offentliga historiekulturen. De vittnesmål från Förintelsen som fått störst spridning handlar om läger, allra främst Auschwitz, eller att vara gömd på ockuperat territorium. Även skildringar av Tysklands antisemitiska omvälvning förekommer frekvent.[308] Dessa erfarenheter har en närhet till förövarna eller till de som mördades vilket förklarar deras centrala position. De flesta som drabbades av Förintelsen mördades i läger och masskjutningar. Men av de polska judar som överlevde dominerar erfarenheten av överlevnad i Sovjetunionen. Mer än två tredjedelar av de cirka 300 000 polska judar som överlevde Förintelsen hade flytt till Sovjetunionen och i synnerhet landets östliga regioner som exempelvis Uzbekistan och Tadjikistan. Överlevnad i Sovjetunionen var alltså, för polska judar, det vanligaste sättet att genomleva och överleva Förintelsen.

I Jaff Schatz avhandling *The Generation* är överlevnad i Sovjetunionen en gemensam formativ erfarenhet i den undersökta generationens livsbana.[309] Flykten till Sovjetunionen räddade deras liv även om de upplevde många prövningar och på flera sätt drabbades av sovjetiskt förtyck. Överlevnad i Sovjetunionen är en historisk erfarenhet som innehåller en grundläggande etisk komplexitet som skär sig med minneskulturen kring Förintelsen. De blev – om vi spetsar till det – räddade av historiens näst värsta diktator. Eliyana Adler lyfter denna etiskt historiska komplexitet med att ironiskt föreslå plantering av ett enormt träd åt Josef Stalin i *The Garden of the Righteous Among the Nations*.[310]

Det finns en del konkreta skildringar av att överleva i biografier, levnadsberättelser och dialoger. Wiktor Raldow skriver till exempel att grunden "för deras överlevnad utgjordes av en samling guldmynt från farfar, en av de rikaste judarna i Zamosc".[311] Katarina Warman tar upp betydelsen av så kallat "bra utseende", blandäktenskap och falska papper.[312] Flera skildrar överlevnad i Polen,

---

[307] Detta fenomen att Auschwitz blivit synonymt med Förintelsen diskuteras av Stéphane Bruchfeld i Bruchfeld, "Begreppet Förintelsen Ar det dags att göra sig av med 'Förintelsen'? Reflektioner kring ett begrepp".

[308] Se klassiska verk om Förintelsen som Hilberg, *The Destruction of the European Jews*; Friedländer, *Tredje riket och judarna. D. 1.*

[309] Schatz, *The generation*, 190–95.

[310] Adler, *Survival on the Margins: Polish Jewish Refugees in the Wartime Soviet Union*, 284.

[311] Wiktor Raldow, 1.

[312] Intervju Danuta Biterman, Katarina Warman och Regina Fuks, 00:19:37–00:20:56

men återkommer till att den enda betydande möjligheten att överleva var att ta sig till Sovjet.[313]

Överlevnad i Sovjetunionen är den dominerande erfarenheten bland överlevande polska judar i allmänhet, så även bland de som kom till Sverige på grund av den antisemitiska kampanjen. Bronia Sokolow konstaterar kort i sin levnadsberättelse: "Judar som stannade kvar i det ockuperade Polen överlevde inte."[314] Henryk Rozenberg börjande i judisk grundskola i Łódź 1958. Han beskriver sin klass som huvudsakligen bestående av barn till polskjudiska familjer som återvänt från Sovjetunionen.[315] Trots denna generella erfarenhet publicerades den första vetenskapliga monografin som fokuserar på de polska judar som överlevde i Sovjetunionen först 2020, Eliyana Adlers *Survival on the Margins*,[316] Titeln på boken hänvisar till att de överlevde i Förintelsens och Sovjetunionens periferi, rentav i världens periferi sett med en eurocentrisk blick. I betraktelse från ett senare tidsskikt, överlevde de även i marginalen av Förintelseminnet. Adlers monografi föregicks av antologin *Shelter from the Holocaust* från 2017 som syftade till att öppna upp ett nytt transnationellt forskningsfält kring polska judar i Sovjetunionen under Förintelsen. Mark Edele, Sheila Fitzpatrick och Atina Grossman förklarar i inledningen att denna historia verkar ha fallit mellan olika forskningsfält, de polska judar som överlevde Förintelsen i Sovjetunionen verkar enbart nämnas i förbifarten i olika nationella historieskrivningar eller inom Förintelsestudier.[317] Även i projekt som samlat vittnesmål från Förintelsen har skildringar av överlevnad i Sovjetunionen hamnat i bakgrunden eller ignorerats.[318]

Tiden i Sovjet har en central plats i flera av berättarnas familjehistoria. Flera par möttes där och flera barn blev till. På det sättet samspelar det privata med större historiska teman som Förintelsen, kriget, kommunismen och nazismens historia. Stefan Zylberstein berättar om sina föräldrars möte i Sovjetunionen på följande sätt:

---

[313] Hör till exempel hur Danuta Biterman svarar Katarina Warman i dialogen. Biterman understryker att Warmans familj vas assimilerad, för hennes egen mer judiska familj uppfattade hon flykt till Sovjet som det enda alternativet. Intervju Danuta Biterman, Katarina Warman och Regina Fuks, 00:21:05–00:21:30.

[314] Bronia Sokolow, 6.

[315] Intervju Anna Krieger, Henryk Rozenberg och Adam Kowalski, 00:16:30–00:17:20.

[316] Adler, *Survival on the Margins: Polish Jewish Refugees in the Wartime Soviet Union.*

[317] I inledningen av *Shelter from the Holocaust* nämner författarna hur erfarenheter av Förintelseöverlevnad i Sovjetunionen kan användas i heroiska skildringar av det stora fosterländska kriget. En sådan beskrivning av Sovjetunionens roll under kriget är något helt annat än den komplexa skildring som kommuniceras i de här studerade historiska erfarenheterna. Edele, Fitzpatrick, och Grossman, *Shelter from the Holocaust*, 1f.

[318] Adler, 9f.

Mot krigsslutet började det bli lugnare, där far levde och verkade invid vapen-fabriken i Alapajevsk. Numera var flertalet patienter på hans mottagning civila. Arbetare och bönder. Och far kunde få sällskap till jobbet av en ung kvinna, som jobbade i närheten som fältskär (ett yrke mitt emellan en underläkare och distrikssköterska). Det var ju trevligt, och så småningom tycke uppstod... Han bjöds hem till Antoninas familj i deras by, och fick familjens godkännande. Som sagt, bland de äkta sibirierna (URAL hör till Sibirien) fanns ingen antisemi-tism... Det KUNDE vara känsligt och kanske farligt att vara ihop med en utlänning. Men å andra sidan, vid denna tid hade ju inte ryska kvinnor stora möjligheter att vara kräsna: manfallet bland männen var ju oerhört... Och här hade hon en bra och trevlig man, som höll hyfsad fin ordning på sitt hyresrum(!) (– ja den detaljen är antecknad i Antoninas minnen). Ryggkrökningen "puckel-ryggen" var inte hela världen: mången sovjetisk krigsveteran bar tydliga spår av skador... Nykter, skötsam, vänlig, artig, seriös, med ett eget handfast yrke... Rena fyndet.[319]

Zylberstein kan härleda sitt ursprung till denna tid och plats. Hans föräldrar befinner sig i Sibirien mitt under pågående katastrof, men skildringen av en stillsam förälskelse framstår ändå som allmänmänskligt beskriven. Hans skild-ring skär sig mot vad som generellt förväntas av vittnesmål från Förintelsen.[320] Zylberstein understryker även i sin levnadsberättelse att de "äkta sibirierna" inte var antisemiter, vilket anknyter till ett tema som går som en röd tråd genom levnadsberättelserna, biografierna och dialogerna: den ständigt hotande anti-semitismen. Om det inte finns påtaglig antisemitism under någon del av ens levnadsbana är detta värt att poängtera.[321]

Bronia Sokolow och hennes bror föddes båda i Sovjetunionen och föräld-rarnas överlevnadsberättelse blir även berättelsen om barnens födelse. Hon sammanfattar perioden på följande vis:

När kriget bröt ut flydde de till Sovjet där de stannade till februari 1946. I Sovjet fick man inte förflytta sig fritt, det gällde även sovjetiska medborgare. 1940 föddes min bror i staden Kanibadam, i asiatiska republiken Tadjikistan, jag föddes i Kuybyshev (idag Samara) sex år senare. De var skilda åt under långa perioder, som utlänningar hade de särskilda pass där även bokstaven J (Jevrej) var instämplat. Men var de fick kuska hit och dit, det har jag ingen aning om eller

---

[319] Stefan Zylberstein, 6.

[320] Zylbersteins skildring kan ställas i relation till beskrivningen av det Förintelsevittne som framträder i Eichmann-rättegången och sedan kom att dominera Förintelseminnet. Wieviorka, *The Era of the Witness*.

[321] Ett påpekande om begreppet Sibirien kan vara på plats här. Sibirien och sibirier används här av Zylberstein på ett välavgränsat sätt samtidigt som Sibirien populärt används på ett svepande sätt för att tala om de, från ett europeiskt perspektiv, bortre delarna av Sovjetunionen med konnotationer om Gulag, köld och vidsträckt vildmark.

hur många gånger de tvingats förflytta sig under de åren. De återvände till Polen 1946 när jag var tre veckor gammal. Min brors första språk var ryska.[322]

Bronia Sokolow kommer till Polen, tre veckor gammal, efter den sovjetiska exilen. Hon kommer som vuxen att lämna Polen som gravid för att föda sitt första barn som nyanländ i Sverige 23 år senare. Historien upprepar sig i en polskjudisk erfarenhet av förtryck, flykt och återetablering över generationer. I citatet ovan poängterar hon att även sovjetiska medborgare inte fick röra sig fritt. Hon pekar därmed på att denna stat kontrollerade och begränsade sin befolkning samtidigt som den inte attackerade de polskjudiska flyktingarna specifikt.

För en svensk läsekrets idag framstår skildringar om överlevnad i Stalins Sovjetunionen under pågående krig som tämligen dramatisk, men jag har mött personer som normaliserat dessa erfarenheter. Deras föräldrars erfarenheter av överlevnad i Sovjetunionen kan upplevas vara samma som för de flesta av deras vänner och bekanta, alltså motsatsen till exceptionella. Det svåra i deras situation kan inte mäta sig med de som stannade. Med Förintelsen som referenspunkt blir det normala att dö och undantaget att överleva.

Maria Rotstein föddes i Wien 1926 av polskjudiska föräldrar. Föräldrarnas kommunistiska engagemang tog dem till Sovjetunionen där de på 1930-talet fick uppleva den period som kallas *den stora terrorn*.[323] Rotsteins föräldrar blev som många andra utländska kommunister arresterade och betraktades som förrädare. Med föräldrarnas arrestering inleds Marias överlevnadsberättelse som rör sig över stora delar av Sovjetunionen. Bland annat rymmer hon från ett barnhem vid knappt 15 års ålder och tar sig cirka 200 mil för att återförenas med sin far i staden Uchta i den nordliga Sovjetrepubliken Komi. Hennes överlevnadsberättelse delar mycket med andra som blev fängslade och deporterade mellan Stalins läger, men hon betonar även specifikt judiska aspekter. Under kriget är Rotstein i tonåren och hon får studera medicin vilket lägger grunden för hennes framtida liv som läkare. Hon beskriver extrem fattigdom under kriget men menar att det gällde i stort sett alla. När hon berättar om sin tid i Sovjetunionen beskriver hon således inte ett förtryck riktat mot henne som judinna.[324]

I en intervju med Rotstein som jag utförde efter att ha läst hennes levnadsberättelse frågade jag ifall hon betraktade sig själv som en Förintelseöverlevande. Jag var medveten om den marginella position överlevnad i Sovjet-

---

[322] Bronia Sokolow, 5.

[323] Begreppet *Den stora terrorn* lanserades av historikern Robert Conquest i Conquest, *The great terror*.

[324] Maria Rotstein, 1–9.

unionen hade i historiekulturen kring Förintelsen och jag hade träffat människor som argumenterade för att de polska judar som överlevde i Sovjetunionen inte skulle betraktas som Förintelseöverlevande över huvud taget.[325] Rotstein svarade dock utan tvekan att hon var en överlevande från Förintelsen och att hon tillhörde Föreningen Förintelsens överlevande. Hennes raka svar fick mig att skämmas lite. Varför ifrågasatte jag det över huvud taget? Hon sa även att hon var en judisk överlevande. [326]

Med tanke på hur historiekulturen kring Förintelsen ser ut i mitt skrivande tidsskikt och under min historiska bildningsprocess i Sverige från 1980-talet och framåt är det föga förvånande att jag ställde denna fråga. Förintelseminnet har fokuserat på de som var gömda på ockuperad mark eller de som sattes i nazisternas läger. På det sättet har de överlevande framträtt i offentligheten under vittnets tidsålder. Rotstein hamnade aldrig i tysk fångenskap eller på tyskockuperad mark. Hennes erfarenheter har därmed hamnat i marginalen av historiekulturen kring Förintelsen. Den tidiga Förintelseminneskulturen, som huvudsakligen var inom-judisk, fokuserade på att samla den överlevande spillran av den europeiska judenheten *sheyres hapleyty* på jiddisch och minnas den förstörda världen som gick under i den senaste katastrofen *khurbn*. Det var den förstörda judiska världen och dess invånare som stod i centrum, inte på vilket sätt de överlevande hade överlevt.[327] I en senare minneskultur som fick massmedialt genomslag, hamnade fokus på vittnet, den som hade bevittnat brotten på nära håll. I och med Eichmannrättegången kunde den överlevande som vittne ses på TV över stora delar av världen. Föreställningen om Förintelsevittnet i denna senare minneskultur överensstämde inte med de som överlevde i Sovjetunionen. De kunde inte vittna om vad som hade hänt i nazistiska läger eller på tyskockuperat område. Men som en kvarvarande spillra av den europeiska judenheten är Rotstein onekligen en Förintelseöverlevande.

Maria Rotstein beskriver att båda hennes föräldrar överlevde genom specifika kunskaper som gav dem fördelaktiga arbetsuppgifter i de sovjetiska lägren. Även om det inte fanns någon ambition att ta död på dem var det åtskilliga som dog i dessa läger av undernäring, utmattning och sjukdomar. Marias far kunde latin och fick därmed tjänstgöra som apotekare medan hennes mor var biolog och fick arbeta i lägersjukhusets laboratorium. Maria Rotstein utbildade sig till

---

[325] För en utförlig diskussion om den marginella platsen historien om de som överlevde Förintelsen i Sovjetunionen har i historieskrivningen se: Adler, *Survival on the Margins: Polish Jewish Refugees in the Wartime Soviet Union*, 279–305.

[326] Intervju med Maria Rotstein. Fil 1, 00:49:03-00:49:52.

[327] Thor Tureby och Wagrell, *Vittnesmål från Förintelsen och de överlevandes berättelser definitioner, insamlingar och användningar, 1939–2020*, 8–13.

läkare i Polen efter en grundläggande gymnasial utbildning i Sovjetunionen under kriget. Genom den kunde hon få arbete i Sverige fram till pensionen. Det ger hennes levnadsberättelse ett budskap om betydelsen av en utbildning som går att omsätta i flera olika miljöer. Den illustrerar även det komplexa i erfarenheten av överlevnad i Sovjetunion. Hon överlevde i Sovjetunionen. Hon fick sin utbildning där som hon senare hade nytta av resten av sitt yrkesverksamma liv. Samtidigt är hon skoningslös i sin kritik av den totalitära regimens förtryck. Hennes föräldrar blev fängslade vilket resulterade i att hon blev föräldralös under en betydande del av sin barndom.

Berättelserna om erfarenheterna av överlevnad i Sovjetunionen innehåller fler skildringar av det sovjetiska samhället och det sovjetiska förtrycket än skildringar av nazisternas brott. De relaterar snarare till minneskulturen kring Stalins Sovjetunionen. Timothy Snyder lyckas kombinera dessa två minneskulturer i *Den blodiga jorden* när han utgår från att skriva om området mellan Hitler och Stalin.[328] Det är ett sådant kombinerat perspektiv som framträder i de levnadsberättelser, biografier och dialoger som ligger till grund för denna avhandling. Individer och familjer rör sig mellan områden som kontrolleras av Tyskland och Sovjet. De försöker hålla kontakt med varandra och förstå vad som händer. Att de blev räddade av Sovjetunionen och att många föräldrar var kommunister bidrar med en komplexitet till skildringen av Sovjetunionen under Stalin-tiden. Ingen vill försvara "den röde tsaren" eller det sovjetiska styret, men de historiska erfarenheter som presenteras visar att Sovjetunionen blev mångas räddning.[329]

När Adam Bromberg reflekterar över vad som hade hänt om han försökt rädda sina föräldrar till Sovjetunionen undan Förintelsen kommer han fram till att hans far antagligen hade velat stanna under en tysk ockupation hellre än en sovjetisk:

> Kanske skulle det ha varit svårt att övertala far att fly, så rädd som han var för bolsjevikerna, och efter allt han sett i Lwów trodde han säkert inte att det kunde bli värre under tysk ockupation. Och säkert trodde han fortfarande på pengarna, det traditionella – kanske det enda – judiska medlet för trygghet, som var effektivare i den europeiska än i den bolsjevikiska civilisationen.[330]

Båda föräldrarna mördades i Förintelsen.

---

[328] Snyder, *Den blodiga jorden.*
[329] Edele, Fitzpatrick, och Grossman, *Shelter from the Holocaust,* 9.
[330] Grynberg, *Historien om Adam Bromberg,* 97.

Överlevnad i Sovjetunionen är ett underutforskat område inom det internationella forskningsfältet *Holocaust studies*.[331] I en svensk Förintelseminneskultur är denna erfarenhet djupt förknippad med de som flydde till Sverige på grund av den antisemitiska kampanjen. Sveriges Förintelseöverlevande kom huvudsakligen till Sverige vid tre olika tidpunkter. Den första gruppen kom under kriget och i anslutning till krigets slut, den andra gruppen flydde från Ungern under upproret 1956 och den tredje gruppen kom som fördrivna från Polen på grund av den antisemitiska kampanjen.[332] Av dessa tre grupper präglas den tredje starkt av erfarenheter av Förintelseöverlevnad i Sovjetunionen. Trots detta har denna erfarenhet inte tagit sig fram i historiekulturen kring Förintelsen i Sverige. Detta kan förklaras på flera olika sätt. Ovan har jag nämnt den etiska komplexitet som det innebär att beskriva Sovjetunionens räddande funktion. Jag har även nämnt att de som överlevde i Sovjetunionen i allmänhet inte såg mördandet på nära håll. De har inte, generellt sett, erfarenheter av nazisternas läger och att leva gömda under tysk ockupation. Ännu en aspekt som kan bidra till förklaringen av denna tystnad är att det har med kommunism att göra. I flera levnadsberättelser, biografier och dialoger beskrivs på samma sätt som i Schatz *The Generation* ett genuint kommunistiskt engagemang som sedan kom att krossas i och med den antisemitiska kampanjen, ifall det inte hade krossats tidigare.

Det kanske krävs en mer komplex och empatisk förståelse för att en människa ska vilja resonera kring ett sådant förflutet från en samtid som fördömer brott mot mänskligheten under kommunistiska regimer. I ett offentligt samtal med barnen till den aktuella svenskpolskjudiska gruppen tog Paulina Sokolow upp sin upplevelse av att det inte har funnits några sammanhang att diskutera sin familjehistoria. Hennes morföräldrar var aktiva kommunister och kommunismen hade gett dem en bättre livssituation, förmodligen var de både offer och förövare enligt henne. Hon säger: "Det finns ett speciellt judiskt narrativ där vi kommer oskadda ur skuldfrågan."[333] Många av de kommunistiskt engagerade föräldrarna som överlevde i Sovjetunionen kom att tillhöra det politiska etablissemanget i Folkrepubliken Polen. Detta etiskt komplexa ämne kommer att diskuteras i kommande kapitel. Kan även krocken mellan det polskjudiska och det svenskjudiska påverka den perifera position som erfarenheter av överlevnad

---

[331] Edele, Fitzpatrick, och Grossman, *Shelter from the Holocaust*, 8–14; Adler, *Survival on the Margins: Polish Jewish Refugees in the Wartime Soviet Union*, 3–5.
[332] Schult, "Gestaltningen och etablering av Förintelseminnet i Sverige", 05 december 2016, 15.
[333] "Programserie 1968: fördrivningen av Polens judar. Del 3". 1: 34:32–41

i Sovjetunionen har i den svenska historiekulturen kring Förintelsen?[334] Här finns det enbart utrymme att inleda analysen av Förintelseöverlevnad i Sovjetunionen inom svensk Förintelseminneskultur och det återstår att utforska detta tema mer genomgående.

Förintelsen som referenspunkt och jämförelse

Aleksander Ratz inleder sin levnadsberättelse med att först berätta var och när han är född. Sedan berättar han vad hans föräldrar studerade och var de överlevde Förintelsen. Med det har han presenterat de viktigaste historiska orienteringspunkterna som studeras här. Vem är jag, var kommer jag ifrån, hur överlevdes Förintelsen? Det är Förintelsen alla främst utgår från i den historiska orienteringen:

> Jag är född den 11 juni 1946 i Krakow (Polen)
>
> Mina föräldrar tillbringade tiden 1939–1946 i Sovjetunionen och studerade där på olika tekniska högskolor.[335]

Anna inleder sin levnadsberättelse med en mening i kursiv stil som slår an tonen för den kommande läsningen om hennes liv:

> Just idag känns min egen resa futtig och inte värd att ägna sig åt. Det må vara viktigt för var och en av oss som blev tvungna att flytta från Polen, det må vara viktigt för historieskrivningens skull men den föreställningen bleknar i relation till vittnesmålen från förr.[336]

Med "vittnesmålen från förr" menar hon sina föräldrars och hela deras generations erfarenheter från Förintelsen. Allt som ställs i jämförelse med Förintelsen bleknar i denna jämförelse. Inom den moderna västerländska Förintelseminneskulturen påpekas ofta att Förintelsen inte bör relativiseras. Men samtidigt jämförs ofta andra historiska erfarenheter med Förintelsen för att skapa olika effekter. I mina kontakter med de som deltagit i insamlingen *Vi, de fördrivna* har jag många gånger mött personer med uppfattningen att deras erfarenheter inte är intressanta, eftersom de inte är någonting att tala om i jämförelse med Förintelsen. Men om de betraktar sina erfarenheter av den antisemitiska kampanjen i relation till Förintelsen förstärks allvaret i erfaren-

---

[334] Denna krock mellan de polska- och de svenska judarna kommer att behandlas i kommande kapitel om Sverige.

[335] Aleksander Ratz, 2.

[336] Anna, 1.

heterna från den antisemitiska kampanjen. Dessa både sätt att sammankoppla Förintelsen och den antisemitiska kampanjen med tillhörande flykt utgör en grundstruktur i deras historiska orientering.

Det finns flera passager i levnadsberättelser, biografier och dialoger som pekar på denna grundläggande orientering. När Bronia Sokolow kommer till Sverige befinner hon sig i en osäker livssituation utan fast bostad samtidigt som hon är gravid. Under en period bor hon hos Förintelseöverlevanden Fela Larsson:

> Därefter bodde vi i två veckor hos en avlägsen släkting i Farsta, en överlevare från koncentrationsläger, Fela Larsson och hennes man Åke. Fela tyckte att våra problem var väldigt små i jämförelse med hennes upplevelser i Auschwitz där tyskarna mördade hennes nyfödda barn och hennes man.[337]

I detta fall uttalas denna jämförelse av lidande explicit av en överlevande men i de flesta fall bär den andra generationen denna erfarenhet inom sig som en ständig referenspunkt. För Ella gjorde moderns erfarenheter från Förintelsen att hon inte kunde frigöra sig på ett sätt som hon själv anser vara sunt för en tonåring att göra.[338] Förintelseerfarenheten är så stark att barnen måste leva vidare i skuggan av den.

Skildringar av mördandet och direkta krigsskildringar

I de publicerade biografierna förekommer mer utförliga historiska redogörelser för vad som hände med judarna på olika orter än vad som förekommer i de insamlade levnadsberättelserna och genomförda dialogerna. I *Historien om Adam Bromberg* får läsaren följa hur Adam Bromberg återvänder till Polen med Röda armén varvat med beskrivningar om vad som hände med judarna som bodde på de olika orterna. Till exempel beskrivs staden Żytomierz som ett centrum för *haskalah*, den judiska upplysningen, och sedan står det:

> På ett kvällssammanträde den 18 september 1941 – fyra månader före Wannsee – beslutade representanter för stadens myndigheter, arméadministrationen och *Einsatzkommando* att 'likvidera judarna en gång för alla'. I gryningen omringade tyskar och ukrainare gettot och fördrev människorna en mil i riktning mot Novograd, där fyra färdiggrävda gropar väntade. Där fann sedermera kommis-

---

[337] Bronia Sokolow, 7.
[338] Ella, 4.

sionen som undersökte krigsförbrytelser 9 263 kroppar efter barn, kvinnor och män. På gatorna i Żytomierz såg jag inte ett enda judiskt ansikte.[339]

På detta sätt vävs den polskjudiska historien och Förintelsen samman med Adam Brombergs personliga erfarenheter mitt i den historiska brytpunktens tidsskikt. Bromberg kommer från exilen i Sovjet och får se förstörelsen i hans hemland Polen.

Även om levnadsberättelserna och biografierna kommunicerar historiska erfarenheter som gestaltar ett flertal soldater, i polska armén eller röda armén, förekommer det ytterst få direkta krigsskildringar. Det är uppenbart att berättarna rör sig inom en annan genre av historiskt skrivande än den militärhistoriska populärlitteratur som sätter strider och arméers förehavanden i fokus. Det militära beskrivs i levnadsberättelserna, nästan uteslutande, när striderna har direkt relation till olika individers livsöden. I flera av biografierna återfinns längre partier som förklarar den historiska utvecklingen i stort. När de beskriver kriget tenderar de att fokusera på mänskligt lidande och personliga upplevelser. Detta kan ställas i skarp kontrast till de hjältefokuserade gestaltningar som finns kring andra världskriget i populärkulturen och i en statligt sanktionerad minnespolitik i Polen. Det är få hjältedåd vi möter och desto mer fruktansvärda brott. Ett typiskt exempel på en krigsskildring från biografierna ges i *Historien om Adam Bromberg*:

> Nordfronten bestod av förvildade förband som legat i skyttegravar ända sedan finska kampanjen. Utan permission, utan kvinnor, utan kontakt med familj och civilisation. Eller också hade de kommit från Leningrad efter två års belägring. Och nu på tysk mark fick de äntligen göra vad de ville, och likt rovdjur som släppts ur sin bur kastade de sig över allt som gick att ta, våldtog kvinnor öppet, kollektivt, på gatan, rövade flickor ur husen åt sina befäl, drack sig medvetslösa och dansade vid eldar som de tände i våningarna, med fina möbler som bränsle. Och dessa orgier slutade i eldsvådor, planerade och oplanerade, som slukade de underbaraste byggnaderna och vackraste kvarteren i städerna.[340]

Kriget i Polen skildras från ett svenskt tidsskikt mer än ett halvsekel senare, vilket gör att det finns få hjältenarrativ att anknyta till. Nazityskland besegrades av Sovjetunionen, Hitler besegrades av Stalin. Folkmordet upphörde men Polen kom att domineras av Sovjetunionen. Det är otänkbart att anknyta till ett ryskt hjältenarrativ om det stora fosterländska kriget utifrån den svenska positionen. Stalintidens terror och förtryck är allt för etablerade i historiekulturen och dessa

---

[339] Grynberg, *Historien om Adam Bromberg*, 117.
[340] Grynberg, 132.

svenskpolskjudiska individer bär på personliga erfarenheter av detta förtryck. De är även distanserade från en majoritetspolsk hjältefokuserad historiekultur som kräver att polsk antisemitism, kollaboration och förövande hamnar i periferin av historieskildringen. Därtill har de fördrivits från Polen. Det finns alltså inte några arméer att fästa en hjältegloria på i dessa historiska erfarenheter. Möjligtvis kämparna från ghettoupproret i Warszawa eller andra i det judiska motståndet, men dessa är också främst tragiska hjältar som kämpar mot hopplösa odds. När Danuta Biterman talar i en dialog om ghettoupproret lyfter hon fram en lista på den knappa mängd vapen de hade. Hon berättar att hon redan som ung förstod att de hade kunnat få mer om den stora motståndsrörelsen hade hjälpt dem. På det sättet blir ghettoupproret inte bara en erfarenhet om en ojämn kamp mot en ondskefull fiende. Det blir även en erfarenhet av antisemitismen i den polska motståndsrörelsen, ett svek.[341]

Att minnas det judiska motståndet under kriget och Förintelsen utgör en betydelsefull del i en kollektiv minneskultur som fanns i Polen under efterkrigstiden och som fortsatt i Sverige. Wowa Klamra pekade på kunskap om judiska författare och judiskt motstånd under kriget som grundläggande faktorer i sin judiskhet i motsats till de svenska judarnas mer traditionellt religiösa judiskhet.[342] När jag frågar Roman Wasserman Wroblewski ifall det fanns någon koppling till shtetlnarrativet i hans uppväxt svarar han som många andra att det var väldigt lite av det, både i hans familj och bland deras vänner. I stället säger han:

> Det enda inslaget som jag tänker på just nu som var typiskt judiskt var deltagande i Warszawas ghettos upprors akademier som var oftast i den största kongresshallen i det så kallade tidigare Stalin-palatset i Warszawa. [...] Jag visste väldigt lite om själva upproret. Jag visste att en del av min pappas bekanta var en del. Jag visste att en del av min familj dog i det. Men jag hade ingen historisk bakgrund. Man ska dit, man ska hedra de mördade. Det var egentligen den enda direkta kopplingen till det judiska.[343]

Även Danuta Biterman minns att åminnelsen av ghettoupproret kring minnesdagen 19 april var betydelsefullt för hennes far, men det framstår som att minnet av ghettoupproret var mer en judisk angelägenhet till skillnad från vad de i exempelvis skolan och filmer fick lära sig om det majoritetspolska motståndet. Danuta Biterman beskriver ett dominerande narrativ där (majoritets)polacker gör motstånd och alltid hjälper judar medan judar gick som får till slakt. Hon

---

[341] Intervju Danuta Biterman, Katarina Warman och Regina Fuks. 00:33:40–00:34:52.
[342] Intervju Maja Orska och Wowa Klamra, 48:15.
[343] Intervju Roman Wasserman Wroblevski, 00:37:45–00:39:01

beskriver även hur detta narrativ var destruktivt för hennes identitet. "Familjen försvann; släkten försvann; och judar gick som får till slakten under kriget."[344] Hon beskriver vidare ett eget historiskt utforskande, hur hon läst sig till en kunskap om judiskt motstånd och att det var uppror i nästan varje ghetto.[345] Det kan beskrivas som en aktiv historisk omorientering av identiteten, rentav ett narrativt självförsvar.

Att beskriva vad som hände under kriget, i striderna, har en betydande identitetsmässigt historiskt orienterande funktion. Ett narrativ om polskt motstånd och judisk passivitet dominerade deras uppväxt samtidigt som narrativ om judiskt motstånd kunde traderas i en privat sfär eller i en begränsad offentlighet som Warszawas ghettoupprors minnesdag 19 april. När vi pratar om tidsskiktet de växte upp i, Polen under efterkrigstiden, utgår vi från en svensk horisont. Vi har både en identitetsmässig och geografisk distans till det majoritetspolska narrativet om heroiskt motstånd. Att distansera sig från ett dominerande historiskt narrativ från barndomen och att söka ny kunskap som utmanar det sker mer obehindrat i Sverige. Dessa polska judar som blivit svenska omsluts inte längre av en majoritetspolsk historiekultur. Samtidigt är erfarenheter av judiskt motstånd fortfarande inte frekvent förekommande i den dominerande svenska Förintelseminneskulturen, även om tendenser finns till att ändra på detta.[346]

På samma sätt som att spelfilmer under barndomen påverkade deras förståelse av kriget kan en modern spelfilm användas för att kommunicera historiska erfarenheter från kriget. När Stefan Zylberstein resonerar kring sin farbrors öde gör han ett pedagogiskt exempel av en scen i krigsfilmen *Enemy at the Gates* från 2001, som utspelar sig under slaget om Stalingrad:

> Men det var det sista far hörde från lillbrorsan… Vi kan inte veta vad som hände. Blev han tagen av NKWD för att fylla upp kvoten för spioner??? Eller stupade han vid fronten, det första han gjorde när han kom fram?? Det är numera känt och bekräftat, att det förekom att man ibland skickade färska, nyutbildade trupper när de kom till frontzonen, att de skickades direkt ut i strid till stormanfall utan att ens vara ordentligt beväpnade… I dessa fall stupade givetvis de allra flesta inom en timme. Scenen i Enemy at the Gates är alltså INTE ett rent

---

[344] Intervju Danuta Biterman, Katarina Warman och Regina Fuks, 00:32:36–00:32:44

[345] Intervju Danuta Biterman, Katarina Warman och Regina Fuks, 00:30:25–00:33:00

[346] Kenneth Hermeles populärhistoriska bok *Inte som lamm till slakt* från 2023 handlar om judiskt motstånd och utgår ifrån den perifera plats judiskt motstånd har i Förintelseminnet. Samtidigt som denna bok utmanar historiekulturen kan den tolkas som ett tecken på dess förändring. Hermele, *Inte som lamm till slakt*.

> påhitt… Jag har läst vittnesmål från sovjetiska frontsjuksköterskor som grät över
> att i sådana fall fanns det knappt några sårade att förbinda och sköta om…[347]

Läsaren bjuds in att resonera kring vad som hände, och genom att hänvisa till *Enemy at the Gates* kan en svensk läsekrets ytterligare leva sig in i situationen. Citatet visar på hur gränsen mellan historia och fiktion blandas i en uppriktig strävan att närma sig det förflutna. Det är frågan om en estetisk historisk orientering. I spelfilmen finner Zylberstein verklighetsnära skildringar som han stödjer med vittnesmål han läst. Fiktionen blir ett redskap för att nå fram till läsaren med en verklig bild. Förutom att han använder detta för att rekonstruera vad som kan ha hänt farbrodern blir det också ytterligare en gestaltning av den sovjetiska likgiltigheten inför att offra sovjetiska människoliv.

Erfarenheter från kriget gestaltas ofta genom dess förstörelse och de ruiner som utgjorde förutsättningen för den nya värld som skulle skapas efteråt. Ett typiskt exempel på det är hur Leo Kantor närmar sig kriget utifrån den tidiga efterkrigstidens barndomsmiljö:

> Judarna kysste oss, klappade oss på huvudet, gav oss karameller och utbrast: "Oj, vilka barn som klarat sig trots kriget." Och runt omkring oss tornade grushögarna efter de raserade, en gång så vackra stenhusen upp sig. Staden förstördes till cirka sjuttio procent. Vi drog fram rostiga gevär ur husspillrorna och lekte krig för det mesta. Tyskarna skulle attackera och vi skjuta på dem med de där rostiga gevären som en gång hade dödat människor. Strzegom hade vid två tillfällen övergått från att vara i tyskarnas händer till att falla i ryssarnas, för det fanns en vapenfabrik i skogen inte långt därifrån och Hitler hade sitt sommarresidens där.[348]

Citatet säger något om kriget direkt men framför allt understryker det hur kriget var den allomfattande orsaken till barndomsmiljöns karaktär, brytpunkten som låg i tidsskiktet strax bakom. Liksom många av dessa barn födda på 1940-talet förstår de sin uppväxt utifrån kriget och Förintelseöverlevnaden. Det är den samlade bilden i biografier, levnadsberättelser och dialoger. På samma sätt som i citatet tidigare om de fördrivna tyska barnens leksaker blandar Kantor in sin barndoms lekar i krigets rester på ett både makabert och hoppfullt sätt.

---

[347] Stefan Zylberstein, 9.
[348] Leo Kantor, 3.

Förintelsen, polackerna och antisemitismen

När Maria Rotstein kom till Polen efter kriget beskriver hon något som många av de överlevande polska judarna vittnat om. Den polska antisemiternas ambitioner att skapa en polsk nationalstat utan de få polska judar som fanns kvar:

> Redan vid första tågstationen efter den rysk-polska gränsen möttes vi av flera utrop "Judar till Palestina", "Det finns ingen plats för Judar i Polen" och liknande, detta fortsatte vid några stationer till, tills tåget stannade i Warszawa Glowna centralstationen i Warszawa.
>
> Upplevelserna under denna tågresa blev för mig den andra, tyvärr inte den sista, chocken i mitt, inte dåtills korta liv.[349]

Denna erfarenhet är av grundläggande historiskt orienterande betydelse, i synnerhet i kombination med pogromen i Kielce som behandlas mer utförligt i kommande kapitel. I berättarnas kommunicerade historiska erfarenheter från freden understryks att det var livsfarligt för många polska judar att återvända till Polen vid krigsslutet på grund av en alltjämt potentiellt livsfarlig antisemitism. Dessa historiska beskrivningar anknyter till det som diskuteras i det tidigare kapitlet om den strukturella polska antisemitismens betydelse i den identitetsmässigt historiska orienteringen. Här intensifieras temat och de centrala frågorna aktiveras med större kraft. Är ett gott judiskt liv möjligt i Polen? Kan Polen vara en värld för oss? De individer vars historiska erfarenheter studeras här valde att göra ett försök i Polen, fram till den antisemitiska kampanjen.

På samma sätt som Zylberstein tidigare påpekat att de "äkta sibirierna" inte var antisemiter påpekar han att antisemitismen kom med ukrainarna till deras sovjetiska exil. "Far har också nämnt flera gånger, att det inte fanns där någon egentlig antisemitism. Antisemitismen kom dit först tillsammans med flyktingar från Ukraina."[350] Antisemitismen bland olika folkgrupper och i olika länder under kriget är något som är av central betydelse för den historiska orienteringen. Även frågan om antisemitismen är en fundamental del av ett samhälle eller om den är ett problem som finns i samhället hos enskilda individer. Den strukturella polska antisemitismen i relation till Förintelsen är en av de mest centrala orienteringspunkterna här. Är det så att det majoritetspolska samhället generellt stödde folkmordet? Ifall svaret är ja blir situationen betydligt värre än ett konkurrerande offerskap. Det gör att den polska nationen har en skuld att hantera och då kan polska judar anta att det finns en strukturell antisemitism i

---

[349] Maria Rotstein, 3.
[350] Stefan Zylberstein, 6.

Polen som skulle kunna understödja nya attacker mot judar. Här blir erfarenheten av den antisemitiska kampanjen av central betydelse som bevis för att det kan hända igen. Om däremot de majoritetspolacker som räddade judar ställs i centrum av historiekulturen blir det ett lättare arv att hantera.[351]

Ella beskriver hur hennes far kom från en antisemitisk familj men att han ändå själv överkommit antisemitismen. Genom att berätta detta ger hon exempel på den strukturella polska antisemitismen samtidigt som hon också visar hur den gick att överkomma:

> Min pappa kom från en helt annan miljö, från en polsk, socialistisk arbetarfamilj; hans far och farfar var gruvarbetare i kolgruvan nära Katowice. Familjen var socialistisk, men även antisemitisk. Min far tog helt avstånd från sin familj när han gifte sig med min mor 1946. Det accepterades inte att han gifte sig med en judinna. Från den stunden bröt han helt med alla sina familjemedlemmar och förblev den största "juden" i vår lilla familj. Det är han som ville emigrera till Israel, och inte till Sverige. Det är han som uppmuntrade senare i Sverige min mamma att göra shabbat och fira judiska helger. Först 2009, efter hans död i Stockholm fick vi barn veta att han har under kriget gömt några judinnor i kolgruvan där han arbetade.[352]

Med tanke på att polsk antisemitism är ett av de mest centrala teman som återkommer i levnadsberättelserna och biografierna blir denna skildring av den majoritetspolska fadern som blev den största juden i familjen kraftfull. Den samspelar även med det Ella skriver om moderns etiska visdomar och Ellas eget politiska engagemang. De familjehistoriska erfarenheterna kring Förintelsen blir ideologiskt, identitetsmässigt och etiskt orienterande.

Gestaltning av polsk antisemitism och kollaboration finns representerat i det narrativ om Förintelsen som är tongivande i en svensk historiekultur.[353] Men i dessa svenskpolskjudiska erfarenheter blir de betydligt mer centrala och identitetsmässigt orienterande. Den relation de har till Polen bestäms till stor del av den analys de gör av den polska antisemitismen. Frågan om majoritetspolackernas beteende under Förintelsen besvarar även den grundläggande identitetsmässiga frågan om hur antisemitiskt Polen egentligen är. Är Polen en värld för oss?

---

[351] En artikel som till stor del handlar om denna orientering av historiska erfarenheter är Wassermann, "Polish Discourse about the Righteous among the Nations: Between Commemoration, Education and Justification?"

[352] Ella, 2f.

[353] Se till exempel hur polsk antisemitism nämns i *Om detta må ni berätta*: Bruchfeld, *...om detta må ni berätta: en bok om Förintelsen i Europa 1933–1945*, 97.

Trauma och identitet

En central skiljelinje mellan det tongivande Förintelsenarrativet i en svensk historiekultur och de historiska erfarenheter av Förintelsen som analyseras här är att Förintelsen har drabbat dem direkt. Den värld de härstammade från förstördes och deras släktingar mördades. Förintelsens offer tillhör huvudsakligen ett vi och inte de andra, det handlar om vi judar eller vi i min familj. Det rör sig både om ett kollektivt trauma och en mängd personliga trauman som formade många av de uppväxtmiljöer vi möter i levnadsberättelser, biografier och dialoger. Att tala om Förintelsen som personligt trauma för samman historia och psykologi i ett begrepp som har såväl medicinsk förankring som populärkulturell spridning.[354]

Ibland diskuteras traumat explicit men oftast förekommer skildringar av hur överlevande föräldrar påverkats eller skadats, känslomässigt av Förintelsen. Ella anknyter i sin levnadsberättelse till Margit Silbersteins bok *Förintelsens barn* i inledningen av sin levnadsberättelse. Hon skriver:

> Jag var ett älskat barn, uppfostrat med ömhet och glädje av min far, och med kärlek och oro av min mor. Jag var en glad, nyfiken och livlig unge. Men min mammas traumatiserade post-Förintelse liv påverkade min uppväxt. Men om det blev jag medveten först i vuxen ålder. Jag var ett typiskt "Förintelsens barn", som Magrit Silberstein definierade så träffsäkert i sin nya bok.[355]

Medvetenheten om den andra generationens erfarenheter har blivit betydelsefullare under senare tid. Internationellt kan Helen Epsteins *Children of the Holocaust* ses som en startpunkt för forskningen om andra generationens Förintelseöverlevande.[356] I Sverige har journalisten Bernt Hermele gjort en serie intervjuer med barn till överlevande under rubriken *Överlevarna – röster från Förintelsen: andra generationen*.[357] Insamlingen *Vi, de fördrivna* pågår i *The Era of Post Memory*. Det grundläggande intrycket av dessa verk som fångar den andra generationens erfarenheter överensstämmer med det intryck som jag har fått av biografier, levnadsberättelser och dialoger: de efterlevande bär med sig Förintelsen som en central erfarenhet från föräldrarna.

Det finns hänvisningar i biografierna och levnadsberättelserna till många människor som mördats utan att dessa personer närmare beskrivs. Till exempel

---

[354] Om trauma se Caruth, *Trauma.*. Om trauma och Förintelsen se Hunter, "The Holocaust as the Ultimate Trauma Narrative".
[355] Ella, 1.
[356] Epstein, *Children of the Holocaust.*
[357] Hermele, Bernt, "Överlevarna: röster från Förintelsen".

skriver Richard Lerner kort: "Ur min mors familj överlevde ingen."[358] Det är ett kort konstaterande som rymmer en avgrund. En liknande formulering om att alla i släkten blev mördade finns hos Anna som får reda på moderns överlevnadshistoria först i och med att erfarenheterna aktiverades vid den andra brytpunkten: den antisemitiska kampanjen som resulterade i emigrationen:

> Min mamma berättade sin överlevnadshistoria först i samband med budskapet om att vi skulle lämna Polen. Hon överlevde kriget mot alla odds medan hela hennes släkt blev utplånad. Hon hamnade tillsamman med sina föräldrar i Warszawas ghetto och flydde precis innan upproret medan de inte hann fly. Min mamma lyckades gömma sig först i skogen och sedan hos en polsk kvinna som tog hand om henne i krigets slutskede. Hon var sjutton år och helt ensam. Hon har fragmentariska minnen från den tiden och det är svårt för henne att prata om det som hänt. Däremot pratar hon fortfarande om den polska kvinnan som räddade hennes liv, som blev som en mamma för henne och fortsatte att vara det så länge hon levde.[359]

Samtidigt som dessa passager understryker det posttraumatiska i att växa upp direkt efter Förintelsen har jag flera gånger i informella samtal med deltagare i projekten fått en förklaring av att det var normalt att inte ha släktingar i efterkrigstidens Polen. Detta gällde för polska judar i synnerhet, men även i tämligen stor utsträckning för polacker i allmänhet. Kriget hade drabbat de flesta familjer hårt. I detta fanns ett gemensamt trauma, en gemensam saknad där samhället i stort hade en förståelse för detta till skillnad från det förskonade Sverige. "Ett okunnigt land", som Emilia Degenius kallar det.[360]

I biografierna och levnadsberättelserna understöds den bild som Julian Ilicki ger i *Den föränderliga identiteten* av den långt gångna assimilationsprocess som de polska judarna genomgick under efterkrigstiden. De kunde medvetet lägga bort judiska seder och bruk, i synnerhet de religiösa, det var svårare att lägga bort erfarenheten av Förintelsen. Ella beskriver att hennes judiskhet var baserad på Förintelsen:

> Hemma firades inte speciellt några högtider överhuvudtaget, Förintelsetrauman tog över. Min mamma tände dock alltid två ljus på fredagskvällen och det serverades obligatorisk hönssoppa på lördagar; men hon förklarade aldrig varför. Religionen spelade därför inte någon roll i mitt hem. Min "judiskhet" var alltså inte baserad på firandet av shabbat eller andra judiska helger, men snarare på Förintelsen. Den ärvdes, med modersmjölken, i mina gener. Men från tolv års-

---

[358] Richard Lerner, 2.
[359] Anna, 2. Notera även laddningen i begreppet överlevnadsberättelse som diskuteras tidigare.
[360] Degenius, *Åka skridskor i Warszawa*, 226.

åldern började jag läsa allt om den judiska religionen, om kriget, om koncen-
trationslägren och om Auschwitz och mina skuldkänslor gentemot min mor
vägde mer än behovet av tonårsrevolten. Jag orkade inte riktigt frigöra mig från
min mamma, så som sunda tonåringar bör göra, då jag alltid i bakhuvudet hade
en känsla av skuld inför hennes Förintelsetrauma.[361]

Förintelsetraumat kom alltså att utgöra grundförutsättning för både hennes
barndoms judiska identitet och relationen till hennes mor. Till och med hennes
frigörelse (eller brist på frigörelse) kom att formas av ett nedärvt Förintelse-
trauma. Detta är ett exempel på det Förintelseminnesforskaren Marianne
Hirsch beskriver i *The Generation of Postmemory*. Hon beskriver hur trauma
överförs mellan generationer och får en avgörande betydelse även för de som
själva inte upplevt traumat.[362] Ella ger i ett annat stycke hennes sammankopp-
lade erfarenhet av att få kunskap om att hennes släktingar hade mördats, att hon
var judinna och att själv få erfara antisemitismen:

> Min uppväxtmiljö och min judiska identitet präglades från mina tidigaste
> barndomsår av Förintelsens minnen och trauma. Att jag är en andra genera-
> tionens Överlevande kändes från ungefär 5 års åldern. Avundsjuk på min äldre
> bror att han gick i skolan, lärde jag mig själv att läsa och skriva. En dag läste jag
> en text på en svart-vitt fotografi där jag bland annat såg en bön på minnesstenen
> över de förintade familjemedlemmarna. Det var skrivet på hebreiska och jag
> förstod inte. Frågade min mamma om betydelsen. Hon berättade då helt enkelt
> att vi är judar på hennes sida, om familjen som "dog i kriget" (man berättar inte
> för en femåring om gaskamrar) och att jag ska vara stolt att jag är judinna. Det
> blev jag på en gång. Så pass stolt att nästa dag hann jag tala om det på förskolan
> för andra barn. Samma kväll har någon ristat en Davidsstjärna med kol på dörren
> till vår lägenhet i Warszawa och skrivit "jävla judar". Så, 1953, bara fem år
> gammal, upplevde jag på samma gång min judiskhet och antisemitism.[363]

Förintelsen har den mest grundläggande funktionen i denna svenskpolsk-
judiska grupps historiska orientering. I en historiskt kausal förståelse, hur de
uppfattar att deras värld blivit som den blivit, utgör Förintelsen en grund-
läggande brytpunkt att orientera sig efter. Denna syn delar de till stor del med
sin svenska omgivning, men att de själva – i sin familj, släkt och bekantskaps-
krets – drabbades av Förintelsen fördjupar folkmordets betydelse. Det blir en
grundläggande faktor i deras identitet. Många kommunicerar traumatiska upp-
levelser från Förintelsen som fortsatt att påverka dem genom hela livet och även

---

[361] Ella, 4.
[362] Hirsch, *The Generation of Postmemory*.
[363] Ella, 4.

kommande generationer. I kontrast till detta finns det även kritik mot att fokusera på trauma. Under ett offentligt samtal med barnen till de som kom till Sverige på grund av den antisemitiska kampanjen bidrog en kvinna som deltagit i insamlingen *Vi, de fördrivna* från publiken. Hon ställde sig kritisk till att samtalet hade fokuserat på trauma. Hon sa:

> Jag måste säga att jag reagerar på den här vinkeln, på perspektivet, alltså trauma-perspektivet. För jag måste säga att ja det är klart att våra föräldrar och vi gick igenom olika händelser som kanske inte var speciellt roliga eller hur man ska definiera det. Men, våra föräldrar och vi överlevde. Det som jag tycker man ska inte glömma: våra föräldrar var överlevande. De var de som klarade av att överleva och bygga sitt liv igen. Och det gjorde vi också. Vi kom till främmande land och byggde vårt liv igen. Så, jag tror att om man pratar bara om trauma man gör offer av oss. Och jag känner mig inte som ett offer. Jag tycker det är fel eller jag känner mig lite förolämpad både å mina vägnar å mina föräldrars vägnar när jag hörde det. Tack.[364]

Förmågan att överleva, att skapa ett nytt liv kan i motsats till trauma vara det mest grundläggande i de historiska erfarenheter som blir identitetsmässigt orienterande.

Avslutande reflektioner: en typisk men marginaliserad överlevnadsberättelse

Detta kapitel har behandlat Förintelsen som den mest betydelsefulla brytpunkten i den erfarenhetskronologi som strukturerar de kommunicerade historiska erfarenheter som analyseras i föreliggande avhandling. Den övergripande frågan i kapitlet är vilken mening och funktion Förintelsen och andra världskriget har i de historiska erfarenheter som kommuniceras av de judar som migrerade till Sverige till följd av den polska antisemitiska kampanjen som inleddes 1967. Som utgångspunkt för analysen har jag valt det narrativ om Förintelsen som är tongivande i den historiekulturella situation de kommunicerar sina historiska erfarenheter i. Detta tongivande narrativ om Förintelsen är format under vittnets tidsålder från Eichmann-rättegången 1961 till det fullkomliga genombrottet under 1990-talets så kallade memory boom. Det har formats av massmediala gestaltningar som TV-serien *Holocaust*, spelfilmen *Schindlers list*, rapportering från Eichmann-rättegången, Lanzmanns Shoah samt minnesinstitutioner som USC Shoah Foundation, Yad Vashem och i Sverige Forum för levande historia. Jag har tagit fasta på det som Annette

---

[364] "Programserie 1968: fördrivningen av Polens judar. Del 3". 2:16:32–2:17:42

Wierviorka har kallat för vittnets tidsålder. I centrum står vittnet som har sett nazisternas brott, huvudsakligen från läger eller som gömd under nazistisk ockupation.

Förintelsen är den största och mest betydande brytpunkten i den erfarenhetskronologi som ordnar de historiska erfarenheter som studeras här. Om detta råder inget tvivel. Att betrakta Förintelsen som en central händelse överensstämmer med folkmordets ställning i den svenska historiekulturen även om perspektivet för dessa polska judar i Sverige utgår från ett vi mer än ett dem i skildringen av Förintelsen. Förintelsen är en etisk orienteringspunkt, ur denna katastrofala brytpunktstid härleder de ställningstaganden mot rasism och intolerans. Erfarenheten av Förintelsen leder i vissa fall till en flyktberedskap och en medvetenhet om antisemitismens hotande potential.

Erfarenheten av Förintelsen är så stark att ingenting kan mäta sig med den. Detta gör att många av barnen till de överlevande växte upp under ett ständigt närvarande Förintelsetrauma. För vissa var det ett ämne man undvek och för vissa talade man mycket om det. Förintelsen och kriget hade format hela den värld som efterkrigstidens generation växte upp i. Att ingenting kunde mäta sig med Förintelsen gjorde att många problem bleknade i jämförelse. Samtidigt kunde händelser påminna om Förintelsen och fick då en större tyngd. Förintelsen delar tiden. Tiden före är i grunden något helt annat, en värld som förstördes. Det och de som överlevde denna brytpunkt är enbart spillror av den värld som fanns. Att dö under brytpunkten var normen vilket leder till att alla som överlevde får en specifik överlevnadsberättelse för att förklara denna avvikelse.

Det finns en tydlig konfliktdimension mellan de erfarenheter som analyseras och en offentlig polsk minnespolitik som sätter fokus på motstånd, hjältemod och majoritetspolacker som räddade judar. Även om många av de som deltagit i *Vi, de fördrivna* poängterar att det fanns polacker som räddade judar understryker de hur den strukturella polska antisemitismen spelade en betydelsefull roll under Förintelsen. Därmed berör de frågor som står i centrum av offentliga historiekonflikter i Polen. Samtidigt kan de formulera sig kring dessa från svensk horisont, på ett betydelsefullt historiekulturellt avstånd.

De historiska erfarenheterna från Förintelsen som berättas i biografier, levnadsberättelser och dialoger bryter tydligt mot det tongivande narrativet om Förintelsen. Den grundläggande erfarenheten som kommuniceras handlar om Förintelseöverlevnad i Sovjetunionen. Av de polska judar som överlevde Förintelsen hade mer än två tredjedelar överlevt i Sovjetunionen. Trots det har erfarenheter av Förintelseöverlevnad i Sovjetunionen en marginell plats i historiekulturen. Det kan beskrivas som att överlevnad i Sovjetunionen är en typisk men marginaliserad överlevnadsberättelse.

Min intention har varit att rikta uppmärksamhet på Förintelseöverlevnad i Sovjetunionen och ansluta till det projekt inom Förintelseforskningen som Mark Edele, Sheila Fitzpatrick och Atina Grossman inledde med antologin *Shelter from the Holocaust* och Eliyana Adler med *Survival on the Margins*.[365] Mitt bidrag blir att lyfta överlevnad i Sovjetunionen genom en analys av historiska erfarenheter som kommuniceras inom ramen för ett svenskt Förintelseminne och att förstå på vilket sätt erfarenheten av Förintelseöverlevnad i Sovjetunionen fungerar för denna specifika grupp. Ett tämligen blygsamt bidrag till detta forskningsfält, men avgörande för att förstå hur de svenskpolska judar som studeras här bär på erfarenheter som utmanar det tongivande narrativet om Förintelsen. Att de blev räddade av Stalin innebär en moralisk komplexitet. Att många kommunicerar erfarenheter om sina kommunistiska föräldrar bidrar ytterligare till komplexiteten. Samtidigt som ingen vill försvara Stalin och Sovjetunionen – eller andra kommunistiska regimer för den delen – kommunicerar flera en förståelse för de polska judar som blev kommunister under mellankrigstiden, överlevde Förintelsen i Sovjetunionen och sedan engagerade sig i upprättandet av Folkrepubliken Polen.

I nästa kapitel behandlas tiden emellan, fram till den andra brytpunkten: den antisemitiska kampanjen och slutet på livet i Folkrepubliken Polen. Denna period inleds i ruinerna av den första brytpunkten Förintelsen, med enbart spillror kvar av den polska judenheten. Förintelsen ligger som ett raster från det förflutna över hela den skildringen och även den andra brytpunkten, den antisemitiska kampanjen med migrationen, formas av dess relation till den första och mest avgörande brytpunkten Förintelsen.

---

[365] Edele, Fitzpatrick, och Grossman, *Shelter from the Holocaust*; Adler, *Survival on the Margins: Polish Jewish Refugees in the Wartime Soviet Union*.

Tiden emellan: den antisemitiska kampanjen och slutet på livet i Folkrepubliken Polen

Folkrepubliken Polen grundades under sovjetiskt inflytande efter andra världskriget. För den polska judenheten hade en katastrof inträffat och enbart skärvor fanns kvar av den tidigare så omfattande polskjudiska kulturen. Av de överlevande var det få som kunde återvända till de platser de hade levt på före kriget, inte minst för att deras hus och egendom hade tagits över av andra. Världen var förändrad i grunden. Det fanns även andra faktorer som drog polska judar till andra länder, inte minst förverkligandet av en judisk stat i Mellanöstern. De historiska erfarenheter som behandlas här kommer däremot från de polska judar som valde att stanna i Polen efter andra världskriget och Förintelsen. Detta kapitel berör historiska erfarenheter från andra världskrigets slut i Europa våren 1945 fram till emigrationen till Sverige i anslutning till den antisemitiska kampanj som inleddes i Polen 1967. Folkrepubliken Polen varade fram till 1989 då ett brett folkligt motstånd över årtionden lyckades åstadkomma en demokratisering. Detta var dock långt efter att individerna i den svenskpolskjudiska grupp som står i fokus för den här avhandlingen hade lämnat Polen.

Den övergripande frågan i kapitlet är vilken mening och funktion de kommunicerade historiska erfarenheterna från livet i Folkrepubliken Polen har, från krigsslutet 1945 till och med den antisemitiska kampanjen och emigrationen från Polen. Denna tidsperiod benämns som "tiden emellan" i den övergripande erfarenhetskronologi som ordnar de historiska erfarenheter som står i fokus här. Kapitlet behandlar således erfarenheter från tiden mellan de två stora brytpunkterna: Förintelsen respektive den antisemitiska kampanjen med migrationen till Sverige som avslutade deras liv i Folkrepubliken Polen.

När personerna i gruppen berättar om sina erfarenheter befinner de sig i Sverige, med en geografisk och även en identitetsmässig distans till Polen. De är svenska medborgare med en stark förankring i det svenska samhället. Deras perspektiv på Folkrepubliken Polen är delvis format av att de själva var en del av detta samhälle samtidigt som de betraktar sitt liv i Folkrepubliken Polen från ett svenskt och judiskt perspektiv, främjat av ett betydande historiskt avstånd.

Kalla kriget som drog en järnridå mellan Polen och Sverige är över. För att beskriva de meningssammanhang som är tongivande i tidsskiktet de kommunicerar sina erfarenheter i har jag valt att lyfta fram två narrativ: *brott mot mänskligheten under kommunistiska regimer* respektive *dissidentnarrativet*. Dessa två narrativ är nära besläktade med varandra i det avseendet att de båda understryker förtrycket som utövades av kommunistiska regimer.

I de kommande analyserna utgår jag från följande frågeställningar: Hur förhåller de kommunicerade historiska erfarenheterna sig till de tongivande narrativen om brott mot mänskligheten under kommunistiska regimer respektive dissidentnarrativet? På vilka sätt utgör de orienteringspunkter från vilka historiska erfarenheter förmedlas och struktureras i biografier, levnadsberättelser och dialoger? Hur skildras livet i Folkrepubliken Polen fram till den antisemitiska kampanjen och emigrationen? På vilka sätt är dessa erfarenheter historiskt orienterande för personerna i gruppen?

Dissidentnarrativet

Den antisemitiska kampanjen och den följande flyktingmigrationen har studerats av en rad polska forskare som främst har publicerat sig på polska. Flera forskare har poängterat att inget skrevs om ämnet före 1980-talet.[366] Anat Plocker beskriver i *The Expulsion of Jews from Communist Poland* hur Jerzy Eislers *Marzec 1968: Geneza, Przebieg, Konsekwencje* från det signifikativa året 1991 utgår från en dissidentposition som senare forskning kom att ta efter. Med dissidentposition menar Plocker att intresset är riktat mot uppkomsten av en regimkritisk rörelse. Det antisemitiska innehållet hamnar inte i centrum av analysen. I stället fokuseras en proteströrelse och repressionen mot den. Händelserna i mars 1968 beskrivs som avgörande för den regimkritiska rörelsen och dess fortsatta historia. Det antisemitiska konspirationsteorierna som regimen kommunicerade och mobiliserade massorna med betraktas av Eisler och forskare i hans efterföljd främst som ett maktmedel för regimen att konsolidera sin makt med.

Även Dariusz Stola kategoriseras av Plocker som en anhängare av dissidentnarrativet. Stola betonar i sin artikel *The Hate Campaign of March 1968: How Did it Become Anti-Jewish?* att den antisemitiska kampanjen för det första var en reaktion på studentprotesterna och kritiken mot regimen, dissent, bland de intellektuella; för det andra ett sätt att hindra en spridning av studentupproret till andra befolkningsgrupper. Efter att Stola redogjort för dessa centrala faktorer tillägger han att antisemitism kunde vara en orsak för några av de individer

---

[366] Se till exempel Dahl, *Ausschluss und Zugehörigkeit*, 232.

som initierade och deltog i den statligt initierade kampanjen.[367] Dissidentnarrativet behöver inte förneka förekomsten av en strukturellt etablerad antisemitism i Polen. Den är en förutsättning för att regimen ska kunna utnyttja den. Det som utmärker dissidentnarrativet är att antisemitismen kommer i andra hand och att regimen beskrivs som bestående av cyniska maktspelare mer än genuina antisemiter som verkligen uppfattar ett judiskt hot mot den polska nationen.

Anat Plocker driver tesen – i motsats till dissidentnarrativet – att de styrande i Polen verkligen fruktade en sionistisk konspiration. Alltså var de inte enligt Plocker enbart cyniska maktspelare utan uppriktiga i sina antisemitiska konspirationsteorier.[368] Hon refererar till Sara Ahmeds teori om hur rädsla för den Andra skapar en hotad grupp som definieras och separeras gentemot denna *threatening other*.[369] Plocker uppfattar rädslan för en judisk konspiration som genuin, att den som initierade och utförde den antisemitiska kampanjen på riktigt uppfattade judar som ett hot mot Polen och Polens intressen. Detta är då motsatsen till det hon kallar dissidentnarrativet.

Polsk nationalism har utvecklats i relation till ett antal tydliga hot. En enkel förklaring till detta är att Polen ligger mellan större och mäktigare grannar. Andra världskriget inleddes i Europa som bekant efter att Hitler och Stalin kommit överens om att dela Polen mellan sig. Denna katastrofala händelse ekar av tidigare uppdelningar av Polen, inte minst den 1795 då Polen upphörde att existera som självständig stat fram till 1918. Att Sovjetunionen kontrollerade den polska politiken under kalla kriget samspelade för många polacker med tidigare perioder av utländsk dominans. Utöver den polska nationalismens utveckling i relation till angränsande imperier har även avgränsningen mot den judiska minoriteten varit betydelsefull. Joanna Michlic beskriver i *Poland´s Threatening Other: The Image of the Jew from 1880 to the Present* hur myten om juden som den signifikanta Andra gentemot den polska nationen etableras under det sena 1800-talet som en bärande komponent i det polska nationsbygget.[370] Att identifiera en konspiration där judar agerar tillsammans med utländska makter ligger i linje med en lång nationell antisemitisk tradition i Polen.

Den polske historikern Piotr Osęka har i nyhetsartikeln "March 1968 and the Contest of Memories" på ett översiktligt sätt beskrivit den minnespolitiska situationen kring den antisemitiska kampanjen. Konfliktlinjen går kring två

---

[367] Stola, "The Hate Campaign of March 1968", 34–36.
[368] Plocker, *The Expulsion of Jews from Communist Poland*, 6.
[369] Plocker, 5f.
[370] Michlic, *Poland's threatening other*, 24f.

tolkningar av skeendena kring mars 1968, en högertolkning och en liberal/vänstertolkning. Den förra lägger fokus på det antikommunistiska i demonstrationerna medan den senare lägger fokus på att studenterna krävde en demokratisk reformering av systemet.[371] Detta kan beskrivas som två variationer av dissidentnarrativet. Skillnaden dem emellan är synen på innehållet i dissidenternas regimkritik.

Narrativet om brott mot mänskligheten under kommunistiska regimer

När personerna i den svenskpolskjudiska gruppen kommunicerar sina historiska erfarenheter under 2020-talet präglas den svenska historiekulturen kring kommunistiska regimer av ett narrativ jag kallar *brott mot mänskligheten under kommunistiska regimer*.[372] Det centrala i detta narrativ är de storskaliga brott som begåtts av kommunistiska regimer och det förtryck de utövat. Genom att tala om brott mot mänskligheten konstateras att dessa historiska händelser bör ha en central plats i mänsklighetens historia tillsammans med Förintelsen och andra folkmord. Det anknyter även till idén om universella mänskliga rättigheter.

I *Forum för levande historias* faktaskrift *Brott mot mänskligheten under kommunistiska regimer*, som har historikern Martin Alm som huvudförfattare, möter läsaren detta narrativ i sin tydligaste form. Det är en pedagogisk text som är till för att sprida kunskap om ämnet, i synnerhet till elever i gymnasieskolan. Kapitlet "Sovjet, ett samhälle byggt på terror och kategorisering" inleds på följande sätt:

> Terror inledde det kommunistiska styret i Ryssland, Sovjetunionen, och terror kom att härska under mer än 70 år av kommunistiskt styrelseskick. De sovjetiska brotten mot mänskligheten begicks mot många olika grupper. Terrorn riktades dels mot regimens politiska motståndare, dels mot socioekonomiska kategorier som "kapitalister", "borgare", "kulaker", dels mot etniska grupper. Den som en gång hade förklarats tillhöra en viss kategori stämplade för livet. Kategoritänkandet styrde behandlingen av människor: individerna dömdes efter vilken kategori de ansågs tillhöra, inte efter vilka de själva var eller efter vilka handlingar de hade begått eller inte begått.[373]

---

[371] Piotr Osęka, "March 1968 and the Contest of Memories".

[372] Denna benämning har jag tagit från Forum för levande historia och deras arbete med att sprida kunskap om *Brott mot mänskligheten under kommunistiska regimer* för att främja demokrati och tolerans."Forum för levande historia. Brott mot mänskligheten under kommunistiska regimer."

[373] Alm, *Brott mot mänskligheten under kommunistiska regimer*, 7.

Texten sammanfattar det massiva förtrycket i Sovjetunionen och kategoriserar det som en stat byggd på terror. Sedan förklaras vad terrorn bestod i och hur mängder av människor drabbades. Texten har ett tydligt syfte att stärka minnet kring dessa brott och att bidra till en förståelse som gör att liknande brott kan motverkas i framtiden. Narrativet om brott mot mänskligheten under kommunistiska regimer begränsar komplexiteten i historiska situationer och syftar i stället till att visa förtrycket och terrorn – brotten mot mänskligheten – med största möjliga tydlighet.

Narrativet om brott mot mänskligheten under kommunistiska regimer är transnationellt etablerat, men jag betraktar det främst utifrån dess svenska version som dominerar den historiekulturella situation som råder i dialogen mellan mig och de svenskpolska judar som deltagit i *Vi, de fördrivna*. Dissidentnarrativet är däremot ett narrativ från en polsk historiekultur som i likhet med narrativet om brott mot mänskligheten under kommunistiska regimer fokuserar på kommunistiska regimers förtryck.

Den andra brytpunkten: den antisemitiska kampanjen och migrationen

Den antisemitiska kampanjen som inleddes i anslutning till sexdagarskriget i Mellanöstern i juni 1967 ledde till den sista stora polskjudiska emigrationen. Cirka hälften av de polska judarna kom att lämna landet i detta historiska skeende. För de som deltagit i projektet *Vi, de fördrivna* utgjorde denna period en avgörande brytpunkt i deras liv. I den erfarenhetskronologi som de orienterar sig i är det den andra stora brytpunkten som står i samband med den första stora brytpunkten, Förintelsen. Den antisemitiska kampanjen attackerade judar och ifrågasatte deras lojalitet gentemot den polska nationen. Den utgick från en retorik som uppmanade dem att lämna Polen. Många i gruppen som jag forskar om har beskrivit detta som en fördrivning och därför döpte jag insamlingen, i samråd med dem, till *Vi, de fördrivna*.[374]

Erfarenheterna som kommuniceras om den antisemitiska kampanjen innehåller en rad olika återkommande moment. Även om de individuella erfarenheterna innehåller en stor mångfald och drar åt olika håll, vill jag hävda att det finns en del gemensamt orienterande drag att lyfta fram.

I mina samtal har en särskilt väsentlig problematik aktualiserats: Bör vi lägga störst vikt vid det politiska styret i Polen under perioden för att förstå den anti

---

[374] *Vi, de fördrivna* påminner om två romantitlar: *Vi, de drunknade* av Carsten Jensen och *De fördrivna* av Negar Naseh. Det finns ingen uttalad referens till dessa romaner i projektet. Deras påverkan på projektets namn kan enbart vara omedveten.

semitiska kampanjen eller bör vi lägga störst vikt vid den strukturella polska antisemitismen? När jag ställde denna fråga i en intervju med sex personer gavs svar som kombinerade dessa två. De upplevde det som att det var båda två. Regimen utnyttjade antisemitismen.[375]

Regina Feierberg skriver i sin levnadsberättelse:

> Sommaren 1968 arbetade jag på ett barnkollo som läkare. Kunde inte förstå att nästan ingen av personalen pratade med mig. Det visade sig sedan att chefen beordrade detta eftersom jag var judinna.[376]

Sympatiserade chefen och personalen med detta antisemitiska beslut eller följde de bara order ovanifrån? Kanske var det chefens helt egna initiativ? Var det otur att hon drabbades av detta eller skulle majoriteten av den polska befolkningen ställa upp på att frysa ut en judisk kollega? Kan detta hända igen eller har det skett en förändring? Är det regimen eller medlöparnas antisemitism som bär det största ansvaret för utvecklingen? Jag har inte möjlighet att finna svar på dessa frågor, men genom att formulera dem tydliggörs den meningsfulla historiska orienteringen: identitetsmässigt, etiskt och politiskt.

Den antisemitiska kampanjen, det fråntagna medborgarskapet och migrationen fungerar tillsammans som ett slags passagerit. Detta är ett genomgående drag i biografier, levnadsberättelser och dialoger. Det handlar inte bara om att byta plats utan om att omvandlas som människa i grunden, att gå mellan två olika tillstånd. Flera av levnadsberättelserna talar om en lycklig och ofta ganska ovetande barndom, vissa med judiska inslag medan andra beskriver en uppväxtmiljö helt utan judiska traditioner eller gemenskaper. En typisk formulering om tiden före 1967 ges av Richard Lerner: ”Jag hade faktiskt inte upplevt några andra antisemitiska yttringar ända till 1967, alltså tills jag var 20 år gammal. Jag läste medicin i Lodz och kände mig som alla andra.”[377] Kort därefter förvägras han att bli utbytesstudent utomlands för att han inte kunde representera ”den genomsnittliga polska studenten”.[378] Den antisemitiska kampanjen gjorde att han inte längre var som alla andra.

I flera fall skriver de om sin patriotism och tillit till samhället de levde i fram till den antisemitiska kampanjen. ”Min övertygelse om att den förda politiken var den enda rätta var stabil ända tills allt rämnade”, skriver till exempel Ewa

---

[375] Intervju Intervju Aleksander Ratz, Tola Ratz, Wanda Sikorska, Joanna Rose, Artur Halmin, och Bronisław, 01:48:35–01:49:53.
[376] Regina Feierberg, 1.
[377] Richard Lerner, 3.
[378] Richard Lerner, 3.

Gutniak.[379] Skildringen av en lycklig barndom före 1967 skapar en kontrast mot den antisemitiska kampanjens förödande betydelse i levnadsberättelserna.

För Maria Rotstein innebar passageriten att hon för första gången kände sig som en del av det judiska folket.[380] Som nämnts tidigare har Julian Ilicki, som det mest centrala resultatet i sin avhandling, visat att denna identitetsförändring, mot en starkare judisk identitet, förekommit generellt inom denna polskjudiska grupp i Sverige.[381] Bronia Sokolow beskriver hur hennes bror motsatte sig tanken på att lämna Polen och försvarade sin polska identitet fram till att hans närmaste vän tog avstånd från honom. Trycket från omgivningen hade blivit för hårt och det blev omöjligt att försvara sig:

> Min bror betraktade sig som polack med judisk och polsk identitet. Han tänkte inte ta åt sig, låta sig brytas ner av den mediala kampanjen. "Det är mitt land, ingen har rätt att kalla mig för en främling här!", menade han. "De får dra mig härifrån med skottkärra!" Men en incident avgjorde han till slut gav upp: Hans närmaste vän och studiekamrat från juridiken Tadek sade en dag att hans ögon har öppnats och att han har förstått vem min bror och hans gelikar är för några: ett främmande element på den polska kroppen, Polens fiender. Min bror bröt fullständigt ihop. Det var första gången i mitt liv jag såg min bror gråta. Vännens svek blev droppen och min bror bestämde sig för att lämna Polen. Vid det laget hade jag redan bestämt mig för att emigrera med min nyblivne man och min mamma. För min pappa var det aldrig aktuellt att lämna Polen. Men till slut gjorde han ju det, han hoppade av vid ett Sverigebesök 1972.[382]

Det finns olika skildringar av var själva brytningen sker – i konfrontation med våldet, ankomsten till Sverige, det förlorade arbetet eller i mötet med den antisemitiska propagandan – men brytningen finns alltid där och konstituerar ett före och ett efter. En central fråga för att historiskt orientera sin identitet är vilken den viktigaste skillnaden är mellan den man var före respektive efter. Ella talar explicit om en förvandling av sig själv på det epokgörande datumet 8 mars 1968. Där och då blev hon den hon är idag med samma oppositionella engagemang:

> Den 8 mars 1968 hade jag på bara några timmar genomgått en förvandling från en naiv, snäll student som trodde att alla var lika toleranta och liberala som mina föräldrar, till någon helt annan. Det var ett brutalt uppvaknande från en falskt

---

[379] Ewa Gutniak, 1.
[380] Maria Rotstein, 5.
[381] Ilicki, *Den föränderliga identiteten.* sida
[382] Bronia Sokolw, 6. En liknande skildring finns om Ewa Gutniaks bror i hennes levnadsberättelse. Ewa Gutniak, 3.

trygg, studentikos dröm. Utan att jag då ens var medveten om det blev jag en oppositionell. Från den stunden har jag kämpat mot varje tecken på antisemitism, rasism, xenofobi.[383]

Deras sista erfarenheter från Polen är alltså helt präglade av att befinna sig i den antisemitiska kampanjens tidsskikt då antisemitismen och det politiska förtrycket bryter fram. Detta avslutas tvärt med migrationen, brytpunkten passeras och allt blir annorlunda. Livet på dessa två platser handlar inte bara om yttre förutsättningar utan även om en inre förvandling. Den antisemitiska kampanjen och migrationen utgör en passagerit mellan två tillstånd. Maciej Zaremba kallar den just *"un rite de passage"* i hans egen levnadsbana.[384] När de sedan ser tillbaka på sina erfarenheter relaterar tidsskikten till varandra och främst de två brytpunkterna: Förintelsen och den antisemitiska kampanjen blir tillsammans historiskt orienterande.

Även om den antisemitiska kampanjen och dess tillhörande flyktingmigration utgör själva inramningen för min avhandling, är Förintelsen den mest betydelsefulla brytpunkten. Det är först när tidsskikten möts i en gemensam historisk orientering som den antisemitiska kampanjens historiska mening blir uppenbar. Till detta bör läggas en ytterligare aspekt som återfinns i samtliga tidsskikt, den strukturella polska antisemitismen. Den antisemitiska kampanjen, migrationen, fördrivningen; understryker den strukturella polska antisemitism som på olika sätt interagerade med folkmordet och förvärrade utsattheten för de polska judarna. När Luisa Simberg bestämmer sig för att lämna Polen kopplar hon samman den antisemitiska kampanjen med upptakten till Förintelsen. Hon skriver:

> Efter berömda talet 1969 av dåvarande premiär Cyrankiewicz köpte jag direkt tågbiljett till Warszawa för att besöka den holländska ambassaden. Jag tänkte på Evian konferens 1938 där Europas utrikes ministrar samlades för att träffa Hitler för att diskutera judars öde i Europa.[385]

Aleksander Reich har en passage i sin levnadsberättelse som sammankopplar den antisemitiska kampanjen och Förintelsen på liknande sätt:

> Många icke-judar antog att de flesta judar skulle bli tvungna att ge sig i väg. Som under andra världskriget blev vi därför jagade av folk som ville köpa billigt, allt av värde som vi inte fick ta med oss. Några icke-judar hoppades också på att få

---

[383] Ella, 9.
[384] Zaremba, *Huset med de två tornen*, 101.
[385] Luisa Simberg. 8.

ställningar som blev lediga, t.ex. min fars studierektorstjänst. En del som emigrerade blev också plundrade av gränspolisen som till exempel vår tandläkare. Han tog med sig en del av tandläkarmaterial till guldblomber och blev fråntagen både detta och allt annat, som han hade med sig. Han dog av hjärtinfarkt när detta hände.[386]

Olika individer från majoritetsbefolkningen står redo att profitera på de förföljda judarna, historien går igen i de två brytpunkterna i deras erfarenhetskronologi.

I Anat Plockers analys kopplas den antisemitiska kampanjen samman med de polska minneslagarna som antogs 2018. Hon aktiverar dessa tidsskikt tillsammans för att visa på den polska nationalismens kontinuitet. Båda exemplen speglar det i Polen centrala minneskriget som utgår från narrativa konflikter kring tolkningen av andra världskriget.[387] Genom att understryka det nationalistiska i den kommunistiska regimen och sammankoppla denna nationalism med en kontinuitet till PiS-regeringen 2018 motsätter Plocker sig PiS självförståelse som en motsats till styret i Folkrepubliken Polen. Hon pekar på föreställningen om ett hot mot den polska nationen som försöker lägga skulden för Förintelsen och kriget på polackerna och förringa det polska lidandet. Denna föreställning betraktar hon som central i skeendena 1968 och 2018.[388]

Skiljelinjen i historiesyn går kring vilken betydelse den folkliga uppslutningen tillmäts, den strukturella antisemitismen. Det som Zaremba kallar för demoner som släpps ut. Hur viktigt var makthavarnas agerande och hur betydelsefull var den strukturellt etablerade folkliga antisemitismen? Bör den antisemitiska kampanjen främst beskrivas som ett uttryck för en repressiv statsapparat eller bör den beskrivas som ett uttryck för den strukturella antisemitismen i Polen? Barbara Törnquist-Plewa har beskrivit hur minnet av polsk antisemitism i relation till Förintelsen blivit till ett kulturellt trauma efter kalla kriget, framför allt i samband med Jan Tomasz Gross böcker. Diskussionen som förs av Zaremba om den antisemitiska kampanjen anknyter därmed till en av de mest centrala frågorna i debatten om Polens förflutna.[389] Den antisemitiska kampanjen kan antingen sorteras till dissidentnarrativet eller ett narrativ som sätter den polska antisemitismen i centrum. Dessa två narrativ frammanar olika historiska orienteringar: identitetsmässigt, ideologiskt och etiskt.

---

[386] Aleksander Reich, 4.
[387] Plocker, *The Expulsion of Jews from Communist Poland*, 1–3.
[388] Plocker, 203f.
[389] Törnquist-Plewa, "Coming to terms with anti-semitism: Jan T. Gross´s writings and the construction of cultural trauma in post-communist Poland".

Antisemitismen bryter fram

Det antisemitiska förtrycket beskrivs på en uppsjö av olika sätt. Återkommande teman är den sociala isoleringen, förlorat arbete, diskriminering i skolan och på universitet. En korrupt regim beskrivs, men även en massiv uppslutning hos befolkningen till stöd för den antisemitiska kampanjen. Den antisemitiska kampanjen lösgjorde en massiv reserv av uppdämd antisemitism, en tillgång för de styrande att spela med för att behålla greppet om samhället. Danuta Biterman säger i en dialog: "Allt det här [antisemitismen] som var under ytan. Helt plötsligt, locket blev av. Och det var fritt fram för allt. Och det var skrämmande"[390] Ibland formuleras det som att antisemitism aktiveras hos personer som tidigare inte hade varit antisemiter.[391]

När den antisemitiska kampanjen startade i och med Gomułkas ökända tal 19 juni 1967 blir antisemitismen politiskt möjlig, rentav påbjuden.[392] Aleksander Reich skriver: "Talet blev en signal både till judarna men också till många andra att nu var judarna ett lovligt byte."[393] Emilia Degenius vittnar om hur hennes bästa vän tar avstånd från henne.[394] Degenius har svårt att acceptera att alla problem beror på hennes judiska påbrå. "Jude, jude, jude, försöker banka in juden i min skalle, låter som ett elakt ord, en svordom, ett skällsord, som *kurwa* som man aldrig får säga till sin egen mor."[395]

Som ung i Folkrepubliken Polen framstår antisemitismen och det judiska som något mystiskt för Degenius. Hon gestaltar hur den antisemitiska kampanjen framstod som absurd. Hur kan detta judiska få sådana konsekvenser för henne? Hon beskriver hur den plötsligt är där. "Något har hänt."[396] På ett suggestivt sätt gestaltar hon erfarenheten av hur både lärare och elever förändrar sitt förhållningssätt till henne. Hon får plötsligt låga betyg i alla ämnen och anklagas för fusk. Degenius mor arbetar med *presentpromenader*, bland annat till lärarna för att förbättra dotterns tillvaro. I och med att den antisemitiska kampanjen intensifierades, intensifierades även presentutdelningen för att balansera upp den ökande diskrimineringen. Men hon misslyckas ändå.[397]

---

[390] Intervju med Danuta Biterman, Katarina Warman och Regina Fuks. 00:15: 11–00:15:21.

[391] Se till exempel avsnittet från Bronia Sokolows levnadsberättelse där en vän till hennes bror upplever att "hans ögon har öppnats och att han har förstått vem min bror och hans gelikar är för några: ett främmande element på den polska kroppen, Polens fiender.". Bronia Sokolow, 6.

[392] För en mer utvecklad analys av detta tals betydelse se Rozenbaum, "The Anti-Zionist Campaign in Poland, June – December 1967".

[393] Aleksander Reich, 2.

[394] Degenius, *Åka skridskor i Warszawa*, 131.

[395] Degenius, 131.

[396] Degenius, 81.

[397] Degenius, 194f.

Hennes bästa vän drar sig bort från henne:

> Jag har när som helst ingen bästa vän. Inte för att min bästa vän är bästa vän med
> någon annan utan för att hennes mamma och pappa har sagt att hon inte ska
> vara bästa vän med mig. Säkrast så. För min bästa vän och för mamman och
> pappan.[398]

Något senare skriver hon: "Nu har jag när som helst inte en enda vän."[399] När
Degenius vänder sig till sin mor för att försöka förstå vad som händer upplever
hon alla förklaringar som obegripliga. Hon förstår inte vad judar, kriget och alla
de som dog har att göra med henne och hennes isolering i skolan. Dorotea
Bromberg har i en text från 2008 beskrivit hur hon drabbades i skolan när hon
var 15 år gammal. "I skolan förändrades allt. Före den 8 mars hade jag många
kompisar och jag hade toppbetyg i alla ämnen. Nu var plötsligt alla vännerna
borta, ingen vågade prata med mig längre."[400] Hennes bästa och sista vän blev
relegerad när vännen försökte försvara henne. Vännen begick självmord och
Bromberg anklagades för händelsen. "Som om det inte räckte att jag förlorat
min bästa vän blev jag anklagad för att ha orsakat hennes död. Skolan polis-
anmälde mig och tvingade mig att inför alla elever i aulan erkänna mitt
'brott'."[401] Både Bromberg och Degenius kommunicerar det sociala tryck som
drabbade judiska barn och ungdomar i skolan. Antisemitismen leder till social
isolering och offentlig förnedring

En annan historisk erfarenhet från en skolkontext återberättas av makarna
Sofia och Jerry Hollenberg som var ett par redan som ungdomar när de var
klasskamrater. De beskriver hur de befann sig på en skolresa 1967. Plötsligt
blir den antisemitiska kampanjens logik påtaglig i deras värld. Judar och
majoritetspolacker delades plötsligt upp i två tydliga kategorier för första
gången i deras liv:

> Det började med det här sexdagarskriget. Vi faktiskt var på en skolresa i DDR då,
> Östtyskland. Och plötsligt en kväll hörde vi på radio att det var något krig som
> pågick i Israel. Inom loppet av ett par timmar så samlades, visade det sig, alla
> polska barn i en stuga och så blev vi några stycken kvar. Det visade sig när vi
> tittade på varandra att det var vi som var judar. 5–6 st i klassen, som visade sig
> vara judar i klassen. Plötsligt blev vi ensamma. Så redan då, första dagen av

---

[398] Degenius, 101.
[399] Degenius, 101.
[400] Bromberg, "Kvinnodagen som fick marken att rämna", 50.
[401] Bromberg, 50.

kriget, gjordes en separation mellan oss som var judar. Jaha, har de något ihop med Israel?[402]

De beskriver händelsen som kuslig och att de inte hade känt på sig något antijudiskt före 1967. Vilka som var judar eller inte i klassen hade varit ointressant, men plötsligt aktiverades denna tydliga uppdelning på grund av ett krig i Mellanöstern som omedelbart fick konsekvenser för en polsk skolklass på skolresa i DDR. De berättar om händelsen tillsammans och fyller i varandras berättelser. Denna exkludering i inledningen av den antisemitiska kampanjen samspelar med deras fortsatta gemensamma erfarenheter genom migrationen och vidare i Sverige, något som gestaltar och förklarar vad som hände och hur de förändrades av detta.

Den storpolitiska nivån: alltså vad som hände i partiet, påtryckningar från Sovjetunionen, specifika makthavares agerande etcetera, tar en del utrymme i biografierna. I levnadsberättelserna och dialogerna hamnar det storpolitiska i allmänhet en bit bort, det gestaltas genom händelser i ens egen värld: i skolan, på universitetet eller i familjen. Den antisemitiska kampanjen beskrivs utifrån det individuella perspektivet, ofta från ett berättande jag i tonåren eller tjugoårsåldern. Det förekommer historiska kontextualiseringar för att begripliggöra de individuella erfarenheterna men det är på det personliga planet som redogörelserna i huvudsak befinner sig. Regina Feierberg relaterar sin uppväxtmiljö till välkända storpolitiska händelser:

> Jag växte upp i Zdunska Wola (ca 40 000 invånare) där det efter 1956 fanns 5 judiska familjer. Det hände ofta att någon skrek på gatan att jag borde åka till Palestina och i grundskolan när man avhandlade Hitler eller Jesus tittade klassen på mig. 1964 började jag läsa medicin i Lodz så 1969 var jag klar med 5 av 6 års studier. Sedan 6-dagars kriget kändes det som att det fanns mindre och mindre luft att andas med pga den antijudiska propagandan i media.[403]

Ett liknande exempel på hur det storpolitiska och det individuella samspelar finns i inledningen av Wiktor Raldows levnadsberättelse:

> Jag pluggade, träffade kompisar, gick på danskurs, spelade bridge och hade det ganska bra. På långt avstånd från Lodz utkämpade Israel sexdagarskriget, på något kortare avstånd invaderade styrkor från Warszawapakten Tjeckoslo-

---

[402] Intervju Sofia Hollenberg och Jerry Hollenberg, 06:12–07:10.
[403] Regina Feierberg, 1.

vakien. Det dagliga livets förljugna element ökade i styrka och blev till en verklighet.[404]

Eller som i Ellas levnadsberättelse:

> Den antisemitiska kampanjen började egentligen tidigare än 1968, redan ganska snart efter sexdagarskriget i Israel 1967. Det märktes inte direkt, men kom successivt in i medvetandet, i dagstidningar, i det politiska klimatet och språket.[405]

Det fanns "mindre och mindre luft att andas"; "förljugna element ökade i styrka och blev till en verklighet"; det "kom successivt in i medvetandet". Antisemitismen bryter fram i dessa människors livsvärld och formar deras vardag i tidskiktet som markerar slutet på deras liv i Polen. På det sättet blir de yttersta konsekvenserna av den antisemitiska kampanjen tydliga genom de känslomässigt och identitetsmässigt orienterande konsekvenser som fortsätter att verka genom hela livet. Dessa sätt att kommunicera historiska erfarenheter på följer i viss mån de tongivande narrativen som har tyngdpunkten på kommunistiskt förtryck men de fokuserar minst lika mycket på den strukturella antisemitism som gjorde den antisemitiska kampanjen betydligt mer omfattande i sin hotfullhet. Det är även mångtydigt, som till exempel Ella beskriver, när den antisemitiska kampanjen kommer in i medvetandet efter att antisemitismen bryter fram; när locket lyfts av. Den strukturella antisemitismen breder ut sig i en process där olika aktörskap flyter ihop. Det är den gestaltning som sammantaget möter mig i analysen av deras kommunicerade erfarenheter. På samma sätt som att judiskt liv inte är centralt i dissidentnarrativet är inte heller antisemitismen central. Antisemitismen är betydelsefull i detta narrativ för att understryka regimens förtryck men den relateras inte till en strukturellt etablerad antisemitism som har en lång historia i Polen med djup folklig förankring. Luisa Simberg skriver till exempel i sin levnadsberättelse: "Många polacker applåderade och ropade att judar ingen vill ha kvar i Polen."[406] En sådan formulering bryter dissidentnarrativets grundläggande konflikt av förtryckande regim mot frihetslängtande befolkning.

Den generation som hade vuxit upp i Folkrepubliken Polen uttrycker i upprepande exempel att de hade en stark tilltro till samhället som senare kom att rämna, genom flera uppvaknande händelser. Till exempel i *Flykten till Marstrand* säger Luba: "När jag sökte till läkarhögskolan och skulle fylla i blanketten

---

[404] Wiktor Raldow, 1.
[405] Ella, 6.
[406] Luisa Simberg, 16.

stod det wyznanie [trosbekännelse] på en rad. Jag blev chockad för jag var uppvuxen med och trodde på socialismen."[407] Hon uppfattade sin egen tro som en patriotisk polsk socialism och inte som hennes omgivning som på ett mer grundläggande plan kategoriserade människor efter en judisk eller kristen trosbekännelse, oavsett om de var troende eller inte. De äldre sätten att kategorisera människor fanns alltjämt kvar.

Zalma Puterman vill efter gymnasiet studera vidare för att bli diplomat men en lärare avråder honom på grund av hans impulsiva temperament och judiska härkomst. Puterman verkade se på detta som omtänksamma råd av läraren och valde då filosofi i stället. Den antisemitiska diskrimineringen inom diplomatin tas för ett givet faktum. Det är bara för honom och hans välmenande lärare att lugnt förhålla sig till detta. Detta kan ställas i kontrast till Lubas chock över att behöva uppge trosbekännelse i ansökan till läkarutbildningen. Uppdelningen mellan jude och katolsk polack fanns kvar som en dold men ändå lättgenomskådad struktur.

Föräldrars ambitioner att skydda sina barn från antisemitism genom att tona ned det judiska tycks få en motsatt effekt rent psykologiskt. Först långt senare, när den mogna människan efter migrationen ser tillbaka på sitt liv, går det att formulera sig kring det som skedde. Ett exempel finns i Annas levnadsberättelse:

> Redan i första klass gjorde min lärare sig lustig över mitt "svåra" efternamn och alla skrattade. Detta pratade jag inte med mina föräldrar om och kunde inte dela det med mina kompisar. Jag levde inte i en judisk gemenskap och mina närmaste vänner var polacker. Mina föräldrar pratade aldrig om saker som rörde det judiska. Det ordlösa, det icke-nämnda fick jag tidigt i mitt liv förhålla mig till bäst jag kunde. Det var en tung börda. Känslan av en judisk tillhörighet saknades och antisemitismen låtsades man inte om… Den upplevelsen kunde jag sätta ord på först när jag blev tvungen att flytta från Polen.[408]

Den generella erfarenheten är att de inte drabbades mycket av antisemitism under uppväxten men det finns även exempel på mycket kraftfull antisemitism som ger intryck av att det verkligen fanns stark antisemitism i deras uppväxtmiljö.[409] Antisemitismen innehåller psykologiska och existentiella dimensioner av central betydelse. Ibland beskrivs antisemitismen genom politiska händelser men ofta letar den sig fram på ett mer psykologiskt plan. När Emilia Degenius som barn står bakom dörren och lyssnar på föräldrarnas gräl hör hon "jude och

---

[407] Grinzweig Jacobsson, *Flykten till Marstrand*, 17.
[408] Anna, 4.
[409] Till exempel Luisa Simberg skriver om filosemitism men strax därefter förklarar hon hur hennes föräldrar diskuterar om de ska emigrera på grund av pogromer.

judinnor och icke och hel och halv i ett och samma gräl, så jag förstår att orden på något sätt hör ihop".[410]

Zarembas mor hade bestämt sig för att hålla familjens judiska härkomst hemlig för barnen, för att skydda dem. En likande strategi för att skydda sitt barn från antisemitism visar Emilia Degenius mor som masserar dotterns näsa varje kväll för att den inte ska bli större. Olika operationer diskuteras av öron, näsa och revben.[411] Hennes faders utseende beskrivs som typiskt judiskt och så vill hon inte se ut. Fadern byter också namn "från Samuil till Stanisław, det är det många som gör, det var visst bäst så, lättare att smälta in, för att Stanisław låter polskt".[412] Den ständigt närvarande risken att bli utsatt för antisemitism och erfarenheten av Förintelsen gör att allt som antyder något judiskt skall döljas enligt Degenius och Zarembas mödrar.

Bronia Sokolow beskriver hur hon fick reda på sin judiskhet genom en antisemitisk händelse:

> Jag ska berätta hur det var när jag fick veta att jag var judinna. Det var några grannar, inte i samma byggnad, utan i ett annat hus i närheten. Jag och deras dotter lekte, men plötsligt uppstod det bråk mellan oss. Hennes mamma kom ut och skällde ut mig. Jag sade: men varför kom hon till vår gård? – "Vår gård, vår gård?" sa mamman, – Palestina är ert! Jag blev ledsen, gick hem och berättade för mina föräldrar. De tröstade mig och förklarade att kvinnan menade att det bor judar i Palestina och att vi var judar men även polacker. Jag var i sex eller sjuårsåldern. Sedan den dagen visste jag att jag var judinna. Så småningom blev jag medveten om min judiskhet då föräldrarna, när de inte ville att vi barn skulle förstå, pratade sinsemellan jiddisch. De prenumererade också på en tidning på jiddisch Folks shtime (Folkets röst). Det var ingenting jag pratade med mina väninnor om. På religionslektioner var jag med och på kollo följde jag med kompisarna till kyrkan.[413]

Det framgår klart att vissa i omgivningen såg de polska judarna som icke hemmahörande i Polen, som att de borde uppsöka ett annat ursprung i Palestina/Israel och lämna Polen. När Bronia Sokolow drabbas har hon till skillnad från Maria Rotstein en förälder som kan prata med henne om det och förklara att de är "judar men även polacker". Det är också intressant att de liksom Stefan Zylbersteins pappa prenumererade på *Folks-Sztyme* med tanke på

---

[410] Degenius, *Åka skridskor i Warszawa*, 80.
[411] Degenius, 74.
[412] Degenius, 78.
[413] Bronia Sokolow, 4.

att det var en tvåspråkig socialistisk tidning på jiddisch. Denna tidning syntes förena det polska och det judiska i socialismen.[414]

Jaff Schatz har, som tidigare nämnts, studerat den generation kommunistiska judar i Polen som Bronia Sokolows och Stefan Zylbersteins föräldrar tillhörde. Schatz placerar in dem i en messiansk judisk tradition i mötet med moderniteten. Det fanns många rörelser; religiösa, sionistiska, socialistiska eller reaktionära. Kommunismen var dock den enda rörelse som i stor utsträckning blandade polska judar och övriga befolkningsgrupper i Polen.[415] Även om kommunismen blev en besvikelse kan det finnas en ursprunglig anknytning till den polskjudiska miljö där drömmen om ett klasslöst samhälle utan etniska konflikter och antisemitism föddes.

Deras kommunicerade historiska erfarenheter av antisemitism i Folkrepubliken Polen, både före och under den antisemitiska kampanjen, väcker en bakomliggande fråga: Är polsk antisemitism samma antisemitism som på andra ställen eller är den polska antisemitismen något i grunden unikt som bör beskrivas i bestämd form: "den polska antisemitismen"? Som nämnts tidigare väcker Maciej Zaremba den frågan i *Huset med de två tornen* och kommer fram till att den bör beskrivas i bestämd form.[416]

En strukturell antisemitism har tvingat fram de mest avgörande livsförändringarna i dessa människors liv. Den är djupt förankrad i det samhälle som de själva växt upp i och identifierat sig med. Det gör att frågan om den strukturella polska antisemitismen blir en existentiellt orienterande fråga som anger vilken relation dessa flyktingar får till Polen, på ett känslomässigt, identitetsmässigt och etiskt plan. Den antisemitiska kampanjen synliggjorde den strukturella antisemitismen. Men det finns flera som vill nyansera synen på Polen och den polska antisemitismen. Maja Orska och Wowa Klamra förklarar i en dialog hur de alltid haft goda kontakter till polacker under hela deras liv i Sverige och även i Polen.[417]

I de erfarenheter som förmedlas rörande den antisemitiska kampanjen, märks en tydlig etisk historisk orientering med fokus på enskilda människors handlingar. Aleksander Reich beskriver hur vissa polacker överraskade med sitt stöd och motsatte sig den antisemitiska kampanjen medan andra bröt kontakten:

---

[414] Anat Plocker beskriver hur Folks sztyme påverkades av den antisemistiska kampanjen och tidningens förhållande till regimen. Plocker, *The Expulsion of Jews from Communist Poland*, 127–93.

[415] Schatz, *The generation*, 47–52.

[416] Zaremba, *Huset med de två tornen*, 142.

[417] Bland annat uttrycker de goda kontakter med polacker i följande passage. Intervju Maja Orska och Wowa Klamra. 01.06.58-01.10.05.

Jag vill dock nämna att många icke-judar visade öppet sin solidaritet och sitt medlidande. En del hjälpte oss konkret och öppet. På det viset riskerade de sin karriär och säkerhet. Några av dessa som hjälpte var oväntade och överraskade oss. Det gällde också de som bröt kontakten med oss.[418]

Dessa människors agerande blir bevarade i Reichs minnen och illustrerar att det finns ett val, förutsättningen för en etisk diskussion. Passagen pekar även på att det inte fanns någon entydighet i majoritetsbefolkningens agerande. Det kommunicerar både hopp och hot.

Ett betydelsefullt sätt som antisemitismen bröt fram på är genom hänvisningar till rättsprocesser mot individer med judisk härkomst, vilka anklagats för sionistiska sympatier och illojalitet mot Folkrepubliken Polen. I *Hilarys historia* gestaltas den antisemitiska kampanjen huvudsakligen genom processen mot Hilary i den så kallade Tanklandaffären. När Jerzy intervjuar Hilary får han tårar i ögonen när han talar om utredningen och processen.[419] Kortfattat uttryckt hände följande: Hilary hade arbetat i en ledande position för ett polskt rederi. Han hade varit med och genomfört ett inköp av ett fraktfartyg, från Sverige, som sedan utmålades som en katastrofalt dålig affär för den polska staten som ägde rederiet. Hilary och de andra som pekades ut som ansvariga för affären ställdes inför rätta. Tre av dessa fyra åtalade var judar. Bland dessa fanns en kvinna vid namn Debora Lewin som Hilary uttrycker stor respekt för. Hon lyckades i hans beskrivning hantera det hela med hedern i behåll medan han själv blev nedbruten av händelsen:

> Hilary hyllar Debora Lewin som höll ett tal i domstolen och anklagade de som anklagade henne. Hon fick ett längre straff men Hilary konstaterar att han borde gjort likadant. "Ofta på nätterna håller jag detta tal för mig själv,"[420]

Även Nadja i *Flykten till Marstrand* drabbas hårt på ett psykologiskt plan av att hon inte stod upp för sig själv när hennes lärare säger att "Judarna är en cancersvulst på den polska kroppen." Hon fortsätter:

> Och det måste jag säga, att det är mitt trauma. Jag stelnade. I mina drömmar skulle jag ha slagit honom på käften, men jag stelnade. I det ögonblicket förstod jag människor som blir paralyserade av chock. Han slog mig inte, han visste inte

---

[418] Aleksander Reich, 4.
[419] Sarnecki, *Hilarys historia*, 331.
[420] Sarnecki, 338.

ens att jag var judinna. En annan tjej, som kom från en polsk adelsfamilj, sa 'Så kan man inte säga!' Det var hon, inte jag![421]

Senare i boken återkommer hon till temat och likt Hilary Sarnecki fantiserar hon om vad hon borde gjort för att stå upp för sig själv. "Det jag tänker på nu, efter så lång tid, är att jag inte slog den där läraren på käften." Sedan fortsätter hon: "Mer än så hände inte mig 1968, men det var den värsta händelsen i mitt liv."[422]

Hilary och Nadja ger exempel på att de inte sa ifrån och de har svårt att förlika sig med den erfarenheten av sitt eget handlande. Båda har även erfarenheter av någon annan som stod upp för sina övertygelser och sa ifrån. Det som regimen och dess antisemitism utsatte dem för har internaliserats i dem. Samtidigt framstår deras skildring för en utomstående som att de inte hade något att skämmas för. De var ju offer, inte förövare. Deras erfarenheter ger ett etiskt orienterande budskap om att försöka stå upp för sig själv och våga visa sina åsikter offentligt trots risker.

På liknande sätt som Hilary Sarnecki blir Adam Bromberg anklagad av myndigheterna för att inte vara lojal i sitt yrkesutövande. I Brombergs fall arbetar han med utgivningen av en stor polsk encyklopedi som i och med den antisemitiska kampanjen anklagas för att vara sionistisk. Denna episod beskrivs inte bara i *Historien om Adam Bromberg* utan även i *Hilarys historia*.[423] Anat Plocker placerar konspirationsteorierna och processerna kring Brombergs encyklopedi i centrum av sin analys av den antisemitiska kampanjen som ett minneskrig om andra världskriget.[424] Polska judars patriotism ifrågasätts när de understryker att judar drabbades värre än majoritetspolacker under kriget.

Våldet den 8 mars 1968

I motsats till det psykologiska förtrycker spelar våldet kring demonstrationerna i mars 1968 en betydelsefull roll i den svenskpolskjudiska gruppens historiska orientering. Våldet bidrar till upplevelsen av en brytpunkt, att dessa händelser fungerar som en passagerit, våldet får ögonen att öppna sig inför regimens maktutövning i sin råaste form. Samtidigt som våldet är chockerande fruktansvärt finns det något som verkar klarna. Historikern Peter Osęka beskriver detta i följande mening: "One can say that in an instant they saw the true oppressive

---

[421] Grinzweig Jacobsson, *Flykten till Marstrand*, 40.
[422] Grinzweig Jacobsson, 144.
[423] Sarnecki, *Hilarys historia*, 343f.
[424] Plocker, *The Expulsion of Jews from Communist Poland*, 65–92.

nature of the system, which had been hidden behind a facade of propaganda up until that moment."[425]

Wiktor Raldow konstaterar att "Marsupproret, som började 8 mars 1968 i Warszawa, handlade om viljan att leva värdigt.".[426] Detta uppror för värdighet möttes med ett massivt våld. Ella minns ett samtal med sin bror inför demonstrationen. Jag var då andra årets arkeologistudent. "Klart att jag kommer", sa jag till min bror. "Men ta åtminstone på dig din fårskinnsjacka, de kommer att slå oss", svarade han.[427]

Den antisemitiska propagandan gjorde att de kände sig hotade och sedan kom det reella våldet från ZOMO, en paramilitär polis eller polisens volontärer, ibland beskriven som huliganer beväpnade av polisen för att slå ned fredliga protester. Våldet kom att bli en viktig faktor i passageriten, att förlora hoppet om det polska samhället och öppna sig för tanken på migration. Wiktor Raldow skriver i sin levnadsberättelse:

> Vi levde utan hopp. Den antisemitiska propagandan föll I god jord och plötsligt kändes vardagen hotfull. Jag minns väl den isande rädsla som paralyserade hela kroppen när jag från fönstret i vår lägenhet tittade på busslaster av unga, gråklädda och batongförsedda ZOMO (paramilitär polis) män, redo för en attack på demonstrerade studenter från Lodz universitet.[428]

Klimax i den antisemitiska kampanjen brukar förläggas till mars 1968, då studentdemonstrationerna i Warszawa slogs ned med brutalt våld av ZOMO. Maciej Zaremba befann sig i mitten av detta även om han var för ung för att vara student. Han skriver om sig själv – i detta brytpunktens tidsskikt – i tredje person: "Jag försöker få syn på honom denna marsdag 1968 då allting förändras"[429]. I den utförligare beskrivningen han ger av den existentiella omvälvning det innebar att uppleva dessa våldsamt nedslagna demonstrationer hamnar själva våldet i centrum:

> Männen som slår ser ut som vilka som helst, de har rock och hatt. Batongerna tog de fram ur innerfickor och portföljer. De jagar efter människor som söker skydd i portar och i Heliga Korsets kyrka. De bankar på liggande. En slår efter en flicka som springer bort med händerna om huvudet. Två släpar en student mot

---

[425] Osęka, "Dissidents and Police", 864.

[426] Wiktor Raldow, 3.

[427] Ella, 7.

[428] Wiktor Raldow, 4.

[429] Zaremba, *Huset med de två tornen*, 86.

skåpbilen, den tredje springer efter och slår allt han orkar mot den gripnes axlar. Han har aldrig sett någon slå med ett sådant raseri.[430]

Eller som i en senare passage där våldet skiljer 1968-revolten i öst från den i väst:

> Det vi ser vid universitetet är allt annat än kontrollerat. Männen med batonger har blodsprängda ögon och stinker av hembränt. De slår mot alla som ser ut att ha läst en bok. Det är obegripligt, meningslöst, overkligt. I Paris är det polis som försvarar en stat. I Warszawa är det staten som släpper loss en mobb.[431]

Demonstrationerna och samvaron bland de protesterande kan också beskrivas på positiva sätt. Nadja i *Flykten till Marstrand* var 16 år och såg det som ett slags äventyr "äntligen händer det något".[432]

Trots Zarembas inlevelsefulla beskrivning av demonstrationerna och våldet framstår den starkaste brytpunkten i *Huset med de två tornen* när Zarembas mor säger att hon är judinna och att de måste åka. Därmed blir den unge Maciej judisk samtidigt som han försätts i en rörelse mot migrationen, bort från Polen men i återanknytning till den polska judenheten.[433]

Mars 1968 har fasta konturer i en polskjudisk historiekultur och även inom den polska historiekulturen i stort. Mars 68 används som en rubrik för att tala om hela den antisemitiska kampanjen och migrationen som blev dess resultat. Museet Polin har *March 68* som ett ämnesområde på sin digitala plattform *Virtual Shtetl*. Det finns ett antal bilder från demonstrationer som återkommer i många sammanhang och som bidrar med en estetisk historisk orientering av den antisemitiska kampanjen.[434] Rüsen menar att estetiska representationer som refererar till etablerade sätt att väcka liv i det förflutna gör händelserna relevanta för samtiden. Han beskriver hur vi genom en estetisk strategi för historisk representation kan kommunicera den temporala dimensionen av mänskligt liv.[435] Mars 68 bidrar med en estetik för att gestalta flera betydelsefulla tendenser i tiden.

En annan betydelsefull estetisk gestaltning av den antisemitiska kampanjen är spelfilmen March '68 (Marzec '68) från 2022. Den placerar en Romeo och Julia-historia mellan två ungdomar som separeras av den antisemitiska kampanjen. Filmen fokuserar lika mycket på att återge de historiska skeendena som

---

[430] Zaremba, 88.

[431] Zaremba, 90.

[432] Grinzweig Jacobsson, *Flykten till Marstrand*, 38.

[433] Zaremba, *Huset med de två tornen*, 98.

[434] "Virtual Shtetl".

[435] Rüsen, "How to Make Sense of the Past – Salient Issues of Metahistory", 197.

att gestalta kärlekshistorien. Vid flera tillfällen i det dialogiska arbetet med att förstå den svenskpolskjudiska gruppens historiska erfarenheter har filmen varit en resurs, något som kan inkluderas i den historiskt orienterande dialogen. Inte minst genom att beskriva tidens estetik i kläder, musik, miljöer etcetera. Ett exempel är en dialog där Sofia Hollenberg berättar om situationen i hennes familj. Mitt i denna redogörelse frågar hon om jag har sett filmen. "Det är precis den situationen som det var i den här familjen."[436] Med det aktiverar hon en mer bildrik och estetiskt levande inlevelse i den historiska situationen.

Jag såg *March '68* på det judiska centret Bajit i Stockholm tillsammans med en publik som till stor del bestod av svenskpolska judar som emigrerade med anledning av den antisemitiska kampanjen. Att uppleva detta tillsammans och att kunna prata med varandra om det är betydelsefullt för att utveckla den uttolkande dialogen om deras historiska erfarenheter. Vi anammar gemensamt en strategi för att väcka det förflutna till liv på ett meningsfullt sätt i nuet. Piotr Osęka har noterat hur de som deltog talade om att gå till demonstrationerna utifrån ett *jag* medan de talar om ett *vi* under demonstrationerna.[437] Händelserna skapade en gemensam politisk generations-identitet. När jag diskuterat demonstrationerna kring mars 68 har flera poängterat att de ville reformera systemet på ett liknande sätt som Dubček förespråkade i Tjeckoslovakien. Dessa erfarenheter visar på många nyanser i regimkritikens historia i Polen under kalla kriget. De komplicerar en tydlig uppdelning i folket mot partiet. Regimkritiken 1968 framfördes huvudsakligen genom socialistisk retorik.[438]

Den kommunistiska Regimen

När den kommunistiska regimen beskrivs i de dialoger, levnadsberättelser och biografier som analyseras här följer det i stort dissidentnarrativet men regimen står sällan i fokus av skildringen. Journalisten och författaren Alvar Alsterdal förklarade redan 1969 den antisemitiska kampanjen för en svensk publik i *Antisemitism, antisionism: exemplet Polen*. Han utgick från antisemitismen samtidigt som han presenterade en initierad analys av maktkampen inom partiet, politiska beslut och processer.[439] Enligt Alsterdal och tidigare forskning om den antisemitiska kampanjen är interna maktkamper i kommunistpartiet en centralt bidragande orsak till kampanjen, då en antisemitisk och nationalistisk

---

[436] Intervju Sofia Hollenberg och Jerry Hollenberg, 11:05–11:10.
[437] Osęka, "Dissidents and Police", 865.
[438] För en analys av det socialistiska i studentrörelsen se: Osęka, "Dissidents and Police".
[439] Alsterdal, *Antisemitism, antisionism: exemplet Polen.*

gruppering såg en möjlighet att göra sig av med sina motståndare av judiskt ursprung.[440]

I biografierna, levnadsberättelserna och dialogerna hamnar Gomułka och Moczar i bakgrunden. De historiska skeendena smyger sig på i det egna privatlivet. Bakgrunden är underförstådd. Anna Grinzweig Jacobsson ger dock ett antal tydliga historiska kontextualiseringar åt det tematiskt ordnade intervjumaterial som utgör kärnan i *Flykten från Marstrand*. På det sättet återger hon det storpolitiska sammanhang som deras erfarenheter är en del av.

Det går inte tydligt att se i de kommunicerade historiska erfarenheter som studeras här om de lägger störst vikt vid de ledande politikerna som har planerat det hela och lyckas med sitt genomförande eller om det är den strukturellt etablerade antisemitismen som är den viktigaste drivkraften i utvecklingen. Möjligtvis skulle det också kunna vara den antisemitiska kampanjen som sätts igång med en skenande kraft, eskalerande enligt sin egen logik, bortom samtliga aktörers kontroll. Det kan tyckas finnas något paradoxalt i att en regim som hade väldigt lågt stöd från befolkningen kunde genomdriva en sådan repressionskampanj som krävde folklig uppbackning. Precis som Zaremba i *Huset med de två tornen* avfärdade Jurek Gold den antisemitiska kampanjen som ännu ett absurt påhitt av myndigheterna:

> Vad gäller den antisemitiska kampanjen, så upplevde jag den som absurd, men å andra sidan fanns det överhuvudtaget inget förtroende för myndigheterna, så varken de eller deras andra påhitt kändes realistiska.[441]

Maciej Zaremba diskuterar frågan om den specifika polska antisemitismen explicit, hur han själv tidigare som icke-jude och polack betraktade Polen som ett exceptionellt tolerant land. Under den antisemitiska kampanjen argumenterar han emot när någon beskriver polacker som antisemiter. Till slut brister försvaret och han blir övertygad om graden av den rådande antisemitismen. Ändå ser den yngre Zaremba, från tidsskiktet då kampanjen utspelade sig, den antisemitiska kampanjen som enbart en strategi från det styrande kommunistpartiet utan att betänka den strukturella polska antisemitismen.[442] Den äldre skrivande Zaremba konstaterar, från ett tidsskikt med mer kunskap om den polskjudiska historien, om sitt yngre jag: "Han är okunnig om historien och hör inte tjutet från demoner som släpps ut."[443]

---

[440] Se till exempel: Stola, "Anti-Zionism as a Multipurpose Policy Instrument"; Eisler, *Marzec 1968*.
[441] Jerzy (Jurek) Gold, 2.
[442] Zaremba, *Huset med de två tornen*, 96f.
[443] Zaremba, 96.

Regimen och den strukturellt etablerade antisemitismen behöver inte ses som två olika förklaringsmodeller. Den beskrivning av den antisemitiska kampanjen som vi möter i materialet kombinerar ofta båda. Luisa Simberg skriver: "Att få stämpel på alla dokument från Utbildningsdepartementet, var dyrt och vissa hade inte så mycket pengar. Det var ett sätt att tjäna pengar på utkastade judar."[444]

Det korrupta samhällssystemet och lanseringen av den antisemitiska kampanjen faller på regimens ansvar, men alla människor som deltog i detta på olika sätt, till exempel de som tjänade pengar på mutor, bygger en brygga mellan regim och befolkning. Regimen kan beskrivas som regeringen, eller partiledningen, men den kan också beskrivas som hela befolkningens interaktion med den politiska makten och deras egen maktutövning inom ramen för det givna systemet.

Livet i Folkrepubliken Polen

Livet i Folkrepubliken Polen kan beskrivas som tiden emellan de två stora brytpunkterna i erfarenhetskronologin. Den övervägande majoriteten av de som deltog i skrivuppropet eller i dialogerna är också födda under denna mellanperiod. När de berättar om sina historiska erfarenheter framstår livet i Folkrepubliken Polen som en mellanperiod med tanke på kraften i de brytpunkter som avgränsar den. Men det bör understrykas att den också i allmänhet framställs som den mest formerande tiden i deras liv, barndomen och ungdomen.

När de summerar sina erfarenheter och ser tillbaka på sitt liv blir även deras tid i Folkrepubliken Polen en reflektion över ett samhällssystem. Deras migration gjorde att de fick ett tydligt brott gentemot detta system och de kunde jämföra det med samhällssystemet i Sverige. Det blev en brytning i tiden, i nationell, kulturell och politisk mening.

De analyserade biografierna och levnadsberättelserna utspelar sig till betydande del i det kommunistiska Polen fram till den antisemitiska kampanjen. Detta samhälle betraktas från nutida horisont, i ett tidsskikt efter migrationen till Sverige, från andra sidan den forna järnridån.[445] Deras liv i Folkrepubliken Polen avslutades med fördrivning. Det skiftar vilken nivå av tvång de upplevde inför beslutet att säga upp sitt medborgarskap och migrera men samtliga upplevde att brottet med det polska samhället var en negativ upplevelse, även

---

[444] Luisa Simberg. Notera att "stämpel" förekommer i citatet, denna detalj kommer vi att återkomma till.
[445] De ikoniska årtalet 1989 och 1991 markerar givetvis kalla krigets slut. Rundabordssamtalen 1989 i Polen, Berlinmurens fall och Sovjetunionens upplösning 1991.

om de var hoppfulla inför framtiden då de fick lämna Folkrepubliken Polen. Allt detta ligger mellan dessa två tidsskikt, det biografiska skrivandets tid och det beskrivna livet i det kommunistiska Polen. Detta är ramen för hur livet i det kommunistiska Polen gestaltas i biografier, levnadsberättelser och dialoger.

I levnadsberättelserna gestaltas flera olika aspekter av livet i Folkrepubliken Polen. I jämförelse med biografierna ges inte lika utförliga genomgångar av det politiska systemet, samhällets uppbyggnad eller den storpolitiska utvecklingen. I stället fångar levnadsberättelserna ett personligare perspektiv på hur de upplevde att leva i detta samhälle. Leo Kantors levnadsberättelse *Berättelser skrivna om natten* utgör ett undantag när den utgår från judarna som samlades i staden Strzegom i Nedre Sląsk (Schlesien) efter kriget. Där ges en mer initierad beskrivning av den historiska utvecklingen där det privata ständigt relateras till större skeenden. Det har sin förklaring i att Kantor har arbetat aktivt med att utforska den judiska historien i detta område och bland annat gjort en dokumentärfilm om det.[446]

Rent tidsmässigt rör det sig om en period mellan andra världskriget och migrationen, från 1945 till någon gång 1967–1972. Den övervägande majoriteten av levnadsberättelsernas skribenter föddes under denna period medan ett fåtal föddes före eller under kriget. Maria Rotstein återvände till Polen efter kriget som ung vuxen tillsammans med sin pappa som skulle vara med och bygga upp det nya socialistiska samhället. I samtliga levnadsberättelser avslutas livet i det kommunistiska Polen med den antisemitiska kampanjen och migrationen.

Perioden avslutas alltså med fördrivning vilket är en grundläggande erfarenhet för hur andra erfarenheter av livet i Folkrepubliken Polen kommuniceras. Efter fördrivningen lever de cirka 50 år i Sverige innan de kommunicerar sina erfarenheter. Livet i Sverige har därmed förvandlats till det normala. Krigstiden som föregick livet i det kommunistiska Polen präglades av flykt, död och trauma. I kontrast till detta kan den tidiga efterkrigstiden vara en hoppfull tid även om den betraktas i en mörk inramning av diktatur och slutligen fördrivning.

Flera av de som Grinzweig Jacobsson intervjuar i *Flykten till Marstrand* beskriver en process där den antisemitiska kampanjen och migrationen medförde att deras syn på det kommunistiska Polen förändrades i grunden. I följande citat av Luba framgår det direkta horisontskifte som skedde i och med migrationen:

---

[446] *På jakt efter ett försvunnet landskap.*

> När vi kom till Sverige var självförtroendet i botten. Vi var rädda, vi förstod inte
> språket, vi kunde inte prata med någon. Jag hade aldrig varit utanför Polen, hade
> aldrig träffat någon från Västeuropa, aldrig någon som inte pratade polska. När
> jag jämför livet här och i Polen så var det som att man var i mörker. Ingenting
> visste man.[447]

Hon nästan underkänner hela sitt perspektiv på världen från livet i Folkrepubliken Polen.

Emilia Degenius mor hade däremot berättat för henne att allt var bättre i väst.[448] Det finns klara skillnader i synen på det kommunistiska Polen medan levnadsberättelsernas och biografiernas huvudpersoner levde i det. Vissa var öppet kritiska, till och med föraktfulla som Zaremba och Degenius mor, medan till exempel Puterman, Bromberg, Sarnecki och merparten av levnadsberättelserna ger exempel på människor som försöker verka inom systemet; fram till den antisemitiska kampanjen vill säga.

De levnadsberättelser och biografier som analyseras här kan inte betraktas som något representativt utsnitt av den polskjudiska befolkningen i Polen under den kommunistiska perioden. I många levnadsberättelser förmedlas exceptionella erfarenheter av utlandsresor och internationella kontakter, de allra flesta av skribenterna är akademiskt utbildade. Till exempel arbetade Maria Rotstein som läkare i Frankrike, Nordkorea och Vietnam. Antagligen har detta sociala kapital bidragit till beslutet att författa sin levnadsberättelse till projektet eller att man vågade ta beslutet att migrera. De tretusen som kom till Sverige var en grupp med generellt hög utbildningsnivå. I en dialog med sex personer i Stockholm konstaterade de intervjuade att de kom från ett väletablerat intellektuellt samhällsskikt i Warszawa.[449]

Erfarenheterna av livet i Folkrepubliken Polen skildras inte på något entydigt sätt. Det finns onekligen många beskrivningar av ett korrupt system och ett materiellt armod men även många positiva skildringar av liv och ungdom i Polen. Jurek Gold skriver i sin levnadsberättelse på ett typiskt sätt: "Mina 20 år i Polen, min barndom och ungdomsåren minns jag som en lycklig tid."[450]

Många beskriver en trygg och lycklig uppväxt samtidigt som de med tydlighet visar på förtrycket i Folkrepubliken Polen. Sofia och Jerry Hollenberg beskriver hur deras föräldrar skyddade dem, men i en karaktäristisk passage

---

[447] Grinzweig Jacobsson, *Flykten till Marstrand*, 80.
[448] Degenius, *Åka skridskor i Warszawa*, 37f.
[449] Intervju Aleksander Ratz, Tola Ratz, Wanda Sikorska, Joanna Rose, Artur Halmin, och Bronisław. 00:55:30–00:55:40.
[450] Jurek Gold, 1. Liknande formuleringar finns till exempel hos Richard Lerner,

förklarar Sofia hur hon tidigt visste att de kunde vara avlyssnade hemma. Pratade de om vissa saker satte de på radion eller la en kudde på telefonen.[451]

"Jag älskar jeans", skriver Emilia Degenius utifrån sitt ungdoms-jag. "Vi äger inga jeans, det är därför vi älskar dem."[452] Vid flera tillfällen utrycks erfarenheten av att begära det som man inte har och som inte egentligen finns tillgängligt men som ändå vissa har fått tag på. Bananer och jeans äger ett oerhört symbol-värde. "Bananer finns inte här. Inte egentligen. Mor hittar dem bara på svarta marknaden."[453] Ett utmärkande exempel på bananens symbolvärde ger Zaremba. I en inlevelsefull beskrivning äter han en banan som han lyckats komma över medan han vandrar genom Warszawa:

> Han biter av spetsen. Det kommer en arom som inte liknar något annat. En fläkt av gudavärlden. Nektar och ambrosia. En knappt förnimbar skärpa inbäddad i mildheten.
>
> Han nickar mot människorna han möter. Några spärrar upp ögonen, andra ler som om de förstod. Han hoppas att bananen syns från spårvagnarna. En kilometer kvar. Halva bananen återstår. Han börjar drägla. Det som var menat som ett spektakel är nu ett viljeprov. Han säger till sig själv att om han tar en tugga till så vinner kommunismen.
>
> När han är framme vid partihuset hänger slamsor från hans hand. Bara en van bananätare kan se vad det har varit. Återstår den sista gesten, att kasta bort den över axeln.[454]

"Bananungdomen" är också ett uttryck som förekommer för att beskriva bort-skämda ungdomar som har pengar och kontakter nog för att kunna komma över denna exklusiva frukt.[455] Att Zaremba 2018 skildrar hur han sakta äter en banan på det sätt han gör bidrar med ett antal effekter. Först blir det en illustration av knappheten i det kommunistiska Polen. Både i jämförelse med det skrivande tidsskiktet och i jämförelse med västvärlden i samma tidsskikt. Dessutom förvandlas situationen till en duell mot kommunismen. När Zaremba blandar in lukt och smak levandegör han både den tillvaro han beskriver och den tid han skriver i där vi tar bananens lukt och smak för givet. Läsaren får en känslomässig inblick, en möjlighet att uppleva genom den unge Zaremba men även ett intryck av komisk distans till den tid då händelsen utspelar sig. Genom

---

[451] Intervju Sofia Hollenberg och Jerry Hollenberg, 09:08–09:30.
[452] Degenius, *Åka skridskor i Warszawa*, 31.
[453] Degenius, 30.
[454] Zaremba, *Huset med de två tornen*, 91f.
[455] Zaremba, 90.

humor och estetiskt effektfulla gestaltningar kommuniceras absurditeten i livet under kommunismen. Detta har en rak kontinuitet till den humor och de estetiska gestaltningar som utövade regimkritik i Polen under det kalla kriget, en dissidentposition således.

Begreppet kommunist kommer med olika konnotationer under olika perioder. Genom biografier, levnadsberättelser och dialoger går det att följa förändringen över tid. Från 1945 till den antisemitiska kampanjen – fram till 1989 för de som stannade i Polen – innebär kommunist någon som företräder de styrande. Att vara kommunist under mellankrigstiden, eller förkrigstiden som perioden oftare kallas här, var snarare något som hotade karriär och position i samhället. Som Jaff Schatz har visat satt de flesta kommunister i fängelse under delar av mellankrigstiden.[456] Både Hilary Sarnecki och Adam Bromberg är exempel på det. Zaremba kopplar samman synen på dessa förkrigskommunister med en allmän idealisering av att allting var bättre före kriget. "Allting var bättre före kriget, till och med kommunismen. 'Han är förkrigskommunist', säger man, och menar 'en hederlig karl'."[457]

Detta kan sättas i kontrast till Zarembas tankar om den antisemitiska kampanjen som han i sin ungdom relaterade till Polens korrupta styre mer än till en strukturell antisemitism, i linje med dissidentnarrativet:

> I hans ögon kan inte Polens kommunister förråda sin ideologi, eftersom de ingen har. De är bara ett pack medlöpare. De gamla kommunisterna, som Stalin låtit skjuta, de trodde på sin utopi. De nya tror inte på någonting. Och eftersom ingen heller tror på vad de säger spelar det mindre roll om det just nu är "judar" som får skulden för att ingenting fungerar. Alla vet ändå att det är systemet.[458]

Adam Bromberg kontrasterar Lenin, Stalin, Komintern och dess despotiska maktutövning gentemot hans eget idealistiska kommunistiska arbete i ungdomen.[459] Bromberg förlorar dock sin utopiska övertygelse redan före kriget. Efter fängelsevistelse och med en insyn i mer obehagliga sidor av den kommunistiska rörelsen tänker han:

> Här på Koronowo hade jag förändrats och jag var en annan person när jag gick ut ur fängelseporten. Jag visste att nu att det inte fanns något sådant system som kan lyckliggöra människan, lyckan får var och en söka på egen hand. [...] Jag

---

456 Schatz, *The generation*, 128–45.
457 Zaremba, *Huset med de två tornen*, 97.
458 Zaremba, 97.
459 Grynberg, *Historien om Adam Bromberg*, 71.

ville ta igen min förlorade tid, leva så att inte ett ögonblick i fortsättningen skulle gå till spillo.[460]

Zalma Puterman berör en liknande erfarenhet av avradikalisering efter att verklighetens komplexitet möter de utopiska visionerna. "Med fördjupad kunskap kommer av allt att döma skepsis och därmed minskad självsäkerhet, minskad radikalism och fundamentalism."[461]

Samtidigt kan Puterman känna världsutvecklingens stöd i denna avradikaliserande mognadsprocess. Det finns ett outtalat krav från en svensk läsekrets under det tidiga 2000-talet att markera distans till ett kommunistiskt ungdomsengagemang. Han visar sig vara en förkrigskommunist, alltså en hederlig person. Kommunisterna i Polen efter kriget beskrivs däremot med generellt mindre förståelse. Vid ett tillfälle tänker Zaremba följande om en myndighetsperson som försvårar saker för honom inför emigrationen. "Jag vet det och du vet att det är sista gången som ni jävlas med mig. Om en månad är jag fri. Och ni är kvar i dyngan."[462] Livet i Folkrepubliken Polen är att leva i dyngan.

För en svensk läsekrets under 2000-talet krävs det vidare en hel del arbete för att beskriva skillnaden på olika slags kommunister, spontant är det svårt att inte betrakta förkrigskommunisten utan det kalla krigets kommunistparti hängande över sig. Särskilt med tanke på att samma person kan vara en självuppoffrande förkrigskommunist och sedan en del av den kommunistiska parti-aristokratin under det kalla kriget.

Joanna som intervjuas i *Flykten till Marstrand* beskriver hur hon växte upp utan vare sig judiska eller kristna traditioner vilket hon tyckte var trist.[463] Den kommunistiska ideologin fyllde tydligen inte det tomrummet. I Folkrepubliken fanns det inte några legala eller officiella antisemitiska diskrimineringar av det slag som hade existerat i Polen före kriget. Dessutom hade det kommunistiska Sovjetunionen utgjort tillflyktsort för många polska judar under kriget fram till att tyskarna besegrades av just Sovjetunionen. Att dessutom rikta en dröm om både etnisk och ekonomisk jämlikhet mot en kommunistisk rörelse efter kriget är också det begripligt utifrån en polskjudisk horisont i detta specifika tidsskikt.

För ett barn behöver inte den sociala och politiska situationen framstå på samma sätt som för vuxna som sätter in tillvaron i en större kontext. Emilia Degenius har svårt att greppa moderns uttalanden om fattigdomen i Polen. "Vi är fattiga. Alla är fattiga här. Polen är ett fattigt land. Mor säger att man inte kan

---

[460] Grynberg, 73.
[461] Puterman, *Ett liv i glädje och tårar*, 125.
[462] Zaremba, *Huset med de två tornen*, 105.
[463] Grinzweig Jacobsson, *Flykten till Marstrand*, 25.

vara annat än fattig här. Jag har aldrig förstått vad hon menar."[464] Degenius beskriver även diskrepansen mellan verklighetsbeskrivningen hon får i skolan och hemmet. "Vi talar mycket om öst, Polen och väst. Hemma, i skolan och på första maj. I skolan och på första maj om att Polen är bättre än väst. Hemma tvärtom."[465]

Degenius resonerar kring om hon hatade Sovjet som barn. Hon utgår från att det rådde ett allmänt utbrett hat gentemot Sovjet:

> Jag minns inte vad jag tycker om Sovjet, om jag tycker något, jag kan inte minnas att jag hatar Sovjet, att jag känner hat, men det tror jag nog att jag gör, som alla andra, jag gör säkert som de, jag tror inte att jag förstår varför jag hatar, [...][466]

Samtidigt som Degenius mor föraktar det korrupta samhälle hon lever i är hon skicklig på att navigera i det. Hon ger strategiska presenter till människor med makt och lyckas skapa möjlighet till semester i Sovjetunionen. Fram till den antisemitiska kampanjen och sjukdomen lyckas modern upprätthålla en tämligen privilegierad tillvaro för sina barn. Kanske kan hennes sociala navigationskonst ytterligare spä på föraktet för den korruption hon tar sig fram igenom.

Den kanske yttersta symbolen för det kommunistiska Polen med sin byråkratiska maktutövning är stämpeln. "Det krävs flera stämplar för varje resa. Det krävs flera presenter för varje stämpel."[467]

> Mor har en plan. En räddningsplan som hon har satt i verket. Det ser jag på hennes bestämda steg när hon skyndar över gården på ännu en promenad. Det är mest stämpelpromenader nu. [...]
>
> Det kommer att bli många stämpelpromenader. En för varje stämpel. Ibland fler. Oftast fler. För en stämpel i taget varje gång.[468]

När Degenius återvänder till Polen i hennes skrivande och utforskande tidsskikt får hon åter höra ljudet av en stämpel som levandegör det förflutna. "Jag trodde att jag hade glömt, Jag har inte glömt. Det går inte att glömma ljudet av en stämpel. [...] Det är bara en särskild sorts stämplar som ger ifrån sig rätt stämpelljud. De polska gör det."[469]

—

464 Degenius, *Åka skridskor i Warszawa*, 33.
465 Degenius, 32.
466 Degenius, 62.
467 Degenius, 91.
468 Degenius, 119.
469 Degenius, 183.

Detta rätta stämpelljud inbjuder till frågan om vad som finns kvar från det kommunistiska Polen i dagens Polen. Det kopplar dåtid till nutid med en oro inför framtiden. I en annan passage knyts dåtid och nutid samman i ett polskt tjänstemannaansikte. "Ett polskt tjänstemannaansikte [...] Verkar inte ha förändrats sedan sist."[470] Ansiktena och stämplarna, vilken byråkratisk maktutövning har överlevt murens fall? Var går egentligen gränsen för det kommunistiska Polen? Tidigare tidsskikt aktiveras på detta vis i nuet.

Emilia Degenius visar på många olika sätt hur livet i Folkrepubliken Polen uppfattas från hennes perspektiv som barn samtidigt som den vuxna författarens distans och förmåga att sätta ord på situationen finns närvarande. Efter skolan sliter de av emblemet från skoluniformen. "Säga nej. För det är så lite man kan säga nej till här."[471] När Degenius reflekterar över skillnaden mellan hennes barndoms Polen och Sverige konstaterar hon: "Man ljuger om allt, svårt att föreställa sig i ett land som nästan aldrig behövt ljuga"[472].

Både Zaremba och Degenius bedriver arkivstudier i Polen för att utforska sina familjers liv, för att lära sig om sina döda föräldrar. När Degenius läser sin faders levnadsberättelse från 1952 finns ständigt en källkritisk aspekt med som försöker rekonstruera hur fadern anpassat sin levnadsberättelse för att behaga myndigheterna. Fadern uppger i levnadsberättelsen att han fick hemundervisning för att det inte fanns någon skola i hans hemstad men var det egentligen för att hans föräldrar vill ge honom en judisk fostran, undrar Degenius. Försöker han undanhålla det för myndigheterna?[473] Degenius får även i dokument följa sin faders kamp med myndigheterna för att få ersättning för hans advokatverksamhet som blivit avpolletterad. Det hela slutar med avslag ödesåret 1967. Fadern dör senare samma år.[474] Läsaren presenteras för tre betydelsebärande tidsskikt, längst bort finns faderns liv som beskrivs i levnadsberättelsen. Sedan finns tidsskiktet då fadern 1952 skriver om sitt liv. Det tredje tidsskiktet är när Degenius själv läser och resonerar kring levnadsberättelsen. Tillsammans illustrerar dessa tidsskikt omöjligheten i att nå det förflutna. Det politiska förtrycket ökar ytterligare behovet av att ljuga och anpassa sin redogörelse. Degenius kan enbart förhålla sig till lösare hypoteser om hur det var.

Zarembas mor har berättat för honom hur hon i vredesmod gått ut från ett förhör med partiet. Han tror inte på henne. Ingen vågar göra något sådant eftersom de inte skulle kunna komma undan med det. Men i arkivet visar det

---

[470] Degenius, 172.
[471] Degenius, 32.
[472] Degenius, 210.
[473] Degenius, 211.
[474] Degenius, 216f.

sig att hon talade sanning. Ett annat dokument får Zaremba att reflektera på följande sätt:

> Jag tackar ödet för att mamma aldrig hunnit gå i dessa arkiv. Vi hade få vänner, brukade hon säga, och nämnde ofta fru doktor F. Jag läser hennes angivelse. Det är inte politiskt. Doktor F känner sig motarbetad och åsidosatt av Bielawska. Som är självsvåldig, maktlysten och lögnaktig, en riktig häxa. *Många tycker så.* Hon har dåligt inflytande på sin man. Troligen vill hon själv bli chef för detta sanatorium. Så kunde doktor F förstås ha känt. Men nu säger hon detta i förhör, i nackskottens tid.[475]

Arkiven blir ytterligare en viktig förutsättning för dialogen om hur vi ska förstå det som hänt. Samtidigt som dokumenten kan rikta ett avslöjande ljus på livet i Folkrepubliken Polen är de också en del av regimens maktutövning. Utsagorna, redogörelserna, observationerna och vittnesmålen sker på regimens diskursiva villkor. Det är inte lätt för Degenius och Zaremba att förhålla sig till den förälder de möter i arkiven. Zaremba möter sig själv i arkivet som statslös och oönskad i Polen:

> Jag måste tacka den okända säkerhetspolis som slarvat bort ett telegram eller kanske lägger det åt sidan. Där står att 22-årige Maciej B, statslös och oönskad i Polen, av misstag beviljats visum för att begrava sin far. Ska gripas och föras till gränsen.[476]

Wiktor Raldow gestaltar det absurda i det kommunistiska Polen i följande passage:

> Livet med och under kommunismen är inte lätt att beskriva. Vi levde i alternativ frihet och omgavs av alternativa fakta och alternativa sanningar. Flertalet tjänade alternativa löner och var tvungna att arbeta på två eller tre ställen. Andra levde på mutor. På tåg, till exempel, kunde man köpa alternativa biljetter genom att ge halva priset i kontanter till konduktören. Marsupproret, som började 8 mars 1968 i Warszawa, handlade om viljan att leva värdigt.[477]

Marsupproret handlade alltså om att leva värdigt, menar Raldow. Jurek Golds föräldrar hade hoppats på att kunna leva på ett anständigt sätt. Tiden hade visat att anständighet och värdighet var svår att bevara i detta samhälle. Denna verklighet var en normalitet för dem när de växte upp, men i citatet ovan visar

---

475 Zaremba, *Huset med de två tornen*, 261.
476 Zaremba, 263.
477 Wiktor Raldow, 3.

Raldow på en historisk distans. Han talar om alternativ frihet, alternativa fakta, sanningar, löner och tågbiljetter vilket knyter an till en diskussion om alternativa fakta i hans skrivande tidsskikt på 2000-talet. Läsaren kan få en historiskt orienterande förståelse om att dessa samtida fenomen har en lång historia.

Ella skriver explicit om hur hon i skrivande stund inte kan förstå sin ungdoms politiska preferenser. Det har kommit för mycket mellan de två tidsskikten. "Patrice Lumumba och Fidel Castro blev, av någon för mig idag konstig anledning för en kort tid, mina politiska idoler."[478] Samtidigt går det att skönja en kontinuitet i hennes samhällsengagemang genom hela levnadsberättelsen. Till och med från skildringen av hennes föräldrar och deras engagemang.

Jurek Gold som beskriver sina 20 år i Polen som en lycklig tid bibehåller en positiv stämning genom hela sin levnadsberättelse vilket ständigt väger upp de problem som omgivningen skapar åt honom. Ett exempel är hans majoritetspolska vänner som stöttade honom under den antisemitiska kampanjen. Förtrycket framstår som mindre allomfattande, de nådde inte in i det innersta på alla, Jureks vänner kunde bevara sin mänsklighet fullt ut:

> Vi hade en grupp polska vänner som gjorde mycket för att stödja oss och försöka hålla oss på gott humör. De brukade komma till oss två, tre gånger per vecka, sitta, dricka och prata, visa oss den ljusa framtid som förhoppningsvis väntar oss i Sverige, och framförallt brist på den om vi skulle stanna kvar. Jag är tacksam till de än idag.[479]

Ingen av levnadsberättelserna är skrivna av människor som erfarit något polskt samhälle före kriget. I biografierna gestaltas detta samhälle mer utförligt genom Hilary Sarneckis, Adam Brombergs och Zalma Putermans erfarenheter och även via Maciej Zarembas rekonstruktion av sina föräldrars värld. Detta Polen före kriget kan betraktas i ett nostalgiskt skimmer men den förhärskande antisemitismen fördunklar lätt detta skimmer. Det var sant att Folkrepubliken Polen hade tagit bort antisemitisk lagstiftning som tidigare hade begränsat judars möjlighet att studera och verka i samhället. I kombination med att en övervägande majoritet av de polskjudiska Förintelseöverlevande hade överlevt i Sovjetunionen var det inte helt orimligt att en del polska judar satte sin tilltro till detta nya samhällssystem. Men i en sammantagen tolkning av de historiska erfarenheter som uttrycks i biografier, levnadsberättelser och dialoger framstår Folkrepubliken Polen som ett förtryckande samhälle, inte med samma kraft

---

[478] Ella, 6.
[479] Jurek Gold, 2

som i narrativet om brott mot mänskligheten under kommunistiska regimer men ändå tydligt.

Det finns flera betydelsefulla drag av livet i Folkrepubliken Polen som inte tar någon större plats i levnadsberättelserna eller biografierna. Till exempel ungdomskultur, jazz, popmusik, fester, hobby, skapande, idrott och kärlek etcetera. Min övertygelse är att dessa saker mycket väl kan ha varit av central betydelse för dem men att de inte kom att tänka på dem när de formulerat sina historiska erfarenheter. Det intresse som jag uttryckt och det intresse som omgivningen visat för deras erfarenheter har handlat om saker som politisk historia, kriget, Förintelsen, antisemitism, kommunism, judiskt liv etcetera. När jag i en dialog ställde frågan om vad de hade med sig från livet i Folkrepubliken Polen, vad de ville rikta ljuset mot, svarade Artur Halmin med ett leende:

> Artur: Första förälskelsen. Tonårstiden och studenten. Basen i hela vårt liv, kanske.
>
> Martin: Du ler när du nämner de här sakerna. Får du en glad känsla när du tänker på det?
>
> Artur: Mycket, mycket. Det kan inte va annat.[480]

Men sedan blev det inte mycket mer sagt om glada minnen av förälskelse och studenten etcetera. Delvis beroende på mina frågor, delvis på grund av situationens historiekulturella inramning.

Det judiska livet i folkrepubliken Polen

Judiskt liv i Folkrepubliken Polen är ett tämligen perifert tema i det övergripande dissidentnarrativet. Den antisemitiska kampanjen blir något som beskriver en förtryckande regim, inte den polska antisemitismen. Eftersom dissidentnarrativet fokuserar på regimen och dess motståndare spelar inte specifikt judiska aspekter någon betydande roll. Bland de svenskpolskjudiska historiska erfarenheter som analyseras här spelar dock det judiska livet i Folkrepubliken Polen en central roll.

Vi möter en rad olika judiska inslag i de erfarenheter från Folkrepubliken Polen som kommuniceras i levnadsberättelser och biografier, trots att de generellt var en sekulär grupp med en stark polsk identitet. Det judiska kommer antagligen fram tydligare med tanke på vad som hände i den antisemitiska

---

kampanjen och att de blev tvingade av omgivningen att omorientera sin identitet vid det som flera upplevde som en fördrivning. Sociologen Julian Ilicki, som har studerat identitetsförändringar bland de yngre, det vill säga efterkrigsgenerationen, inom denna migration kommer fram till det centrala resultatet att de fått en stärkt judisk identitet sedan den antisemitiska kampanjen och migrationen.[481] Det som fanns av judiska inslag i uppväxten kunde bli de viktigaste byggstenarna i en ny identitet när man tvingats avsäga sig sitt polska medborgarskap. Det kan alltså vara ett intresse för det judiska i ett senare tidsskikt som ställer det judiska i centrum av erfarenheterna från Folkrepubliken Polen. Det judiska hamnar förstås också i centrum på grund av mina frågor.

De människor vi möter i biografierna och levnadsberättelserna är till stor del assimilerade judar, men som Grinzweig Jacobsson påpekar hade en del ett aktivt kulturellt judiskt liv.[482] Några, som exempelvis Maciej Zaremba, kände inte till sina judiska rötter. Andra var på det klara med familjens judiska ursprung men var fullkomligt assimilerade polacker med en helt igenom polsk identitet. Richard Lerner uttrycker det som att det judiska var djupt nedgrävt.

> I mitt hem pratades det inte om det judiska. Både mina och Piotrs föräldrar bytte till polskt klingande efternamn. Vi hette Lechowicz. Mina farföräldrar hette dock fortfarande Lichtson. Ingen av mina föräldrar kunde jiddisch. Vi upprätthöll inga judiska traditioner hemma. Vi firade jul, men inte påsk. Medvetande om att vi var annorlunda än andra fanns någonstans men det var djupt nedgrävt.[483]

På något sätt antyder denna nedgrävda judiskhet att det trots allt finns en möjlighet att gräva upp den. Ella beskriver hur det fanns spår av judiska traditioner i hemmet som aldrig förklarades då Förintelsetraumat var dominerande.

> Hemma firades inte speciellt några högtider överhuvudtaget, Förintelsetrauman tog över. Min mamma tände dock alltid två ljus på fredagskvällen och det serverades obligatorisk hönssoppa på lördagar; men hon förklarade aldrig varför.[484]

Mycket av det som tas upp i biografierna och levnadsberättelserna om livet i Folkrepubliken Polen handlar om att vara jude i detta samhälle. Även om de flesta inte var religiösa, och hade en stark polsk identitet, får det judiska en stark betydelse genom hela livet i Folkrepubliken Polen.

---

[481] Ilicki, *Den föränderliga identiteten.*
[482] Grinzweig Jacobsson, *Flykten till Marstrand*, 15.
[483] Richard Lerner, 2.
[484] Ella, 4.

Stefan Zylberstein beskriver familjens engagemang i den judiska föreningen TSKZ som många har erfarenhet av.

> Vi var medlemmar i ortens **TSKZ**, dvs det Judiska Kulturella och Sociala Sällskapet. Formellt helt oreligiös, men det var ju TSKZ som samlade de judar som ändå fanns och bodde kvar…
>
> Idag är det en del som rynkar på näsan om TSKZ; de menar att detta var en kollaboratör organisation, en organisation för de helt assimilerade. "Äkta" judar höll sig för goda att vara där, eller åtminstone hade de dubbla medlemskap. De organiserade sig i rent judiska församlingar och synagogor. Så kunde det kanske vara på stora orter med många judar, där det FANNS valmöjligheter. Vi på vår mindre ort, ville vi vara lojala mot våra judiska rötter, då var man med i TSKZ, annars blev man helt utanför det judiska.[485]

Zylberstein förhåller sig till tolkningar av TSKZ från ett senare tidsskikt och han vill försvara detta judiska föreningsliv på en mindre ort mot nedlåtande uttalanden.[486] Precis som i synen på faderns partiverksamhet vill han motverka ett enahanda fördömande av människorna i Folkrepubliken Polen som försökte navigera inom detta samhälle. Även om sådana beskrivningar inte går i direkt opposition mot de tongivande narrativen som fokuserar på kommunistiskt förtryck så nyanserar de bilden. De visar på etisk komplexitet i människors handlingar, samtidigt som utrymmet för judiskt liv i den kommunistiska Folkrepubliken Polen synliggörs och problematiseras.

Sofia Hollenberg beskriver på ett typiskt sätt hur hon kom från sekulärt hem. Hon besökte aldrig någon synagoga, firade inte judiska högtider etcetera, en gång hade hon varit på ett läger arrangerat av TSKZ, men hon uppfattade inte det som något judiskt.[487] Luisa Simberg beskriver sitt deltagande i TSKZ på ett positivt sätt med särskild betoning på den fina lokalen som samlade judarna i Czestochowa.[488]

Raldow beskriver tydligt de judiska inslagen i uppväxtmiljön. Med några effektfulla exempel fångar han den beredskap som skapats av familjens historiska erfarenheter av att vara jude i Polen:

---

[485] Stefan Zylberstein, 16.

[486] Ett tydligt exempel på en kritisk skildring av TSKZ som en del av regimen finns i en artikel av Jackie Jakubowski i *Judisk krönika* från 1985. Jakubowski, "Vi i Polen har både en jiddischteater och kosherrestauranger. Det är mer än vad ni i Sverige har!"

[487] Intervju Sofia Hollenberg och Jerry Hollenberg 07:57–08:23.

[488] Luisa Simberg.

> Jag visste att jag var jude från en tidig ålder. Familjen var assimilerad med julgran och julklappar, dock med matsebröd för Pesach, gehackte och gefilte till Rosh Hashana, och tänd lampa, både dag och natt, på Jom Kippur. Vi var polacker, dock sådana som enligt mina föräldrar bara skulle studera tekniska ämnen eller medicin, vilket kunde tänkas ge försörjning var som helst i världen. Vi tog privatlektioner i språk och undvek investeringar i nya möbler för man kunde ju aldrig veta. Ganska tidigt förlorade jag också mina bästa lekkamrater - Marek försvann till Sverige och Basia till Israel 1957.[489]

Det finns levnadsberättelser som beskriver en uppväxt i en påtagligt judisk miljö med tydliga religiösa och traditionella inslag. Leona Leah Rapoport kom från ett ortodoxt hem som höll kosher.[490] Det finns fler exempel på tydligt judiska miljöer utan tydliga religiösa inslag. Henryk Rozenberg växte upp i ett strikt ateistiskt hem som blandade polska och jiddisch, han gick även i judisk skola.[491] Leo Kantor växte upp i den judiska miljö som skapats i de före detta tyska områdena dit många judar hade flyttat när de inte kunde återvända till sina tidigare hemorter i Polen från tiden före andra världskriget. Graden av judiskt liv i Kantors uppväxtmiljö utmärker sig bland levnadsberättelserna. Till exempel startade hans far ett bönehus med matzabageri.[492] Han arbetade även på kollo och sommarläger för judiska ungdomar och barn.[493]

Katolska kyrkan var tillåten att bedriva sin verksamhet i det kommunistiska Polen och var då, som både tidigare och senare, starkt sammankopplad med den polska nationen.[494] När religionsundervisningen infördes på 1950-talet blev det tydligt för Aleksander Ratz att han skiljde sig från de flesta av sina klasskamrater:

> Jag gick i en skola utan religionsundervisning och när den infördes (1956?) i skolorna var det en nunna som undervisade. Hon talade om för mig -inför hela klassen- att jag inte fick vara med. Vi var 3 eller 4 judiska barn. Mina föräldrar var varken troende eller praktiserande judar.
>
> Att jag hade en faster som emigrerade från Polen till Israel 1946 samt att jag hade släktningar i Kanada och Australien fick jag veta långt senare.[495]

---

489 Wiktor Raldow, 2.
490 Leona Leah Rapoport, 1.
491 Intervju Anna Krieger, Henryk Rozenberg och Adam Kowalski, 00:15:27–00:17:20.
492 Leo Kantor, 4.
493 Leo Kantor, 6.
494 Se till exempel Zubrzycki, *The Crosses of Auschwitz*, 34–76.
495 Aleksander Ratz, 3.

Det verkar som att det var främst i de polskjudiska hemmen som den ateistiska statsreligionen hade omfamnats till den grad att religiösa högtider inte längre firades. Bronia Sokolow skriver: "Av princip firade mina föräldrar inga högtider, inte ens födelsedagar."[496] Wiktor Raldow skriver på ett liknande sätt:

> Familjen levde ett ganska traditionsfattigt liv. De polsk-katolska traditionerna var främmande för mina föräldrar, de judiska kändes malplacerade eller till och med lite farliga. Men vi tyckte om att spela kort, från enkla till mer avancerade spel. Far spelade även tävlingsbridge.[497]

Detta påpekande om bridgespel kan verka trivialt men bridge återkommer i många återgivna erfarenheter. I en dialog uppfattade jag en beundran i rösten när Artur Halmin berättade om framstående bridgespelare han spelat med. Bridge framstår som ett nöje med ett intellektuellt skimmer runt sig, en tradition för en sekulär intellektuell polsk judenhet. Bridgespelandet gjorde att Artur Halmin sökte sig till judiska församlingen i Göteborg.[498]

Det judiska livet i Folkrepubliken Polen gestaltas alltså på många olika sätt, men generellt finns det judiska kvar mest som spår av den tidigare så omfattande polskjudiska kulturen. Det finns även en rörelse bort från landet i samband med tidigare migrationsvågor, kopplat till Kielce eller avstaliniseringen på 1950-talet. De polska judar som var kvar 1967 hade valt att stanna i Polen trots flera migrationsvågor. De judiska inslagen verkar också alltmer har tagit sig in i den privata sfären för att vara osynliga i offentligheten. Om det fanns en tydlig judisk identitet och tradition i hemmet så kunde det kontrasteras mot en tillvaro helt utan judiska inslag utanför hemmet. Judiskheten hade i många fall blivit hemlig. Jag vill återvända till inledningen på Regina Feierbergs koncisa levnadsberättelse:

> Jag heter Regina Feierberg är född 1946 i Zdunska Wola som enda barnet till Chaja och Ajzyk Celnik, bägge överlevande från getton i Lodz och Warszawa samt koncentrationsläger Ravensbruck och Auschwitz. Jag växte upp med stark judisk identitet, dvs ett liv hemma och ett annat liv utanför. Mina föräldrar pratade jiddisch med varandra och med sina vänner, ofta om upplevelser under kriget.[499]

---

496 Bronia Sokolow, 4.
497 Wiktor Raldow, 3.
498 Intervju Aleksander Ratz, Tola Ratz, Wanda Sikorska, Joanna Rose, Artur Halmin, och Bronisław. 02:14:08-02:15:30.
499 Regina Feierberg, 1.

Den judiska identiteten innebär enligt Feierberg att hon var tvungen att leva på olika sätt hemma och utanför hemmet. Det judiska verkade inte kunna ta plats där ute. Även Wiktor Raldow beskriver skillnaden på ett judiskt hem och ett icke-judiskt liv utanför hemmet:

> De kamrater jag träffade utanför skolan var oftare polacker än judar, och det tog mig ganska lång tid innan jag insåg att det fanns vissa skillnader mellan de två grupperna, beroende på uppfostran och föräldrarnas erfarenheter. Det tog ytterligare några årtionden innan jag förstod att den historia som jag läst i skolan var polsk, och att min egen var annorlunda och parallell, judisk.[500]

Det existerade alltså två separata historier, en judisk och en polsk. Det bör även tilläggas att det fanns en spänning mellan en officiell sovjetvänlig polsk historia och en privat mer polsk oppositionell historia.[501] Raldow reflekterar över den tid det tog att förstå dessa parallella historier, historisk distans bidrog till att erfarenheten skulle utkristalliseras.

Det finns många historiska erfarenheter som denna svenskpolskjudiska grupp bär på utan att de kommit fram i min insamling. De som har deltagit har till stor del kommit från en välutbildad medelklass. De har i många fall ett socialt kapital i form av utbildning och andra kunskaper som visar historien från ett visst perspektiv. Joanna Rose beskriver sin barndom som lycklig och priviligierad samtidigt som hon reflekterar över hur andra kan ha sett henne, något hon aldrig funderade på som barn:

> Vi var judar och vi var också från den här priviligierade klassen och tillsammans kan det inte ha varit särskilt gynnsamma blickar vi fick. Men jag var otroligt otroligt omedveten om det. Jag måste säga att jag skäms för det.[502]

Flera tidsskikt samspelar i hennes historiska orientering som lyfter fram judiska aspekter som inte var tydliga för henne då. Hennes föräldrar bar med sig Förintelsetraumat som hon sedan fått inblick i efter att ha läst hennes mammas biografi som vuxen. Föräldrarna skyddade barnen och hon kunde växa upp utan att internalisera omgivningens blick på sig som den signifikanta Andra. Efter den antisemitiska kampanjen, efter att ha läst sin mors biografi som vuxen och med mer livserfarenhet skäms hon över att hon inte kunde förstå hur hon

---

[500] Wiktor Raldow, 2.

[501] För en utförlig studie av nationalism och histoirebruk i Fokrepubliken Polen se: Zaremba, *Communism – legitimacy – nationalism*.

[502] Intervju Aleksander Ratz, Tola Ratz, Wanda Sikorska, Joanna Rose, Artur Halmin, och Bronisław 00:56:01-00:55:25.

uppfattades utifrån. Hennes judiska gemenskap var inte tydlig för henne själv, men omgivningens blickar kunde urskilja denna priviligierade grupp som judisk, reflekterar den äldre Rose.

Efter kriget

Perioden efter andra världskriget har en starkt orienterande funktion i den svenskpolskjudiska gruppens historiska erfarenheter. Det finns en rad skildringar om denna period och allt våld och all antisemitism som drabbade återvändande polska judar. Stefan Zylberstein beskriver det på följande sätt:

> De fick besked att de var ju fria polska medborgare, så de kunde stiga av tåget när som längs vägen.
>
> MEN. Det har redan visat sig att livet som jude i Polen inte var problemfritt. Det HAR redan förekommit konflikter och pogromförsök mot överlevande judar.
>
> Några eftersom de var just judar. I några fall eftersom deras fd egendomar, typ lägenhet eller verkstad, var redan tagna av polacker, som givetvis inte hade lust att återlämna sin fångst. Andra eftersom de kom ifrån det inre av Sovjet, ofta blandäktenskap med ryskor… Och därmed antogs de vara sovjetvänliga. Inte så populärt i många kretsar.
>
> MEN. Myndigheternas och transportledningens rekommendation och förslag var att judarna från transporten skulle fortsätta sin resa och bosätta sig i de nya polska områdena i väst. Tex Nedre Schlesien [Dolny Slask], som hittills varit tyska.[503]

Maria Rotstein föddes 1926, överlevde Förintelsen i Sovjetunionen och återvände till Polen efter kriget. Hon beskriver ankomsten till Polen på följande sätt:

> Redan vid första tågstationen efter den rysk-polska gränsen möttes vi av flera utrop "Judar till Palestina", "Det finns ingen plats för Judar i Polen" och liknande, detta fortsatte vid några stationer till, tills tåget stannade i Warszawa Glowna, centralstationen i Warszawa. Upplevelserna under denna tågresa blev för mig den andra, tyvärr inte den sista, chocken i mitt, inte dåtills korta liv.[504]

---

[503] Stefan Zylberstein, 11. Se även en liknande beskrivning: Aleksander Reich, 3.

[504] Maria Rotstein, 3. För liknande exempel på det som hotade återvändande polska judar efter kriget se: Luisa Simberg, Aleksander Reich 2.

Hon delar denna erfarenhet med många andra och en stor del av de återvändande polska judarna inser att de inte kan återvända till sina forna hemorter. En stor andel migrerar då till andra länder, som USA eller Israel, och en del bosätter sig i de före detta tyska områden som blivit polska i och med att landets gränser förskjutits västerut i samband med freden.[505] Leo Kantor växte upp i ett sådant område och berättar om en miljö med ett tämligen omfattande judiskt liv. En tysk kvinna hade blivit kvar och Kantors skildring av henne i denna specifika miljö fångar mycket av hur hela tillvaron var formad av kriget:

> Det fanns en tyska som inte lämnade Strzegom. Lusia Videra och hennes två små döttrar stannade kvar i den lilla staden eftersom deras mor inte kunde förmå sig att packa. Lusia Videra blev tokig av sorg då hon fick veta att hennes man som var tysk soldat, dödats någonstans i Ryssland i närheten av Stalingrad. Hon förlorade talförmågan, svårt stammande fick hon klara livhanken genom att städa och skura golv i polska och judiska hem, hos folk som det gått lite bättre för i livet. Året om, även på somrarna, gick hon omkring i en varmt fodrad svart kappa med pälskrage av räv. Hon skurade golv i högklackade skor och målade alltid läpparna med rött läppstift. Hennes döttrar var i vår ålder, sex och sju år gamla, och hängde alltid efter sin mamma, de vågade inte komma nära oss utan stod blyga och sorgsna och såg hur roligt vi andra, de polska och judiska barnen, hade det. Judarna kysste oss, klappade oss på huvudet, gav oss karameller och utbrast: "Oj, vilka barn som klarat sig trots kriget." Och runt omkring oss tornade grushögarna efter de raserade, en gång så vackra stenhusen upp sig. Staden förstördes till cirka sjuttio procent. Vi drog fram rostiga gevär ur husspillrorna och lekte krig för det mesta. Tyskarna skulle attackera och vi skjuta på dem med de där rostiga gevären som en gång hade dödat människor. Strzegom hade vid två tillfällen övergått från att vara i tyskarnas händer till att falla i ryssarnas, för det fanns en vapenfabrik i skogen inte långt därifrån och Hitler hade sitt sommarresidens där.[506]

När Bronia Sokolow, född 1946, beskriver sin barndom i Folkrepubliken Polen utgör kriget på liknande sätt en tydlig bakgrundsfond. Hon skriver:

> Mina föräldrar jobbade väldigt mycket och jag liksom min bror var ganska utlämnade åt oss själva. Vi lekte mycket ute, var väldigt fria, de vuxnas värld kändes långt borta. En lek som jag väl kommer ihåg var krigsleken. Man gör en rund ring på marken med en kniv som man ritar upp tårtbitar i ringen. Sedan kastar man kniven mot ringen och där den fastnar, där får man skära ur en jordbit och utöka på så vis sin egen jordbit. Den som har störst jordhög vinner.

---

[505] Polonsky, *The Jews in Poland and Russia*, 603–10; Engel, "Patterns of Anti-Jewish Violence in Poland, 1944–1946"; Tych och Adamczyk-Garbowska, *Jewish Presence in Absence*.
[506] Leo Kantor, 2f.

> Kanske lite brutal lek, kniven måste fastna med spetsen i marken. Ibland fastnade kniven på någons fot. Okej, det var ju ganska direkt efter kriget.[507]

Samtidigt talade inte hennes föräldrar med henne om deras erfarenheter från kriget, men hon minns deras tacksamhet gentemot Sovjetunionen där de hade blivit mottagna och överlevt.[508] Denna tacksamhet nämns av flera. Zalma Puterman beskriver sin tacksamhet gentemot Sovjet för att hans familj kunde ta sin tillflykt dit på följande sätt:

> Detta gjorde att vi undvek eller nästan undvek all kritik av det negativa som ägde rum i det totalitära Sovjetunionen. Det behövdes åratal av individuell och kollektiv negativ erfarenhet för att bli av med denna tacksamhetskänsla.[509]

Den tacksamhetskänslan krockar med narrativet om brott mot mänskligheten under kommunistiska regimer och dissidentnarrativet. Men efter år av andra erfarenheter upplöses för Puterman den positiva synen på Sovjet. Sofia Hollenbergs far fortsatte att ringa sina bröder och ta ett glas för fred och befrielse varje år 7 november, den ryska revolutionens dag. " Vi frågade: Pappa, vad är det du dricker? Vad är det du firar? Dom har räddat vårt liv."[510] Wanda Sikorska förklarar i en dialog att hennes vänsterradikala föräldrar var desillusionerande angående systemet i Sovjet men att de tänkte sig kunna skapa en bättre kommunism i Polen som kunde lära sig av misstagen.[511]

Kriget och Förintelsen var den avgörande brytpunkten, det historiska skeende som kunde förklara allt men som ändå många talade väldigt lite med sina barn om. Freden 1945 blir till en slags nollpunkt i deras erfarenhetskronologi, ett tomt blad att antingen samla ihop några spillror på eller att skapa ett helt nytt liv.

Pogromen i Kielce nämns vid flera tillfällen i biografierna som ett exempel på att det efterkrigstida Polen inte kunde garantera judarnas säkerhet. Till och med folkmilisen, motsvarigheten till polisen, och militären deltog i mördandet av 42 judar den 4 juli 1946.[512] Det var på inget sätt en isolerad händelse. Liknande händelser skedde på många olika platser om än i mindre skala, till exempel i så kallade tågpogromer då återvändande polska judar kastades av tåg. Pogromen i

---

[507] Bronia Sokolw, 2

[508] Bronia Sokolow, 5.

[509] Puterman, *Ett liv i glädje och tårar*, 47.

[510] Intervju Sofia Hollenberg och Jerry Hollenberg, 40:25–40:32.

[511] Intervju Aleksander Ratz, Tola Ratz, Wanda Sikorska, Joanna Rose, Artur Halmin, och Bronisław. 00:53:25–00:54:09.

[512] För aktuell forskning om pogromen i Kielce se Dulewicz och Tokarska-Bakir, '"An Unfinished Story"; Bohus, "Julia Pirotte and the Documentation of the Kilece Pogrom".

Kielce blir ett orienterande begrepp för att tala om hela denna större historiska situation som de överlevande polska judarna hade att hantera efter kriget.[513]

Zaremba sätter moderns överlevnadsstrategier i relation till Kielce:

> Det måste varit för vår skull. Det är bara Oskar som vet Lilas hemlighet. Det står förvisso 'romersk katolik' i hennes papper, men hon har ingen dopattest. Judar flyr från Polen. Paniken börjar 1946 efter en pogrom i Kielce där en pöbel understödd av folkmilisen slår ihjäl 37 överlevande från dödslägren. Tror hon att en katolsk vigsel skulle sopa igen de sista spåren? Göra hennes barn till äkt-polacker? Jag kan inte komma på annat motiv än flykten från det judiska, som för henne är en flykt för livet. Fem år är lång tid för att inse att tar du inte alla chanser går du under.[514]

Włodek i *Flykten till Marstrand* undkommer de skrämmande insikter som Kielce kan leda till för de som är gamla nog att förstå. "När Kielce hände var jag bara en pojke, jag förstod inte vad det var frågan om. Så jag kände att i Polen hade jag trots allt haft det bra."[515] Medan han var för liten för att förstå, läser en annan av de som intervjuas i boken, Nadja, om Förintelsen och Kielce. Nadja var bestämd över att flytta till Israel.[516] Men samtidigt som pogromen i Kielce och många andra mindre kända händelser av liknande slag inträffade finns det andra utvecklingar som ger hopp till återvändande polska judar. Zalma Puter-man vill peka på den i historieskrivningen försummade rollen som de judiska organisationernas kooperativa verksamhet i Polen spelade efter kriget.[517] Flera andra beskriver deras föräldrars engagemang i att bygga ett socialistiskt sam-hälle som skulle besegra antisemitismen såväl som alla andra förtryck.

När människorna i biografierna, levnadsberättelserna och dialogerna ska formulera sig har de flera facit på hand, vilket lägger ett sorligt raster över livet i det kommunistiska Polen, kanske i synnerhet under den tidiga perioden när många fortfarande hoppades. Dorotea Bromberg skriver: "Efter kriget deltog min far entusiastiskt i det nya Polens återuppbyggnad som, trodde han, aldrig mer skulle tillåta förföljelse och diskriminering."[518] Trots att han berättar om faderns entusiasm framträder den tragiska ramen genom ett inflikande av "trodde han".

---

[513] Se till exempel: Michlic, "The Holocaust and Its Aftermath as Perceived in Poland: Voices of Polish Intellectuals, 1945–1947".

[514] Zaremba, *Huset med de två tornen*, 252.

[515] Grinzweig Jacobsson, *Flykten till Marstrand*, 78.

[516] Grinzweig Jacobsson, 29.

[517] Puterman, *Ett liv i glädje och tårar*, 111.

[518] Bromberg, "Kvinnodagen som fick marken att rämna", 49.

Wiktor Raldow skriver: "Familjen fick då och då tillskott genom paket från min morbror som hade flytt från Polen efter pogromen i Kielce och hade tagit sig till Stockholm."[519] Denna mening är betydelsebärande dels genom att den visar på kontakt med släkt utanför Polen, dels för att pogromen i Kielce nämns, vilket markerar det manifesta hot som antisemitismen utgjorde. Kielce återkommer frekvent. Leo Kantor skriver på följande sätt:

> Efter pogromen i Kielce då 42 judar dödades och den i Kraków då man dödade fem samt brände ner synagogan, dödades många judar även i andra städer. En mängd familjer började packa ihop sina saker för att lämna Polen. En dag år 1947 erhöll min far ett pass för att kunna emigrera till Israel. Mamma började gråta när hon insåg att hon aldrig mer skulle få träffa sin mor och sina två bröder i Charków som båda hade överlevt kriget. Min far lämnade tillbaka passet.[520]

Kielce som historisk erfarenhet aktiverar frågan om huruvida judiskt liv är möjligt i Polen. Att minnas Kielce och liknande händelser blir avgörande för att förstå sin historia. När det upplevs att det finns en ovilja i Polen att behandla denna svåra historia gör det att relationen till Polen blir sämre. Kielce utmanar dissidentnarrativet genom att sätta polsk antisemitism i centrum. Det är inom majoritetsbefolkningen som det främsta hotet existerar.

Generationella skillnader

Skillnaderna och spänningarna mellan generationer är minst lika centrala här som i tidigare perioder av erfarenhetskronologin. Den yngre generationen revolterade mot den regim som de äldre bar upp. För de äldre samspelade den antisemitiska kampanjen med deras erfarenheter från Förintelsen. Flera av biografiernas huvudpersoner var Förintelseöverlevande: Adam Bromberg, Hilary Sarnecki, Zalma Puterman samt Maciej Zarembas mor Lila. I levnadsberättelserna var endast Maria Rotstein gammal nog att minnas andra världskriget och Förintelsen, och i dialogerna finns det ett antal som föddes under eller strax före kriget. För den andra generationen handlar Förintelsen om att ärva föräldrarnas erfarenheter och tolka dem inom ramen för de historiekulturer som omger dem. Den antisemitiska kampanjen och migrationen är dock deras egenupplevda erfarenhet.

Luisa Simberg beskriver de olika synsätten på migration mellan henne och hennes föräldrar i sin levnadsberättelse:

---

[519] Wiktor Raldow, 2.
[520] Leo Kantor, 3f.

> Livet i Czestochowa var inte något alternativ för mig. Mina föräldrar var rädda för att emigrera. Holocaust, åren i Sibirien, nya språk och omstart igen var för mycket för mina föräldrar. Jag var övertygad att judar i Polen inte hade någon framtid.[521]

Föräldrarnas erfarenheter och ålder höll dem kvar medan barnen kände en större övertygelse att emigrera. För de som var födda före kriget blir den antisemitiska kampanjen ännu ett utbrott av den välbekanta antisemitismen, i en mindre våldsam version denna gång, men med en konsekvent fördrivande effekt. För Zaremba blir den antisemitiska kampanjen en identitetsmässigt omvälvande process som han huvudsakligen beskriver på ett positivt sätt. Den skräck som den aktualiserar hos hans mor har hon skyddat honom från. "Och när kamrat Gomułka släpper loss demonerna ser han inte det hon ser. Han vet inte vad de redan gjort med henne. Hon vill inte att han ska veta."[522]

Fram till den antisemitiska kampanjen hade flera av familjerna från biografierna och levnadsberättelserna anammat strategin att tona ned det judiska för att skydda barnen. Den antisemitiska kampanjen visade att denna strategi inte fungerade. Att det judiska var i stort sett förvunnet från familjens liv skyddade inte alls mot den antisemitiska kampanjen. Anna uttrycker en saknad efter judisk tillhörighet under sin barndom. Hon skriver:

> Att vi var judar var "en icke-fråga" i min familj tills den antisemitiska kampanjen tog fart och samtalen hemma började präglas av rädslan och utsatthet. Jag hade önskat att mina föräldrar på något sätt kunde förmedla vår judiska tillhörighet, i stället för att "skydda mig" genom att tiga och undvika.[523]

I ljuset av en senare utvecklad judisk identitet i migrationsgruppen generellt och den nedtonande strategins misslyckande, kan det från dagens tidsskikt framstå som en irrationell och olycklig strategi. Men det går att betrakta den som rationell utifrån föräldrarnas horisont under efterkrigstiden. Väldigt få av de så att säga judiska judarna hade överlevt medan de sekulariserade, ackulturerade eller assimilerade utgjorde majoriteten av de överlevande.

De yngre hade inte hunnit etablera sig i det polska partisamhället på samma sätt som Adam Bromberg eller Hilary Sarnecki, som hade uppburit betydelsefulla positioner. Bromberg och Sarnecki anklagades för att ha missbrukat sina positioner och blev utsatta för olika former av processer. Föräldragenerationen representerade etablissemanget. Många hade varit engagerade i att bygga upp

—
[521] Luisa Simberg, 15.
[522] Zaremba, *Huset med de två tornen*, 272.
[523] Anna, 1.

det samhälle som nu vände sig mot dem. De yngre kunde generellt lättare ge sig hän åt en regimkritik och visa den mer öppet. Det går att i viss mån se den regimkritiska rörelsen mot det politiska etablissemanget som en kamp mellan generationer. Det är en transnationell generationskonflikt som förknippas med det kanoniserade året 1968. Efterkrigstidens babyboom hade växt upp till en radikal generation som vände sig mot deras föräldrageneration, som på olika sätt i olika länder orienterade sitt liv efter de historiska erfarenheterna från andra världskriget.[524]

Generationsaspekten går rakt igenom samtliga teman som jag behandlar här. Biografier, levnadsberättelser och dialoger uttrycker hur föräldragenerationen ofta tog den antisemitiska kampanjen väldigt hårt. De förlorade hoppet om ett samhälle de hade valt att försöka leva vidare i när andra hade lämnat Polen. De hade redan gett landet en större del av sitt liv. Bronia Sokolow skriver: "Pappa sa 'De förrådde oss'. Han fick ett psykiskt sammanbrott, han bröt ihop totalt och hamnade på sjukhus."[525] Det finns fler liknande exempel på föräldrar som bryter samman, blir sjuka och till med dör av händelserna under den antisemitiska kampanjen. I biografierna såg vi det hos Emilia Degenius där båda föräldrarna dog. Leona Leah Rapoport skriver: "Min mamma var i så dåligt skick efter allt som hon fick gå igenom att hon avled efter två dagar i Sverige, 58 år gammal. Det kan jag aldrig förlåta polackerna för!"[526] Här riktas skulden mot polackerna för det inträffade och inte enbart de styrande som en nationell skuld för Polen att hantera.

Osęka har i artikeln "Dissidents and Police: The Polish March 1968 and a Tale of Two Generations" utgått från generationsaspekten i sin analys av mars 1968, det vill säga av den antisemitiska kampanjen och de regimkritiska protesterna. Den yngre generationen som demonstrerade krävde en reformering av systemet och att Polen skulle leva upp de till de demokratiska fri- och rättigheter som konstitutionen utlovade. Denna grupp var huvudsakligen född under 1940-talet och var uppväxta i Folkrepubliken Polen, deras retorik och symboler var socialistiska vilket de delade med många revolterande generationskamrater i andra länder. Den äldre generation som Osęka beskriver var födda kring 1930. Det rör sig alltså inte om den äldre generation polskjudiska kommunister födda kring 1910, som Schatz beskriver, det vill säga den grupp som kan beskrivas som

---

[524] I antologin *Unsettled 1968 in the Troubled Present* ges en bred analys av 1968 med fokus på utvecklingen i östblocket. Konarzewska, Nakai, och Przeperski, *Unsettled 1968 in the Troubled Present: Revisiting the 50 years of Discussions from East and Central Europe.* För svenska exempel se: Östberg, *1968 när allting var i rörelse*; Lundberg, *Sextioåttor.*
[525] Bronia Sokolow, 5.
[526] Leona Leah Rapoport, 2.

den revolterande generationens föräldrar. Osęka beskriver i stället en majoritetspolsk generation *apparatchiks* som förespråkade en nationalistisk kommunism och avfärdade ungdomsrevolten som en sionistisk konspiration. Själva kunskapsintresset i artikeln, att ställa dissidenter och regimen mot varandra, kan betraktas som ett uttryck för dissidentnarrativet.

I den äldre generationen, föräldrarna, hade många ett genuint engagemang för att skapa ett socialistiskt samhälle i Polen.[527] Detta utmanar det grundläggande perspektivet i dissidentnarrativet och narrativet om brott mot mänskligheten under kommunistiska regimer. Genom att beskriva föräldrarnas engagemang med förståelse utan att ursäkta systemet de företrädde uppstår en etisk komplexitet som försvårar uppdelningen i offer och förövare, förtyckande regim och förtryckt befolkning.

Ewa Gutniak skriver tidigt i sin levnadsberättelse: "Far var läkare och mor tjänsteman på ett departement, båda strängt upptagna med sina arbeten och med ett högre syfte: att bygga det nya kommunistiska Polen."[528] Bronia Sokolow skriver på ett liknande sätt:

> Mina föräldrar var väldigt entusiastiska och älskade den nybildade folkrepubliken, de deltog gärna i folkliga aktioner som t.ex. att rensa gatorna från efterkrigsruiner, "odgruzowanie Warszawy". Det var som en glädjefylld utflykt för oss.[529]

I flera av levnadsberättelserna beskrivs föräldrarnas socialistiska engagemang på ett sätt som skänker läsaren förståelse för dem. Det råder inget tvivel om att levnadsberättelserna genomgående fördömer styret i Folkrepubliken Polen och den sovjetiska överhögheten, men det betyder inte att de alltid är oförstående inför deras föräldrars socialistiska engagemang. Stefan Zylberstein beskriver sin fars partiengagemang på följande sätt:

> Far var med i **partiet**. NU kunde han vara öppen med det. Han trodde på en kommunism med mänskligt ansikte (som det kom att heta senare). Han trodde att det var ett bra system om det sköttes rätt. Och speciellt nu, efter kriget, efter den yttersta ondskan och den totala nöden – NU skulle det bli bättre och bättre...[530]

---

[527] Se till exempel Bronia Sokolow 3f, Ewa Gutniak 1, Stefan Zylberstein 13–16.
[528] Ewa Gutniak, 1.
[529] Bronia Sokolow, 4.
[530] Stefan Zylberstein, 13

Zylberstein fortsätter med att beskriva faderns partiarbete, om hur han deltog i organisering av gemensamma jordbruk och hur han månade om att försöka ha en god relation till bönderna han mötte samtidigt som det fanns ett hot mot honom.

> Det förekom rätt ofta på den tiden att dessa gerilla mördade lokala statliga tjänstemän, typ brevbärare eller rent av skollärare. Att mörda en partiarbetare på jobb ute i byarna vore givetvis smaskens för dem.[531]

Det blir tydligt i Stefan Zylbersteins levnadsberättelse hur han sökt bekräftelse på att hans far var en aktiv partimedlem och samtidigt en god människa. Han har till och med funnit belägg för att så var fallet i hemstadens Facebookgrupp:

> Nu långt efteråt är jag med i en Facebooksgrupp om våran stad, Zabkowice Slaskie med omnejd. Både far och mor (och syskonen) omnämns med värme. En tung kommentator nämner att far VAR samhälligt och politiskt aktiv, (läs; med i kommunistpartiet) men till skillnad från många andra partiarbetare, var han mänsklig, eftertänksam, gick att prata med, och bidrog aldrig till något ont.[532]

Fördömandet av det kommunistiska styret i det skrivande tidsskiktet är underförstått i levnadsberättelserna, men Zylbersteins skildring av fadern visar på nyanser och på möjligheten att bevara sin värdighet inom ramen för ett förtryckande samhälle, till och med som aktiv partimedlem. Zylberstein, liksom flera andra i levnadsberättelserna, gestaltar människor med goda intentioner bakom de historiska skeendena. Att kalla någon en förkrigskommunist innebar, enligt Zaremba, att det var en hederlig människa, en person som hade blivit kommunist av övertygelse. Många skildringar av föräldrar i levnadsberättelserna präglas av en sådan blick. Majoriteten av föräldrarna hade överlevt kriget i Sovjetunionen och nu skulle de bygga ett nytt och jämlikt samhälle i Polen.

Inom kommunistpartiet krävdes en patriotisk lojalitet mot Polen och utifrån det kunde judars lojalitet ifrågasättas. Detta skedde även före den antisemitiska kampanjen. Stefan Zylberstein beskriver det på följande sätt:

> Eftersom detta att far VAR jude, utsatte honom för en hel del extra uppmärksamhet och risker. Så snart man hade några problem, var oense med honom, eller en ny höjdare just ankommen från Stora Staden, var det så enkelt att slå undan grunden under fötterna på honom. Det var bara att gorma lite extra på judarna, och att far såsom jude inte var fullt lojal mot Polen och katolska polacker och

---

[531] Stefan Zylberstein, 13.
[532] Stefan Zylberstein, 14.

därmed heller, inte fullt pålitlig partiman… Sånt förekom i flera olika omgångar. Det behövde kanske inte alltid vara ren antisemitism. Men det var ett bekvämt argument när man inte hade något bra argument eller svepskäl. (Det var tur att även mor var partimedlem och ryska. För i sådana lägen stöttade de varandra mot kritiken under partimöten.).[533]

Zylberstein kunde även imponeras över faderns mod när han vågade visa offentligt att han var en jude trots risken att bli misstänkliggjord av omgivningen:

> TSKZ hjälpte även till att få tag i jiddisch litteratur och tidningar. I Zabkowice var det herr Schwarc som distribuerade judiska tidningar, även då till far. Folks Styme, dvs Folkets röst. Jag minns, hur vi stod i ett livligt gathörn nära där vi bodde. Herr Schwarc kommer fram med jiddisch tidningen med stora hebreiska bokstäver. De skakar hand, far tar emot sitt exemplar. Så står de där en bra stund och pratar jiddisch… Jag minns att jag redan där och då tyckte att det var modigt av far… Många kände far, alla visste vem han var. Att stå så här och öppet visa att man inte bara var en god och lojal polack, men att man faktiskt var en god jude också – det var strongt.[534]

Detta är ett av flera exempel på hur levnadsberättelserna skildrar föräldrarna med en värme och hur de på olika sätt navigerade i ett samhälle som hotade och kontrollerade dem på olika sätt. Zylberstein gestaltar till och med i sin skildring av fadern hur det gick att bevara sin mänsklighet i arbetet för partiet.

Alla föräldrar var inte kommunister, och det fanns olika anledningar till att de hade återvänt till och stannat i Polen. Jurek Gold skriver:

> Mina föräldrar som överlevde kriget i Sovjetunionen kom tillbaka till Polen med förhoppning att det skall gå att leva på ett anständigt sätt i det nya systemet (utan att för den skull blivit kommunister). Troligen därför stannade de i Polen både efter 1948 och 1956, då större delen av polska judar emigrerade.[535]

När Jerzy Sarnecki skriver om fadern Hilary Sarneckis dagbok beskriver han ett rikt socialt liv bland äldre polskjudiska flyktingar i Sverige. De talar mycket om kriget men även om dagsaktuella händelser och utvecklingen i Polen, Israel och Sverige. Däremot talar de inte mycket om den betydelsefulla perioden i deras liv från 1945 till 1967:

---

[533] Stefan Zylberstein, 14.
[534] Stefan Zylberstein, 16.
[535] Jurek Gold, 2.

> Däremot får jag intrycket av Hilarys anteckningar att man inte pratar med varandra särskilt mycket om efterkrigstiden i Polen. Många av dessa gamlingar har haft mycket höga positioner i det kommunistiska Polen men det vill de uppenbarligen inte prata om.[536]

Det kan ställas i kontrast till vad Hilary tänker om tiden i Sverige. ”Efter ankomsten till Sverige hände enligt hans synsätt ingenting speciellt. I alla fall inget som är värt att prata om.”[537] Ändå är livet i det kommunistiska Polen inget de spontant pratar om. Samtidigt som Förintelsen är den absolut största historiska katastrofen bland deras erfarenheter är den historiska tolkningen och den etiska bedömningen av deras roll i detta historiska skeende mindre komplext och lättare att förhålla sig till än deras roll i Folkrepubliken Polen. Medan den yngre generationen av flyktingarna ofta kan identifiera sig med protesterna mot regimen i Polen så uppbar ofta den äldre generationen betydelsefulla positioner i denna regim fram till att den antisemitiska kampanjen drabbade dem. Gränsen mellan offer och förövare riskerar att bli otydlig i vissa fall i den antisemitiska kampanjen, särskilt i betraktandet av polska judar med betydelsefulla positioner i partiet. Judiska kommunister kunde ha varit med och uteslutit andra innan de själva blev uteslutna. Jerzy Sarnecki funderar över vad fadern egentligen visste om det förtryck som hade utövats under kommunistiska regimer. Själv lärde han sig till exempel om Stalins terror först efter att han hade kommit till Sverige.[538]

I biografierna och levnadsberättelserna får läsaren möta livet i det kommunistiska Polen genom en tillbakablick från 2000-talets Sverige. Mellan dessa tidsskikt finns en rad avgörande och gränsdragande aspekter. Det viktigaste är att livet i det kommunistiska Polen avslutas med den antisemitiska kampanjen och en emigration till Sverige. Alla eventuella förhoppningar om att leva ett gott liv i Polen grusades till sist. En annan viktig aspekt är att den kommunistiska regimen i Polen föll; demokratirörelsen som hade förtryckts 1968 segrade till sist. Ett nästan globalt fördömande av kalla krigets kommunistregimer följde, i synnerhet i Polen. I detta finns det en dubbelhet för de polskjudiska flyktingar som kom till Sverige. Samtidigt som den förtryckande regimen som initierade den antisemitiska kampanjen fördöms brett i det polska samhället kan den strukturella antisemitismen som också var en förutsättning för den antisemitiska kampanjen förringas. Kommunistregimen får på ett för nationen renande sätt skulden för den antisemitiska kampanjen. Samtidigt finns en skräck för att

---

[536] Sarnecki, *Hilarys historia*, 423.
[537] Sarnecki, 417.
[538] Sarnecki, 425.

all antisemitism finns kvar. Detta återspeglas i Emilia Degenius rädsla inför att närma sig Polen, vilket leder till mardrömmar om att bli gripen. Antisemitismen finns definitivt kvar; kanske till och med säkerhetstjänsten från det kalla kriget.

Nationalism, kommunism, Polen och det judiska

Narrativet om brott mot mänskligheten under kommunistiska regimer visar på åtskilliga exempel av massmord och massivt förtryck som utövats av kommunistiska regimer.[539] Det utgår från att betrakta förövarna och deras handlingar. Att till exempel Stalin har rehabiliterats i Putins officiella minnespolitik är ett tecken på att detta narrativ har en svag ställning i Ryssland. Stalin förstås då som en stark nationell ledare som gjorde det som behövdes i svåra tider för att rädda nationen.[540] Ur den polska nationens perspektiv skulle det vara omöjligt att rehabilitera Stalin. Dissidentnarrativet bygger på logiken att det polska folket var separerat från kommunismen. Demokratiseringen beskrivs som en polsk, nationell seger över en sovjetstödd diktatur.

Men i sin samtid manifesterades Folkrepubliken Polen offentligt som ett nationalistiskt samhälle genom en patriotisk retorik och nationell estetik.[541] Det uppfattades även av många som ett samhälle som skulle inkludera polska judar i den nationella gemenskapen och bekämpa antisemitismen en gång för alla. Att det judiska skulle komma att hindra dem från att studera, arbeta eller leva i Polen kom för flera som en chock. I *Flykten till Marstrand* säger Ewa:

> Jag definierade mig som polsk patriot, absolut. Jag skulle göra allt – det här landet är mitt land.
>
> 1967 bryter sexdagarskriget ut i Mellanöstern och så börjar alltihop. 1968 blev jag definierad som icke-polack och icke önskvärd. Det gjorde fruktansvärt ont. Fruktansvärt! Jag var tjugo år och medlem i ungdomsorganisationen som var hur röd som helst. Jag var troende, *brainwashed*.
>
> Sakta men säkert började jag se igenom fasaden som de matade oss med. Det var fruktansvärt.[542]

Det är tydligt hur citatet ovan för samman patriotism med socialism, det vill säga att göra allt för sitt land och vara med i den röda ungdomsorganisationen. Den polska historikern med det i sammanhanget förvirrande namnet Marcin

---

[539] Se: Alm, *Brott mot mänskligheten under kommunistiska regimer*.
[540] Om historie-politik i Putins Ryssland se Weiss-Wendt och Adler, *The Future of the Soviet Past*.
[541] Om nationalism i Folkrepubliken Polen se Zaremba, *Communism - legitimacy - nationalism*.
[542] Grinzweig Jacobsson, *Flykten till Marstrand*, 37.

Zaremba har i boken *Communism – Legitimacy – Nationalism* utforskat det nationalistiska i legitimeringen av kommunismen i Polen.[543] Sovjetunionen accepterade en passionerad nationell retorik av de styrande i Polen så länge den sovjetiska överheteten inte ifrågasattes, en kompromiss för att bevara maktordningen. Samtidigt var detta en svår balansgång då mycket polsk nationalism definierar sig gentemot det ryska i form av en frigörelse från den stora mäktiga grannen i öst. Den officiella sovjetvänliga polska historien var tvungen att balanseras mot polska nationalistiska sentiment. Emilia Degenius mor säger: "Att vi hatar tyskar behöver man inte se på film, klagar mor. I film efter film. Varför visas inga filmer om att vi också hatar ryssar här?"[544]

Den polska regimens balansgång mellan att hålla den sovjetiska överhögheten på gott humör samtidigt som man hyllade den polska patriotismen föll över ända när pjäsen *Dziady*, skapad på 1800-talet av den polska nationalskalden Mickiewcz, kanaliserade antisovjetiska känslor under föreställningarna. När pjäsen lades ned av myndigheterna riktades de nationella känslorna mot regimen, men i och med att rikta uppmärksamhet mot judarna, eller så kallade sionister, kunde åter de styrande få det polskt nationella på sin sida. Det går att se en obruten linje av en polsk nationalism från mellankrigstiden, via den kommunistiska perioden och fram till 2010- och 2020-talens PiS-regeringar. Nationella symboler, högtider och retorik var avgörande för kommunismens legitimering i Polen.[545] I *Historien om Adam Bromberg* framhålls att: "Sokorski och Minc hade i sina anföranden lovat att det Polen som vi skulle slåss för skulle bli suveränt, utan kolchoser och annat hämtat utifrån."[546]

Det socialistiska projektet i Polen etablerades som ett nationellt projekt. Polen var efter kriget ett land med betydligt mindre kulturell eller etnisk mångfald än tidigare versioner av landet. Av den judiska minoriteten fanns få kvar, och de flesta av dessa överlevande valde att bosätta sig i andra länder. Den stora ukrainska minoriteten hade till stor del hamnat i de områden som hade blivit sovjetiska efter kriget så som Lwów. Den tyska minoriteten hade fördrivits, delvis från områden som tillhörde Polen före kriget och huvudsakligen från de västliga delarna av det nya Polen som tidigare hade tillhört Tyskland. Samtidigt som Polen hade krossats mellan historiens två mest

---

[543] Zaremba, *Communism – legitimacy – nationalism*.

[544] Degenius, *Åka skridskor i Warszawa*, 33.

[545] Se till exempel följande för att få en överblick. Om den nationalistiska legitimeringen av kommunismen i Polen Zaremba, *Communism - Legitimacy - Nationalism*;
Om minnepolitik under 2000-talet: Joanna Beata Michlic, "History 'Wars' and the Battle for Truth and National Memory"; Törnquist-Plewa, "Coming to Terms with Anti-Semitism: Jan T. Gross´s Writings and the Construction of Cultural Trauma in Post-Communist Poland."

[546] Grynberg, *Historien om Adam Bromberg*, 110.

våldsamma diktaturer kunde landet nu byggas upp som en näst intill homogen nationalstat.[547]

Den förståelsehorisont som biografierna och levnadsberättelserna utgår från är påverkad av den nationalistiska politiska utveckling som Polen haft under 2010- och 2020-talen. Detta gör till exempel att Maciej Zaremba tar spjärn mot en nationalistisk polsk historiesyn när han skriver om sin familjs historia. Han pekar på en ovilja att lyfta smärtsamma ämnen som går utanför ett nationellt heroiskt lidande. Utblickspunkten från Sverige är också betydelsefull. Skildringen av Sverige behandlas mer utförligt i kommande kapitel, men här kan konstateras att alla livsöden från biografierna handlar om människor som etablerar sig i Sverige och fått en materiell levnadsstandard samt medborgerliga rättigheter som inte hade varit möjligt i det kommunistiska Polen. De kan alltså betrakta livet före – i det kommunistiska Polen – i kontrast till en förbättrad tillvaro i Sverige. De två tidsskikten ger en tydlig kontrastverkan.

Att lämna Polen och det polska

Att tvingas säga upp det polska medborskapet framställs som en betydande del av den brytpunkt som den antisemitiska kampanjen och migrationen utgör. Genom att signera det papper som gjorde en statslös genomgick många inte bara en juridisk utan även en identitetsmässig förändring. Till exempel känner Zalma Puterman en aversion mot sin uppväxtort på grund av sitt fråntagna medborgarskap.[548] Emilia Degenius pekar på det faktum att den polska staten inte fråntog någon sitt medborgarskap direkt utan i stället skapade en situation som tvingande människor att, genom en utdragen process, säga upp sitt medborgarskap. De ville skapa en illusion av frivillighet:

> [S]killnaden mellan ett fråntaget medborgarskap och ett som jag själv säger upp, det kan låta långsökt, men är det inte alls, det är en väl genomtänkt strategi och en väl beprövad metod, att rikta uppmärksamheten åt ett annat håll, för att dölja syftet, låtsas ett annat, dölja sin makt, tillskriva mig makt, för att överlåta ansvar, slippa skam, sin egen skam, Polens skam.[549]

I *Flykten till Marstrand* beskrivs det som en gammal romersk strategi att landsförvisa sina fiender i stället för att mörda dem och därmed undvika att göra

---

[547] Denna historiskt demografiska förändring beskrivs i översiktsverk om Polens historia som Davies, *A History of Poland vol II*, 556–565. För en mer initierad och samtida redogörelse för den demografiska förändringen i Polen med utgångspunkt i 1946 års folkräkning av presidenten för den polska statistikmyndigheten Stefan Szulc se Szulc, "Demographic Changes in Poland: War and Postwar".

[548] Puterman, *Ett liv i glädje och tårar*, 28.

[549] Degenius, *Åka skridskor i Warszawa*, 156.

dem till martyrer. På det sättet har den antisemitiska kampanjen och den sista stora fördrivningen av den polska judenheten hamnat i glömska.[550]

Wiktor Raldow beskriver hur han minns en overklighetskänsla genom migrationen, passageriten, när han läser i sitt resedokument den performativa meningen "innehavaren av detta dokument är inte polsk medborgare". Han fortsätter: " Plötsligt var mitt land inte mitt längre. Jag var tvungen att klara mig själv; det fanns inget återvändo."[551]

Samtidigt som det pågår en massiv kampanj för att fördriva de som anklagas för att vara sionister är det en utdragen och tröttsam process att ansöka om utresetillstånd. Degenius beskriver det som att "[E]tt medborgarskap som har upphört, som har tagit tid på sig att upphöra, som har föregåtts av en långsam upphörandeprocess, likt fars döendeprocess."[552]

Det hela beskrivs allmänt som en charad där den ansökande måste låtsas vara på väg mot Israel för att passa in i den officiella beskrivningen av de sionistiska femtekolonnarna. Ewa Gutniak skriver:

> För att få emigrera behövde jag aktivt avsäga mig mitt polska medborgarskap och på det viset ytterligare understryka "hur lite Polen betydde för mig", allt för att propagandan skulle få sitt lystmäte. Jag skulle skriva under ett papper där jag meddelade att jag önskar avsäga mig medborgarskapet i syfte att emigrera till Israel. Det var ju inte sant, men det skulle stå i min ansökan, annars skulle jag inte få resa.[553]

Degenius beskriver hur hennes mor ger sig ut på "stämpelpromenader" för att arbeta sig fram mot migrationen.[554] "Kamrat Gomułkas folk ser till att landets sista judar aldrig glömmer sin sista tid i Polen."[555], skriver Zaremba. Det blir i flera fall så att familjer splittras för att inte alla tillåts att resa samtidigt. För Emilia Degenius familj innebär det att bara hennes syster får åka och sedan hon själv, två tonåringar utan förälder. Modern tar sig aldrig till Sverige, hon hade cancer och stannade i Polen tills hon dog. Båda föräldrarna avled i anslutning till den antisemitiska kampanjen och Emilia Degenius lämnar sin barndom i Polen bakom sig som ett fullkomligt brott med föräldrarna, Polen, det polska språket och allt annat som hörde den världen till. Fadern dör 1967 innan svårigheterna börjar på allvar:

---

[550] Grinzweig Jacobsson, *Flykten till Marstrand*, 154.
[551] Wiktor Raldow, 4f.
[552] Degenius, *Åka skridskor i Warszawa*, 158.
[553] Ewa Gutniak, 2.
[554] Degenius, *Åka skridskor i Warszawa*, 118.
[555] Zaremba, *Huset med de två tornen*, 103.

Far har tur. Far hinner dö i tid. Innan cancern. Innan skriken av smärtan under toalettbesöken. Innan de underkända proven. Kanske efter de allra första. Men innan de blir fler. Innan presentpromenaderna. Innan de också blir allt fler. Helt säkert innan stämpelpromenaderna.[556]

Det skarpa brottet till sin barndom, avgränsat av den antisemitiska kampanjen, gör att hon skriver om det som "antisemitismens barndom".[557] Mer tydligt kan nästan inte illustrationen av antisemitismen och den riktade antisemitiska kampanjens bli i sin betydelse som brytpunkt, en gränsdragning mellan barndom och vuxenliv, mellan före och efter, antisemitism och något annat. Stämpeln och stämpelpromenaderna är en konkret beskrivning av alla myndighetsbesök och godkännanden som de behöver genomgå för att kunna emigrera. Det gestaltar ett byråkratiskt förtryck med hänvisning till dess främsta verktyg – stämpeln – en estetisk historisk orientering genom det klingande metalliska stämpelljudet.

När de sedan väl sitter på tåget driver konduktören med dem. "Ni reser åt fel håll, ni ska ju åka till Israel!"[558] Denna behandling under den sista tiden i Polen förstärker den gränsdragande effekten mellan livet i Polen och Sverige. Det blir en övertygelse om att det inte finns någon återvändo. De blev fördrivna ur den polska nationen på ett utdraget och smärtsamt sätt, spelandes en politisk charad.

Beslutet att lämna Polen relateras ofta till barnens framtid, möjligheterna att leva i ett friare samhälle utan ett konstant antisemitiskt hot. Jurek Gold skriver om sina föräldrar:

> Mina föräldrar som överlevde kriget i Sovjetunionen kom tillbaka till Polen med förhoppning att det skall gå att leva på ett anständigt sätt i det nya systemet (utan att för den skull blivit kommunister). Troligen därför stannade de i Polen både efter 1948 och 1956, då större delen av polska judar emigrerade.
>
> Det som hände i mars 1968 och sedan med pappas jobb, gjorde att de började tänka om, framförallt upplevde de att barnen inte hade någon framtid i Polen.[559]

Föräldragenerationen hade ofta mindre motivation att lämna Polen för sin egen skull. I Jurek Golds fall verkade föräldrarna till och med ha glömt bort sig själva i sina planer för framtiden:

---

[556] Degenius, *Åka skridskor i Warszawa*, 118.
[557] Degenius, 221.
[558] Ewa Gutniak, 2.
[559] Jerzy (Jurek) Gold, 1.

Innan dess, när det mesta var ordnat för vår resa, kommer jag ihåg att vi satt en gång tillsammans vid middagen och jag ställde frågan: Och ni, vad ska ni göra?

Plötsligt ser jag, att mina föräldrar verkar vara ställda. Det här är frågan som de aldrig själva ställde under hela året då barnens utresa stod i centrum. Mamma började stamma: vi, hm, vi bör väl börja packa och komma efter er, eller hur? Efter bekräftelsen från pappa, blev det så bestämd.

De kom till Sverige åtta månader senare.[560]

Mitt i händelsernas centrum var det inte lätt att överblicka vad som höll på att hända. Avstånd och tid för eftertanke krävs för att förstå det upplevda. Först långt senare gick det att få den distans som krävdes för att få helhetsbilden klar för sig, erfarenheten mognar fram. Jurek Gold skriver:

Det är först betydlig senare, i Sverige, när jag mognade, som jag började förstå vad var det som verkligen hände då, att vi, polska medborgare, födda i Polen, blev helt enkelt utkastade därifrån.[561]

Den historiska erfarenheten och dess identitetsmässiga konsekvenser fortsätter att utvecklas under livet gång.

När de svenskpolskjudiska flyktingar som jag har arbetat med kommunicerar sina historiska erfarenheter orienterar de sig i allmänhet betydligt mer enligt en polskjudisk kronologi till skillnad från dissidentnarrativet. Det vill säga att konsekvenser för den polska judenheten står i centrum, inte konsekvenserna för en regimkritisk rörelse i Polen. Att den antisemitiska kampanjen ledde till judisk emigration träder i förgrunden medan betydelsen för den regimkritiska rörelsen träder i bakgrunden. Julian Glaser berättar i en dialog att han efter migrationen följde utvecklingen från Sverige och han sympatiserade med det som hände:

Men jag observerade som om det skulle hända i Grekland eller någon annanstans. Fast jag visste mera och kunde läsa polska tidningar också. Men ändå så var det inte som en engagerad människa; utan snarare som observatör helt enkelt, neutral.[562]

En separation hade skett gentemot den polska historien, både rent geografiskt och identitetsmässigt.

---

[560] Jerzy (Jurek) Gold, 2f.
[561] Jerzy (Jurek) Gold, 2.
[562]Intervju Juliusz Brzezinski, Julius Glaser och Julian Better. 00:44:24-00:44:50

I 2000-talets Polen råder det en tämligen etablerad samstämmighet om den antisemitiska kampanjen som något förkastligt, ett uttryck för den cyniska diktatur som under sovjetiskt överinseende styrde Polen under kalla kriget. Dissidentnarrativet dominerar. Till exempel beskriver Emilia Degenius hur hon läser om att Polen har ångrat sig, att de erbjuder medborgarskapet tillbaka.[563] I en av dialogerna kommer det upp att flera av de som lämnade Polen på grund av den antisemitiska kampanjen upplever att de osynliggjorts och inte fått en officiell ursäkt, men att alla inte delar ett intresse för att verka för ett sentida erkännande. Det uppstod en laddad diskussion kring temat under en av dialogerna när deltagarna hade olika syn på vilken roll ett polskt erkännande av oförrätterna skulle spela idag.[564]

Avslutande reflektioner: antisemitism, kommunism, judarna och den polska nationen

Detta kapitel har behandlat den antisemitiska kampanjen och slutet på livet i Folkrepubliken Polen. Den antisemitiska kampanjen och den påföljande migrationen utgör den andra brytpunkten i denna svenskpolskjudiska grupps erfarenhetskronologi. Denna andra brytpunkt är mindre omfattande och katastrofal än den första brytpunkten som Förintelsen utgör. Kraften i den andra brytpunkten beror på i vilken mån den första brytpunkten aktiveras i den historiska orienteringen. Kapitlet behandlar även hela perioden från krigsslutet 1945 till fördrivningen någon gång 1967–1972. För de flesta som berättat om sitt liv i levnadsberättelser och dialoger är det en skildring av uppväxten.

Den övergripande frågan i kapitlet är vilken mening och funktion de kommunicerade historiska erfarenheterna från livet i Folkrepubliken Polen har, från krigsslutet 1945 till och med den antisemitiska kampanjen och fördrivningen från Polen. I detta kapitel har två tongivande narrativ skisserats som utgångspunkt för analysen, båda med fokus på den kommunistiska regimens förtryck. Det första, dissidentnarrativet, är formulerat av Anat Plocker medan det andra formulerats genom Forum för levande historias material om *Brott mot mänskligheten under kommunistiska regimer*. Även om de historiska erfarenheter som studeras här med tydlighet understryker det förtryckande i Folkrepubliken Polen och regimens roll i att piska upp antisemitiska stämningar, skiljer de sig från båda de tongivande narrativen. På samma sätt som i skildringen av Förintelseöverlevande i Sovjetunionen ges en mer komplex bild av kommu-

---

[563] Degenius, *Åka skridskor i Warszawa*, 162.
[564] Intervju Barbara Rubinstein, Jurek Neftalin, Leo Rubinstein, Lidia Zajde, Wlodek Bursztyn. 00:42:25–00:46:28.

nismen, kommunister och kommunistiska regimer. Ingen försvarar kommunismen som ideologi eller de kommunistiska regimer som styrde Polen och Sovjetunionen. Men det finns åtskilliga exempel på perspektiv som kan nyansera bilden av människor inom dessa rörelser, i synnerhet föräldrar som blev kommunister under mellankrigstiden, polska judar med en ambition om att skapa ett jämlikt samhälle som kunde övervinna antisemitismen.

Biografier, levnadsberättelser och dialoger rör sig mellan ett antal teman i skildringen av livet i Folkrepubliken Polen. Dels gestaltas normaliteten av att studera, arbeta och leva familjeliv etcetera. Dels gestaltas det absurda i den aktuella diktaturen samtidigt som många människor i detta samhällssystem beskrivs med värme. Slutligen bör det påpekas att den antisemitism som kommer till uttryck i detta samhälle ändå verkar till största del ligga djupare än i det rådande politiska systemet, mer strukturellt manifesterat i befolkningen och kulturen. Erfarenheterna från Folkrepubliken Polen är identitetsmässigt orienterande: var kommer jag ifrån? Var växte jag upp och hur blev jag den jag blev? Vilka människor hör jag samman med? etcetera. De är även etiskt orienterande i sin gestaltning av en regim och dess samhälle, något som alla var tvungna att förhålla sig till. Hur hanterade jag och människorna omkring mig detta samhälle? Hur betedde regimen sig? Dessa frågor innehåller en etisk laddning, en dialog mellan tidsskikt där samtiden retrospektivt ställs mot livet i Folkrepubliken Polen. Konstaterandet av den strukturellt etablerade antisemitismen distanserar dem identitetsmässigt från Polen.

Den andra brytpunkten, den antisemitiska kampanj som inleddes 1967 och nådde sitt crescendo i mars 1968 är avgörande för deras livsbana. Rent kausalt kan den förklara varför de är i Sverige och inte i Polen. Den är även grundläggande för deras etiska och identitetsmässiga historiska orientering.

Mitt perspektiv handlar om att förstå deras historiska erfarenheter, det som de berättar om sitt eget och sin familjs liv. Det handlar i det avseendet om en form av mikrohistoria. Men i berättandet tolkas det privata och enskilda ihop med en historisk helhet. De presenterar därigenom tolkningar av makrohistoriska skeenden. Att förstå de större skeendena i Folkrepubliken Polen fram till deras migration är av grundläggande betydelse för dem. Eventuellt hade det varit befriande att anamma dissidentnarrativets fokus på att förklara förtrycket utifrån regimen och därmed kunna ha en mer positiv syn på landet de kommer från. Men de flesta kommunicerar erfarenheter som understryker den strukturella antisemitismens betydelse.

Det går inte enkelt att avgöra om de främst förstår den antisemitiska kampanjen utifrån de ledande politiker som initierade det hela eller den strukturellt etablerade antisemitismen. Möjligtvis skulle det kunna vara den antisemitiska kampanjen som sätts i gång med en kraft bortom samtliga aktörers kontroll. Det kan finnas något paradoxalt i att en regim som hade väldigt svagt stöd från befolkningen kunde genomdriva en sådan repressionskampanj som krävde folklig uppbackning. Men om flera fokuserade på regimen och dess korrupta maktutövning när den antisemitiska kampanjen skedde lägger de större vikt vid den strukturella antisemitismen när de kommunicerar sina erfarenheter under 2000-talet. Ansvaret eller skulden faller därmed inte enbart på regimen och de aktiva aktörerna utan på den polska nationen som ges ett antisemitiskt arv att hantera. De historiska kausalitetsförklaringarna har direkta etiska och identitetsorienterande funktioner.

Dissidentnarrativet lägger störst vikt på regimen. Det är helt klart i levnadsberättelserna att den antisemitiska kampanjen handlar om en förtryckande regim som trakasserar sin befolkning och spelar med antisemitismen som ett politiskt maktmedel. Men i deras kommunicerade erfarenheter framstår det som minst lika klart att en djupt etablerad strukturell antisemitism i det polska samhället var en avgörande faktor för att den antisemitiska kampanjen skulle kunna ske. En fråga som är av stor betydelse för dessa människors historiska orientering är att avgöra vad som var viktigast. Handlar den antisemitiska kampanjen främst om en korrupt regim som utövar förtryck eller är det mer betydelsefullt att lägga tonvikten på den djupt rotade strukturella polska antisemitismen? Upplever de att de kastades ut ur landet av regimen eller från den polska folkgemenskapen av det polska folket? Vad innebar det fråntagna medborgarskapet för den egna identiteten och förståelsen för det som hände? Vad säger den antisemitiska kampanjen om Polen, den polska judenhetens historia och om alla de som migrerade? Hur sätter erfarenheten av den antisemitiska kampanjen Förintelsen i perspektiv? Allt detta är frågor som inverkar på deras sätt att orientera sig historiskt. Att svara på dessa frågor ställer deras relation till Polen och förståelsen av det som hände i fokus för den historiska orienteringen. Det förklarar varför de inte längre är polacker boendes i Polen.

Till skillnad från tidigare studier om denna svenskpolskjudiska grupp visar detta kapitel på de historiska erfarenheter från livet i Polen som är orienterande för dem.[565] Framför allt har jag visat på hur den antisemitiska kampanjen och migrationen fungerar som en andra brytpunkt; en brytpunkt som bör förstås i relation till den första brytpunkten Förintelsen. Jag har analyserat grundläggande teman som synen på den kommunistiska regimen och den strukturella antisemitismen, den nationalistiska karaktären på den polska nationalismen

---

[565] Se: Ilicki, *Den föränderliga identiteten*; Schatz, *The generation*; Dahl, *Ausschluss und Zugehörigkeit*; Górniok, *Swedish Refugee Policymaking in Transition?*

och det judiska livet i Folkrepubliken Polen. Den antisemitiska kampanjen beskrivs genomgående i biografier, levnadsberättelser och intervjuer som att antisemitismen bryter fram. Den tar sig många olika uttryck men plötsligt blir den synlig och påverkar deras livsvillkor.

Deras perspektiv på tiden i Polen formas av att de lämnade Polen. De beskriver från en svensk position på svenska för en svensk läsare/lyssnare. De har reflekterat över sina minnen och formulerat dess mening i Sverige. Det ger ett annat perspektiv än den polska forskningen om den antisemitiska kampanjen som i präglats av dissidentnarrativet.[566] En klar skillnad är att den strukturella polska antisemitismen får en mer central plats i de historiska erfarenheter som analyseras här.

När Förintelseöverlevanden Piotr Zettinger, som kom till Sverige på grund av den antisemitiska kampanjen, besökte mig och mina gymnasieelever frågade någon om livet i det kommunistiska Polen. Han poängterade att det inte fanns demokrati, yttrandefrihet eller andra politiska fri- och rättigheter. Däremot ville han även nyansera vår syn på livet i det kommunistiska Polen. Han upplevde att det ofta beskrivs som ett slags fängelse, vilket han uppfattade som överdrivet och missvisande. Efter att ha skrivit detta avsnitt om livet i Folkrepubliken Polen inser jag att det finns en risk för att jag bidrar till denna uppfattning. Därför vill jag avsluta detta avsnitt med detta påpekande från Piotr Zettinger som kan problematisera det hela. I det tidsskikt som jag skriver från finns en tendens att måla upp livet i det kommunistiska Polen som just ett fängelse. Samtidigt stämmer det inte överens med Piotr Zettingers minne. Men när någon beskriver livet i Folkrepubliken Polen för oss idag, med allt som är givet för vårt tidsskikt, och lägger fokus på det politiska förtrycket framstår det lätt som fängelseliknande. Det var som att han ville nyansera den bild som svenska gymnasister får av det kommunistiska Polen genom det tongivande narrativet om brott mot mänskligheten under kommunistiska regimer.

I nästa kapitel ska erfarenheter från livet i Sverige behandlas, det vill säga tidskiktet efter den andra brytpunkten. Perioden inleds med ankomsten till Sverige, en situation då den antisemitiska kampanjen och fördrivningen från Polen dominerar deras liv. Sverige framträder därmed i kontrast till det som beskrivits om den antisemitiska kampanjen och livet i Folkrepubliken Polen. Tiden efter den andra brytpunkten är även den tidsperiod som leder fram till den stund då de kommunicerar sina historiska erfarenheter, då de beskriver vilka de har blivit.

---

[566] Se följande verk för en summering av dissidentnarrativet: Plocker, *The Expulsion of Jews from Communist Poland*, 1–18.

Tiden efter: i Sverige

De polskjudiska flyktingar som kom till Sverige på grund av den antisemitiska kampanjen hade levt över 50 år i landet när deras historiska erfarenheter samlades i projektet *Vi, de fördrivna*. Det innebär betydligt längre än ett halvt liv för de allra flesta. Sverige spelar en central roll i deras historiska erfarenheter. En del var barn eller ungdomar när de kom, och de har alltså levt hela sina vuxna liv i Sverige. Ändå har projektdeltagare, vid flera tillfällen under projektets gång, antytt att jag borde vara mer intresserad av händelser i Polen. Den antisemitiska kampanjen och livet i det kommunistiska Polen uppfattas generellt som mer historiskt intressant. Allra intressantast är Förintelsen och andra världskriget, vilket är föga förvånande då dessa händelser har centrala positioner i den västerländska historiekulturen och dessutom drabbade deras familjer direkt. Om den antisemitiska kampanjen verkar mindre betydelsefull i relation till Förintelsen, hur ointressant är då inte det stillsamma livet i Sverige? Hur kan en historia om polska judar intressera sig för livet i Sverige från 1960-talet till 2020-talet? Jag har lagt en del arbete på att övertyga människor från denna svensk-polskjudiska grupp att det är intressant. En tämligen liten men ändå betydande och intressant tråd av den tidigare så omfattande polska judenheten har sin historia i Sverige. Det är den historien som måste nedtecknas och bevaras. Om det verkligen var så odramatiskt och harmoniskt som flera har gett uttryck för, då är det sannerligen en unik historia att berätta. Om det handlar detta kapitel. Det är absolut inte en historia utan dramatik, även om den inte kan mäta sig med andra världskriget. Deras historiska erfarenheter från Sverige berör centrala teman i svensk historiekultur som den svenska välfärdsstatens uppgång och eventuella fall, Sveriges moderna migrationshistoria och utveckling mot ett mer mångkulturellt samhälle.

Den övergripande frågan i kapitlet är vilken mening och funktion de kommunicerade historiska erfarenheterna från och av Sverige har för de judar som kom till Sverige till följd av den polska antisemitiska kampanjen som inleddes 1967. Livet i Sverige framstår som tiden efter de två brytpunkterna i erfarenhetskronologin: främst Förintelsen och sedan den antisemitiska kampanjen med tillhörande flykt. De centrala historiska orienteringspunkterna ligger före tidsskiktet som omfattar erfarenheter från Sverige. Hela tidsskiktet domineras av denna efter-het, de händelser som är riktningsgivande har redan inträffat. Men på samma sätt som alltid fortsätter historien. Eftersom Förintelsen är den centrala historiska erfarenheten i kombination med den antisemitiska kampanjen ligger den till grund för hur tiden i Sverige inledningsvis bör förstås. Det historiska berättandet behandlar närliggande tidsskikt som dessutom beskrivs utan geografisk distans. Vi står mitt i Sverige och försöker samtidigt förstå deras liv här. Det finns ingen brytpunkt mellan den kommunicerande situationen och det tidsskikt de kommunicerar erfarenheter från. Trots denna närhet till dessa erfarenheter av livet i Sverige finns det ett historiskt narrativ om Sverige från deras ankomst till den kommunicerande stunden som är tydligt tongivande. Jag har valt att kalla detta tongivande narrativ för *välfärdsstatens glansperiod*.

Som utgångspunkt för de kommande analyserna av berättelserna om tiden och livet i Sverige har jag utgått från följande frågeställningar: Hur förhåller de kommunicerade historiska erfarenheterna sig till det tongivande narrativet om välfärdsstatens glansperiod? På vilka sätt utgör det en orienteringspunkt från vilken historiska erfarenheter förmedlas och struktureras i biografier, levnads-berättelser och dialoger? Hur var Sverige när de kom och hur har Sverige för-ändrats? Hur har livet i Sverige varit?

De historiska erfarenheter av och från Sverige som kommuniceras i bio-grafier, levnadsberättelser och dialoger är identitetsmässigt orienterande. De beskriver inte enbart Sverige utan sitt liv i Sverige och sin relation till det svenska. Hur förstår de sig själva i relation till Sverige? På vilket sätt identifierar de sig med det nya hemlandet? Hur identifierar sig barnen till skillnad från sina föräldrar? Hur förhåller de sig till de svenskjudiska gemenskaperna? Den iden-titetsmässiga orienteringen från Sverige handlar även om relationen till Polen och det judiska. Hur betydelsefullt har det polskjudiska varit för dem i Sverige?

Tiden i Sverige är dessutom, till skillnad från de erfarenheter som beskrivs i tidigare kapitel, inte en avslutad period. Därför rymmer detta kapitel tankar om framtiden, ett perspektiv som är grundläggande i Rüsens syn på historisk orientering.[567] Vi föreställer oss framtiden genom historisk reflektion, det är en av de mest grundläggande funktionerna med historia. På ett sätt kan livet i Sverige beskrivas som ett liv i en historisk periferi. I tidigare kapitel analyseras erfarenheter från ett geografiskt område i centrum av 1900-talets största och mest dramatiska händelser. I Sverige befinner de sig bortom dessa – en historisk,

---

[567] Se till exempel Rüsen, *Meaning and representation in history*, 1–5. I övrigt är det en bärande tanke i Rüsens arbete som i mycket överensstämmer med Reinhart Kosellecks erfarenhetsrum och förväntanshorisont. Koselleck, *Erfarenhet, tid och historia*, 173–78.

geografisk, kulturell och judisk periferi. Det är dock i denna periferi, i Sverige, som de flesta föreställer sig sin framtid.

Narrativet om den svenska välfärdsstatens glansperiod

När dessa svenskpolska judar formulerar sina historiska erfarenheter under 2000-talet domineras historiekulturen av ett narrativ jag kallar välfärdsstatens glansperiod. Det går även att utveckla det till välfärdsstatens glansperiod och fall – eller åtminstone nedgång. Narrativet utgår från den välfärdsstat som byggdes upp under efterkrigstiden samtidigt som ekonomin befann sig i ständig tillväxt under de så kallade rekordåren kring 1970. Begreppet folkhem är även nära sammankopplat med detta narrativ.[568] Nedgången eller fallet kan förläggas till olika perioder där olika orsaker lyfts fram. Men att välfärdsstatens glansperiod gick över verkar det nära på råda konsensus om. Jag kommer att behandla ett fåtal exempel som pekar på huvuddragen i detta tongivande narrativ.

I Norstedts översiktsserie *Sveriges historia* domineras delen om 1965–2012 av narrativet om den svenska välfärdsstatens glansperiod. Under rubriken "De gyllene åren" beskrivs den ekonomiska, politiska och sociala utveckling som skapade den svenska modellen och välfärdsstaten. Även om det är ett verk som nyanserar bilden och beskriver utvecklingen i en saklig historievetenskaplig ton, framträder narrativet om välfärdsstatens glansperiod med tydlighet. Centrala aspekter som lyfts upp är bland annat den ständiga ekonomiska tillväxten fram till 1970-talets oljekris; välfärdens utbyggnad som kom att gynna flertalet av medborgarna; människors tilltro till samhället och framtiden; en stabil arbetsmarknad som hanterade parternas konflikter enligt den svenska modellen av samförstånd och förhandling. Bokens författare visar på hur samtliga av dessa uttryck för den svenska välfärdsstatens glansperiod kom att försvinna eller förändras i grunden från 1980-talet och framåt.[569]

Lika tydligt som i *Sveriges historia* framträder välfärdsstatens glansperiod i SVT:s serie *Historien om Sverige* från 2024. I avsnittet om 1900-talet går det från Fattigsverige via svåra konflikter på arbetsmarknaden till en enande folkhemspolitik som formulerades under mellankrigstiden men förverkligades främst under efterkrigstiden. Människor får det bättre och jämlikheten ökar på flera olika sätt. Den efterkrigstida föreställningen om Sverige som världens modernaste land presenteras. Precis som i *Sveriges historia* nyanseras bilden av perspek-

---

568 Exempel på forskning om begreppet folkhemmet i Sverige är Björck, "Folkhem"; Asard och Bennett, "The Rise and Fall of the Folkhem in Swedish Politics"; Edling, "Forskarnas folkhem: en kritik". Edling utlovar i den sista texten en kommande bok om hur ordet folkhem brukats, förståtts och förändrats från 1800-talet till i dag.
569 Östberg och Andersson, *Sveriges historia, 1965–2012.*

tiv som bryter av mot glansperiodsnarrativet men de tar aldrig överhanden. Till exempel gestaltas rasbiologiska institutet, steriliseringar, kvinnors dubbelarbete efter inträde på arbetsmarknaden, förtryck mot romer och resande, men det beskrivs som avbrott mot en i stort positiv utveckling. Narrativet antyder att de grupper som for illa i folkhemmet fick sin emancipation med viss eftersläpning. *Historien om Sverige* gör en tydlig avgränsning där välfärdsstatens glansperiod avslutas. Genom omfattande privatiseringar, mordet på Olof Palme och inträdet i EU går Sverige en ny epok till mötes.[570] Att förstå välfärdsstatens uppgång och fall är en central fråga i den svenska historiekulturen. När detta skrivs finns det till och med en kurs på Uppsala universitet med namnet *Välfärdsstatens uppgång och fall.*[571]

Den mest omfattande och djupgående studien av narrativ om det moderna Sverige är historikern Martin Wiklunds avhandling *I det modernas landskap.* Wiklund analyserar olika berättelser om det moderna Sverige 1960–1990 och i centrum ställer han en dominerande socialdemokratisk berättelse som utmanas av andra berättelser om det moderna Sverige: från 60-talsvänstern, den nya kvinnorörelsen, alternativrörelsen och en liberal utmaning. Under hela den period som utgör välfärdsstatens framväxt leddes Sverige av socialdemokratiska regeringar med undantag för samlingsregeringen under kriget som även den leddes av en socialdemokratisk statsminister. Wiklund beskriver betydande förändringar över tid av den socialdemokratiska huvudberättelsen och dess olika och ibland motstridiga inslag, från folkhemsromantik till upplysnings-rationalism. I en passage sammanfattar han den socialdemokratiska huvudberättelsen och dess version av den moderna framstegstanken:

> Det huvudsakliga temat för den socialdemokratiska berättelsen var utvecklingen av välfärdssamhället, där reformerna utgjorde milstolpar på framstegets väg. Denna utveckling kunde ses som ett konkretiserande och ett förverkligande av den demokratiska och reformistiska socialismens ideal. Samtidigt skisserades en fortsatt utveckling i linje med demokratins ideal som skulle prägla hela samhället och de socialistiska värdena som skulle förverkligas, i första hand frihet, jäm-likhet och samverkan.[572]

Wiklund beskriver även hur välfärdsstaten blev en betydelsefull del av en svensk nationell identitet och att den skapat en nationell stolthet. Detta gjorde välfärds-

---

[570]När nationalismhistorikern Samuel Edquist analyserar nationalismen i *Historien om Sverige* konstaterar han en banal nationalistisk inramning men han kommenterar inte välfärdstatens glansperiod även om den antyds genom samförståndsanda och framstegsnationalism. Edquist, "Nationalism i Historien om Sverige".
[571] "Historien om Sverige 10, Världens modernaste land, 1920-talet till våra dagar".
[572] Wiklund, *I det modernas landskap*, 158.

statens kris på 1990-talet till en kris för den nationella identiteten i Sverige.[573] Välfärdstatsnationalismen var en dominerande nationell identitet i det Sverige som dessa polskjudiska flyktingar anlände till under rekordåren, en välfärdsnationalistisk identitet som senare krisat, enligt Wiklunds analys. Därmed etableras en narrativ fond i den svenska historiekulturen i linje med den klassiskt nationalistiska figuren guldålder och förfall.

Det är tydligt att det dominanta narrativet om det moderna Sverige har förändrats sedan Wiklunds undersökningsperiod fram till 1990 och även sedan 2006 då avhandlingen publicerades. Det narrativ om välfärdsstatens glansperiod som dominerar historiekulturen på 2020-talet har fått en större distans till den tid som idealiseras. Där Wiklund visar på utmaningar mot den socialdemokratiska huvudberättelsen förhåller historiekulturen på 2020-talet sig snarare nostalgiskt till föreställningen om framsteget. Under välfärdsstatens glansperiod skedde ständiga förbättringar inom många områden och dessa framsteg antogs fortsätta. Detta gör att människor kan minnas en tid då de såg hoppfullt på framtiden. Även om något slutgiltigt mål aldrig uppnåddes går det att minnas själva den optimistiska resan mot målet.

Den socialdemokratiska huvudberättelsen om välfärdsstaten, eller folkhemmet, har utmanats av ett invandringskritiskt narrativ om välfärdsstatens glansperiod och förfall. Julia Håkansson har i sin avhandling *Historia och nationalism* undersökt relationen mellan nationalism och historia i ideologin hos Sverigedemokraterna och Danskt folkeparti. Hon refererar till idén om en guldålder och senare förfall när hon beskriver dessa två partiers berättelser om det moderna Sverige:

> I båda fallen handlar det om en historieskrivning som skildrar en demokratisk utveckling med kulmination i ett idealt samhälle som sedermera övergår till samhällets förfall, orsakat av massinvandring och mångkulturalism.[574]

Sverigedemokraterna har periodvis uttryckt en positiv syn på Per-Albin Hansson som en företrädare för ett nationellt folkhem innan Socialdemokraterna antog en mer internationalistisk socialism. Hos Sverigedemokraterna är orsaken till fallet invandringen och det mångkulturella samhället. Sverigedemokraterna presenterar ett invandringskritiskt narrativ i en renodlad programmatisk form. Samtidigt finns liknande tankar om det moderna Sveriges utveckling förankrade i det svenska samhället på ett strukturellt plan. Som Sveriges näst största parti i valet 2022 är det rimligt att betrakta deras utmaning mot den

---

[573] Wiklund, 122.
[574] Håkansson, *Historia och nationalism*, 229.

socialdemokratiska huvudberättelsen som en av de mest betydelsefulla i en samtida svensk historiekultur. Jag väljer att betrakta välfärdsstatens glansperiod som ett narrativ i olika versioner. Trots att Sverigedemokraterna ser Socialdemokraterna som sina främsta antagonister hyllar de välfärdsstaten och folkhemmet.[575] Glansperioden beskrivs förhållandevis liknande av de båda antagonisterna medan förfallet beskrivs på olika vis.

Det har funnits en viss uppgörelse med välfärdsstatens glansperiod i ett tidsskikt som ligger mellan själva glansperioden och den tid erfarenheterna kommuniceras i. Ett historiskt arbete som varit betydelsefullt för denna uppgörelse med den sociala ingenjörskonstens tänkande och praktik är Yvonne Hirdmans *Att lägga livet till rätta*, symptomatiskt nog publicerad 1989.[576] De övergrepp som begicks på människor som inte accepterades i detta rationella välfungerande samhälle beskrivs i Gunnar Broberg och Mattias Tydéns *Oönskade i folkhemmet*.[577] Steriliseringsdebatten sattes signifikant nog igång av Maciej Zaremba genom artiklar i *Dagens nyheter* 1997. Dessa verk och debatter får utgöra exempel på det brott i historiekulturen när folkhemsepoken och den sociala ingenjörskonsten började ifrågasättas. På senare tid har Aron Flams *Detta är en svensk tiger* och Sverigedemokraternas film *Ett folk, ett parti* försökt sammankoppla den svenska socialdemokratin med nazismen.[578] Detta kan betraktas som ytterligare symptom på utmaningar mot en tidigare dominerande bild av den svenska välfärdsstatens glansperiod. Sverigedemokraternas nationalistiska utmaning mot den socialdemokratiska välfärdsberättelsen kan betraktas som ett försök att överta narrativet om välfärdsstatens glansperiod och separera det från den socialdemokratiska komponenten.

Ankomsten

När de polskjudiska flyktingarna kommunicerar erfarenheter från sin ankomst till Sverige placerar de sig återkommande i en jämförelse med de som har kommit till Sverige under 2000-talet. De anknyter frekvent och tydligt till narrativet om välfärdsstatens glansperiod i denna jämförelse där flyktingmottagandet kring 1970 framställs i en mer positiv dager än det på 2000-talet. Det finns åtskilliga skildringar i biografier, levnadsberättelser och dialoger av svenskkurser, universitetsutbildning, egna bostäder och arbete som erövrades i en rasande takt. Motivationen och målmedvetenheten skildras hos gruppen i

---

[575] Håkansson, 249–56.
[576] Hirdman, *Att lägga livet tillrätta*.
[577] Broberg och Tydén, *Oönskade i folkhemmet*.
[578] *Ett folk, ett parti – Socialdemokraternas historia*.

fråga men också det omgivande samhällets betydelse är uppenbar. Sverige från ankomsten och de kommande åren framstår som ett idealiskt samhälle att integreras i. Det bör påpekas i sammanhanget att merparten av levnadsberättelserna är skrivna av högutbildade människor som snabbt lyckades etablera sig på den svenska arbetsmarknaden. Själva metoden att arbeta med biografier och skrivna levnadsberättelser leder, som jag påtalat inledningsvis, till ett snedvridet urval. Den positiva integrationsupplevelsen behöver alltså inte vara helt representativ. Den äldre generationen levde inte längre när skrivuppropet inleddes 2020. Hos dem kan det ha funnits många exempel på större svårigheter med att finna sig till rätta i det nya landet även om det fanns många initiativ för att hjälpa dem, till exempel genom så kallade arkivarbetstjänster anordnade av Arbetsmarknadsstyrelsen (AMS).

Beskrivningar i biografierna och levnadsberättelserna signalerar på åtskilliga ställen att Sverige visade sig vara ett fantastiskt land redan i ankomstögonblicket. Zalma Putermans familj satt och frös ute på däcket på färjan mellan Köpenhamn och Malmö. Han kände ångest och osäkerhet inför om han skulle kunna försörja sin familj. Efter det kommer följande skildring av mötet med Sverige vilket blir en historisk-geografisk gränsdragning i erfarenhetskronologin, en passagerit:

> Ankomsten till Malmö blev både befriande och trevligt överraskande. Så fort vi steg av båten kom en tulltjänsteman fram och frågade vänligt om vi hette Puterman. Överraskningen var total, hur visste han vad vi hette i efternamn. I Wien fick vi ingen information om att svenska myndigheter skulle ta hand om oss så här. När jag svarade jakande på hans fråga hälsade han oss välkomna till Sverige, bad oss att stå där vi stod och vänta på en taxi som han skulle hämta. Taxibilen, tillade han, kommer att köra oss till hotellet och vi behöver inte betala för den, det gör hotellet. I vår vildaste fantasi där på det mörka och kalla däcket hade vi inte kunnat drömma om ett sådant mottagande i det nya landet. All min ångest var som bortblåst. Jag kände på mig med detsamma att här kommer vi att trivas.[579]

Att komma till Sverige var att passera järnridån under kalla kriget. Även om Sverige var officiellt neutralt i denna bipolära världsordning var det ingen tvekan om att de hade kommit till väst, både materiellt och politiskt. Flera personer skriver om hur de från ett tåg- eller bussfönster betraktar ett land där allt är upplyst, rent och i iordningställt. Många anför exempel på intrycket av affärer i Sverige, hur många det fanns och det stora utbudet av varor. Vid ankomsten

---

[579] Puterman, *Ett liv i glädje och tårar*, 277.

till Stockholm köper Zaremba ett paket cigaretter av för honom exklusiv kvalitet. "I kassan bad jag också om ett paket Dunhill. Försökte sedan verka oberörd när jag avlägsnade plastfolien, öppnade locket, tog bort det gyllene pappret från det vänstra facket och förde paketet mot näsan."[580]

Zarembas första dag i Stockholm beskrivs på ett suggestivt sätt, bevarad i minnet av lukten vid Odenplans tunnelbanestation:

> I många år därefter har jag försökt locka fram minnet av den ogrumlade förväntan på livet som blivit ett med denna doft. Det lyckades några få gånger, men endast där, nedanför trappan, närmast spåret, vid Odenplans T-banestation. Och nu är det borta. Det var den 30 april 1969, min första dag i Sverige.[581]

Upplevelsen var så positiv att han försökte komma i kontakt med det svunna tidsskiktet genom doften. Han ville åter erfara det han erfor och därmed åter komma i kontakt med känslan av en ogrumlad förväntan på livet. Så inleddes hans liv i Sverige. En sinnlig inramning av en vändpunkt i den historiska erfarenhetskronologin, en orienteringspunkt. Glansperioden gällde inte bara det offentliga välfärdssamhället utan även den materiella nivån gestaltas. Sverige gestaltas som en välfärdsstat med hög ekonomisk standard.

När de anlände till Sverige som statslösa flyktingar blev de tilldelade främlingspass. Det är utifrån min uppfattning förvånansvärt få som har kommenterat själva namnet *främlingspass*. Kanske var det fler som likt Emilia Degenius inte förstod vad främling betydde och att det är först i ett senare tidsskikt med bättre kunskaper i svenska som betydelsen uppenbarat sig.

Emilia Degenius skriver att hon är tacksam över att hon inte förstod vad ordet "främling" betydde när hon hade ett främlingspass:

> Mitt pass ser inte ut som de andra passen i kön till passkontrolluckan, mitt har ett hårt omslag likt en inbunden roman, är ljusblått och för stort för att rymmas i en ficka, jag minns inte färgen på de andra passen, det enda jag minns är att omslaget är mjukt, går att böja, har en annan färg och är i fickformat, det står inte Sverige eller Sweden eller båda på omslaget till mitt pass, det står Främlingspass, vilket förfärligt ord!, det är verkligen tur att jag inte förstår svenska, att jag därför inte förstår vad främling betyder, att jag inte förstår ordets hela innebörd, inte heller att det är jag som är främlingen, för det vet jag alldeles säkert att jag inte gör, vissa ord kan ta lång tid att förstå, främling har tagit fyrtio år, jag tänker inte på sådant då, pass som pass tror jag att jag tänker, behövs när jag har ett ärende till posten, färg och storlek spelar ingen roll, eller så tänker jag inte alls, reflekterar inte över färgen,

---

[580] Zaremba, *Huset med de två tornen*, 279.
[581] Zaremba, 280.

storleken och främlingen, ställer mig i kön till passkontrolluckan och inväntar min tur, som alla andra, som vem som helst i kön.[582]

Att det hette främlingspass signalerar någon slags kyla i myndigheternas behandling av människor, men i stort beskriver biografier, levnadsberättelser en både tydligt välmenande och välorganiserad mottagning i det nya landet; språkutbildning och vägen till studier, arbetsmarknad och bostadsmarknad. Allt verkar följa varandra i en logisk följd. Maria Rotstein skriver följande om tillvaron på Marstrand där hon blev placerad efter ankomsten för att få utbildning i svenska:

> För mig blev kursen på Marstrand ett oförglömligt kapitel i den mest positiva meningen. Vi blev placerade i olika små och mindre hotell, den typiska husmansmaten serverades på två restauranger, den personliga och sänglinnestvätten ombesörjdes av staten, utöver detta fick vi 5 kr om dagen för var och en. En ren lyxsemester, så upplevde vi två det. Vi blev mantalsskrivna i Svenska kyrkan på ön – ett allra första steg till det svenska livet, vilken upplevelse![583]

Richard Lerner skriver om livet på förläggning på ett liknande sätt: "Vi bodde i fina och välutrustade stugor i en stugby, en familj i varje stuga. Helpension och fickpenning (3 kr/dag + 2 kr/skoldag om jag minns rätt). Vi fick även kuponger för klädinköp. Vilken generositet!"[584]

Den positiva förväntan på att komma till Sverige befästes av mottagandet och den initiala språkutbildningen. Ella lovordar mottagandet på följande sätt:

> Två duktiga pedagoger lotsade oss i svenska språket; vi fick nya vänner, mest från Tjeckoslovakien och Chile som även dem kom mellan 1969–1972 till Sverige. Vår lärare i svenska bjöd oss till sin sommarstuga i Uppland och min idealiserade, romantiserade uppfattning om Sverige, bekräftades.[585]

Regina Feierberg beskriver sin etablering i Sverige efter ankomsten i november 1969 på följande raka sätt: "Jag blev klar med studierna 1972 och fick svensk läkarlegitimation 1974. Sedan blev jag specialist i barn och ungdomsmedicin och därefter i allmänmedicin. Slutade arbeta 2020 vid 74 års åldern."[586]

Dessa textpassager och många andra målar upp ett välorganiserat och effektivt mottagande av en väl utvecklad välfärdsstat. Det var tydligt att de hade

---

[582] Degenius, *Åka skridskor i Warszawa*, 17f.
[583] Maria Rotstein, 6.
[584] Richard Lerner, 4.
[585] Ella, 10.
[586] Regina Feierberg, 1.

passerat järnridån, till ett rikare men också mer demokratiskt och mindre korrupt samhälle. Det skapas även en tydlig kontrast till tidsskiktet de berättar utifrån där välfärdsstaten verkar ha dragit sig tillbaka i mottagandet av migranter. Det finns dock även beskrivningar av specifikt svenska problem men dessa tar aldrig överhanden av skildringen. Det bör påpekas i sammanhanget att dessa människor till största delen kom som kvotflyktingar. De hade redan ordnat med tillstånd om att komma till Sverige via den svenska ambassaden i Warszawa. Flyktingar som kom samtidigt till Sverige under en annan status till Sverige måste rimligtvis ha haft en helt annan erfarenhet. De kom även under en tid då Sverige led av en brist på arbetskraft vilket ytterligare skapade en situation av ett positivt mottagande.

Mötet med den svenska judenheten

Att tala om den svenska judenheten i bestämd form singularis riskerar att ge missvisande konnotationer av att det finns en enhetlig judisk gemenskap, en homogen grupp som delar en specifik uppsättning egenskaper. Så är det inte. Jag använder den svenska judenheten som ett samlingsbegrepp för alla judar i Sverige. Jag inkluderar alla med någon slags judisk självidentifiering i denna kategori utan hänsyn till halachiska regler eller samfundsanslutning. Huvudsakligen talar jag om den svenska judenhet som framträder i de anländande polska judarnas berättade erfarenheter. Det är en flytande gräns när en polskjudisk migrant inkluderar sig själv i den svenska judenheten och även här tillämpar jag en princip av självidentifiering. De kommunicerade erfarenheter som analyseras här presenterar en polskjudisk grupp i möte med en svensk judenhet, som två separata entiteter. Det är stora individuella skillnader ifall den gränsdragningen upplösts eller upprätthållits. De tidiga erfarenheterna av detta möte verkar i många fall ha blivit bestämmande för den fortsatta relationen polskjudiskt-svenskjudiskt och hur starkt detta vi-och-dom blir. Krysia Flato uttrycker det tydligt: "Och dom tyckte, och jag tror att dom tycker fortfarande det, vi var för lite judiska. Vi gick inte synagogan, vi trodde inte på Gud, vi kunde inte böner, vi kunde inte helger, vi kunde inte någonting."[587]

De svenska judarna/den svenska judenheten framträder på ett tydligt sätt i de kommunicerade erfarenheter som studeras här. I deras erfarenheter beskrivs ofta ett möte med ett tydligt vi-och-dom mellan den svenska judenheten och de polskjudiska invandrarna. Till bilden hör att en betydande del av den svenska judenheten hade polskjudisk familjebakgrund eller var polska judar som kommit i tidigare migrationer. Det polskjudiska fanns genom detta representerat på

---

[587] Intervju Jurek Gold och Krysia Flato, 00:47:48–00:48:03.

den andra sidan men de som kom i anslutning till den antisemitiska kampanjen har en tydligare avgränsning som en polskjudisk grupp i Sverige. Relationen mellan den svenska judenheten och de anländande polskjudiska flyktingarna är ett mångbottnat kapitel som tar sig flera olika uttryck i biografier, levnadsberättelser och dialoger. I *Flykten till Marstrand* skriver Anna Grinzweig Jacobsson: "När man byter land äger kulturkrockar rum, inget konstigt med det. Men det är intressant att den allra största, av berättelserna att döma, tycks ha skett mellan de polska och de svenska judarna."[588]

I dialogerna och i informella samtal har jag fått intrycket att det svåra, erfarenheten av en krock, dominerade detta möte men i de skrivna levnadsberättelserna överväger positiva skildringar av mötet med den svenska judenheten, särskilt utifrån möjligheten att utveckla sin judiska identitet i olika svenskjudiska sammanhang. Till exempel skriver Wiktor Raldow:

> Jag fick en positiv bild av judendomen. I synagogan på Jom Kippur blev jag tagen av den högtidliga helgatmosfären samtidigt som jag blev överraskad och imponerad av den informella stämningen med springande barn och intensiva samtal. Jag var med på sedermåltiderna och träffade den karismatiska och moderna rabbinen Morton Narrowe. Allt detta kändes nytt och befriande.[589]

Rabbinen i Stockholm Morton Narrowe förekommer i flera fall som ett exempel på någon som underlättade kontakten med judiska församlingen eller det judiskt religiösa livet. Det uttrycks dock onekligen en friktion mellan de nyanlända polska judarna och de svenska judarna. Raldow ger en nyanserad bild av skillnaderna mellan grupperna:

> Även de svenska och de polska judarna var olika. De svenska som vi träffade var välanpassade men mindre assimilerade än vi hade varit I Polen. Majoriteten av oss hade knappt några kunskaper i judendom, och var vana att betrakta Polen som sitt hemland. Svenska judar var mycket mer kunniga och upprätthöll traditioner. Många åkte till Israel på semester varje år och även under de stora helgerna. Å andra sidan visste de inget om det samtida Polen och hade inte så stor förståelse för våra problem och prioriteringar. Många gånger hörde vi frågan om varför vi hade kommit till Sverige och inte emigrerat till Israel.[590]

---

[588] Grinzweig Jacobsson, *Flykten till Marstrand*, 152.
[589] Wiktor Raldow, 5.
[590] Wiktor Raldow, 6.

De mer negativa beskrivningarna handlar i allmänhet om den tidigaste perioden i Sverige. Till exempel skriver Maria Rotstein om församlingens inställning till de nyanlända polska judarna som bodde på förläggning:

> Märkligt nog att inget, mer officiellt besök från dåvarande Mosaiska Församlingen, ägde rum. Ledningen för församlingen betraktade vår emigration som icke religiösa, vilket nog stämde i viss mån, samt som kommunister, vilket nog inte stämde med verkligheten, i alla fall i de flesta fall, enligt min mening.[591]

Om sina senare kontakter med det svenskjudiska skriver hon betydligt positivare. Problemen rör den första tiden. Hon skriver positivt om både vänskap med judiska familjer och församlingsaktiviteter vilket utvecklat hennes judiska identitet:

> Just, tack vare vänskapen med judiska familjer kom jag i kontakt, för första gången i mitt liv, med det judiska livet och dess vanor, så som firandet av bat- och bar mitzvor, stora judiska helger, koschermat och dylikt. Genom att delta i föreläsningar, organiserade av Judiska församlingen i Göteborg, som jag blev medlem i, fick jag lära mig en del av den judiska historien och kulturen.[592]

Det verkar helt klart finnas en tydlig gränsdragning mellan den polskjudiska gemenskapen inom denna specifika grupp och den svenskjudiska gemenskapen i stort. Medlemskapet i en judisk församling kan fungera som ett sätt att upprätthålla en judisk identitet utan att det behöver betyda något större deltagande i församlingslivet. Jurek Gold, som umgås huvudsakligen inom den polskjudiska gruppen, beskriver hur han är "sedan ca. 40 år tillbaka medlem i den judiska församlingen i Stockholm, mest för att bekräfta min judiska identitet för mig själv. Mitt medlemskap är mycket passivt. Jag läser dock gärna Judisk krönika – jag tycker att det är en mycket bra tidskrift."[593]

Vid samtal med levnadsberättelseskribenterna har flera antytt ansträngda relationer mellan deras polskjudiska grupp och den svenskjudiska gruppen. Det allra tydligaste exemplet var en egenproducerad dokumentärfilm från 1970-talet skapad av två personer från den aktuella gruppen. Filmen visade genom en rad intervjuer den vi-och-dom-problematik som skapats mellan judiska institutioner och de nyanlända polska judarna i både Sverige och Danmark. De hade försökt samarbeta och närma sig varandra men olika problem hade uppstått. De polska judarna uppfattas ofta som okunniga i judiska traditioner, svårinte-

---

591 Maria Rotstein, 6.
592 Maria Rotstein, 8.
593 Jurek Gold, 4.

grerade och påverkade av det kommunistiska samhälle de kommer från medan den etablerade skandinaviska judenheten uppfattas som exkluderande i sin syn på judiskhet. Under det tidiga 2020-talet, när levnadsberättelserna skrevs, har denna konfliktlinje blivit mindre uttalad men det finns onekligen spår kvar. Det är något som flera kan prata om informellt men de väljer att inte skriva om i sin levnadsberättelse.

Den judiska skolan i Stockholm, Hillelskolan, förekommer i flera utav levnadsberättelserna och dialogerna. Krysia Flato valde att sätta sina barn i Hillelskolan för att kunna ge dem en kunskap om det judiska som inte bara handlade om förföljelse och andra världskriget. Genom barnens skolgång kunde hon själv lära sig om judiska traditioner.[594]

För Richard Lerners barn verkar det ha gått friktionsfritt att anpassa sig till skolan:

> Vi blev tipsade om Hillelskolan som också hade en förskola. Dessutom hade man där en skolskjuts. Både Martin och Mikael trivdes mycket bra på Hillelskolan. Det verkade inte spela någon större roll att de inte hade några judiska traditioner med sig hemifrån.[595]

För Bronia Sokolow var erfarenheten av Hillelskolan mer komplicerad. Hon placerade sitt äldsta barn där i ett försök att närma sig det judiska, både för barnets och sin egen skull. Hon upplevde sig i någon mån exkluderad från gemenskapen på skolan och visar genom detta hur friktionen mellan det polskjudiska och det svenskjudiska kunde gestalta sig:

> Jag hoppades att jag skulle få lite gemenskap med de andra judiska mammorna, men jag upplevde mig avvisad av dem, på ett ganska bryskt sätt. Det kändes som att de såg ner på mig på något sätt. Samtidigt tyckte jag att det var spännande med alla historier som min dotter kom hem med. De religiösa inslagen övertygade inte mig och kändes främmande men jag tänkte att det vore bra om vi kunde lära oss de judiska traditionerna. Någonstans förstod jag att min dotter uppfattade liknande signaler som jag men att det på det stora hela var en helt okej skolgång och jag visste att hon hade bra vänner som ofta bodde över hos oss och hon hos dem. Hur som helst, det blev aldrig aktuellt att någon av mina yngre döttrar skulle gå där senare. De gick i vanliga skolor i Orminge. Min nyfikenhet på det judiska var mättat i det avseendet.[596]

---

[594] Intervju Jurek Gold och Krysia Flato, 00:48:00–00:52:30.
[595] Richard Lerner, 6.
[596] Bronia Sokolow, 9.

En laddad fråga som biografierna snuddar vid och som ofta diskuteras av människor inom den aktuella flyktinggruppen är relationen mellan dem och den judiska församlingen i Sverige, eller *Mosaiska församlingen* som den hette vid deras ankomst. Mötet mellan de polska och de svenska judarna kan kanske beskrivas som en föreställd och förväntad gemenskap som inte förverkligades.[597] Detta blev från båda parter en besvikelse, eller en utmaning man inte förutsett. De båda grupperna var judiska på olika sätt, de bar på helt olika erfarenheter. Mötet mellan de polskjudiska flyktingarna och de svenska judarna är en historisk erfarenhet med en identitetsmässigt orienterande funktion. I många fall anknyter de till olika judiska historiekulturer med olika orienteringsriktningar. Det går att renodla två orienteringsriktningar i detta möte. En till den polskjudiska kulturen: Jiddischland, Singer och även sekulära inslag som Bund och andra moderna sekulära judiska rörelser. Även erfarenheten av kriget, Förintelsen med överlevnad i Sovjetunionen och ett liv i Folkrepubliken Polen ingår i denna orienteringsriktning. Den andra orienteringsriktningen är mot den religiösa historien och det judiska ursprunget i Mellanöstern i kombination med den moderna staten Israel; hebreiska mer än jiddisch; Israel mer än diaspora; religiös tradition mer än sekulär kultur. Denna renodling är oerhört förenklande men den ger en pedagogisk bild för att förstå mötet med den svenska judenheten. Om vi jämför med den östjudefobi som Anna Besserman, Per Hammarström och Carl Henrik Carlsson beskrivit från en tidigare migration, finns det vissa återkommande drag men också betydande skillnader.[598] Medan de tidigare östjudarna uppfattades som för religiösa och traditionella uppfattades den senare polskjudiska flyktingmigrationen i stället som för okunniga om religion och tradition.

Jurek Gold använder ordet "ostjuden" för att beskriva hur de blev betraktade av de svenska judarna. "Vi var *ostjuden*. Alltså, ordet ostjuden är inte det mest positiva". Krysia Flato inflikar: "Det är pejorativt."[599] Krysia fortsätter med att berätta hur hennes mor blev bjuden hem till en kusin som kommit till Sverige med de vita bussarna. Modern upplevde att hon blivit behandlad som en fattig släkting, och att hon kommer från öst och är inte tillräckligt judisk.[600] Krysia

---

[597] Anderson, *Den föreställda gemenskapen*. Det skulle vara möjligt att utveckla en andersonsk analys av en föreställd gemenskap som uteblir. Vad händer när en grupp befinner sig i en aktiv utveckling av en ny föreställd gemenskap, i detta fall en judisk identitetsutveckling, samtidigt som de tillgängliga reella gemenskapssammanhangen, institutionerna, inte svarar mot den aktuella gruppens förväntningar och behov?

[598] Besserman, "'… eftersom nu en gång en nådig försyn täckts hosta upp dem på Sveriges gästvänliga stränder'. Mosaiska församlingen i Stockholm inför den östjudiska invandringen till staden 1860–1914"; Carlsson, *Medborgarskap och diskriminering*; Hammarström, *Nationens styvbarn*, 2007.

[599] Intervju Jurek Gold och Krysia Flato, 00:41:37–00:41:51.

[600] Intervju Jurek Gold och Krysia Flato, 00:44:49–00:45:46.

Flatos släkting var själv ursprungligen en polsk judinna som kom till Sverige vid krigsslutet. Men hennes östlighet hade försvunnit under de cirka 25 år det tagit till hennes släktingar anlände från Polen. Att vara östjude verkar i denna situation handla om att inte vara tillräckligt judisk; eller fattig och från ett kommunistiskt land.

Mötet är inte enbart betydelsefullt för de anländande polska judarna utan även bland de svenska judar som tog emot dem har erfarenheten av detta möte en identitetsmässigt orienterande funktion. När den svenskjudiska journalisten Ricki Neuman på historiska museets scen diskuterade denna migration 2018 uttalade han en slags självkritisk ingång kring hur han och andra svenska judar hade agerat vid mottagandet av de polska judarna. Han ville förstå vad som hade skurit sig. Jurek Gold berättar i en dialog om hur han pratat med en svensk jude på 2000-talet:

> Jag sa, "Ni har inte tagit emot oss, egentligen".
>
> Och då sa han, "Ni har inte velat komma in".
>
> Det är nog sant både och. Mitt svar var att vi har inte velat komma in, vi har stängt oss i vår egen grupp därför att ni har inte öppnat era armar. Och han säger sitt.
>
> Förmodligen är båda sanna.[601]

Det finns en lång historia av judiska migrationer till Sverige som upplever någon slags konflikt i mötet med den etablerade svenska judenheten. Judiska församlingar var inkopplade i myndigheternas mottagande arbete och de skickade ut socialarbetare till förläggningar för att hjälpa de nyanlända.[602] Dessa ansträngningar verkar inte ha resulterat i positiva minnen om mötet mellan svenskjudiskt och polskjudiskt. Det är som att båda parter förväntade sig en större känsla av samhörighet och gemenskap än vad som uppstod. I stället uppstod friktion och besvikelse, från båda parter. Relationen till det svenska majoritetssamhället började däremot med färre förväntningar och därmed blev de positiva erfarenheterna av Sverige och den svenska välfärdsstaten mer framträdande.

Både Izabela Dahl och Łukasz Górniok har tagit upp Föreningen för polska judar i Sverige och dess ordförande Jakob Goldstein som centrala aktörer i att

---

[601] Intervju Jurek Gold och Krysia Flato, 00:41:03–00:41:40.
[602] Górniok, *Swedish Refugee Policymaking in Transition?*, 160–62; Dahl, *Ausschluss und Zugehörigkeit*, 275–80.

underlätta migrationen och att stötta de nyanlända på olika sätt.[603] Av någon anledning har Goldstein och hans förening inte fått någon central plats i biografier, levnadsberättelser och dialoger.

Håkan Blomqvist har beskrivit hur bundisterna, en tidigare polskjudisk grupp, sipprade ut ur landet. De lyckades inte återskapa den familjära gemenskapen *mishpokhe* som var utmärkande för rörelsen.[604] De sociala och kulturella sammanhangen saknades. När den senare polskjudiska gruppen kom till Sverige framstod den svenskjudiska kulturen på ett liknande sätt. Även om få har uttryckt direkt konfliktartade situationer med svenskar har det sociala livet inom den polskjudiska gruppen dominerat. Till skillnad från bundisterna verkar denna grupp polska judar generellt varit mer inriktade på att inte flytta vidare utan fokuserade fullständigt på att skapa en beständig tillvaro i Sverige.

I en opublicerad intervju fick jag berättat för mig hur ett arrangemang mellan den polskjudiska gemenskapen och judiska församlingen hade skurit sig kring om det skulle serveras fläsk. En liknande händelse beskrivs av Wowa Klamra i en anekdot som gestaltar spänningen mellan det polskjudiska och det svenskjudiska. Klamra berättar om hur ett nyårsfirande arrangerat på en hotellrestaurang av polska judar hade skapat en konflikt med en svensk jude som hade deltagit. Det framkom att det serverades fläsk. Att så var fallet spreds till den judiska församlingen. Konflikter kring griskött kan tydliggöra den polskjudiska gemenskapen i relation till den svenska judenheten i stort. Det understryker deras olika orienteringar av deras judiska identiteter och gemenskaper.[605]

Den polskjudiska gemenskapen

Gemenskapen inom den svenskpolskjudiska gruppen framträder som betydelsefull över lång tid. Jurek Gold konstaterar: "Än idag utgör de polska judarna den största gemenskapskrets som jag ingår i."[606] Leona Leah Rapoport skriver att "Gruppen som emigrerade 1967 och senare från Polen håller mycket kontakt med varandra. Moderna medier underlättade kontakter och sökande."[607] Ewa Gutniak beskriver hur hon tidigare inte hade några svenska vänner, judar som icke-judar:

---

[603] Górniok, *Swedish Refugee Policymaking in Transition?*, 134–36. Dahl, *Ausschluss und Zugehörigkeit*, 293–97.

[604] Blomqvist, *Socialism på jiddisch*, 165–81.

[605] Intervju Maja Orska och Wowa Kamra, 00:49:30–00:51:52.

[606] Jurek Gold, 3.

[607] Leona Leah Rapoport, 4.

> Vi bor i en förort och är verkligen sällan "i stan". Vi har inga vänner som är etniska svenskar eller svenska judar utan umgås mest med mina allra äldsta vänner från gymnasietiden som också bor i Stockholm. Min man och jag övervägde aldrig att bli en del av den svenskjudiska gemenskapen, helt enkelt därför att vi saknade kunskap om historia, traditionerna, språket (jiddisch), religionen, ritualerna – allt det som ingår i begreppet judendom. Jag tyckte att det judiska kunde vara mer en belastning än en tillgång.[608]

Anna som inledningsvis hade sökt sig inåt den egna gruppen samtidigt som hon upplevde ett utanförskap fjärmade sig från den polskjudiska gemenskapen då hon lärt känna nya människor utanför gruppen:

> Under den perioden i mitt liv började jag undan för undan fjärma mig från den polsk-judiska gruppen. Det skedde utan någon större dramatik. När jag inte längre upplevde den initiala känslan av samhörighet behövde jag söka mig vidare.[609]

Det råder utan tvivel många olika förhållningssätt till gemenskapen inom den svenskpolskjudiska gruppen, men det finns många tecken på att sammanhållningen är stark över 50 år efter ankomsten till Sverige. Det anordnas fortfarande sociala aktiviteter som gruppresor och gemensamma firanden. En person, Michael "Misiu" Edelman, har varit i centrum av dessa arrangerade aktiviteter. Han är idrottslärare till yrket och har därmed vissa kvalifikationer för att arrangera gruppaktiviteter. Det finns en individuell intervju med honom i samlingen där han berättar hur de olika sociala aktiviteterna utvecklat sig på olika platser i Sverige och senare även utlandsresor. Han beskriver sina erfarenheter som att situationen råkade leda till att han blev spindeln i nätet som kom att organisera det hela. Starkast etablerad är traditionen att hyra folkhögskolan i Mullsjö för gemensamt semesterfirande under sommaren. Efter att Edelman pensionerat sig från att arrangera resor och andra aktiviteter har deltagarna på hans lista fortsatt resa i en mer konventionell resebyrås regi.[610]

År 2019 tilldelades Edelman Aron Isak-priset av judiska församlingen i Stockholm för sina insatser för det judiska livet i Sverige. Med tanke på de svårigheter som förekommit mellan den polskjudiska gruppen och den svenskjudiska gruppen kan detta betraktas som ett historiskt erkännande, en orienterande händelse som markerar en mer harmonisk relation.

---

[608] Ewa Gutniak, 5.
[609] Anna, s 4.
[610] Intervju med Michael "Misiu" Edelman

Tidigare har det funnits en förening för polska judar i Sverige som under en period leddes av den i sammanhanget ytterst betydelsefulle Jakob Goldstein.[611] En annan organisation som varit av betydelse för gemenskapen kallar sig Coordination Comitte. De har arrangerat gemensamma sammankomster för hela gruppen sedan ankomsten och är fortfarande aktiva. Några som deltagit i insamlingen, *Vi, de fördrivna*, är engagerade i Coordination Comittee.

En förening med ett explicit historiskt intresse inom den polskjudiska gemenskapen är den svenska vänföreningen till Polin, de polska judarnas museum i Warszawa. Denna vänförening består till övervägande majoritet av polskjudiska flyktingar från den antisemitiska kampanjen och de håller möten huvudsakligen på polska. Museet i Warszawa är en betydelsefull markering för att visa på Polens judiska historia. Själva byggnaden är spektakulär och befinner sig på en central plats som många passerar. Den understryker judendomens plats i Polens historia och Polens plats i judendomens historia. Vänföreningen understryker detta förhållande i en svenskjudisk historiekultur.

Generationsskillnader

Generationsskillnaden är av central betydelse i dessa flyktingars uppfattning av och förhållningssätt till det nya landet. Åldern vid ankomsten är som i alla migrationer av avgörande betydelse för den kommande relationen till ankomstlandet, även om det finns många individuella avvikelser inom generationerna. Den generation som dominerar i mitt material är den tidiga efterkrigstidens babyboom men genom dem förmedlas även deras föräldrars erfarenheter.

De äldre, som Adam Bromberg och Hilary Sarnecki, tänkte att livet i Sverige inte var så intressant med tanke på allt de varit med om och överlevt. När Hilary Sarneckis son Jerzy Sarnecki intervjuar fadern i *Hilarys historia* vill han inte acceptera faderns ointresse inför att berätta om sitt stillsamma liv i Sverige. På det sättet lyckas Jerzy tvinga in även den perioden i faderns biografi. Zalma Puterman, född 1931, tillhör lite utav en mellangeneration i sammanhanget. Han är född före andra världskriget men var ett barn när det började. Han tillhör därmed inte samma generation som Adam Bromberg och Hilary Sarnecki. Majoriteten av de vars kommunicerade historiska erfarenheter studeras här tillhör den tongivande yngre generationen vid ankomsten till Sverige som Julian Ilicki utforskat i *Den föränderliga judiska identiteten*. De var unga men inte barn, ofta studenter. Andra var barn, som exempelvis Anna Grinzweig Jacobsson och Emilia Degenius. Degenius var 16 år när hon själv fick inleda sitt nya

---

[611] Dahl, "Mottagandet av polska judar i Sverige 1968–1972", 253–54; Górniok, *Swedish Refugee Policymaking in Transition?*, 134–36; Dahl, *Ausschluss und Zugehörigkeit*, 293–97.

liv i Sverige. Emilia Degenius och Anna Grinzweig Jacobsson var så unga vid ankomsten att deras polska är sämre än svenskan. För dem är Sverige självklart och samhället som de förstår bättre än det Polen de föddes i. Den äldsta levnads-berättelse-skribenten är Maria Rotstein, som föddes 1926. Ingen av de som var över 50 år vid ankomsten till Sverige finns representerade i samlingen. Däremot finns det mycket skrivet om dem i levnadsberättelserna genom deras barn.

Föga förvånande var det svårare för de äldre att ställa om till livet i det nya landet men det finns även många skildringar av föräldrar som fann sig till rätta på olika sätt. Ett betydelsefullt och återkommande fenomen är den anpassade anställningsformen arkivarbetartjänstgöring som skapade arbete åt många av de äldre, men ännu inte pensionerade, flyktingarna efter den initiala språk-utbildningen. Arkivarbetartjänsterna var sysselsättningar som tog till vara den akademiska kompetens som fanns hos individer som hade svårt att konkurrera på den öppna arbetsmarknaden:

> Mina föräldrar fick under tiden en lägenhet i Stockholm och var sin tjänst som arkivarbetare; mamma som tolk på ett departement i Stockholm och pappa på Kungliga biblioteket för att ordna "Polonica", gamla polska skrifter och böcker. Och deras tacksamhet gentemot svenska staten hade inga gränser.[612]

Arkivarbetartjänsterna verkade spela en central roll i att hitta sysselsättning, sociala sammanhang och även ta tillvara specifika kunskaper hos dessa äldre akademiker. Det var kunskaper som ingen hade kunnat ana behovet av. Många var språkkunniga i ryska, polska, jiddisch och latin. Aleksander Reich nämner sina föräldrars arkivarbetartjänster för att sedan konstatera att de blev nöjda med livet i Sverige:

> Mina föräldrar anställdes som arkivarbetare på Slaviska institutionen i Lund och senare på Lärarhögskolan i Malmö. De blev också nöjda med livet i Sverige. Min mor dog 1996, 75 år gammal. Min far dog 2020, 97 år gammal.[613]

Arkivarbetartjänsterna verkar ha varit någonting betydligt bredare än att enbart arbeta i arkiv, Stefan Zylberstein skriver: "Och så fick vi napp. Far fick en s.k. **arkivarbetartjänst** på Handelshögskolan i Göteborg. Just det arbetet gick faktiskt ut på att jobba i arkivet."[614]

Det finns även en del glimtar från ett rikt socialt liv för de äldre i levnads-berättelserna. Bronia Sokolows beskrivning av gemenskapen på Orminge

---

[612] Ella, 11.
[613] Aleksander Reich, 3.
[614] Stefan Zylberstein, 13.

bibliotek sammanväver ett miljonprogramsområde, med en offentlig institution hon kallar fantastisk, Orminge bibliotek. Där fann de polskjudiska Förintelse-överlevande en social gemenskap på ett folkbibliotek, en institution typisk för välfärdsstatatens glansperiod. "Det visade sig att det bodde minst femton olika polskjudiska familjer i Orminge. Orminge bibliotek var fantastiskt. Och gruppen av polsk-judiska sjuttioåringar hade det som sitt pensionärsfritids."[615]

För vissa av de äldre fick migrationen förödande konsekvenser. Även om tillvaron i Sverige inte beskrivs på något negativt sätt var hela erfarenheten av den antisemitiska kampanjen och flykten mer än vad vissa klarade av. Leona Leah Rapoport skriver om sin mamma:

> Mina föräldrar fick lämna Polen inom två veckor och ankom till Stockholm den 10 december 1971! Min mamma var i så dåligt skick efter allt som hon fick gå igenom att hon avled efter två dagar i Sverige, 58 år gammal. Det kan jag aldrig förlåta polackerna för![616]

Jag har även fått berättat för mig om depression och till och med självmord bland de äldre vilket de som har deltagit i projektet har valt att inte skriva om i levnadsberättelserna. Återkommande är dock en känsla av tacksamhet gentemot Sverige bland de äldre, även om det var svårt för många att komma över de svåra omständigheterna de lämnat Polen under.

Gestaltning av välfärdsstatens glansperiod

De svenska offentliga institutionerna, byråkratin, spelar en betydande roll i biografiernas skildring av Sverige. Utan att jämförelsen görs explicit behöver detta kontextualiseras runt den förändrande diskursen kring flyktingmottagande i Sverige under den period som biografierna och levnadsberättelserna är skrivna och dialogerna inspelade, 2000–2024.

Socialdemokraterna är en central orienteringspunkt här och på flera håll i de historiska erfarenheter jag tagit del av uttalas en sympati för Socialdemokraterna. Bronia Sokolow skriver det rakt ut.[617] Även Hilary Sarnecki anges ha röstat på Socialdemokraterna.[618] Jag har fått intryck av att det finns en stor bredd av politiska åsikter bland dem, men de få gånger en partisympati uttalas öppet är den socialdemokratisk.

---

[615] Bronia Sokolow, 7.
[616] Leona Leah Rapoport, 2.
[617] Bronia Sokolow, 11.
[618] Sarnecki, *Hilarys historia*, 422.

Trots att välfärdsstaten gestaltas på ett dominerande positivt sätt finns inslag av kritik mot den moderna rationalistiska svenska staten. Ett målande exempel på det dubbelsidiga i att som nyanländ bli omhändertagen av den rationella svenska välfärdsstaten ges av Jerzy Sarnecki. Flyktingarna fick kläder betalda vid behov men förläggningens anställda följde med för att ge råd om de mest förnuftiga inköpen. Sarnecki skriver: "Vuxna människor, som många av dem fram till nyligen innehaft höga poster i det polska samhället, fick nu förhandla om vilka byxor och kalsonger som var prisvärda eller inte."[619]

Det välorganiserade mottagandet kunde ibland upplevas som problematiskt om flyktingarna inte delade uppfattningen som myndigheterna hade om vad som var bäst för dem. Den stora majoriteten av flyktingarna som kom placerades på olika förläggningar, ofta på landsbygden i säsongsstängda semesteranläggningar, för att studera svenska och utreda deras vidare integration i det nya landet. Anna Grinzweig Jacobssons tar sin utgångspunkt i förläggningen på Marstrand dit hon kom med sina föräldrar tillsammans med 200 andra polskjudiska flyktingar. Aleksander Ratz berättade att han ställdes inför ett val av AMS. Antingen kunde han följa deras plan om att bo på förläggning och läsa en svenskkurs med mat och husrum betalt, eller så kunde han avböja detta och försöka att ordna boende och försörjning själv. Han var även välkommen tillbaka om han skulle ångra sig efter att ha försökt själv. Kvinnan på AMS hade understrukit att det var ett fritt land, han fick välja själv.[620] Välfärdsstaten står här till förfogande som ett erbjudande, inte ett tvång.

Sverige har sedan deras ankomst gått från välfärdsstatens glansperiod till att ha blivit ett land i mängden och den ekonomiska standarden i Polen och Sverige har närmat sig varandra. Många upplever att den svenska välfärdsstaten har nedrustats. Till exempel kan beskrivningar av arbetsförmedlingen och andra statliga institutioner, betraktat från ett skrivande tidsskikt på 2020-talet, utgöra exempel på den välfungerande byråkrati som en gång fanns; ett slags myndighetsnostalgi. I levnadsberättelserna beskrivs ett Sverige som befann sig på den genomorganiserade välfärdsstatens höjdpunkt. Detta var tydligt i biografierna och om möjligt ett ännu mer framträdande drag i levnadsberättelserna.

Den mest initierade jämförelsen mellan Sverige vid ankomsten och det samtida Sverige gäller villkoren för nyanlända. På samma sätt som i biografierna finns det åtskilliga exempel på de möjligheter som fanns då men inte nu. Maria Rotstein skriver:

---

[619] Sarnecki, 400.
[620] Intervju Aleksander Ratz, Tola Ratz, Wanda Sikorska, Joanna Rose, Artur Halmin, och Bronisław. 02:08:30–02:10:10.

På det sättet hade det nya, väl ordnade, svenska livet, börjat för oss endast ett halvt år efter vår ankomst till detta land!

Otänkbart i dagens läge, året 2021![621]

Rotstein gör jämförelsen explicit mellan flyktingmottagande då och nu. En jämförelse som även Jerzy Sarnecki gör i *Hilarys historia* och som följer min hela läsning av biografierna och levnadsberättelserna. Samtidigt uppfattar jag det som ett intressant historiskt problem att utifrån äldre människors erfarenheter försöka förstå hur det var bättre förr. Deras horisont formas av deras ålder och generation. De tenderar att se förfallet och inte lägga vikt vid eventuella framsteg. Rent personligt, angående socialt liv med vänner, familj och föreningsliv, tenderar levnadsberättelserna att forma ett positivare narrativ än om samhällsförändringen i stort.

Miljonprogrammet

Den allmänna synen på den arkitektoniska och stadsplaneringsmässiga moderniseringen av de svenska städerna som genomfördes 1965–1974, det så kallade miljonprogrammet, har förändrats radikalt sedan flyktingarnas ankomståren 1967–1972. I 2000-talets tidsskikt förknippas ofta miljonprogrammet med segregerade förorter och sociala problem. Själva husen har använts som skräckexempel på arkitektur och stadsplanering. När Jerzy Sarnecki beskriver hur nöjda de var över att flytta in i en nybyggd fyra i Orminge, inflikar han ett tydligt "tyckte vi". Han demonstrerar på det sättet ett historiskt avstånd till det tidsskikt när miljonprogrammets Orminge var ett uppskattat område. En svensk läsekrets i den skrivande Sarneckis tidsskikt kan i allmänhet uppfatta den implicita kontrasten till dagens ofta negativa syn på miljonprogrammets områden:

Den närmaste tiden efter ankomsten till Stockholm ägnade vi åt att leta efter bostad. På den tiden var det inte svårt att hitta en lägenhet i något av de miljonprogramsområdena som byggdes runt staden. Vi tyckte att det var fantastiskt fina lägenheter – stora, ljusa, varma, välplanerade, välutrustade, nära till service, förhållandevis bra kommunikationer. Jämfört med vår lägenhet i Warszawa var detta rena lyxen. Vi åkte till Kungsängen och tittade på en lägenhet, men bestämde oss till slut för att flytta in i en fyra i Orminge. Lägenheten var utmärkt,

---

[621] Maria Rotstein, 7.

tyckte vi, det var nära till skogen och vi fick ett garage under tak för vår Opel som fick tillbringa återstoden av sitt liv där.[622]

Sarnecki beskriver även en period när de bor hos vänner till familjen i den nybyggda Stockholmsförorten Vårby på liknande sätt.[623] Bronia Sokolow skriver: "Livet i Orminge med närheten till naturen som jag aldrig upplevde tidigare kändes som en saga."[624] Wiktor Raldow nämner hur hans familj återsamlas i "Rinkeby där min familj fick en fin lägenhet."[625] I Rinkeby som blivit en symbol för utsatta områden fick familjen en "fin" lägenhet. Det understryker för 2020-talets läsare att Rinkeby betraktades annorlunda i det tidigare tidsskiktet.

Många av dessa flyktingar fick sina första egna boende i miljonprogrammets områden. Därmed skapades en social gemenskap mellan grupper av polskjudiska flyktingar som bodde på samma ort, till exempel i Orminge, Täby eller Rönninge. Dessa gemenskaper bidrar ytterligare till de positiva erfarenheterna av miljonprogrammet.

Miljonprogrammet har alltså väldigt olika laddningar i olika tidsskikt. Begreppet ändrar till och med betydelse. När det initierades på 1960-talet handlade det om ett politiskt program för att lösa bostadsbristen genom att bygga en stor mängd bostäder av skiftande slag: lägenheter, radhus, småhus etcetera. Med tiden har det kommit att förknippas med de stora lägenhetskomplex som var en betydande del av miljonprogrammets bebyggelse men inte allt. När Sarneckis med flera flyttar in i de nybyggda husen ser de positivt på områdena. Under kommande decennier blir diskursen kring miljonprogrammet negativare, men på 2020-talet kan vi eventuellt se en antydan till förändring när offentliga röster kan uttala ett försvar för miljonprogrammet.[626] Att närma sig miljonprogrammet utifrån dessa och liknande erfarenheter kan möjligtvis omvärdera områdenas status. Det återstår att se vart denna historiska omorientering är på väg.

En positiv skildring av Sverige

Levnadsberättelserna innehåller åtskilliga positiva beskrivningar av det Sverige de anlände till, ett typiskt exempel från Wiktor Raldow:

---

[622] Sarnecki, *Hilarys historia*, 404.

[623] Sarnecki, 403.

[624] Bronia Sokolow, 8.

[625] Wiktor Raldow, 6.

[626] Se till exempel Ola Andersson, "Miljonprogrammet är något av det bästa som hänt Stockholm."

> Sverige var djupt imponerande. Allt var rent och prydligt, allt fungerade. Infrastrukturen var i toppskick, svensk kvalité var känd överallt. Myndigheterna informerade om vilka rättigheter man hade, det var busenkelt att vidimera en kopia, det var lätt att få extra jobb med att till exempel sortera brev på posten. Kronan var urstark, i parkerna kunde man gå på gräsmattan. Ingen som vi träffade var antisemit; alla visste att Jesus var jude.[627]

Det går tydligt att konstatera denna positiva beskrivning av livet i Sverige generellt. Varför är skildringen av Sverige så positiv? Det kan tyckas vara en misstänkliggörande fråga, som ifrågasätter om beskrivningen av Sverige verkligen överensstämmer med deras egentliga erfarenheter. Det är inte min intention att ifrågasätta sanningshalten i deras upplevelser utan snarare att förstå dem som historiska erfarenheter, vad har påverkat den historiska orienteringen. Därför presenterar jag här ett antal aspekter som kan förklara den positiva skildringen. En betydelsefull aspekt i deras formuleringar är den generella förväntan från majoritetsbefolkningen på migranter av att vara tacksamma.[628] Om vi betraktar tidsskiktet, som biografiernas författare/huvudpersoner befinner sig i vid tidpunkten för skrivandet 2000–2023 har de på flera sätt lyckats. Samtliga har skaffat sig ett väletablerat liv i Sverige och många av dem är offentligt framstående personer. Till stor del gäller detta för levnadsberättelsernas författare och inom gruppen finns en etablerad självbild av att vara en välintegrerad, välutbildad och professionellt framgångsrik migrationsgrupp i Sverige. Om vi jämför detta med deras erfarenheter från den tidiga efterkrigstiden när de som överlevde Förintelsen i Sovjetunionen återkom till Polen. Då befann de sig i en liknande situation av uppbrott, osäkerhet men också hopp. När de ser tillbaka med facit i hand, med erfarenheten av den antisemitiska kampanjen och med kunskap om hur försöket att skapa ett socialistiskt Polen ledde till en diktatur under sovjetisk kontroll, läggs ett dystert raster över deras minnen av hopp och engagemang inför att bygga upp det polska samhället efter kriget. Det senare tidsskiktet kastar skuggor bakåt. Angående ankomsten till Sverige kastar deras senare erfarenheter snarare ett positivt ljus över ankomstens tidsskikt.

Ett sätt att förstå den positiva bilden av mötet med Sverige kan beskrivas genom klara kontraster i biografierna. Erfarenheten av att ha kämpat med polska myndigheter som på olika sätt försvårat processen för dem att få utresetillstånd, både genom ineffektiv byråkrati och ren korruption, gjorde att myndighetspersoner i Sverige som helt enkelt skötte sitt jobb kunde framstå i ett utopiskt sken. Sverige blir till en jämförelsepunkt för att beskriva förtrycket

---

[627] Wiktor Raldow, 6.

[628] Se till exempel D'Cruz, "Displacement and Gratitude"; Healey, "Gratitude and Hospitality"..

i Polen. Emilia Degenius studerade flitigt och presterade väl i den polska skolan men lärarna straffade henne under den antisemitiska kampanjen med låga betyg. "Jag får högsta betyg i matte. Högsta betyg i franska. Men det är först senare. Först om några år. Först när jag har bytt skola. Och land."[629] Att inte diskrimineras i skolan framstår som en seger i jämförelse.

En annan verkningshistorisk aspekt av central betydelse är flyktingmottagandets förändring från deras ankomst till 2000-talets inledande årtionden som kulminerade med den så kallade "flyktingkrisen" 2015. I jämförelse framstår det svenska mottagandet 1967–1972 i ännu ljusare dagar. Biografierna närmar sig denna jämförelse på flera ställen. På flyktingförläggningen i Lidköping där familjen Sarnecki bodde klagades det på maten, något som för övrigt förekommer i flera av de olika skildringarna. Jerzy Sarnecki skriver:

> Jag tror att orsaken till det stora engagemanget i maten inte var dess dåliga kvalitet, utan sysslolösheten och ovissheten inför framtiden. Vi bodde alltså i lägret i några få månader och visste att vi skulle få stanna i Sverige. Vad skulle ha hänt om vi fått bo där i åratal, i ovisshet om huruvida vi fick stanna eller inte?[630]

Utan att behöva uttala det finns en implicit hänvisning till alla de migranter som på 2000-talet lever i väntan och ovisshet på förläggning. Mer explicit framträder jämförelsen av flyktingintegrationen i de två tidsskikten i följande stycke:

> En månad efter att vi anlänt till Stockholm, och knappt fyra månader efter vår ankomst till Sverige, enligt Hilary 20 oktober, började han och Masza arbeta på Kooperativa Förbundets huvudkontor vid Slussen. Jag gick på intensivkurs i svenska för att i början av kommande termin börja läsa sociologi på Stockholms universitet, och Margareta började gå i skolan. Det var en snabb introduktion i det svenska samhället. Uppenbarligen behövs inte de sju år som idag lär vara den vanliga väntetiden för vissa flyktinggrupper för att få det första arbetet.[631]

Arbetet som Jerzy Sarneckis föräldrar fick var ett av få första-jobb i Sverige som flyktingar av den äldre generationen ordnat själva utan myndigheternas hjälp. Det var vanligare med de tidigare nämnda kallade arkivarbetartjänster Dessa tjänster ledde i flera fall vidare till konventionella anställningar. Den positiva skildringen av Sverige skapar inte enbart en kontrast mot det polska samhälle de lämnade. Sverige då skapar även en kontrast till Sverige nu.

---

[629] Degenius, *Åka skridskor i Warszawa*, 87.
[630] Sarnecki, *Hilarys historia*, 400.
[631] Sarnecki, 404.

När de polskjudiska flyktingarna som lämnade Polen för Sverige under den antisemitiska kampanjen anlände till Sverige mötte de ett land som på många sätt utgjorde en skarp kontrast till deras tidigare liv. I biografierna blickar människor tillbaka på deras ankomst till Sverige för cirka 40–50 år senare. De blickar också tillbaka från en etablerad position i det svenska samhället, i flera fall handlar det om offentligt välkända människor som betraktar inledningen på en berättelse om lyckad integration och framgång i yrkeslivet. Beskrivningen av detta tema bör också förstås i kontexten av att detta är, alla utom *Historien om Adam Bromberg*, böcker som skrivits ursprungligen på svenska för en svensk publik. Boken om Bromberg är också den som lägger minst vikt vid livet i Sverige. När han väl kommit till Sverige startar han och dottern Dorotea tillsammans Brombergs förlag som publicerar de blivande nobelpristagarna Miłosz och Singer, ett lyckligt slut på ett dramatiskt liv. I övriga biografier där mottagandet och livet i Sverige beskrivs mer utförligt har antagligen en tilltänkt svensk läsekrets påverkat den genomgående positiva skildringen av livet i Sverige som beskrivs i böckerna.

Det finns en bok som heter *Wygnani do raju* [Förvisad till paradiset] som enbart är utgiven på polska. Denna bok lyfter en rad positiva livsöden från framstående personer. Hela ansatsen som framgår av titeln ger ett tydligt exempel på en positiv Sverigebild, en positiv bild av personerna som porträtteras och ett positivt narrativ om immigration.[632] Även till en polsk allmänhet riktas alltså skildringar av ett lyckligt möte med Sverige. Biografierna och levnadsberättelserna gestaltar en hel del problematiska aspekter av livet i Sverige men den sammantagna bilden är tydligt positiv. Den ljusa skildringen av Sverige är även en positiv skildring av de polskjudiska flyktingarna i Sverige. De ges möjligheter som de tar tillvara.

I biografierna återfinns ett flertal historiska trauman varav Förintelsen har den mest centrala positionen. Få beskriver själva ankomsten till Sverige som ett trauma. Processen fram dit, den antisemitiska kampanjen, den strukturella antisemitismen, myndigheternas trakasserier, osäkerheten och hela den hotande situationens sätt att väcka en historisk skräck till liv, upplevdes däremot ofta som traumatisk. I jämförelse med de svårigheter de själva, deras föräldrar och tidigare generationer av den polska judenheten genomlevt framstår flykten och ankomsten till Sverige som en positiv skildring innehållandes vissa utmaningar som i allmänhet överkommes. En av de Anna Grinzweig Jacobsson intervjuar säger:

---

[632] Naszkowska och Helander, *Wygnani do raju.*

> Jag var så van vid den polska antisemitismen från före kriget. Allt det här har satt
> sig väldigt djupt hos mig. Så att flytta till Sverige, att byta land och språk – nej,
> jag kan absolut inte säga att det var något större dråpslag.[633]

Sverige får utgöra kontrast till de oförrätter de polska judarna utstått tidigare.
På baksidan till Zalma Putermans självbiografi står det att läsa: "Zalma Puter-
man är numera pensionerad docent i praktisk filosofi vid Uppsala universitet.
För honom och hans familj blev Sverige tillflyktslandet, och det har också sin
hedersplats i boken."[634]

Ordvalet "tillflyktslandet" ger konnotationer av att ge skydd och vila, särskilt
när det får en "hedersplats i boken". Titeln *Ett liv i glädje och tårar: en polsk
judes öde* antyder en berättelse med stora prövningar men som via baksides-
texten utlovar ett lyckligt slut, i Sverige. Som tidigare nämnts inleds boken med
ett fotografi på ett valnötsträd som hämtats från Polen till norra Uppland och
som bär frukt.[635] Symboliken är tydlig, kanske avses hela den polskjudiska
migrationen 1967–1972? Kanske rör dig sig även om en blinkning till Wilhelm
Mobergs utvandrarepos där svenska nybyggare i USA planterar träd från
Sverige? Puterman beskriver livet i Sverige som befriande på flera olika sätt, inte
enbart i fråga om politiska rättigheter eller antisemitiskt förtryck utan även i
enkla kulturella aspekter som att det är mer accepterat att säga nej till en sup.[636]
Andra kulturella aspekter har han svårare att förstå som att man ska avtala ett
möte och inte bara hälsa på hos en vän med kort varsel. I huvudsak handlar
mötet med den svenska kulturen om tämligen odramatiska företeelser i
jämförelse med hur den polska kulturen skildras, som genomsyrad av anti-
semitism. Vid ett tillfälle beskriver Puterman däremot hur han som invandrare
diskrimineras av Socialstyrelsen. Med hjälp av en jurist som han känner från
arbetet får han upprättelse och Socialstyrelsen ger honom rätt. Denna berättelse
om diskriminering och upprättelse åtföljs av en annan berättelse där en tjänste-
man upptäcker att familjen Puterman under sin etableringsfas i Sverige hade
rätt till bostadsbidrag. Tjänstemannen ordnar med retroaktiva utbetalningar.
Denna händelse ges ett symboliskt värde:

> Det mest positiva för mig var inte pengarna, de var självklart välkomna och till
> stor glädje, men inte det viktigaste i sammanhanget; det viktigaste var den behag-

---

[633] Grinzweig Jacobsson, *Flykten till Marstrand*, 131.
[634] Puterman, *Ett liv i glädje och tårar*.
[635] Puterman, 11.
[636] Puterman, 124.

liga upplevelsen att man bor i ett land där lagen gäller för alla, även för oss invandrare.[637]

Jerzy Sarnecki beskriver hur Hilary sedan ankomsten röstade på Socialdemokraterna. Trots att han med åren uppdaterade sin ensidigt positiva syn på Sverige irriterade han sig ända fram till sin död på invandrade vänner som var negativt inställda till Sverige:

> Några av Hilarys vänner är generellt sett mycket skeptiska, ja kritiska, till Sverige. En del visar till och med förakt gentemot Sverige och svenskarna. De känner sig illa behandlade av samhället och denna attityd retar min pappa. Han nämner ibland dessa personer och skriver att de är trevliga och vänliga, men att han inte vill umgås med dem på grund av den obehagliga syn de har på Sverige.[638]

Även Jerzy hade en liknande inställning till Sverige som fadern. Präglad av sin ålder och generation sökte fadern en anständig plats för familjen att undkomma olika former av förtryck och armod på medan sonen fann ett land som han ville ta till sig, göra till sitt. Båda inställningarna söker att ställa det positiva i centrum:

> När vi till slut kom till Sverige var jag beredd att ta detta märkliga land till mig. Under lång tid efter ankomsten tyckte jag att allt jag såg var positivt, ja, beundransvärt. Det var en oreserverad beundran. När många andra var kritiska, berättade om den okänsliga svenska byråkratin och om de korkade och naiva svenskarna, ville jag inte vara med. Det var inte så att jag inte såg det negativa, men jag upplevde det inte som så viktigt. Jag hade full beredskap att gå in i detta samhälle och bli en del av det.[639]

Det är intressant att notera hur de ändå ger uttryck för att andra från samma migration hade en mer negativ syn på Sverige och svenskarna. I genomgången av biografierna är det ingen som uttrycker egna negativa åsikter generellt om Sverige och svenskarna. Det påverkas antagligen av den tacksamhet som majoritetsbefolkningen generellt avkräver invandrare.[640] Kritiken av Polen och dess antisemitism, nationalism och korrupta styren är skoningslös. Själva grundförutsättningen för beskrivningen av de två länderna är att de kastades ut ur det ena och blev emottagna i det andra. Det skapar två diametralt motsatta perspektiv att beskriva länderna från.

---

[637] Puterman, 289.
[638] Sarnecki, *Hilarys historia*, 422.
[639] Sarnecki, 418.
[640] Om förväntad tacksamhet se Nguyen, *Lived Refuge*, 29–51; Healey, "Gratitude and Hospitality"; D'Cruz, "Displacement and Gratitude".

Svenskarna

Det förekommer formuleringar om att svenskar kan vara svåråtkomliga och distanserade, men berättelser om erfarenheter av goda vänskaper som underlättat integrationen överväger. En av skribenterna föreslog att jag skulle intervjua deras majoritetssvenska vänner, eftersom vännerna hade haft en stor betydelse för vägen in i samhället och hade ett annat perspektiv på hur det var för de polskjudiska flyktingarna att komma till Sverige. Bronia Sokolow skriver hur både polskjudiska och majoritetssvenska vänner var betydelsefulla för att förhålla sig till det svenska samhället:

> Mitt vuxna liv började i Sverige. Att bli förälder efter sex månader i det nya landet blev en omvälvande upplevelse. Det kändes som en dröm att ha eget hem, man och barn. Jag älskade min roll som mamma. Livet i Orminge med närheten till naturen som jag aldrig upplevde tidigare kändes som en saga. Jag ville ge min dotter det som jag själv aldrig fick: en julgran, firandet av födelsedagar och att känna tillhörighet till sitt land. Jag ville bli svensk och att mitt barn skulle känna sig svenskt. Jag och min man lärde känna många människor, svenskar och polacker av judisk härkomst. De gav oss sitt stöd och goda råd om det svenska samhället. De blev våra kära vänner.[641]

Den allmänt etablerade föreställningen om att svenskar är svåra att lära känna uttrycks sällan i levnadsberättelserna. För Leona Leah Rapoport verkade det sociala livet i grannskapet ha genomgått en försämring på senare tid. Detta är ett av många exempel på att Sverige var bättre förr, glansperioden och förfallet. "På den tiden kände man de flesta grannar och vi hade gemensamma midsommarfiranden och flera gemensamma fikastunder. Nuförtiden vet man inte riktigt vem är ens granne, det är trist!"[642]

I Annas levnadsberättelse finns en betydelsefull passage om när hon flyttade in i ett kollektiv och därmed lärde känna svenskar. Innan dess hade hennes sociala liv främst varit inom den polskjudiska gruppen. Det verkar dock ha tagit en tid att komma till denna vändpunkt i Sverige:

> Vändpunkten i min upplevelse av "att känna mig hemma" kom i samband med att jag flyttade in i ett kollektiv. Jag flyttade ihop med några (svenska) studenter som blev mina vänner för livet. I samvaro med dem förändrades så småningom min upplevelse av utanförskap och avståndstagande mot allt det som från början

---

[641] Bronia Sokolow, 8.
[642] Leona Leah Rapoport, 3.

kändes främmande. Umgänget med dem gav mig utrymme att reflektera över min erfarenhet som flykting, judinna och människa.[643]

Tämligen få kulturkrockar med den svenska omgivningen beskrivs i levnadsberättelserna. Det förekommer även få berättelser om ensamhet och isolering. De flesta levnadsberättelserna är tämligen korta och i det formatet har inte dessa erfarenheter fått något utrymme. Stefan Zylberstein antyder dock svenskarnas otillgänglighet: "Svensken är i allmänhet artig, vänlig och trevlig. Men in i de inre kretsarna blir man sällan inbjuden eller insläppt."[644]

Ett tema som kommer fram på olika sätt är svenskarnas okunskap, framför allt vad gäller världens hemskheter som Sverige till stor del undsluppit. Det gör att svenskarna framstår som naiva. Samma citat som säger mycket om livet i Folkrepubliken Polen säger lika mycket om Sverige: "Man ljuger om allt, svårt att föreställa sig i ett land som nästan aldrig behövt ljuga".[645] Det är givetvis önskvärt att aldrig behövt ljuga men det vittnar även om svenskarnas okunskap och naivitet. Att Sveriges glansperiod är över kanske även innebär att svenskarna blir mindre naiva?

Anna Grinzweig Jacobsson har resonerat historiskt kring den allmänna svenska okunskapen om den antisemitiska kampanjen i Polen och utforskat det nedtystande förhållningssätt som den svenska regeringen hade. Hon beskriver även hur Polen brottas med fantomsmärtor och att flera reportageböcker utkommit om de som flydde. Men inte i Sverige. "Händelsen är också en del av Sveriges historia. Tretusen judar kom hit, ett betydande tillskott till den judiska minoriteten."[646] I *Flykten till Marstrand* finns ett kapitel med namnet *Visumkampen*. Där ger Grinzweig Jacobsson en beskrivning av den svenska ambassadören Erik Kronvalls ihärdiga arbete och engagemang för att hjälpa polska judar att få visum till Sverige. Hans engagemang mot antisemitism förklaras med att han tjänstgjorde i Tyskland under 1930-talet och bevittnade det nazistiska maktövertagandet. Han har i boken en central roll i att Sveriges regering beslutade att ta emot flyktingarna. Erik Kronvall försöker att navigera diplomatin och Sverige fördömer inte den antisemitiska kampanjen officiellt. Endast ett uttalande på Socialdemokraternas partikongress av utrikesminister Torsten Nilsson markerade tydligt mot repressalierna som de polska myndigheterna utsatte judarna för.[647] Den diplomatiska strategin, som skulle bevara

---

[643] Anna, 4.

[644] Stefan Zylberstein, 27.

[645] Degenius, *Åka skridskor i Warszawa*, 210.

[646] Grinzweig Jacobsson, *Flykten till Marstrand*, 10.

[647] Grinzweig Jacobsson, 53. Denna uppgift stärks av Łukasz Górniok. Górniok, *Swedish Refugee Policymaking in Transition?*, 104.

goda relationer mellan Sverige och Polen, innebar också att inte pressen skulle få veta om den aktuella flyktingmigrationen. "Effekten av det syns än idag, få människor i Sverige känner till de polska judarnas ankomst."[648]

Hon skriver även:

> Jag förklarar vad det var som hände, att landet fördrev den sista spillran judar som fanns kvar efter kriget. Då reagerar människor med bestörtning: Hur är det möjligt, bara tjugo år efter att …? På något sätt tycks man ta Förintelsen som en garant för 'aldrig mer'. Men i Polen blev judar som återvände till sina forna hem efter kriget mördade. Av grannar som tagit över deras hus och ägodelar. I Polen finns staden Kielce, ökänd för pogromen 1946 där ett fyrtiotal judar miste livet.[649]

Sveriges historiekultur framstår som präglad av okunskap och naivitet. Parollen "aldrig mer" har bidragit till en vanföreställning om att Förintelsen utgör en slutpunkt för antisemitismens politiska kraft utan att någon tar reda på vad som hände i Polen efter kriget.

I jämförelse med det sociala livet i Polen framstår Sverige ibland som tyst och kyligt. Människor är svårtillgängliga. Det finns också tillfällen när en känsla av främlingskap beskrivs. Ett nästan övertydligt tecken på främlingskapet är de tilldelade främlingspassen. Kunskapen om Polen och det judiska är i allmänhet låg i Sverige och ofta är det svårt för svenskar att lyckas uttala deras namn. Emilia Degenius byter namn för "att Białostocka var för svårt i det nya landet".[650] I Polen hade många bytt ut sina jiddischklingande efternamn till polskklingande. Efter migrationen hade svenskarna svårt att uttala de polska namnen och då var det flera som bytte tillbaka till familjens äldre jiddischklingande namn. Det skedde samtidigt som den generella förändringen mot en stärkt judisk identitet pågick inom gruppen, en historisk orientering gentemot ett judiskt ursprung.

De svenska myndigheterna verkade ibland sakna förståelse för de historiska erfarenheter som den aktuella flyktinggruppen bar på. Återkommande associationer till Förintelsen väcktes i förflyttningar mellan olika förläggningar med selektioner för vidare förflyttningar. Det mest chockerande exemplet på detta finns i *Hilarys historia*. Deras första möte med Sverige blir snarlikt en historisk iscensättning av Förintelsen:

> Någon gång sent på eftermiddagen (det var nog kväll men fortfarande ljust) kom vi fram till en sorts industriell byggnad i utkanten av Göteborg. Bussen körde in

---

[648] Grinzweig Jacobsson, *Flykten till Marstrand*, 87.
[649] Grinzweig Jacobsson, 8.
[650] Degenius, *Åka skridskor i Warszawa*, 20.

på en gård som var inhägnad med ett högt plank. När bussen kört in stängde någon grinden. Den barska kvinnan meddelade, med sin tyska brytning, att vi fick stiga av. Sedan sade hon något som orsakade ett ögonblicks isande tystnad. Hon sade: 'Ni ska alla duscha, och era kläder ska desinficeras.' När jag nu sitter med Hilary berättar jag för honom min minnesbild från detta tillfälle. 'Efter alla dessa år som har förflutit börjar jag undra om jag verkligen minns rätt', säger jag. 'Sade man verkligen till oss att kvinnorna och barnen skulle gå åt ena hållet, och männen åt andra? Sade man sedan till oss att klä av oss nakna och lämna kläderna i en prydlig hög på en bänk? Fanns verkligen den där gula skylten med svart text där det enda ordet man kunde urskilja var FÖRBJUDEN (FÖR/ B/JUDEN!)?' Hilary bekräftar i stort sett min minnesbild.[651]

Välfärdsstaten och Förintelsen har vissa gemensamma modernt rationalistiska drag som blir tydliga i Sarneckis absurda anekdot. Som Zygmunt Bauman pekar på i sin analys av Förintelsen relaterar han den till moderniteten och den sociala ingenjörskonsten, ett rationellt och professionaliserat samhälle där allt är kontrollerat och planerat i detalj för att leda till maximal effektivitet i måluppfyllelsen.[652] Trots den skräckinjagande situationen kan far och son Sarnecki skratta åt det 40 år senare. "När jag berättar för honom om skylten kan vi inte längre hålla oss för skratt. Nu, drygt 40 år senare, känns det riktigt kul."[653] Att detta kan upplevas som roande i efterhand beror på att denna skrämmande situation inte följdes upp med andra kränkande och skrämmande upplevelser. Den beskrivs som ett avvikande obetänksamt exempel i en huvudsakligen välmenande mottagning i Sverige. Det senare tidsskiktet har svårt att ta till sig den skräck som verkligen utspelade sig i det tidigare tidsskiktet. Enbart ordet *förläggning* ger liknande associationer för Emilia Degenius, "heter visst så för sådana som oss, låter som ett läger, ett okunnigt land, verkar inte förstå bättre, vilken jude skulle våga sig dit?".[654]

I en majoritetssvensk historiekultur får denna grupp svenskpolska judar därmed en väldigt speciell position. De bär på historiska erfarenheter av Förintelsen vilket är i centrum av historiekulturen, men även erfarenheter av den antisemitiska kampanjen, vilken har en perifer position i historiekulturen men som genom sin koppling till Förintelsen kan aktivera ett starkt historiskt intresse.

---

[651] Sarnecki, *Hilarys historia*, 397.

[652] Bauman, *Modernity and the Holocaust*.

[653] Sarnecki, *Hilarys historia*, 397.

[654] Degenius, *Åka skridskor i Warszawa*, 226.

Nationell historisk orientering

Från Sverige har den polska nationen hamnat i perspektiv. Tiden efter den andra brytpunkten präglas av att Polen kan förstås utifrån en historisk-geografisk orientering med djupgående identitetsmässiga konsekvenser. Jurek Gold skriver hur erfarenheten av att bli utkastat från Polen har blivit begriplig från hans svenska perspektiv: "Det är först betydlig senare, i Sverige, när jag mognade, som jag började förstå vad var det som verkligen hände då, att vi, polska medborgare, födda i Polen, blev helt enkelt utkastade därifrån."[655]

I Sverige kunde alltså erfarenheten utkristalliseras, från detta senare tidsskikt kan det tidigare bli begripligt. Vad de har blivit utsatta för framträder särskilt tydligt i kontrast till en svensk normalitet. Mitt i de historiska händelserna är det omöjligt att förstå vad som egentligen händer. Livet i Sverige skapar en distans som gör erfarenheterna från Polen begripliga. Samtidigt rör sig livet i Sverige allt längre bort från Polen. Barn och barnbarn får en allt svagare relation till det polska medan andra problem oroar inför framtiden.

Zalma Puterman beskriver hur inställningen till Polen och migrationen till Sverige var ett känsligt ämne mellan honom och hans fru Helena. Det var till och med ett hot mot deras äktenskap. Hon var majoritetspolack, katolsk, icke-judisk. Hon lämnade Polen för att följa med sin man även om hon egentligen inte ville lämna sitt hemland. Puterman delar därför in deras äktenskap i en lycklig period före 1968 och en olycklig period därefter.[656] Hans fru hade inte samma perspektiv på Polen som han och andra polska judar som hade vuxit upp med den strukturella antisemitismen som ett grundläggande livsvillkor, förlorat sin släkt i Förintelsen och blivit utsatta för den antisemitiska kampanjen. Deras många konflikter förklarar Puterman på följande sätt: "Anledningen till det var ofta att jag tog upp något problem rörande Polen och den polska antisemitismen eller berättade en rolig historia som hon inte tyckte om."[657] Befriad från den identitetsmässiga kopplingen till Polen var det lättare för honom att ge sig hän åt det nya landet. "Vad kärleken till fosterlandet angår kände jag mig befriad från den, men inte hon."[658]

Länder som Polen, Sverige, Sovjetunionen/Ryssland och Israel är oerhört betydelsefulla identitetspunkter att förhålla sig till i biografierna, levnadsberättelserna och dialogerna. Det är uppenbart att de orienterar sig i en nationell värld. De förhåller sig kritiska till samtliga länder och försöker förmedla en

---

[655] Jurek Gold.
[656] Puterman, *Ett liv i glädje och tårar*, 307.
[657] Puterman, 297.
[658] Puterman, 298.

nyanserad bild. De är minst kritiska mot Sverige. Länderna beskrivs ofta som aktörer: Polen kastade ut oss, Sverige tog emot oss och så vidare. Detta sätt att skriva och tala leder till att det verkar finnas en specifik vilja i varje nation. När en svensk visar sig vara antisemit hotas Hilary Sarneckis bild av Sverige. Är Sverige egentligen en hemlig antisemit?

Israel är för många en betydelsefull orienteringspunkt. När de polska judarna anklagades kollektivt för att vara opatriotiska polska medborgare med Israel som deras egentliga hemland hade få av dem en stark identitetsmässig koppling till Israel. Däremot har deras orientering gentemot Israel blivit generellt sett viktigare efter ankomsten och under deras tid i Sverige. Detta överensstämmer med Julian Ilickis huvudresultat om den ökade betydelsen av det judiska.[659] Erfarenheten av den antisemitiska kampanjen påvisar för många behovet av en judisk stat som garant för att det åtminstone ska finnas en plats på jorden att ta sig till när det antisemitiska förtrycket hotar. Erfarenheten av Förintelsen vittnar om samma behov. Tyskland var fram till 1933 ett demokratiskt land med fullkomliga medborgerliga rättigheter för den integrerade judiska minoriteten. Ändå kunde det största folkmordet mot judarna utgå från detta samhälle några år senare. Anna Grinzweig Jacobsson sätter denna judiska erfarenhet i centrum av sina böcker *Flykten till Marstrand* och *Bröllopspogromen*. När är det dags att fly? Denna erfarenhet har för många en koppling till staten Israels existens. Så länge Israel finns går det alltid att fly dit när alla andra dörrar är stängda. Flykten är en återkommande historisk erfarenhet som traderas i deras historiska erfarenheter. Jerzy Sarnecki skriver om hur Hilary reagerar på hälsobesvär i livets slutskede: "Hilary reagerar som han alltid gjort vid fara: undersöker alla möjligheter till räddning. Flykten är inte möjlig den här gången, konstaterar han torrt."[660]

Historiska erfarenheter manar på behovet av att kartlägga den potentiella flyktens geografi. Flykt och fördrivning har präglat historien, från bibliska berättelser till den polska judenhetens olika migrationer – från Förintelsen med flykt till Sovjetunionen och återkomst till Polen, till ny flykt från forna hemorter på grund av antisemitisk förföljelse. Därefter följde den antisemitiska kampanjen och slutligen en oro för att antisemitismen ökar i Sverige.

Med det sagt så finns det en stor bredd av åsikter om Israel inom gruppen. Jag har fått berättat att åsiktsskillnader om Israel har lett till uppslitande gräl mellan vänner och inom familjer. Jerzy Sarnecki nämner som hastigast att staten Israel riskerar sin egen existens. Zalma Puterman utrycker varma känslor för Israel, men han har lämnat Föreningen Förintelsens överlevande för att de varit

---

[659] Ilicki, *Den föränderliga identiteten.*
[660] Sarnecki, *Hilarys historia*, 421.

för okritiska till Israels politik. "Israels aktuella politik mot palestinier liksom mot den egna befolkningen anser jag vara inhuman."[661] Han konstaterar:

> Jag är fullt medveten om att Israel behöver stöd och vänner, men sanna vänner, och en sann vän är inte den som applåderar allt man gör utan en som har rätt att ta avstånd, rätt *och plikt* att kritisera en politik man anser vara felaktig eller brottslig.[662]

I flera levnadsberättelser poängteras på liknande sätt att deras koppling till, sympati eller intresse för Israel inte utesluter en stark kritik mot landets politik. Till exempel skriver Bronia Sokolow: "Jag åker gärna till Israel, men gillar inte Likuds ockupationspolitik."[663]

Det finns ett antal länder som är återkommande att orientera sig mot i de historiska erfarenheter som uttrycks. Primärt orienterar de sig gentemot Polen och Sverige, migrationen och kontrasten mellan dessa länder samt ländernas utveckling inom ramen för deras liv. Men även landet Israel har en central roll med en rad olika laddningar och betydelser för erfarenheterna som uttrycks.

För att få utresetillstånd från Polen var de tvungna att ansöka om tillstånd för att emigrera till Israel medan de i själva verket var på väg mot Sverige. De flesta kände inte någon starkare identifikation gentemot Israel. Som Wiktor Raldow uttryckte det i citatet ovan undrade ofta svenska judar varför de polska judarna inte valde att emigrera till Israel i stället. Valet av Sverige som tillflyktsland byggde sällan på någon identifikation eller större kunskap om landet. Sverige var ett av få tillgängliga alternativ som verkade rimligt att fly till. Richard Lerner formulerar det på ett typiskt sätt:

> Som det har nog framgått kände jag inte några starkare judiska band. Jag ville inte åka till Israel. I Europa fanns egentligen bara två alternativ: Danmark och Sverige. Jag valde Sverige för att en av mina vänner och min fasters familj redan var där sedan något år tillbaka. Det sades också att Danmark beviljade inresetillstånd till alla i min situation som ville åka dit medan Sverige prövade varje ansökan individuellt. Det som verkade mindre tillgängligt blev mer lockande.[664]

Under den antisemitiska kampanjen anklagades de kollektivt för att vara femtekolonnare som svek den polska nationen genom att i hemlighet vara lojala med Israel. Likväl tvingades de att ansöka om att lämna Polen för just Israel.

---

[661] Puterman, *Ett liv i glädje och tårar*, 319.
[662] Puterman, 320.
[663] Bronia Sokolow, 11.
[664] Richard Lerner, 3f.

Lika typiskt som att de inte kände en starkare koppling till Israel när de emigrerade från Polen är att de senare utvecklade en koppling eller åtminstone ett intresse för Israel.

Levnadsberättelserna beskriver flera olika kontakter med Israel i och med att den judiska identiteten stärktes efter flykten från Polen. Maria Rotstein understryker en sympati och tacksamhet gentemot Israel när hon skriver om sin tillhörighet:

> Min tillhörighet?
>
> Jag levde i olika europeiska länder,"jude, den evige vandraren", mitt moderland är Polen och modersmål är polska. Mitt adaptiva land är Sverige. Jag upplever mig som judinna, europé, svensk medborgare med stor sympati och tacksamhet för Israel och det israeliska folket.
>
> Vilken är min identitet?
>
> Min mamma kallade mig kosmopolit.[665]

I en intervju med Maria Rothstein understryker hon att hon blev en sionist med tiden som känner en beundran och tacksamhet gentemot Israel.[666] Hon berättar även om att resor till Israel varit betydelsefulla för hennes judiska identitet.[667]

Att från Sverige besöka Polen

I de historiska erfarenheter jag har studerat finns frågan om antisemitismen och i synnerhet den polska antisemitismen närvarande som ett genomgripande tema. Det går igenom samtliga tidsperioder och blir orienterande för relationen till Polen. Det finns skildringar av att återvända till Polen före omvälvningen 1989 och hur de på olika sätt möter det samhälle som kastade ut dem. Ewa Gutniak skriver:

> Vi gör en resa till Warszawa för första gången. På inbjudan av en bekant professor i endokrinologi från Warszawa ska min man delta i en internationell endokrinologkonferens och föreläsa där. Resan är förenad med svårigheter, för trots en formell inbjudan vill man inte släppa in oss över gränsen i Swinoujscie. Det tar flera timmars överläggningar bakom stängda dörrar, skrikande törstiga barn utan tillgång till vatten eller toalett, oro över att kanske behöva vända hemåt med

---

[665] Maria Rotstein, 8.
[666] Intervju Maria Rotstein, fil 3, 00:25:20–00:27:30.
[667] Maria Rotstein, 8.

nästa båt… Trakasserierna slutar inte vid gränsövergången. Framme i Warszawa är vi ständigt bevakade och får inte röra oss fritt på stan som vi vill. Det är ett sätt för de polska myndigheterna att visa: vi är inte önskvärda i landet, en akt av kränkning. [668]

Jerzy Sarnecki beskriver hur han länge fantiserade om att återvända till Polen och på något sätt ta revansch för erfarenheten av fördrivning. När han väl i realiteten reste till Polen för första gången efter migrationen blev han stoppad på flygplatsen vilket ledde till en diplomatisk kris. Hela erfarenheten konkluderas: "Efter denna händelse har jag aldrig mer drömt om min återkomst till Polen."[669]

Många uttrycker att de gärna reser till Polen för att till exempel träffa släkt, vänner eller besöka kulturevenemang, men de flesta uttrycker i dessa sammanhang en orientering som tar en distans gentemot Polen. Sverige är hemma och Polen skulle aldrig kunna bli hemma igen. Det finns en alltför djupt orienterande brytpunkt emellan tidsskikten.

Ella kopplar händelserna under den antisemitiska kampanjen till Polens politiska situation under 2000-talet. "Det som händer idag i Polen gjorde att jag vägrade att komma till 'firandet' av mars 1968, trots inbjudan från olika polska och judiska organisationer."[670] Detta visar på ett samspel mellan tidsskikt – från 2000-talet, tillbaka till 1968 och vidare till Förintelsen och den polska antisemitismens långa historia. Tillsammans är denna kombination av tidsskikt ytterst aktuell för att definiera Ellas relation till Polen när hon skriver om sitt liv 2021. Denna historiska orientering om polsk antisemitism delar hon med flera och därmed blir den betydelsefull för deras historiekulturella gemenskap.

Antisemitism och rasism i Sverige

Det är ibland som att längtan efter ett rättvist och gott land att leva i projiceras på Sverige så länge inte motsatsen bevisas. Och mottagandet verkar i stort onekligen ha levt upp till denna längtan. Men när Hilary Sarnecki möter en öppet antisemitisk svensk arbetskamrat på KF krackelerar idealbilden:

Den här händelsen tog Hilary mycket hårt. Han hade föreställt sig att i detta fantastiska land, och då i synnerhet på den vänliga arbetsplats där han arbetade,

---

[668] Ewa Gutniak, 4.
[669] Sarnecki, *Hilarys historia*, 71.
[670] Ella, 9.

fanns inte människor som hyste den sortens känslor. Jag påpekar att hans före-ställning om Sverige och KF var naiv.[671]

Hilary håller med och han uppdaterade sin inställning med tiden. Han tillägger dock: "Men jag ville så gärna tro att vi äntligen hade hittat ett land utan maktmissbruk, korruption, antisemitism och allt det andra som hade plågat oss så länge."[672] Det finns en nästan utopisk längtan, en messianism, i de förhopp-ningar Hilary och även andra i den aktuella polskjudiska gruppen med honom inledningsvis riktade mot Sverige och i viss mån bevarade. Jaff Schatz betonar en messiansk judisk tradition i denna generations val av olika ideologiska ståndpunkter under mellankrigstiden. Oavsett om de valde kommunisterna, Bund eller sionismen fanns en förhoppning om emancipation och en radikalt förbättrad tillvaro inom en snar framtid.[673] Går det eventuellt även att inkludera den utopiska visionen om Sverige i samma messianska tradition? Och visst fanns det konkreta exempel på rättssäkerhet, tolerans, materiellt välstånd, sociala skyddsnät, sjukvård och utbildning åt nästan alla. Och antisemitismen var inte lika synlig som i Polen.

Antisemitism diskuteras frekvent i levnadsberättelserna, i synnerhet polsk antisemitism men även svensk antisemitism vid några tillfällen. Begreppet rasism förekommer väldigt sällan även om olika former av rasism utöver anti-semitism behandlas. Levnadsberättelser som generellt beskriver livet i Sverige på ett klart positivt sätt kan ändå ge exempel på rasism som både är hård och strukturellt etablerad. Ewa Gutniak skriver om vad hennes barn upplever i grundskolan:

> Våra barn är döpta i Svenska Kyrkan. De går i den närbelägna kommunala skolan med alla dess för- och nackdelar. Bland annat är det annorlunda och svårt att vara "svartskalle". Man kan bli mobbad på olika sätt och också få stryk. En dag rinner bägaren över och sonen deklarerar att han är *svensk* och vill att vi slutar prata polska. Detta trots att vi pratar mest svenska hemma och inte har någon kontakt med Polen eller polska medier. Vi firar midsommar och älskar semlor. Till och med min mamma, som är omkring 70 år, har ett utmärkt ordförråd och löser svåra korsord på svenska. Tillvaron i den svenska grundskolan blir ohållbar för ett barn med osvenskt efternamn oavsett hans övriga egenskaper, till exempel spelar det ingen roll att sonen är bäst i klassen i svenska.[674]

---

[671] Sarnecki, *Hilarys historia*, 409.
[672] Sarnecki, 409.
[673] Schatz, *The generation*, 38–43.
[674] Ewa Gutniak, 5.

Leona Leah Rapoport uppger att "Jag har aldrig känt mig hotad eller förnedrad med tanke på mitt utländska/judiska/etniska utseende!"[675]. Samtidigt avslutar hon sin levnadsberättelse med: "Jag vill bara avsluta med att säga att det är så skrämmande att efter 50 år i Sverige läsa i en artikel i DN från 6/9 2021 att 'Löfvén lovar svenska judar bättre skydd'."[676] Flera av deltagarna i *Vi, de fördrivna* har uttryckt en oro över att antisemitismen har blivit ett mer märkbart hot i Sverige. Även detta är en kontrastverkan till fördel för Sverige-vid-ankomsten.

Ett återkommande tema är diskriminering på den svenska arbetsmarknaden. Aleksander Ratz beskriver hur ett företag svarade på hans ansökan "med vändande post: Vi anställer uteslutande personer med svenskt ursprung".[677] Detta är en ovanligt öppen diskriminering. Det finns fler exempel på mer dold diskriminering mot invandrare, till exempel hos Wiktor Raldow och Stefan Zylberstein.

Den antisemitism som gestaltas i Sverige är i allmänhet också tämligen dold. Ett typiskt exempel är den specifika form av antisemitism som gör alla världens judar ansvariga för staten Israels politik. Under den antisemitiska kampanjen i Polen var detta själva grundlogiken i anklagelserna mot judar. De polska judarna misstänktes vara illojala med den polska nationen eftersom de var hemliga sionister. Detta verkar även vara vanligt förekommande i Sverige. Ella beskriver den problematiken på följande sätt och resonerar kring logiken i det hela:

> I den akademiska och i den privata miljön i diskussioner med kollegor och bekanta fick man ibland stå för svars. Man kände igen uppmaningen. "Ni judar borde oftare ta avstånd från Israel". Varför det? För att visa omvärlden att vi är "goda judar"? Att vi inte är som de där Netanyahu anhängare i Israel? Ja, på den nivån hamnar dessvärre den svenska debatten om Mellanöstern ibland.
>
> Vad tycker ni om Netanyahu? Frågar bordsgrannen med betoning på ni, som om jag representerar hela världsjudenheten. -Vad tycker ni om Stefan Löfven? frågar jag genast tillbaka, eftersom vår statsminister känns mer angelägen för min vardag. Nej, vår Stefan väcker inga känslor. Då är det betydligt mer laddat att sitta bredvid en jude.
>
> Vad står sådana krav på oss för?

---

[675] Leona Leah Rapoport, 3.
[676] Leona Leah Rapoport, 4.
[677] Aleksander Ratz, 5.

Är det inte ett utslag för ett kollektivt skuldbeläggande, något vi känner igen från vår historia? Och varför ställs sådana krav på judar men aldrig på till exempel kineser i Sverige som inte förväntas deklarera sin kritik mot Kinas politik i Tibet? Ja, vi ska föra en intern judisk debatt, där det också finns plats för kritik mot Israels politik, men vi ska göra det för vår egen skull – inte för att tillfredsställa dem i vår omgivning som kräver det för att godkänna oss som "goda judar".

Slutsatsen kan inte bli annan än att massmediebilden av den svenske juden oftast är förenklad, nästan svartvit. Han eller hon är antingen för eller emot, och det handlar inte om Gud, utan om Israel. Denna polarisering är ytterst missvisande. I själva verket är judarna i Sverige en synnerligen heterogen grupp, intensivt upptagen också av annat än konflikten, en judisk mångfald helt enkelt.[678]

Rasismen och antisemitismen har förändrats över tid i Sverige. Jurek Gold beskriver hur den polskjudiska gruppen har närmat sig normen, stigit i hierarkin i och med att andra migrantgrupper har kommit till Sverige. Citatet nedan visar på att de blivit bättre accepterade än tidigare, men tydliggör även de hierarkier som gör att många människor känner sig annorlunda i Sverige:

Trots det vänliga mottagande i Sverige kände jag alltid att jag var annorlunda än svenskar. Vi var svartskallar, vi pratade inte perfekt svenska, våra gester och beteende var annorlunda än majoritetens. Idag, drygt 50 år efter att vi kom hit, och med stora invandrargrupper från betydligt mera exotiska platser, har vi "avancerat" i invandrarhierarkin och blivit betydligt bättre accepterade i samhället.[679]

Jurek Gold har i en annan passage fångat hur den typiska frågan "Var kommer du ifrån?" påverkar den tillfrågades identitet och känsla av tillhörighet i Sverige. Passagen fångar en stillsamt artig exkludering från en svensk nationell identifiering, ett vardagligt exempel som fångar en grundläggande exkludering i det svenska samhället:

En banal händelse ca 8 – 10 år efter att ha kommit till Sverige, har triggat mina tankar om min identitet.

En höstkväll väntade jag på bussen vid en hållplats i stan. Vid hållplatsen stod en äldre dam, jag sa "hej" till henne. Hon tittade på mig och frågade sedan varifrån jag kommer.

---

[678] Ella, 14.
[679] Jurek Gold, 3.

Efteråt gick jag och funderade: om jag under åtta år i Sverige inte har klarat att lära mig att uttala korrekt ett enkelt "hej", då har jag ingen chans att lära mig språket korrekt och bli "svensk".

Ok, tänkte jag, jag är inte längre polack (det kunde jag läsa om i min polska resedokumentet), jag kommer aldrig att bli svensk, så vem är jag? Världsmedborgare? Nej, det låter alltför flummigt. Vad återstår? Ok, jude med rötter från Polen som lever i Sverige. Och så definierar jag mig sen dess.[680]

Ett liknande exempel ges av Stefan Zylberstein:

> **Livet som invandrare var (och är) ofta och på många sätt ett liv lite utanför.** Det gäller i hög grad mig, men gäller säkert mången invandrare. Svensken är i allmänhet artig, vänlig och trevlig. Men in i de inre kretsarna blir man sällan inbjuden eller insläppt. ETT exempel: Bingolotto. Programledaren Leif Loket Olsson var en mästare på att småprata med dom som ringde. Kunde få var och en att slappna av, att känna sig välkommen. Också de mest svårpratade. Med ETT undantag: jag lade märke till att ringde någon och hade hörbar brytning, så småpratade han inte alls. Det kom i stället ofelbart frågan om man trivdes bra i Sverige...[681]

I både Zylbersteins och Golds exempel understryks hur omgivningen i Sverige ständigt får människor att känna sig ickesvenska om du har den minsta brytning. Brytningen ådrar sig nyfikna frågor vilket gör att en identifiering med det svenska försvåras, en ständig påminnelse om att du inte passerar som svensk i mångas ögon och öron. Denna omständighet skapar återkommande situationer när den tillfrågade måste reflektera över sitt ursprung och sin identitetsorientering. Att passera som svensk innebär huvudsakligen att passera som vit och inte tala svenska med brytning. Flera av de polska judar som var yngre när de kom passerar som majoritetssvenskar utan brytning och därmed undviker de den ständiga frågan om var de kommer från. De kan i mycket större utsträckning välja när deras identitetsmässiga historiemedvetande ska aktiveras, de kastas inte in i det vid alla tillfällen då nya bekantskaper ställer frågan om var de kommer ifrån.

Den värsta skildringen av rasism i Sverige finns i Ellas levnadsberättelse, och den skildras separat under rubriken "En erfarenhet som står ut". I övrigt handlar den svenska rasism och antisemitism som skildras till övervägande del om strukturell rasism: fördomar och diskriminering snarare än ideologiskt uttalad rasism. En tolkning av deras beskrivning av rasism och antisemitism i

---

[680] Jurek Gold, 4.
[681] Stefan Zylberstein, 27.

Sverige är att Sverige som andra länder präglas av rasism på många sätt. Det som utmärker Sverige är föreställningen om den svenska exceptionalismen, att rasism och andra otäckheter inte funnits eller finns i det trygga Sverige, särskilt inte under välfärdsstatetens glansdagar. Denna föreställning hör samman med det som kallas *polite exclusion*, artig exkludering.[682] När den exkludering man blir utsatt för är artig blir den svårare att bemöta, den blir i det närmaste osynlig. Ovan lyfte jag fram ett exempel om Hilary Sarneckis förhoppningar om att ha kommit till ett exceptionellt land fritt från antisemitism. Stefan Zylberstein resonerar nyanserat om hur hans liv i Sverige påverkats av omgivningens fördomar:

> Så. Svårigheter såsom invandrare har jag haft. Inklusive svårigheter på arbetsmarknaden. Allt är dock inte enbart otur eller min brytning. Eller svenskarnas klädsamt dolda fördomar. Det fanns givetvis OCKSÅ mina personliga fel och brister. Vem är perfekt?? Naturligvis har jag mina fel och brister, och ibland har jag handlat eller betett mig fel eller dumt. Däremot vet jag att en etnisk svensk, med mina fel och brister, INTE hade haft samma svårigheter på arbetsmarknaden eller i det sociala livet.[683]

Han har tidigare beskrivit sina svårigheter på arbetsmarknaden. Trots utbildning till flera olika yrken och att han var den mest meriterade med goda referenser, fick han inte någon anställning. Detta bidrog till att Stefan Zylberstein valde att gå i pension i förtid. Erfarenheten av diskriminering på svensk arbetsmarknad har en central roll i hans levnadsberättelse, trots det är hans framställning av livet i Sverige huvudsakligen positiv. Erfarenheter som Zylbersteins finns inte representerade i de publicerade biografierna och dylika erfarenheter antyds enbart i övriga levnadsberättelser. I samtal kring levnadsberättelserna uttrycker dock många, på ett avspänt sätt, att de blivit förfördelade i olika situationer gentemot majoritetssvenskar. I jämförelse med den antisemitism de beskriver från Polen är denna diskriminering mer smygande och ofta präglad av *polite exclusion*.

En laddad fråga i synen på Sveriges förändring är invandringens betydelse och det mångkulturella samhället. I positionen som invandrad uttrycker flera en förståelse för senare invandrade grupper, samtidigt som de förmedlar att de även upplever en stor skillnad mellan sig själva och dessa grupper. Dels understryks den svenska välfärdsstatens förändring, dels skillnaden mellan dem själva som en generellt välutbildad europeisk migration till skillnad från senare

---

[682] Se till exempel föjande artikel för en aktuell studie av polite exclusion i svensk skola: Wiltgren, "'So Incredibly Equal': How Polite Exclusion Becomes Invisible in the Classroom".
[683] Stefan Zylberstein, 27.

migrationer. Det som främst kommuniceras är dock en oro kring invandrad antisemitism från länder i Mellanöstern.[684]

Känslan av att antisemitismen breder ut sig och att Sverige har blivit en betydligt osäkrare plats för judar spelar in i det tongivande narrativet om välfärdsstatens glansperiod och fall. Det går både att relatera till den invandringskritiska förklaringen till förfallet och en förklaring som fokuserar på nedmonteringen av välfärdsstaten. För den judiska minoriteten innebär Sveriges förfall ett rent hot. Sofia Hollenders pappa överlevde Förintelsen i Sovjetunionen och avled 95 år gammal i Sverige två år före jag intervjuade henne. Han oroade sig för att de skulle bli tvungna att emigrera igen på grund av den en ökande antisemitismen. Sofia sa först "Men pappa, det här är inte klokt. Det här är Sverige.", men sedan kom hon att bli mindre säker.[685] Först var hon övertygad om att Sverige var en säker plats, ett starkt samhälle som kan skydda sina medborgare. Sedan upplever hon ett förfall, åtminstone i relation till det antisemitiska hotet. Till skillnad från Polen kan det konstateras om Sverige att det var bättre förr.

En erfarenhet som står ut

I skildringen av livet i Sverige finns det en erfarenhet som står ut bland levnadsberättelserna och som sätter det svenska samhället i ett helt annat ljus trots att det bara gäller en specifik händelse. Ellas levnadsberättelse kommer fram till en händelse från den 10 oktober 2018:

> Natten till 10 oktober 2018, efter 47 år i Sverige, brändes mitt hus, mitt hem. Hade jag sovit hemma den natten hade jag inte levt. Det var mordbrand. Klassificerat som sådan av polisen och SÄPO. Mitt vackra hem som jag älskade med min magnolia i trädgården, ett hem som jag byggde under mina 47 år i Sverige – blev ett enda svart hål. Jag förlorade allt, antikmöbler, forskningsböcker, privata foton och tavlor, saker av affektionsvärde. I mina vildaste fantasier hade jag inte kunnat föreställa mig att att någon ville döda mig och bränna ned mitt hus. Jag lämnade Polen 1971 för att undfly antisemitismen och skapade ett rikt och vackert liv i Sverige, med framgångar och motgångar, som alla andra. Tills antisemitismen kom till mig i Sverige, till landet som jag älskar, till Lund, min dotters barndomsstad, min lärdomsstad, där jag promoverades som fil dr 1984 i Lunds Domkyrka, där jag arbetade som forskare och professor till pensionsåldern. Tills en terrorsekt bestående av kriminella, mördare och

---

[684] Exempel på detta finns i levnadsberättelsen av Leona Leah Rapoport, 3. Intervju Juliusz Brzezinski, Julius Glaser och Julian Better: 01:05:40–01:06:55. Intervju Sofia Hollenberg och Jerry Hollenberg 00:30:23–00:30:51.

[685] Intervju Sofia Hollender och Jerry Hollender, 01:00:30–01:00:39.

antisemiter förstörde mitt liv. Eller som min vän skrev nästa dag i tidningen: 30-tal…juderein…Sverige idag…tystnad… Idag var det jag, vi vet inte vem kommer näst. Det börjar alltid med judarna, det slutar aldrig med judarna. Jag gick sönder den dagen, gick sönder…Jag som aldrig förr gick sönder, trots svåra stunder i livet.[686]

Ellas levnadsberättelse börjar med hennes föräldrar och hur modern överlevde Förintelsen och hur hon ändå lyckades bevara en tro på människor. Hela levnadsberättelsen uppvisar en positiv anda i att hantera motgångar och att hitta vägar framåt. Ella beskriver ett rikt liv både professionellt och privat, bland vänner, familj i många olika sociala sammanhang. Därför kommer skildringen av hatbrottet, mordbranden, som en chock för läsaren. Hon skriver efter detta parti hur hon återhämtat sig något och fått tillbaka sitt liv men att hennes relation till Sverige har påverkats:

> Även om jag har återtagit tillbaka mitt liv, kommer jag aldrig över det om jag inte i detalj återger vad som hände den hemska natten 2018. För att kunna sätta punkt och gå vidare. För att kunna leva med det och ändå fortsätta bli glad, som förut.
>
> Idag, i skrivandes stund, är jag glad, positiv, nästan som innan. Men min kärlek till Lund, och delvis till Sverige har danat…[687]

När Ella skriver detta befinner hon sig i den direkta återhämtningen efter händelsen. Hon processar den aktivt i tänkande, skrivande och talande. Händelsens tidsskikt 2018 kastar långa skuggor bakåt i hennes historiska berättande. Ella relaterar händelsen till Förintelsen och sammankopplar det tidsskiktet med 2018. Antisemitismen och nazismen blir också gränsöverskridande nationellt-geografiskt och förvandlas till ett allomfattande hot. Även den andra brytpunkten, den antisemitiska kampanjen och flykten, aktiveras i skräcken över att vara förföljd och inte trygg i samhället som är hennes hem. Ellas individuella erfarenhetskronologi har på detta sätt en tredje brytpunkt som samspelar med de två tidigare.

Förankrad identitetsorientering

Majoriteten av levnadsberättelserna slutar med några formuleringar som uttrycker en identitetsmässig trygghet och en tacksamhet gentemot att ha kom-

---

[686] Ella, 15.
[687] Ella, 15.

mit till Sverige och levt sitt liv här. Till exempel avslutar Regina Feierberg sin koncisa levnadsberättelse på följande vis: "Är väldigt tacksam Sverige som har gett oss möjlighet till ett rikt liv i frihet."[688]

Eller som Anna avslutar sin levnadsberättelse något utförligare:

> Jag kan se idag hur jag alltid har strävat efter att hitta sammanhang där det var möjligt att dela min upplevelse av att vara judinna med andra, sammanhang där jag kunnat få hjälp att sätta ord på mina erfarenheter. För mig har det varit en livslång process att formulera och omformulera det som jag idag upplever som min judiska tillhörighet. Det känns inte längre som en börda utan som en tillgång. Det finns ingen kluvenhet eller ambivalens längre. Jag är judinna, uppvuxen i Polen och känner mig hemma både i Sverige och i Italien.[689]

Wiktor Raldow skriver:

> Under mina 50 år i Sverige har landet omvandlats, även om grundbulten är stark och stabil. Vad jag är mest orolig och rädd för är att mina barnbarn blir tvungna att lämna landet för att kunna leva sina liv utan rädsla. Jag själv, tack vare Sverige och svenskarna, har kunnat leva ett värdigt liv, ett otroligt privilegium.[690]

Han uttrycker en tacksamhet i kombination med en oro för framtiden relaterad till ökande antisemitism i samtiden. Hans förmåga att uppskatta privilegiet att leva ett värdigt liv och inte bara ta det för givet kan relateras till hans orientering gentemot historiska erfarenheter från den antisemitiska kampanjen och även gentemot föräldrarnas erfarenheter från kriget och Förintelsen.

Aleksander Reich konkluderar hur han känner sig trygg i sina olika nationella identiteter och avgränsar dessa mot de starka ledarna i Polen, Israel och Ryssland:

> Nu upplever jag att min etniska identitet består av till lika delar 100 % både jude, svensk, polack och ryss. Dock är jag inte Kaczynskis polack, inte Netanyahus jude och inte Putins ryss. Tack och lov saknar Sverige den Starke Ledaren och jag hoppas att det förblir så.[691]

Även Jurek Gold beskriver en trygg identitetsformulering trots att den utgår från exkluderingen i frågan "Var kommer du ifrån?".[692] Den positiva skildringen

---

[688] Regina Feierberg, 1.
[689] Anna, 4.
[690] Wiktor Raldow, 13.
[691] Aleksander Reich, 5.
[692] Jurek Gold, s

av Sverige består trots många tydliga exempel på svårigheter i Sverige som svenskars fördomar och diskriminering av invandrare. Svårigheterna kan i allmänheten inte mäta sig mot det som de utsattes för i Polen för att inte tala om erfarenheterna från kriget och Förintelsen. Ellas levnadsberättelse hinner komma fram till denna typiskt positiva summering av sitt pensionärsliv samtidigt som hon krossar den bilden med en skildring av hatbrottet hon har blivit utsatt för.

Att tänka kring sin identitet är utmärkande för alla minoriteter och migrantgrupper, alla som inte utgör majoritet och norm. Att diskutera judisk identitet kan uppfattas som en av den sekulära judendomens mest centrala praktiker. Samtidigt är levnadsberättelserna skrivna till övervägande del av människor över 70 års ålder och efter cirka 50 år i Sverige uttrycker de en identitetsmässig trygghet. Det judiska och det svenska faller på plats, så även det polska. Ett typiskt uttryck för den identitetsmässiga trygghet som har uppnåtts finns hos Ewa Gutniak när hon utgår från att försöka uppskatta det land man lever i samtidigt som man inte tar avstånd från det man kommer från:

> Det är svårt för mig att förstå personer som invandrat och som inte tycks vilja omfamna Sverige som sitt nya land. Det är viktigt att uppskatta det land som man faktiskt lever i, att leva i samspel med samhället och att bidra till det, oavsett var ens rötter finns. Det betyder inte att man tar avstånd från den man är eller den tradition man kommer ifrån utan tvärtom: att smälta samman det bästa av två världar. Jag är utan tvekan svensk – med en polsk-judisk touch.[693]

Kanske påbjuder genren eller själva skrivsituationen att en levnadsberättelse leder fram till en identitetsmässig trygghet. Vid samtal har jag fått intryck av att flera kommit till freds samtidigt som förhållandet till det polska, det judiska och det svenska fortsätter att vara identitetsmässigt komplicerat. Det är ett område vi diskuterat utförligt i dialogerna. Jag har introducerat skrivuppropet som levnadsberättelserna är del av som att nu efter över 50 år i Sverige ska de få formulera sig kring sitt liv och därmed dela med sig av sina historiska erfarenheter. De berättar om sitt liv för en svensk offentlighet, på svenska, vilket kan påverka skildringen till att bli positivare och leda fram till något slags lyckligt slut. Den identitetsmässiga tryggheten som levnadsberättelserna förmedlar kan även förklaras av skribenternas ålder. Äldre människor har sannolikt färre identitetskriser än yngre. Den rimligaste tolkningen som är underbyggd av mina många samtal och möten med skribenterna och andra människor från denna grupp är att de verkligen har nått en större identitetsmässig trygghet.

---

[693] Ewa Gutniak, 6.

Ungefär hälften av Polens judar lämnade landet och ungefär hälften stannade i anslutning till den antisemitiska kampanjen. De som lämnade har i många fall hållit kontakt med den släkt och de vänner som stannade. De har således kunnat följa utvecklingen i Polen som en alternativ livsmiljö, ett liv som kunde varit deras, men som de valde bort i och med flykten. Det alternativa livet i Polen tenderar att förlora i denna jämförelse och gör därmed att bilden av Sverige blir ännu ljusare. Men välfärdsstatens glansperiod är över och Polen kan på vissa sätt framstå som bättre i jämförelse med Sverige på 2020-talet. Sofia Hollenberg berättade i en dialog att de skojar om att de får flytta till Polen nu när Sverige inte längre är säkert för judar längre.[694]

En annan viktig kontext för levnadsberättelserna, i gestaltningen av Sverige, är att de är skrivna på svenska för en offentlig insamling på Nordiska museet. Det är också ett svar till mig när jag vill förstå deras erfarenheter: den majoritetssvenska historiedoktoranden och historieläraren.

Den positiva integrationsupplevelsen som framträder i materialet behöver inte vara helt representativ för gruppen som helhet. Den äldre generationen levde inte längre när skrivuppropet inleddes 2020. Hos dem kan det ha funnits många exempel på större svårigheter att finna sig till rätta i det nya landet även om deras liv i Sverige beskrivs av den yngre generationen på ett i allmänhet positivt sätt.

De svenska judiska sammanhang, aktiviteter och gemenskaper som finns i den tid de berättat om sitt liv i verkar ha anpassat sig till ett bredare utbud av judiska orienteringar. Föreningen Judisk kultur J! anordnar kulturella evenemang utanför det religiösa livet. Signifikant nog arrangerade de en Singerfestival. Även bildningsevenemanget Limmud samlar en bred flora av teman och det finns en judisk folkhögskola, Paideia, med olika intressekurser kring till exempel matlagning, skrivande, judiska språk eller meningen med livet. Utöver detta finns även det religiösa och mer traditionella församlingslivet kvar. Tillsammans bidrar dessa olika judiska institutioner och verksamheter till den mer stabila identitetsformeringen.

Tiden efter i erfarenheternas kronologi

Skildringen av livet i Sverige gestaltas som tiden efter de stora brytpunkterna. De stora och ofta traumatiska händelser som blivit bestämmande för livsvillkoren är passerade. Livet efter kan börja. Detta historiska lugn öppnar för att det privata livet med relationer, familjebildning, utbildning och arbete kan hamna i centrum av de historiska erfarenheter som kommuniceras. Det stor-

---

[694] Intervju Sofia Hollenberg och Jerry Hollenberg, 00:29:49–00:30:10.

politiska träder mer i bakgrunden då det inte med samma tydlighet bryter in i individernas privatliv.

Erfarenheterna från Sverige har en identitetsorienterande funktion. Den antisemitiska kampanjen och flykten, kom att utmana deras tidigare identitetsorientering gentemot Polen. I Sverige orienterar de sig i relation till det judiska eller det svenska och kommer fram till olika former av inkludering eller exkludering i relation till dessa. Trots den positiva skildringen av integration och inkludering i det svenska samhället antyds hur olika situationer av *polite exclusion* tvingat dem att orientera sin identitet gentemot ett ickesvenskt ursprung.

I jämförelse med de publicerade biografierna tar livet i Sverige generellt större plats i de insamlade levnadsberättelserna. Detta beror på att flera biografier handlar om äldre personer med dramatiska erfarenheter från kriget och från Polen under den antisemitiska kampanjen. Livet i Sverige blir ett perifert tema i sammanhanget. Att levnadsberättelserna fokuserar så pass mycket som de gör på Sverige beror även på frågorna jag formulerat och att jag vid flera tillfällen har berättat för skribenterna att jag är intresserad av deras erfarenheter från Sverige.

Hela den massa av historiska erfarenheter som kommunicerats i projektet *Vi, de fördrivna* utgår från svenskpolskjudiska förståelsehorisonter. De är kommunicerade från Sverige av svenska medborgare som bor i Sverige. De är insamlade på den centralaste institutionen för att samla det svenska kulturarvet, Nordiska museet, och erfarenheterna är därmed riktade till en svensk allmänhet. De erfarenheter som gäller den polskjudiska historien, Förintelsen och den antisemitiska kampanjen måste alltså förstås utifrån denna svenska inramning. Tiden efter, tiden i Sverige är den horisont som hela erfarenhetskronologin formuleras utifrån.

Avslutande reflektioner: att anlända som flykting under välfärdsstatens glansperiod

Detta kapitel behandlar historiska erfarenheter från och om Sverige, det vill säga tiden efter de två brytpunkter som ordnar erfarenhetskronologin. Den övergripande frågan i kapitlet är vilken mening och funktion de kommunicerade historiska erfarenheterna från och om Sverige har för de judar som migrerade till Sverige till följd av den polska antisemitiska kampanjen som inleddes 1967. Som utgångspunkt för analysen har jag valt ett narrativ jag kallar välfärdsstatens glansperiod. Detta narrativ är tongivande i den svenska historiekulturen och i den situation där de kommunicerar sina historiska erfarenheter. Narrativet om välfärdsstatens glansperiod bygger på att Sverige under efterkrigstiden byggde upp en välfärdsstat som nådde sin höjdpunkt under de så kallade rekordåren kring 1970. Narrativet betonar både den ekonomiska utvecklingen och de sociala reformerna som skapade ett samhälle där befolkningen i stort fick en förhöjd levnadsstandard i ett alltjämt mer jämlikt och demokratiskt samhälle. Denna glansperiods välfärdsstat har sedan fallit eller åtminstone drabbats av en nedgång.

Vid återkommande tillfällen i biografier, levnadsberättelser och dialoger gestaltas ankomsten till Sverige på ett positivt sätt. De beskriver en välorganiserad och välmenande välfärdsstat utan märkbar korruption. De beskriver även en högre levnadsstandard och materiell välfärd utöver den politiska friheten. Det är uppenbart att de passerat järnridån i flera bemärkelser. Deras personliga erfarenheter sammansmälter med narrativet om den svenska välfärdsstatens glansperiod. Etableringen i det nya landet går i allmänhet från klarhet till klarhet: mötet vid ankomst, språkutbildning, bostad, vidare studier, arbete och familjebildande. Dessa erfarenheter av positiv integration kontrasteras ofta mot de problem som finns kring integration på 2000-talet; en jämförelse som ytterligare understryker hur de har integrerat narrativet om välfärdsstatens glansperiod. När de kom var välfärdsstaten en aktiv part i att hjälpa dem in i det nya samhället. Den period som analyseras i detta kapitel – tiden efter, tiden i Sverige – är den enda period i erfarenhetskronologin som tydligt följer det tongivande narrativet. De analyserade historiska erfarenheterna från dessa svenskpolska judar följer den svenska historiekulturen i förståelsen av välfärdsstatens glansperiod.

Något som bryter av i skildringen av mötet med Sverige är mötet med den svenska judenheten. Flera krockar skildras men även positiva möten. Krocken består främst i två skilda sätt att vara judisk på och besvikelsen är ömsesidig. Den svenskjudiska sidan beskrivs som mer religiöst traditionell medan de nyanlända polska judarna till stor del var okunniga om judisk religion och tradition. Samtidig förstärktes, som Ilicki visat, deras judiska identitet efter ankomsten till Sverige. Deras judiska identitet är dock sällan fokuserad på religiösa traditioner utan snarare hamnar judisk kultur och historia i centrum, inte minst det judiska motståndet under Förintelsen. Krocken mellan polskjudiskt och svenskjudiskt skedde inom ett judiskt vi. Samtidigt som många polska judar utvecklade en judisk identitet i och med flykten från Polen och ankomsten till Sverige, upplevde de ett främlingskap i mötet med de svenska judarna. Detta möte kan betraktas som ett kritiskt ögonblick, en situation som kom att bli avgörande för framtida utveckling av gemenskap och identifiering. Den polskjudiska gemenskapen fortsätter för de flesta att vara viktig genom hela tiden i Sverige. Men barnen tenderar att röra sig bort från det polska och bli mer universellt judiska eller svenskjudisk i sin identitetsmässiga orientering. Den initiala krocken mellan det polskjudiska och det svenskjudiska förminskas med tiden samtidigt som personer från den polskjudiska gruppen och deras barn blir en mer självklar del av svenskjudiskt liv.

I en sammantagen läsning av biografier, levnadsberättelser och dialoger framträder en genomgående positiv skildring av Sverige. I synnerhet det Sverige som de anlände till kring 1970, men även om glansperioden är över beskrivs Sverige i stort som ett bra samhälle att bo i. De berättar om diskriminering på arbetsmarknaden och *polite exclusion* men dessa negativa inslag tar inte överhanden i deras skildringar av Sverige. Det som starkast uttrycks som ett hot mot deras liv och tillvaro i Sverige är den ökande antisemitismen och vissa uttrycker till och med oro inför att behöva fly igen. Historiska erfarenheter från de två brytpunkterna aktiveras i och med antisemitiska händelser i samtiden.

Resultaten i detta kapitel bidrar till svensk historia, svenskjudisk historia och i synnerhet svenskpolskjudisk historia genom att relatera denna migrantgrupps historiska erfarenheter till det tongivande narrativet om välfärdsstatens glansperiod. På detta sätt kombineras den svenska historiekulturen i stort med deras erfarenheter. Resultatet att deras historiska berättande följer detta tongivande narrativ understryker den dominanta position som narrativet har. Till skillnad från tidigare forskning som beskriver den svenska välfärdsstaten bidrar detta kapitel med en specifik migrantgrupps perspektiv, en grupp vars kommunicerade erfarenheter i stor utsträckning följer det tongivande narrativet. Att utforska välfärdsstatens glansperiod och fall i en svensk historiekultur ser jag som en central uppgift för att förstå den svenska historiekulturen på 2020-talet. Detta är någonting som Julia Håkansson har inlett och som jag fortsätter att utforska.[695]

Hamas attack den 7 oktober 2023 och det påföljande kriget i Gaza skedde under slutskedet av insamlingsarbetet. Det har därmed enbart antytts i analysen. Eventuellt kommer det med tiden att framstå som ännu en brytpunkt i erfarenhetskronologin beroende på den kommande utvecklingen.[696] Den ökade antisemitismen var – som jag beskrivit ovan – redan en del av deras historiska erfarenheter, ett tecken på Sveriges förfall i enighet med det tongivande narrativet om glansperiodens slut.

---

[695] Håkansson, *Historia och nationalism*.

[696] För 7 oktobers betydelse för antisemitism och judiskt liv i Sverige se Mattsson, Andersson Malmros, och Sager, *Antisemitism i Sverige efter den 7 oktober*. Se även Malin Thor Tureby & Emma Hall, "Historiska perspektiv på judiska kvinnors berättelser om erfarenheter av antisemitism i Sverige under 1900-talet och 2000-talet", *Nordisk Judaistik/Scandinavian Jewish Studies*, Vol. 35, No. 2, 2024, 53–70.

I detta kapitel om tiden efteråt framträder med tydlighet hur deras historiska erfarenheter hör till en svenskpolskjudisk historia. De fortsätter i flera aspekter att vara polska judar i Sverige samtidigt som många understryker hur Sverige verkligen är hemma. Många utvecklar en starkare judisk identitet i relation till det judiska livet i Sverige samtidigt som den polskjudiska gemenskapen generellt är betydelsefull genom hela livet. Perspektivet på hela deras erfarenhetskronologi – på den polskjudiska historien – utgår även från Sverige vilket ytterligare understryker det svenskpolskjudiska. De betraktar Polen från Sverige medan Sverige betraktas inifrån. Det är kanske huvudförklaringen till att deras gestaltning av livet i Sverige i huvudsak överensstämmer med det tongivande narrativet om välfärdsstatens glansperiod.

Detta kapitel om Sverige avslutar den erfarenhetskronologi som utgör avhandlingens ryggrad. Men kronologin avslutas inte tvärt utan riktar fortsatta linjer mot framtiden. Flera tankar om framtiden presenteras. En del positiva om barn och barnbarn; andra oroande om antisemitism, världsläget och Sveriges förfall. Genom sina historiska erfarenheter kommunicerar de historiska lärdomar till ett Sverige som kommit undan både andra världskriget och att leva i en diktatur under kalla kriget.

Vi, de fördrivna: avslutning och utblick

Under perioden 1967–1972 kom cirka 3 000 polska judar som flyktingar till Sverige på grund av en antisemitisk kampanj som hade initierats av den kommunistiska regimen i Polen. Den här avhandlingen är en analys av denna grupps historiska erfarenheter. Syftet har varit att bidra med en fördjupad och mer nyanserad förståelse av den svenskpolskjudiska historien sett i relation till två centrala historiska händelser: Förintelsen och den antisemitiska kampanj som ledde till den sista stora judiska emigrationen från Polen. Under Förintelsen mördades nittio procent av de polska judarna. Drygt tjugo år senare fördrevs runt hälften av de få judar som fanns kvar i landet. Den aktuella gruppen bär på erfarenheter av dessa två historiska händelser.

Denna avhandling är en del av projektet *Vi, de fördrivna* som jag initierade för att samla och beforska historiska erfarenheter hos denna specifika grupp polska judar i Sverige. I samarbete med Nordiska museet inledde jag en insamling av levnadsberättelser på plattformen Minnen.se som senare följdes av gruppintervjuer som jag spelade in. Studiens teoretiska och metodologiska utgångspunkt har formulerats som en hermeneutisk oral history, ett sätt att bedriva historievetenskaplig forskning med den dialogiska analysen av historiska erfarenheter i centrum. Det rör sig om en publik hermeneutisk oral history, där de insamlade erfarenheterna tillgängliggörs och analyseras offentligt. Därför var det av central betydelse att projektet genomfördes på Minnen.se och Nordiska museet samt att det arrangerades en rad offentliga evenemang där projektet kunde diskuteras och spridas.

I detta avslutande kapitel kommer jag att lyfta fram och diskutera studiens resultat och resonera kring dess betydelse. Resultatet betraktas här i sin helhet. Först beskrivs den erfarenhetskronologi som strukturerar avhandlingens resultat. Efter det behandlas analysen av kronologins olika delar. Det finns en rad teman som går på tvären genom samtliga delar av erfarenhetskronologin och som därmed med fördel kan diskuteras i detta avslutande kapitel. På det sättet sammanfattas studiens bidrag till forskningen. Jag tar även upp ett antal frågor som framkommit i forskningsprocessen och som jag kontinuerligt har brottats med genom projektet. Kapitlet avslutas på ett framåtblickande sätt genom att formulera nya horisonter för den svenskpolskjudiska historieskrivningen.

Erfarenhetskronologin i sin helhet

Resultaten av denna studie presenteras tydligast genom den erfarenhetskronologi som ordnar de historiska erfarenheter som analyserats. På det sättet kan samtliga kommunicerade historiska erfarenheter relateras till varandra i ett mångsidigt men ändå sammanhållet narrativ. En stor del av de grundläggande begreppen i denna avhandling har hämtats från den tyske historiefilosofen Jörn Rüsen. Rüsen förstår historia som något rakt igenom narrativt. Narrativisering är det enda sättet att kommunicera historisk mening enligt detta synsätt. Erfarenhetskronologin är grundstrukturen i det narrativ som denna studie har att bidra med till historievetenskapen.

Erfarenhetskronologin delas upp av två brytpunkter: först den primära brytpunkten Förintelsen; sedan den sekundära brytpunkten som den antisemitiska kampanjen och migrationen till Sverige utgör. Dessa två brytpunkter aktiverar varandra och interagerar i det historiska berättandet. Om den antisemitiska kampanjen jämförs med Förintelsen framstår den antisemitiska kampanjen som obetydlig. Den kan på intet sätt mäta sig med den död, förstörelse och det lidande som Förintelsen innebar. Om den antisemitiska kampanjen däremot sätts i samband med Förintelsen, framträder dess betydelse tydligare . Det var en sådan sammankoppling av den antisemitiska kampanjen och Förintelsen som väckte mitt inledande intresse och fick mig att formulera projektet. Hur kunde en antisemitisk kampanj, initierad av den kommunistiska regimen i Polen, ske drygt 20 år efter Förintelsen?

Erfarenhetskronologin har fått strukturera avhandlingens empiriska kapitel kronologiskt: Kapitel 2: före; Kapitel 3: brytpunkten; Kapitel 4: tiden emellan och den andra brytpunkten; Kapitel 5: efter. I varje kapitel har de narrativ formulerats som är tongivande i den historiekulturella situation de kommunicerar sina erfarenheter i. Dessa narrativ är inte ett resultat av analysen utan en utgångspunkt som jag antar utifrån min inläsning och förförståelse, ett analytiskt perspektiv. Med dessa tongivande narrativ som fond har det varit möjligt att synliggöra och analysera i vilken mån denna grupps kommunicerade historiska erfarenheter bryter av mot, eller följer, mer dominerande historiekulturella föreställningar.

Flera av den aktuella gruppens historiska erfarenheter befinner sig i centrum av historiekulturen: deras familjer drabbades av Förintelsen, de bär på erfarenheter från andra världskriget i Stalins Sovjet. De upplevde livet i en kommunistisk diktatur under kalla kriget och den radikala 68-generationens revolt. De migrerade över järnridån, de anlände även till Sverige under rekordåren kring 1970. Det är som att denna grupp bär på minnen i nära anslutning till 1900-talets största händelser. Samtidigt bryter deras historiska erfarenheter till stor del av, utmanar och nyanserar de tongivande narrativ som dominerar historiekulturen. De befinner sig nära historiekulturens centrum men ändå lite vid sidan av.

En reflektion över hur erfarenhetskronologin presenterats genom de olika kapitlen är vilken kraft det finns i det kronologiska tänkandet, tidslinjen som går från då till nu. I enlighet med det tidsskikts-begrepp jag använt hade det varit mer logiskt att låta en arkeologisk metafor vägleda arbetet med att avtäcka de olika tidsskikten. Det första empiriska kapitlet hade kunnat handla om samtiden, och sedan hade övriga kapitel kunnat komma allt djupare till att slutligen nå det äldsta: sökandet efter ursprung i den polskjudiska kulturen före Förintelsen. Forskningsprocessen hade kunnat kallas för grävande. Det kronologiska tänkandet från då till nu är dock alldeles för starkt hos mig. Den erfarenhetskronologiska kapiteldispositionen får fungera enligt en liknelse som utgår från att läsaren börjar djupt i underjorden och sedan gräver sig uppåt genom tidsskikten tills hen slutligen når samtidens ljus och förstår vilka skikt av historiska erfarenheter dessa svenskpolska judar står på idag.

Erfarenhetskronologins olika delar

Avhandlingens kapitel följer erfarenhetskronologin, genom att läsa kapitelrubrikerna går det att orienteras sig grundläggande i de historiska erfarenheter som analyserats.

I det första empiriska kapitlet, *Kapitel 2: Tiden före: sökande efter ursprung i den polskjudiska kulturen före Förintelsen*, analyseras de historiska erfarenheter som söker sig längst tillbaka i tiden. Detta kapitel är kortast och har skralast empiriskt underlag. Det är väldigt få, av de personer vars erfarenheter analyserats här, som levde före första september 1939. Huvudsakligen handlar det alltså om historiska erfarenheter som förmedlats över generationer. Det gör att de historiska erfarenheter som analyseras i detta kapitel är mer mytiska till sin karaktär. Dels har det gått många år mellan återberättandets tidsskikt på 2000-talet och det återberättade tidsskiktet från tiden före Förintelsen. Dels finns det två brytpunkter emellan dessa tidsskikt som ökar avståndet och omskapar livets villkor. Den gamla polskjudiska världen, Jiddischland, har förstörts och nittio procent av dess invånare mördats i Förintelsen. Därtill innebar den antisemitiska kampanjen och migrationen till Sverige både en geografisk och identitetsmässig separation från den polskjudiska världen. Samtidigt som detta innebar en separation resulterade denna brytpunkt i ett ökat intresse för ett polskjudiskt ursprung, den geografiska separationen blev till ett identitetsmässigt närmande. I linje med Julian Ilickis studie, om den föränderliga judiska identiteten, framför många att deras intresse för sitt judiska ursprung växte i och med den andra brytpunkten. Därmed blir den polskjudiska kulturen före Förintelsen betydelsefull som historisk orienteringspunkt.[697]

Analysen av tiden före Förintelsen tar sin utgångspunkt i ett narrativ som visar upp en idealiserad traditionell judisk värld, shtetlnarrativet. Detta narrativ, har tagit sig kulturella uttryck genom Isaac Bashevis Singer och Sholem Aleichems litteratur, Chagalls målningar eller musikalen *Spelman på taket*. Singer spelar en betydande roll i fleras identitetsmässiga orientering, särskilt när judisk kultur ställs mot judisk religion som den grundläggande beståndsdelen i en judisk identitet. Det finns några inslag som knyter an till detta idealiserade judiska shtetlnarrativ i biografier, levnadsberättelser och dialoger men huvudsakligen kommuniceras erfarenheter från helt andra miljöer. De kommunicerade erfarenheterna från tiden före är i regel moderna och urbana. Det finns åtskilliga skildringar från den kommunistiska rörelsen under mellankrigstiden. Flera beskriver sina föräldrars engagemang för att skapa ett jämlikt samhälle som skulle överkomma alla orättvisor och övervinna antisemitismen. Kapitlet om tiden före Förintelsen utspelas ytterst lite i en traditionell shtetl-miljö. I stället kommunicerar de ett modernt ursprung i Jiddischland, då den polska judenheten mötte modernitetens utmaningar och möjligheter.

I *Kapitel 3: Brytpunkten Förintelsen*, analyseras den primära brytpunkt som delar erfarenhetskronologin i två. Det finns inte någon annan brytpunkt, gränssättande händelse eller katastrof som kan mäta sig med Förintelsen i denna grupps historiska orientering. Nittio procent av de polska judarna mördades, och kvar fanns bara spillror av den tidigare så omfattande polskjudiska kulturen. Alla som överlevde denna katastrof, eller är barn till överlevande, har en eller flera överlevnadsberättelser som centrala historiska orienteringspunkter. Hur överlevde man när nästan alla mördades? Detta står i centrum av den samtida historiekulturens intresse när de kommunicerar sina historiska erfarenheter, både inom den mindre svenskpolskjudiska gruppen och inom historiekulturen i stort. Det tongivande narrativ om Förintelsen som analysen utgår från i Kapitel 3 har formulerats utifrån det som den franska historikern Annette Wieviorka kallar vittnets tidsålder.[698] Detta narrativ om Förintelsen

---

[697] Ilicki, *Den föränderliga identiteten.*
[698] Wieviorka, *The Era of the Witness.*

utgår från det massmediala genomslag som Förintelsevittnet fick när vittnesmål från Eichmann-rättegången 1961–1962 sändes på TV i olika delar av världen. Under 1980- och 1990-talets så kallade memory boom utvecklades och manifesterades detta narrativ om Förintelsen ytterligare och kom att inta den centrala positionen i historiekulturen som Förintelsen alltjämt har på 2020-talet.

Förintelsen framträder på många olika sätt i biografier, levnadsberättelser och dialoger. Den har olika historiskt orienterande funktioner. Ibland ges historiska kontextualiseringar och skildringar av kriget i stort men i allmänhet berättas det om överlevnad från ett personligt perspektiv. Överlevnadsberättelsen har en grundläggande historiskt orienterande betydelse för identitet, ideologi, etik men även för rent kausala förklaringar. Överlevnadsberättelsen förklarar varför man är där man är, varför ens värld ser ut som den gör. Etiska slutsatser kommuniceras genom att lyfta fram specifika episoder från Förintelsen eller kriget. Ofta kommuniceras värdet av tolerans och medmänsklighet. Förintelsen blir även en erfarenhet som leder till att olika strategier utvecklats i senare historiska situationer; som under den antisemitiska kampanjen eller i mötet med antisemitism i Sverige på 2000-talet. En sådan strategi kan vara en beredskap att fly.

Överlevnadsberättelserna i biografier, levnadsberättelser och dialoger domineras tydligt av Förintelseöverlevnad i Sovjetunionen. Över två tredjedelar av de polska judar som överlevde Förintelsen gjorde det genom att fly till Sovjetunionen. Av de överlevande som ännu bodde i Folkrepubliken Polen 1967 var andelen ännu högre. Trots detta är denna erfarenhet marginaliserad i historiekulturen kring Förintelsen globalt. En typisk men ändå marginaliserad överlevnadsberättelse. Därmed skiljer deras historiska erfarenheter sig från det tongivande narrativet om Förintelsen. Även inom Förintelseforskningen är flykt till och överlevnad i Sovjetunionen tämligen underutforskat i jämförelse med den omfattande forskningen som finns om andra aspekter av Förintelsen. Antologin *Shelter from the Holocaust* och monografin *Survival on the Margins* utgör pionjärverk för historien om polska judar som överlevde i Sovjetunionens periferi, i norr och öster.[699] Att detta område fått så litet uppmärksamhet kan förklaras på flera sätt. Dels kan deras erfarenheter från Sovjetunionen, ofta långt från fronten, inte berätta om förövarna och det våld som drabbade människor i läger, ghetton och genom mass-avrättningar. De innehåller inte heller skildringar av att hålla sig gömd på ockuperad mark. Det går även att relatera till kalla krigets logik. I en amerikaniserad historiekultur om Förintelsen undveks

---

[699] Edele, Fitzpatrick, och Grossman, *Shelter from the Holocaust*; Adler, *Survival on the Margins: Polish Jewish Refugees in the Wartime Soviet Union*.

en fokusering på eventuell positiv sovjetisk inverkan på utvecklingen. I en sovjetisk historiekultur kring kriget poängterades att många räddades från fascisternas massmord på civila men den specifikt judiska aspekten hamnade i bakgrunden.

Det tongivande narrativet om att överleva Förintelsen utgår från vittnet, en person som genomlevt och skådat de oerhörda förbrytelserna på nära håll vilket ger en moralisk och emotionell effekt på den som mottar vittnesmålet. Ett historiskt narrativ om Förintelseöverlevnad i Sovjetunionen innehåller en moralisk komplexitet, eftersom de blev räddade genom att ta sin tillflykt till Sovjetunionen under Stalin-tiden, en massmördande totalitär diktatur.[700] En sådan etisk historisk komplexitet är svår att hantera i en västeuropeisk och anglosaxisk historiekultur som är fokuserad på högtidlig åminnelse.

Kapitel 4: Tiden emellan: den antisemitiska kampanjen och slutet på livet i Folkrepubliken Polen fokuserar på den andra brytpunkten men behandlar även livet i Folkrepubliken Polen från freden 1945 fram till den antisemitiska kampanjen och migrationen. Analysen utgår från två tongivande narrativ som dominerar historiekulturen när erfarenheterna kommuniceras. Det första narrativet är brott mot mänskligheten under kommunistiska regimer och det andra är dissidentnarrativet. Båda sätter fokus på det förtryck som utövades av kommunistiska regimer. Brott mot mänskligheten under kommunistiska regimer är formulerat utifrån en svensk historiekultur där myndigheten Forum för levande historias material spelar en betydelsefull roll. Dissidentnarrativet är ursprungligen ett polskt narrativ som identifierats utifrån forskning om den antisemitiska kampanjen. Detta narrativ utgår från berättelsen om det folkliga motståndet mot kommunistregimen i Polen och inordnar den antisemitiska kampanjen som en del av denna utveckling.

Undersökningen visar att deras historiska erfarenheter bryter i flera bemärkelser av mot de tongivande narrativen som fokuserar på kommunistiskt förtryck. Dissidentnarrativet utmanas genom gestaltningen av en strukturellt etablerad polsk antisemitism som går utöver regimen och dess tekniker för att bevara makten. Brott mot mänskligheten under kommunistiska regimer utmanas genom att visa på komplexiteten inom kommunismen och bland kommunister. Ett återkommande inslag är att gestalta kommunistiska föräldrar med ett genuint engagemang för att skapa ett jämlikt samhälle samtidigt som de verkade inom en förtryckande statsapparat.

---

[700] Eliyana Adler föreslår till exempel ironiskt ett stort träd för Josef Stalin i *The Garden of the Righteous Among the Nations* på grund av alla judar som överlevde Förintelsen genom att deporteras till central-asiatiska delar av Sovjetunionen. Adler, *Survival on the Margins: Polish Jewish Refugees in the Wartime Soviet Union*, 284.

Tiden emellan, fram till andra brytpunkten handlar mycket om antisemitism, kommunism, judarna och den polska nationen. De flesta personer som har deltagit i *Vi, de fördrivna* växte upp under denna period. Den antisemitiska kampanjen blir till en brytpunkt i och med att den ledde fram till emigration från Polen, men den utgör även en identitetsmässig brytpunkt i och med att den frambrytande antisemitismen på olika sätt separerade dem och omöjliggjorde en identifiering med den polska nationen. Den antisemitiska kampanjen och flykten till Sverige utgör den andra brytpunkten i deras erfarenhetskronologi och den interagerar med den första och största brytpunkten Förintelsen. När antisemitismen bryter fram igen aktiveras erfarenheterna från Förintelsen.

Det sista empiriska kapitlet, *Kapitel 5: Tiden efter: i Sverige*, analyserar historiska erfarenheter från de polskjudiska flyktingarnas ankomst till Sverige åren kring 1970 fram till det tidsskikt de kommunicerar sina erfarenheter i. Utgångspunkten för analysen av denna period är det inom svensk historiekultur tongivande narrativet om välfärdsstatens glansperiod; ett narrativ som även inkluderar ett fall eller en nedgång åtminstone. Den svenska välfärdsstaten byggdes upp från andra världskrigets slut under en period av ständigt ökande välstånd i kombination med en ökad jämlikhet. Dessa glansdagar når sin absoluta höjdpunkt under de så kallade rekordåren kring 1970, då den aktuella polskjudiska flyktingmigrationen kom till Sverige. Skildringen av denna glansperiod skapar en tydlig kontrast mot andra erfarenheter från tidigare perioder i biografier, levnadsberättelse och dialoger. Under samtliga tidigare perioder i erfarenhetskronologin beskrivs olika former av förtryck och dessutom två smärtsamma brytpunkter. Ankomsten till Sverige och mötet med en välvillig och välfungerande välfärdsstat, med en hög levnadsstandard i kombination med jämlikhet och medborgerliga rättigheter, ger tiden i Sverige en positiv inramning. Till skillnad från samtliga andra delar av erfarenhetskronologin visar undersökningen hur det historiska berättandet i biografier, levnadsberättelser och dialoger – i stor utsträckning – följer det tongivande narrativet.

Historiska erfarenheter från Sverige följer även det tongivande narrativet om välfärdsstatens fall eller nedgång. Sverige är inte vad det en gång var. Detta visar sig genom olika jämförelser där Sverige då är att föredra mot Sverige nu. Bland annat jämför de deras möjligheter att integreras genom studier, arbete och bostad med svårigheter som nyanlända möter på 2000-talet. Ett tema som bryter av från den annars generellt positiva skildringen av ankomsten till Sverige är mötet med den svenska judenheten. Detta tema är betydelsefullt för den identitetsmässiga orienteringen och det beskrivs på flera olika sätt. Gemensamt är dock berättelsen om att det skedde någon slags krock mellan svenska och polska judar. Många beskriver betydelsen av den polskjudiska gemenskapen i Sverige som alltjämt är stark när de kommunicerar sina historiska erfarenheter.

Teman som går genom hela erfarenhetskronologin

Det finns några historiskt orienterande teman som är meningsfulla för de människor vars historiska erfarenheter studeras här och som går på tvären genom hela erfarenhetskronologin. Jag ska i det följande höja blicken och betrakta dessa teman i sin helhet. Jag fokuserar här på tre sådana genomgående teman: antisemitismen, kommunismen och den judiska identiteten.

Det första genomgående temat är antisemitismen. Vilken roll spelade den strukturella polska antisemitismen under den antisemitiska kampanjen och under Förintelsen? Denna empiriska fråga är, liksom svaren på densamma, djupt identitetsmässigt orienterande. I vilken mån bör den antisemitiska kampanjen beskrivas utifrån regimen eller den strukturellt etablerade polska antisemitismen? Om man följer dissidentnarrativets fokus på en förtryckande regim och dess motståndsrörelse går det att förstå fördrivningen av Polens judar utan att ställa den strukturella polska antisemitismen i centrum. Då är det lättare att relatera till en vi-känsla med alla andra polacker som på andra sätt drabbades av denna regim. Om man däremot sätter den folkligt etablerade strukturella antisemitismen i centrum av den antisemitiska kampanjen uppstår ett behov av att distansera sig från detta polska folk efter att ha emigrerat och avsagt sig sitt medborgarskap. Även när de diskuterar sin samtid och framtid i Sverige spelar antisemitismen en betydelsefull roll. Beskrivningen av en ökande antisemitism väcker frågor om Sverige fortsättningsvis kommer att vara en säker plats för judar att leva i.

Det andra genomgående temat är kommunismen. Jaff Schatz har i sin studie av en specifik generation polskjudiska kommunister, födda kring 1910, gjort en kollektiv biografi över denna specifika grupps livsbana. Schatz placerar kommunismen, kommunister och kommunistiska rörelser i centrum av analysen.[701] I de historiska erfarenheter som förmedlas i biografier, levnadsberättelser och dialoger har kommunismen på olika sätt varit ett genomgående tema. Många familjer inbegriper personer som följer den livsbana som Schatz har tecknat.

Många av de som deltagit i *Vi, de fördrivna* hade föräldrar som blev kommunister under mellankrigstiden. Mellankrigstiden kallas för förkrigstiden i en polskjudisk historiekultur, vilket ytterligare understryker Förintelsens position i erfarenhetskronologin. Maciej Zaremba förklarar hur en förkrigskommunist betydde en hederlig människa under efterkrigstiden. Under förkrigstiden var

---

[701] Schatz, *The generation.*

kommunismen förbjuden i Polen och många kommunister hamnade i fängelse. Medlemskap i kommunistpartiet kunde då förstöra karriären. I Folkrepubliken Polen var medlemskap i partiet i stället en förutsättning för många karriärer.

Den kommunistiska erfarenheten är betydelsefull i relation till Förintelse-överlevnad i Sovjetunionen. Tolkningen av den upplevelsen är mångtydig. Det kommuniceras ett förtryck och ett lidande som drabbade dem som befann sig i Sovjet under kriget, samtidigt kommunicerar många även en känsla av tacksamhet. Samma ambivalens fanns i att delta i upprättandet av Folkrepubliken Polen. Många hade kunskap inifrån Sovjetunionen om förtrycket och det som hade misslyckats i landet, men de närde en förhoppning om att kunna lära sig av dessa misstag i förverkligandet av socialismen i Polen. Andra, måste det understrykas, var aldrig kommunister men valde att stanna i Folkrepubliken Polen ändå. Som kollektiv uppfattades denna migration som mer kommunistisk än tidigare polskjudiska migrationer till Sverige. Detta skapade en situation där många både uppfattades som kommunistiska från ett svenskjudiskt perspektiv samtidigt som man hade blivit fördriven från sitt hemland av en kommunistisk regim. Många av de yngre hade aktivt deltagit i demonstrationer mot den kommunistiska regimen. När de senare mötte den svenska judenheten kunde de betraktas som kommunister, vilket blev dubbelt smärtsamt. De hade svikits och attackerats av en kommunistisk regim och nu förknippades de med denna regim.

Historieskrivning om polska judar i Sverige som skildrar 1800-talet och det tidiga 1900-talet har starkt betonat den östjudefobi som präglade svenskars uppfattningar om polska judar.[702] Detta gällde både judiska och icke-judiska svenskar. Östjudefobins grundföreställning var att de polska judarna var för-moderna, ociviliserade, ortodoxa och ett hot mot den judiska emancipationen. I erfarenheterna av det tidsskikt som sammanfaller med kalla kriget framtonar en helt annan slags östjudefobi. De nyanlända polskjudiska flyktingarna upp-fattades snarare som för moderna, utan kunskap om religion och tradition. Ofta med en vilja att hitta judiska sammanhang men med begränsat intresse för religiösa inslag. Dessutom påverkade det att många av de äldre hade en bak-grund inom kommunismen, vilket aktiverade den östfobi som utgjorde själva grundspänningen i kalla kriget. Om vi jämför dessa två östjudefobier har båda negativa föreställningar, men med helt olika innehåll. Den äldre pekar på religiös fundamentalism, den yngre på kommunism. Den äldre pekar på det antimoderna, den yngre på det övermoderna.

---

[702] Besserman, ”'… eftersom nu en gång en nådig försyn täckts hosta upp dem på Sveriges gästvänliga stränder'. Mosaiska församlingen i Stockholm inför den östjudiska invandringen till staden 1860–1914”; Carlsson, *Medborgarskap och diskriminering*; Hammarström, *Nationens styvbarn*, 2007.

Själva krocken mellan de nyanlända polska judarna och de judar som representerade det organiserade judiska livet i Sverige är ett komplext tema som skulle kunna utvecklas ytterligare. Jag har huvudsakligen samtalat med dem som upplevde krocken från den polskjudiska sidan, inte den svenskjudiska, vilket har inverkat på min tolkning. Det har passerat ett antal årtionden och många har reflekterat över vad som hänt. Flera, som deltagit i *Vi, de fördrivna*, resonerar numera även kring denna krock utifrån den egna polskjudiska gruppens sammanhållning och inte enbart utifrån en upplevd ovilja från de svenska judarna att acceptera de polska judarna i gemenskapen. Den sammansmältning av polskjudiskt och svenskjudiskt som inte skedde när de anlände verkar ha skett i större utsträckning för deras barn.

Det tredje genomgående temat är den judiska identiteten. Jag har frekvent refererat till Julian Ilickis grundläggande tes om den stärkta judiska identiteten i och med migrationen.[703] Min studie ger stöd för denna tes. Den antisemitiska kampanjen, tillsamman med andra exempel på polsk strukturell antisemitism, försvårar en identifiering med den polska nationen. När de blev tvungna att avsäga sig sitt polska medborgarskap, på ett för många smärtsamt sätt, skapades en brytpunkt. Det uppsagda medborgarskapet, även om det betraktades som ett orättfärdigt maktutövande av regimen, bidrog till en omorientering av identiteten. I berättelserna om livet i Sverige finns inslag av erfarenheter av artig exkludering, till exempel genom den till synes oskyldiga frågan "Var kommer du ifrån?". Sådana erfarenheter har försvårat en identifiering med det svenska, och bidrar till att de flesta laborerar med olika beskrivningar mellan judiskt, polskt och svenskt i beskrivningar av sin identitet. Vissa lyfter begreppet kosmopolit för att distansera sig från snäva nationella identitetskategorier. Användningen av kosmopolit-begreppet kan dessutom tolkas som en strategi för att återerövra ett begrepp som den nationellt kommunistiska regimen i Polen använde för att ifrågasätta de polska judarnas lojalitet.

Utöver frågan om det finns en judisk identitet, eller hur stark denna judiska identitet är, är det även relevant att fråga vad den judiska identiteten består av. Olika riktningar av judisk identitet spelade en betydelsefull roll i den tidigare nämnda krocken mellan polskjudiskt och svenskjudiskt. Flera av de som deltagit i *Vi, de fördrivna* har förklarat att de har en stark judisk identitet men att den inte är religiös eller traditionsenlig. Den judiska identiteten har tagit sig andra uttryck: viktiga judiska inslag i Folkrepubliken Polen var minneshållandet av ghettoupproret i Warszawa, att läsa judiska författare,

---

[703] Ilicki, *Den föränderliga identiteten*.

sommarläger för barn, judiska scouter och andra aktiviteter anordnade av den judiska organisationen TSKZ.

Den judiska identiteten har utvecklats i Sverige och många har lärt sig om judiska högtider och traditioner, upprättat olika relationer till Israel och intresserat sig för judisk historia. Många uttrycker hur den polskjudiska gemenskapen alltjämt är stark över 50 år efter migrationen. I detta avseende kan deras judiska identitet till stor del beskrivas som svenskpolskjudisk.

Spänningen mellan det individuella och det kollektiva

Alla försök att beskriva en grupp människors historiska erfarenheter måste förhålla sig till den svårighet det innebär att balansera det individuella och det kollektiva. Detta har varit en utmaning jag burit med mig genom hela projektet. Vi-et i *Vi, de fördrivna* vittnar om en ambition att berätta en kollektiv historia. Hur bedöms på ett rimligt sätt vad som är en gemensam erfarenhet och hur hanteras alla individuella avvikelser? Hur många liknande individuella erfarenheter krävs för att de ska vara värda att ta upp i en studie av en grupps historiska erfarenheter? Hur ska man förhålla sig till uppgifter om vad ett kollektiv tyckte, tänkte, kände eller gjorde?

Trots den inneboende problematiken i att presentera kollektiva erfarenheter har jag formulerat en mängd historiska erfarenheter som är centrala för den grupp som här har studerats. Jag har inte tillämpad någon kvantitativ logik i urvalet av de erfarenheter som har analyserats. I stället har erfarenheter valts ut med hänsyn till deras betydelse för den historiska orienteringen. Det är inte enbart studiens avgränsade material som lett fram till det presenterade urvalet av centrala historiska erfarenheter: biografier, levnadsberättelser och dialoger. Samtal och läsning runtomkring har varit av avgörande betydelse för att formulera vilka historiska erfarenheter som är centrala för gruppen. Hela den hermeneutiska forskningsprocessen handlar om att försöka förstå en kollektiv upplevelse, att hermeneutiskt utveckla en gemensam analys av en grupp människors historiska erfarenheter. Jag har prövat mina analyser kontinuerligt i intervjuer, presentationer och samtal. Därigenom har jag närmat mig de historiska erfarenheter som för gruppen är centrala.

Utöver att jag drar slutsatser om vad de kommunicerar från sina liv, finns det även historiekulturella föreställningar som formar deras förståelse av vad de varit med om. Den kollektiva berättelsen finns etablerad i historiekulturen. Denna kollektiva berättelse innehåller mångtydigheter, konflikter och skilda vägar men det finns vissa drag som tidvis riktar individernas berättelser åt samma håll. Det går att betrakta dessa historiekulturella föreutsättningar som ett källkritiskt hinder, något som står i vägen för en oförvanskad förståelse av individernas erfarenheter. Jag väljer istället att omfamna historiekulturen i min analys som en del av deras historiska erfarenheter. Hur de grundläggande brytpunkterna i erfarenhetskronologin påverkar dem idag är en del av dessa historiska händelsers konsekvenser. Historiekulturen är en del av händelserna samtidigt som den ger mening åt dem.

Att namnge projektet *Vi, de fördrivna* var redan från början ett anslag som försökte formulera något gemensamt. Under projektet har flera kollektiva aktiviteter arrangerats för att diskutera och gemensamt tolka deras historiska erfarenheter på olika vis. Det bör dock understrykas att flera av personerna inte identifierar sig med alla de teman som jag lyfter som centrala i gruppens historiska erfarenheter. Flera upplever sig inte som fördrivna från Polen till exempel. Genom att lyfta den stora mångfalden av erfarenheter inom denna grupp till en offentlig nivå och bjuda in brett och återkommande till dialog, har min ambition varit att utforska deras historia tillsammans med personerna i gruppen och därmed kan projektet *Vi, de fördrivna* beskrivas som en del i att skapa en gemensam historia.

Den etiska dimensionen i projektet

I inledningen av projektet genomgick studien en så kallad etikprövning vilket är obligatoriskt för forskningsprojekt som rör nu levande människor. Det som hamnade i fokus av den etiska prövningen var frågan om anonymitet. Jag har även mött flera andra forskare inom humaniora som tolkat den etiska prövningsprocessen på samma sätt.[704] Forskningsetik verkar betyda konsten att skydda människors identitet, en defensiv etik. För mig blev denna insikt ett uppvaknande. Först försökte jag leva upp till anonymiseringsetikens ideal genom att utlova att inte några namn skulle synas i insamlingen eller avhandlingen; sedan insåg jag det oetiska i denna obligatoriska anonymisering. Givetvis ska människor som väljer att delta i forskning skyddas och deras integritet och självbestämmande värnas i varje steg men jag fann en vändpunkt i detta tänkande när jag fick tillbaka den etiska prövningen med uppmaningen att reflektera mer kring mina etiska val i utformandet av projektet. I en kontrollerad affekt skrev jag ett försvar av icke-anonymiteten som de accepterade.

Förintelsen handlade om att utradera ett helt folk och dess historia från jordens yta. Att ägna sig åt minnet av Förintelsen, och den judiska värld som

---

704 För en kritisk diskussion av den institutionaliserade etikprövningen se: Thor Tureby, "Makten över kunskapsproduktionen: den institutionaliserade etikprövningen och humanistisk och kulturvetenskaplig forskning".

fanns före, är ett sätt att motverka detta utraderande. Om vi betraktar hur världens ledande Förintelseminnesinstitutioner som Yad Vashem eller USC Shoah Foundation arbetar handlar det till betydande del om avanonymisering. Förövarna kategoriserade Europas judar som ett avhumaniserat kollektiv. I lägren byttes deras individuella namn mot nummer som tatuerades in. Utan att förringa hotet från antisemitiska hatbrott vore det rakt emot den etiska ansatsen i minnet av Förintelsen att obligatoriskt anonymisera alla som framträder offentligt med en tydlig judisk identitet. Malin Thor Tureby och Kristin Wagrell har analyserat icke-tillgängligheten och icke-digitiseringen av betydelsefulla samlingar med vittnesmål från Förintelsen på grund av föreställningar om sårbarhet (vulnerability). De kommer fram till att ambitionen att skydda människor från de som uppfattas som sårbara grupper, judar och romer till exempel, blir kontraproduktiv.

> These protective measures paradoxically undermine what/who they are meant to protect. Not only do they prevent public institutions from following governmental directions on digitization and access, but perhaps more importantly, they obstruct any resistance from within the groups that are under protection. Historically, activists from the Jewish and Roma communities have gone to great lengths, sometimes risking their lives, in order to spread the word on how discrimination, persecution, mass violence, and genocide have affected and continue to affect people around the world.[705]

Jag vill med stöd av detta hävda att det vore oetiskt att samla in betydelsefulla vittnesmål av människor för att sedan gömma undan dem. Jag ser det även som en etisk fråga att samla in, beforska och uppmärksamma historiska erfarenheter som har varit förringade. Genom det konstaterandet argumenterar jag för en offensiv forskningsetik. Vi bör synliggöra och forska om vissa teman.

Ambitionen att samla in och uppmärksamma förtryckta gruppers berättelser väcker nya etiska frågor. Det finns en lång tradition inom oral history av att tala om att "ge röst", "participatory research", "shared authority" etcetera.[706] Det vill säga olika ansatser som vill utmana det dominerande perspektivet i historieskrivningen och bidra med perspektiv, röster eller narrativ som osynliggjorts i den konventionella historieskrivningen.

---

[705] Thor Tureby och Wagrell, "Digitization, Vulnerability, and Holocaust Collections", 114f.

[706] Se till exempel följande verk om dessa ansatser inom oral history: Frisch, *A Shared Authority*; Frisch, "From A Shared Authority to the Digital Kitchen, and Back"; Miller, Little, och High, *Going Public*; Thompson, *The voice of the past*; Charlton m.fl., *History of Oral History*; Thor Tureby och Olsson, "Editorial introduction : revisiting shared authority"; Portelli, *The death of Luigi Trastulli, and other stories*.

Med utgångspunkt i begreppet shared authority har jag sammanfört min utgångspunkt, tidigare forskning och de historiska erfarenheter som dialogiskt kommunicerats till mig i en gemensam analys. Genom den analyserande texten framgår hur detta har gått till, det går till och med att lyssna på inspelningar där jag befinner mig i dialog med den aktuella gruppen om deras historiska erfarenheter. Samtliga närvarande förståelsehorisonter är tydliga och det blir därmed tydligt vilken slags kunskap som denna avhandling skänker. Den ger en tämligen distanserad kunskap om de exakta tidpunkterna för när vissa händelser utspelade sig i Polen 1968 eller vem som sa vad inom partiet. Den ger dock en mer djuplodande kunskap om hur deras historiska erfarenheter orienterar dem genom livet.

Det finns några grupper som framträder som en motpart i de kommunicerade historiska erfarenheter som studeras här. Här vill jag nämna två: först den polska befolkningen vars antisemitism spelar en central roll i skeendet och sedan den etablerade svenska judenhet som mötte de anländande polska judarna. Både dessa grupper beskrivs som den signifikant annorlunda i många sammanhang, men jag har försökt tydliggöra vilket perspektiv som denna avhandling ger. Jag har även lyft resonemang kring att det finns mönster av mytologisering av polsk antisemitism. Flera vill nyansera bilden av polsk antisemitism med att peka på alla de majoritetspolacker som stöttade dem under deras sista tid i Polen. Samma sak gäller de svenska judarna. Jag har försökt vara tydlig med vilket perspektiv som ges här och även visat på resonemang som pekar på att den starka gemenskapen inom den polskjudiska gruppen försvårade sammansmältningen mellan polskjudiskt och svenskjudiskt.

Vi, de fördrivna som ett oral history-projekt

Vi, de fördrivna har som nämnts ovan bedrivits enligt en hermeneutisk oral history. Det innebär att en dialogisk tolkningsprocess ständigt har utvecklat beskrivningen av denna grupps historiska erfarenheter och den helhet de är en del av. Jag har läst, intervjuat, formulerat mina tolkningar, frågat och utvecklat dem vartefter. Att färdigställa denna avhandling innebär en fryst version av var analysen befinner sig nu. Ett försök att få ordning på helheten, men samtidigt fortsätter diskussionerna och uttolkandet.

Grundläggande begrepp för att tala om historiska erfarenheter, historisk orientering, narrativ och historiekultur är hämtat från Rüsen men själva grundansatsen i en hermeneutisk oral history har jag hämtat mer från det dialogiska tänkandet hos Martin Buber, Henry Greenspan och det mångtydiga begreppet *shared authority* som myntades av Michael Frisch. Buber har påtalat den mellanmänskliga relationella aspekten att möta en annan människa som ett *du* till skillnad från ett *det*, att vara öppen för att förändras i en dialog med ett du. Greenspan har utövat intervjuer med Förintelseöverlevanden på det mest dialogiskt tänkbara sätt. Han talar om *collaborative conversations* och *sustained conversations* för att beskriva hur han upprätthåller dialogen över lång tid.[707] Trots att projektet delat dessa ideal om dialog, bibehållen konversation och shared authority har det tidvis varit svårt att ständigt prioritera dialogen med deltagarna och att låta deras egen analys ta plats. Historievetenskapliga normer har vid återkommande tillfällen tvingat in mig i ett mer konventionellt analysarbete där jag utvecklat slutsatser på egen hand. Därför är det viktigt att betrakta denna avhandling som en punkt mitt i detta offentliga historieprojekt.[708] Avhandlingen kan betraktas som en utgångspunkt för fortsatta diskussioner. Dialogen fortsätter.

Som diskuteras i inledningskapitlet har den teoretiska och metodologiska utvecklingen inom oral history gått från att argumentera för de muntliga källornas värde som tidsdokument till att oral history kan bidra med en specifik kunskap om meningsskapande, subjektiva aspekter, historiekultur etcetera. Det är till sistnämnda inriktning som mitt projekt framför allt har bidragit. Jag valde att gå hela vägen med att utforska det perspektiv som samlades i *Vi, de fördrivna*.

Projektets teoretiska och metodologiska ansats har formulerats som en hermeneutiska oral history. Avhandlingens syfte grundar sig i första hand på ett empiriskt intresse men det är här motiverat att reflektera litet mer ingående kring det teoretiska och metodologiska bidrag som en hermeneutisk oral history kan tillföra historievetenskapen. Jag betraktar den institutionella inramningen, att projektet genomfördes i samarbete men Nordiska museet, som en avgörande del av helheten. Nordiska museet är den institution som starkast är förknippad med att samla och forma det svenska kulturarvet. Att göra insamlingen på Nordiska museet är att placera denna grupps historiska erfarenheter inom ramen för det svenska kulturarvet. Det är även en arkivinstitution som kan bevara och tillhandahålla denna grupps historiska erfarenheter för kommande generationer.

Att samla in, bevara och tillgängliggöra den aktuella gruppens historiska erfarenheter har varit en lika bärande del av projektet *Vi, de fördrivna* som att skriva denna avhandling. I projektet *Vi, de fördrivna* har jag även samarbetat med andra institutioner för att nå ut och utveckla dialogen. På folkhögskolan

---

[707] Buber, *Jag och du*; Greenspan, *On Listening to Holocaust Survivors*; Greenspan, "Collaborative Interpretation of Survivors' Accounts: A Radical Challenge to Conventional Practice"; Frisch, *A Shared Authority*.
[708] Elizabeth Miller har ett liknande resonemang angående *Montreal Life Stories*. Miller, Little, och High, *Going Public*, 37f.

Paideia arrangerades en skrivkurs för deltagarna i projektet. I samarbete med föreningen Judisk kultur, Mångkulturellt centrum och författaren Anna Grinzweig Jacobsson arrangerade jag en offentlig seminarieserie som bjöd in internationella forskare, författare, filmskapare och människor som kom till Sverige som flyktingar på grund av den antisemitiska kampanjen för att tillsammans utforska fördrivningen av de polska judarna 55 år senare. Jag har även diskuterat projektet på det judiska kulturcentret Bajit, vänföreningen till museet Polin och Bokmässan i Göteborg.[709] Samtliga av dessa tillfällen har inneburit att kunskap om projektet har kunnat spridas och samtidigt givit mig ny kunskap och nya influenser. Den utforskande dialogen har pågått under fem års tid i olika mer eller mindre offentliga sammanhang vilket gör att historie-kulturen kring dessa händelser har utvecklats.

Oral history är ett tvärvetenskapligt forskningsfält som till stor del har utvecklats genom en inre logik. Olika för fältet klassiska texter, begrepp och periodiseringar har legat till grund för de teoretiska och metodologiska reflek-tionerna. Därmed har mer historiefilosofiskt formulerade ansatser, som en hermeneutisk oral history, varit sällsynta. Att formulera en hermeneutisk oral history har handlat om att använda begrepp och föreställningar från herme-neutisk historieteori för att synliggöra och problematisera vad som händer i den dialogiska praktiken av oral history.

Nya horisonter för forskningen om den svenskpolskjudiska historien

De historiska erfarenheter som har studerats i den här avhandlingen är en del av en svenskpolskjudisk historia. I inledningen summeras forskning om svensk-polskjudisk historia och i avslutningen kan det vara på sin plats att konkludera vad denna studie har bidragit med samt vilka nya forskningshorisonter som öppnar sig. Den svenskpolskjudiska historien är till stor del en migrations-historia och det finns grovt förenklat tre huvudsakliga migrationsperioder att förhålla sig. Den först perioden sträcker sig över lång tid, från det sena 1800-talet till det tidiga 1900-talet, som en del av den stora globala migrations-perioden med en huvudsaklig riktning västerut. Den andra betydelsefulla polskjudiska migrationsperioden till Sverige är kring krigsslutet 1945 och den tredje i anslutning till den antisemitiska kampanjen kring 1968. Föreliggande studie behandlar historiska erfarenheter hos de som kom i den tredje av dessa migrationsperioder men de har placerats in i ett större svenskpolskjudiskt

---

[709] ”Programserie 1968: fördrivningen av Polens judar. Del 2”; ”Programserie 1968: fördrivningen av Polens judar. Del 3”.

historiskt sammanhang, vilket länkar samman de polska judar som jag har intresserat mig för med övriga migrationsvågor. Utifrån deras erfarenheter har jag identifierat en erfarenhetskronologi som ordnar deras svenskpolskjudiska erfarenheter. Erfarenheten av Förintelsen är helt central men även erfarenheten av fördrivningen från Polen och hur dessa två interagerar. Studien har även bidragit till att belysa mångtydigheten i kommunismen och antisemitismen samt den komplexitet som kännetecknar mötet mellan svenskjudiskt och polskjudiskt inom den svenskpolskjudiska historien. Ett antal forskningsområden har framträtt som särskilt intressanta i och med arbetet med *Vi, de fördrivna*. Dessa är: 1. Förintelseöverlevnad i Sovjetunionen inom det svenska Förintelseminnet; 2. Jiddisch som minneskultur i Sverige; 3. Den judiska församlingen i Sverige och de nyanlända polska judarna. Dessa tre har behandlats i min analys men samtidigt har jag enbart haft tid och utrymme att snudda vid dessa omfattande och mångfacetterade teman.

Förintelseöverlevnad i Sovjetunion är ett underutforskat område även om det nyligen har skrivits betydelsefulla verk. Det finns ett behov av att, i likhet med Eliyana Adler, bedriva arkivstudier för att fördjupa olika aspekter av de polskjudiska överlevandes historia i Sovjetunionen. Det finns även ett behov av att analysera historiekulturen kring Förintelseöverlevnad i Sovjetunionen för att förstå hur dessa historiska erfarenheter har formulerats, traderats och behandlats. Den svenskpolskjudiska historiekultur som jag har mött är en av de rikaste miljöerna för att studera minnet av Förintelseöverlevnad i Sovjetunionen. Vilken plats har dessa minnen haft i den svenska historiekulturen kring Förintelsen?

I de historiska erfarenheter som studerats är språket jiddisch betydelsefullt och på ett antal olika sätt. För många som växte upp under efterkrigstiden är jiddisch språket som föräldrarna använder när barnen inte ska förstå, ett språk från det förflutna som lämpar sig för hemligheter. När Isaac Bashevis Singer fick nobelpriset i litteratur 1978 förklarade han, underfundigt mot en tragisk bakgrund, att han skriver på jiddisch för att han skriver spökberättelser och att jiddisch är ett språk som spöken kan: "Ghosts love Yiddish, they all speak it."[710]

Jiddisch var språket i det förstörda Jiddischland. Jiddisch är nationellt minoritetsspråk i Sverige trots att väldigt få talar jiddisch, än färre som modersmål. Det finns dock ett växande intresse för jiddisch i Sverige och genom olika kurser och diverse kulturella aktiviteter upprätthålls en levande jiddischkultur. Mycket av det som arrangeras kring jiddisch har en retrospektiv prägel, fokus ligger ofta på att minnas och upprätthålla en kultur som till stora delar

---

[710] Talet finns tillgängligt på Sveriges radios hemsida. "Isaac Bashevis Singers tacktal".

förstördes i Förintelsen men som även minskat på grund av assimilering och hebreiskans centrala ställning som ett globalt judiskt språk. Därmed kan jiddisch i Sverige i mångt och mycket beskrivas som en minneskultur. Att närmare utforska denna minneskultur ser jag som en betydelsefull uppgift för att förstå den svenskpolskjudiska historien.

Krocken mellan de nyanlända polska judarna och de judiska församlingarna i Sverige är ett tema som jag mött och diskuterat genom hela projektet. Jag har även fått upp ögonen för att denna krock inte är något unikt. Snarare har det varit regel att en friktion har uppstått mellan judiska församlingar och nyanlända judiska migranter, i synnerhet österifrån. Jag har även enbart snuddat vid det komplexa temat östjudefobi och vid frågan om det är relevant att tala om östjudefobi i mötet mellan det polskjudiska och det svenskjudiska, åren kring 1970. Både Svante Hansson och Pontus Rudberg har visat att judiska församlingen i Stockholm gjorde stora ansträngningar för att hjälpa flyktingar under kriget samtidigt som flera har vittnat om motsatsen.[711] Det lär finnas åtskilliga exempel på andra diaspora-grupper som bär på liknande erfarenheter. Inom svenskjudisk historia går det att ana ett återkommande mönster, nämligen migration-friktion-integration, kring 1900, kring 1945 och kring 1970. När den nya migrationen anländer ingår individer från tidigare migrationer, inklusive deras barn och barnbarn, i den mottagande svenska judenheten. Den dynamik som uppstår i dessa möten borde undersökas mer systematiskt i ett svenskpolskjudiskt historieforskningsprojekt.

När jag formulerade projektet *Vi, de fördrivna* och inledde ett samarbete med Nordiska museet såg jag det som en angelägen uppgift att bevara och lyfta fram denna specifika grupps historia, med fokus på hur de förmedlar sina erfarenheter av det som varit liksom av hur deras liv till slut hade blivit. Erfarenheterna av Förintelsen och den antisemitiska kampanjen är meningsfulla för deras förståelse av samtiden och inte minst för hur det förflutna verkar i samtiden. Under arbetets gång blev detta än mer uppenbart, främst i och med Hamas attack den sjunde oktober och det påföljande kriget i Gaza. Plötsligt befann vi oss i en verklighet där våldsamma händelser i Mellanöstern hamnade i centrum för judiska minoriteters liv i Europa. Även om situationen var radikalt annorlunda än 1967, ekade de historiska erfarenheter jag studerade tydligt i samtiden. Den svenskpolskjudiska historiekulturen är alltjämt rörlig och dynamisk. Den fortsatta historiska utvecklingen kommer att mana till nya studier som vi idag ännu inte kan förstå den historiekulturella innebörden av.

---

[711] Hansson, *Flykt och överlevnad*; Rudberg, *The Swedish Jews and the Holocaust*. Även Malin Thor Tureby för forskningen vidare om de svenska judarnas arbete för judiska flyktingar under Förintelsen i Thor Tureby, "Svenska judars berättelser om flyktingar, överlevande och hjälpverksamheter under och efter Förintelsen".

SUMMARY

We, the Expelled:
Historical Experiences of Polish Jews
who Came to Sweden 1967–1972

We, the Expelled: Historical Experiences of Polish Jews who Came to Sweden 1967–1972 is a study of historical experiences communicated by the Polish Jews who came to Sweden as refugees in 1967–1972 due to the antisemitic campaign in Poland that began in 1967. The campaign reached its crescendo with the regime-critical demonstrations in March 1968 and led to the last major Polish Jewish emigration.

We, the Expelled has not only been a doctoral research project but also a public history and archival project to collect and display historical experiences of the Polish Jews that came to Sweden due to the antisemitic campaign. The project has been performed in cooperation with the Nordic Museum and their digital collection platform Minnen.se. The collection contains written life stories, recorded group dialogues, and a few individual interviews collected from 2021 to 2025.

The aim of the study is to contribute to a deeper and more nuanced understanding of the history of Swedish Polish Jews in relation to two central historical events: the Holocaust and the antisemitic campaign that led to the last major Polish Jewish emigration. At the center are the Polish Jewish refugees who came to Sweden in 1967–1972 due to the antisemitic campaign. The following questions form the starting point for the analysis:

1. What historical experiences are communicated by the people who came as refugees from Poland to Sweden in 1967–1972 due to the antisemitic campaign?
2. How do they orient themselves historically through the experiences they communicate?
3. How are their historical experiences related to each other and what fundamental breaking points and sediments of time structure them?

The theoretical framework of the dissertation is formulated as a hermeneutically based oral history and the research process is structured as a hermeneutic dialogue, which seeks deeper levels of understanding through the consecutive analysis of life stories and interviews. Through the concepts of historical consciousness, historical culture, historical experiences, meaning, and orientation, the dissertation analyzes the historical experiences of this Swedish Polish Jewish group. From the analyzed experiences, a chronology of experiences emerges with these two events as organizing and meaning-making breaking points. The first and most significant breaking point is the Holocaust. The second breaking point is the antisemitic campaign, which resulted in the flight to Sweden. The two breaking points delimit a time before, a time in between, and a time after in their chronology of experience. The analysis of the chronology of experience sets out from a comparison with the narratives that dominate the historical-cultural situation in which the historical narration takes place.

Chapter 2: The time before: seeking origins in Polish Jewish culture before the Holocaust

The first empirical chapter, Chapter 2, deals with historical experiences of the Polish Jewish culture – Yiddishland – before the Holocaust. I regard the historical orientation in these experiences as a search for origin, a historical orientation of identity to the time before the Holocaust. The chapter is mainly based on published biographical books. In the collected life stories and dialogues, the time before has primarily emerged through the retelling of parents' experiences. The historical experiences are therefore distinguished by a larger distance than in subsequent chapters, which are largely based on personal experiences. The analysis sets out from what I call the *shtetl* narrative. This narrative is dominating in the broader historical culture around Polish Jewish life before the Holocaust. The *shtetl* narrative portrays Polish Jewish culture through a multitude of aesthetic representations as an idealized and traditional Jewish world. The *shtetl* narrative is in itself a reaction to modernity; the tension between tradition and modernity constitutes the very premise for all romanticizing or demonizing depictions of the *shtetl* environment. The most recurring representation of the *shtetl* narrative is through the writings of Isaac Bashevis Singer.

The Yiddish language is a central part of both the *shtetl* narrative and the historical orientation of the Swedish Polish Jews whose historical experiences are studied. Yiddish has the status of a national minority language in Sweden, and Yiddish events can function as a public memory culture for Swedish Polish Jews. Yiddish is related to the European diaspora, Yiddischland, and can be contrasted to Hebrew, which is a Jewish language that both orientates towards an origin before the diaspora and the modern Jewish life in Israel.

In contrast to the dominating view of Jewish life in Poland before the Holocaust, the shtetl narrative does not dominate in the historical experiences studied here. It is present but is not the most common. Instead, more modernity-related historical experiences dominate, often from urban environments. Their historical experiences deviate from the Polish Jewish world of the *shtetl* narrative. Many describe the Communist movement during the interwar period and its utopian belief in an equal society beyond poverty, antisemitism, and other oppressions. Jewish Poland during the interwar period appears in the historical narrative as a modern environment, filled with belief in the future, but with a future catastrophe hanging over it. They largely communicate a modern origin in Yiddishland.

Structural Polish antisemitism plays a crucial role in the historical orientation of identity. When historical experiences of Polish antisemitism dominate, they distance their identity-based historical orientation away from Poland. When Poland is perceived as so fundamentally antisemitic that a good and safe Jewish life there is impossible, the *shtetl* narrative loses its appeal. Interest in a Jewish, or Polish Jewish, origin has developed in Sweden. Leaving Poland led to a distancing from Polish Jewish history in a spatial sense, but through a strong Polish Jewish community in Sweden, interest in Jewish origins has increased. Polish Jewish history before the Holocaust has become a significant part of the identity of the Swedish Polish Jews who are studied in the dissertation.

Chapter 3: The breaking point: the Holocaust

Chapter 3 describes how the Holocaust constitutes the most significant breaking point in the historical orientation of these Swedish Polish Jews. Nobody challenges this central position of the Holocaust in their historical experiences. The Holocaust holds a central position in Swedish historical culture in general, but the perspective of these Polish Jews in Sweden is based on a *we* rather than a *them* in their relation to the Holocaust. Since ninety percent of Polish Jews were murdered in the Holocaust, survival itself constitutes a deviation that calls for an explanation. That leads to everyone who survived the Holocaust having a specific survival story that their children carry on. For these Swedish Polish Jews, the Holocaust means that the world they came from was destroyed but – unlike the majority of surviving Polish Jews – they chose to stay in Poland during the post war years. The experience of the Holocaust is so strong that nothing can compare to it. This means that many of the children of the survivors grew up with a present Holocaust trauma. In addition, the character of the world they lived in was largely a result of the war and the Holocaust. For some, the Holocaust was a topic that was avoided, while for others it was talked about a lot. The fact that nothing could compare to the Holocaust meant that many problems paled in comparison. At the same time, events with some kind of reminiscence of the Holocaust could take on greater weight.

The analysis in the chapter is based on the narrative about the Holocaust that is dominant in the historical-cultural situation in which they communicate their historical experiences. This dominant narrative about the Holocaust is based on what Annette Wieviorka has called the *Era of the Witness*. This mass-media narrative was introduced internationally with the Eichmann trial in 1961–1962 and had its complete breakthrough during the so-called memory boom of the 1980s and 1990s. At that time, the Holocaust came to occupy a central position not only in a Jewish historical culture but also in a globalized Western historical culture.

The historical experiences from the Holocaust that are told in biographies, life stories, and dialogues deviate from the dominant narrative about the Holocaust. The fundamental experience that is communicated is about Holocaust survival in the Soviet Union. Of the Polish Jews who survived the Holocaust, more than two-thirds had survived in the Soviet Union. Despite this, experiences of Holocaust survival in the Soviet Union have a marginal place in the historical culture. It can be described as survival in the Soviet Union being a typical yet marginalized survival story. The chapter relates to the few historical works that deal with the Polish Jews who survived the Holocaust in the Soviet Union. Eliyana Adler concludes in *Survival on the Margins* that survival in the Soviet Union has a marginal position in the historical culture surrounding the Holocaust. The role of the Soviet Union during the Holocaust brings an ethical complexity to the historical narration. Jews in the Soviet Union were, to some extent, saved by an extremely oppressive regime. The fact that several communicate experiences about their Communist parents further contributes to the complexity. They communicate a typical yet marginal story of survival. In that respect, the chapter brings a specific Swedish Polish Jewish perspective to research on Holocaust memory and experience.

Chapter 4: The time in-between: the antisemitic campaign and the end of life in the Polish People's Republic

The time in-between, in the Polish People's Republic, and the second breaking point – the antisemitic campaign – is analyzed in Chapter 4. This second breaking point in their chronology of experience is less severe and catastrophic than the first breaking point, the Holocaust. The power of the second breaking point depends on the extent to which the first breaking point is activated in the historical orientation, if the two sediments of time are connected in the act of narration. The chapter also deals with the entire period from the end of the war in 1945 to the expulsion sometime between 1967 and 1972. For most of those who have told about their lives in life stories and dialogues, it is a description of childhood and youth.

In this chapter, two dominant narratives have been outlined as a starting point for the analysis, both focusing on the oppression of the Communist regime. The first, the dissident narrative, is formulated by Anat Plocker, while the second is formulated through materials on *Crimes against Humanity under Communist Regimes* from the Swedish governmental agency *The Living History Forum*. Although the historical experiences studied here clearly emphasize the oppression in the Polish People's Republic and the regime's role in evocating antisemitic sentiments, they diverge from both dominant narratives. In the same way as in the portrayal of Holocaust survivors in the Soviet Union, a more complex picture of Communism, Communists, and Communist regimes is given. No one defends Communism as an ideology or the Communist regimes that ruled Poland and the Soviet Union. But there are numerous examples of perspectives that can nuance the picture of people within these movements, especially parents who became Communists during the interwar period. The second breaking point, the antisemitic campaign that began in 1967 and reached its crescendo in March 1968, is crucial for their life path. In a purely causal sense, it can explain why they live in Sweden and not in Poland. It is also fundamental to their historical orientation of ethics and identity. When the antisemitic campaign is described in their historical narration, emphasis is placed on both the regime's actions and the structurally established antisemitism. The narratives that dominate the historical culture emphasize the oppression of the Communist regime. In the material studied here, however, depictions of structural antisemitism dominate, even if it is portrayed in combination with the actions of the regime. The responsibility or blame therefore does not fall solely on the regime, but on the structural antisemitism manifested in the Polish population. For many, this affects their continued relationship with Poland, both practically and in terms of identity. The causal historical explanations have ethical and identity-orienting functions.

Chapter 5: The Time After: In Sweden

Chapter 5 deals with historical experiences from and about Sweden, that is, the time after the two breaking points that organize the chronology of experience. The analysis sets out from a dominating narrative that I call the heyday of the welfare state. This narrative is influential in Swedish historical culture when they communicate their historical experiences. The narrative about the heyday of the welfare state is based on that Sweden built a welfare state during the post-war period that reached its peak around 1970. The narrative emphasizes both the economic development and the social reforms that created a society where the population at large received a higher standard of living in an increasingly equal and democratic society. The welfare state of this heyday has since then fallen, or at least suffered a decline.

On recurring occasions in biographies, life stories, and dialogues, the arrival in Sweden is portrayed positively. They describe a well-organized and well-intentioned welfare state without noticeable corruption. They also describe a higher standard of living and material well-being in addition to political freedom. It is obvious that they have crossed the Iron Curtain in several aspects. Their personal experiences merge with the narrative of the heyday of the Swedish welfare state. Integration in the new country generally goes from clarity to clarity: the formal arrangements upon arrival, language training, housing, further education, work and family formation. These experiences of positive integration are often contrasted with the problems that exist around integration in the 21st century; a comparison that further underlines how they have integrated the narrative of the heyday of the welfare state. When they arrived, the welfare state was an active party in helping them into the new society. The period analyzed in this chapter – the time after, the time in Sweden – is the only period in the chronology of experiences that clearly follows the dominant narrative. The analyzed historical experiences of these Swedish Polish Jews follow the Swedish historical culture in the understanding of the heyday of the welfare state.

Something that deviates from the unproblematic character of the encounter with Sweden is the encounter with the Swedish Jewry. Several clashes are depicted, but also positive encounters. The clash consists primarily of two different ways of being Jewish, and the disappointment is mutual. The Swedish Jewish side is described as more religiously traditional, while the newly arrived Polish Jews were largely unaware of Jewish religion and tradition. At the same time, their Jewish identity was strengthened after arriving in Sweden. The initial clash between Polish Jewry and Swedish Jewry diminishes over time, while people from the Polish Jewish group and their children become a more integrated part of Swedish Jewish life. But the strong social unity of the Polish Jews in Sweden seems to continue, at least for the older generation.

They also talk about some difficulties in Sweden, such as discrimination in the labor market and polite exclusion. However, these negative elements never take over in their depictions of Sweden. What is most strongly expressed as a threat to their lives and existence in Sweden is the increasing antisemitism, and some even express concern about having to flee again. Historical experiences from the two breaking points are activated by antisemitic events in the present day. The three different sediments of time communicate a warning in a joint historical orientation.

Chapter 6: Conclusion and Outlook

In the last chapter, the results of the dissertation are concluded, and a few additional aspects are discussed. Some historically orienting themes are meaningful to the people whose historical experiences are studied here and that run across the entire chronology of experience: antisemitism, communism, and Jewish identity. In the last chapter, each of these cross-cutting themes are discussed in their own right.

The final chapter also proposes three potential further studies that have emerged during the research process and could take the field of Swedish Polish Jewish history further. These studies are: Holocaust survival in the Soviet Union within Swedish Holocaust memory, Yiddish as a memory culture in Sweden, and the Jewish congregation and the newly arrived Polish Jews. An under-researched area is Holocaust survival in the Soviet Union, where there is a need for in-depth archival studies, similar to those by Eliyana Adler, to better understand the history of Polish Jewish survivors. The historical experiences of the Holocaust in the Swedish Polish Jewish context offer a rich environment for studies of memories of survival. The question of how these memories were once formulated and how they have been implemented in Swedish historical culture is central to my research.

The language of Yiddish has a great significance in the historical experiences of these Swedish Polish Jews. Many who grew up after the war saw Yiddish as a language from the past that parents might use for secrets when the children were listening. Isaac Bashevis Singer described Yiddish as a language of ghost stories, illustrating its role for survivors. Although Yiddish is a national minority language in Sweden very few speaks it on daily bases, interest in the language remains strong through courses and cultural events, which help to preserve the memory of a culture that was in many ways destroyed during the Holocaust. Another recurring theme is the encounter between newly arrived Polish Jews and the established Jewish communities in Sweden. This encounter has historically been marked by tension and friction, especially in relation to Jewish migrants from the East. Historical sources show that this pattern of migration and integration has been a constant feature of Swedish Jewish history, with examples from around 1900, 1945, and 1970.

The Hamas attack on October 7, 2023, and the subsequent war in Gaza took place during the final stage of the collection work. This has therefore only been hinted at in the analysis. It may eventually appear as another breaking point in the chronology of experience depending on future developments. The Swedish Polish Jewish historical culture is still mobile and dynamic. The continued historical development will call for new studies that we cannot yet understand the historical and cultural significance of today.

The Polish Jews who came to Sweden in 1967–1972 due to the antisemitic campaign in Poland carry historical experiences of the Polish Jewish culture that was destroyed in the Holocaust, as well as experiences of World War II, the Holocaust, and the Soviet Union under Stalin. They lived in the Eastern Bloc during the Cold War and migrated over the Iron Curtain to encounter the Swedish welfare state during its heyday. All of these are events at the center of historical culture, yet their Swedish Polish Jewish perspective deviates in many ways from the dominant narratives. By displaying this group's narration of the past, the study contributes with a Swedish Polish Jewish perspective on some of the most central historical experiences of European modernity.

Bilaga 1: Frågelista till levnadsberättelse, insamlingen *Vi, de fördrivna* publicerad 2 september 2021 på Minnen.se.

Genom att bidra med din levnadsberättelse kommer den att bevaras som en del av det kulturarv som Nordiska museet formar och förvaltar. Du bestämmer själv om du vill att ditt namn ska vara synligt i arkivet och vilka uppgifter du vill ange. Börja med att läsa igenom hela frågelistan. Det centrala är att skriva din levnadsberättelse, frågor och rubriker är tänkt som en vägledning åt ditt skrivande. Frågorna kan hjälpa sig att komma igång så att du sedan fritt kan beskriva ditt liv.

1. Information

(Du väljer själv vad du vill svara på.)

Namn:

Födelseår:

Kön:

Nuvarande Bostadsort:

Tidigare bostadsorter:

Ankomstdatum till Sverige:

2. Din levnadsberättelse

Berätta om ditt liv i kronologisk ordning, det vill säga att du börjar med den tidiga barndomen och fortsätter sedan fram genom livet till idag.

Förslag på rubriker och frågor att utgå från:

Livet före den antisemitiska kampanjen och emigrationen
Hur var din uppväxtmiljö? Vilka viktiga minnen har du från perioden före 1968? Vad arbetade du och människor i din närhet med? Vilka traditioner och

högtider firades i din barndomsmiljö? Vilka språk talades och vilka olika gemenskaper fanns det i din uppväxtmiljö? Vilken roll spelade religion i ditt hem? Vilka erfarenheter av antisemitism har du från perioden före 1968? Vilka erfarenheter av Förintelsen och andra världskriget var framträdande i din uppväxtmiljö? Vilka centrala- historiska eller privata händelser påverkade ditt liv före 1968? Finns det något barndomsminne som är extra viktigt för dig?

Den antisemitiska kampanjen och emigrationen

Hur upplevde du den antisemitiska kampanjen 1967–1972? På vilket sätt drabbade kampanjen dig, din familj och dina vänner? När och varför togs beslutet att emigrera? Vad kände du inför beslutet att emigrera? Påverkade den antisemitiska kampanjen din världsuppfattning och självbild? Vilka deltog i den antisemitiska kampanjen och vilka försökte motverka den? Hur gick din migration till?

Den första tiden i Sverige

Hur upplevde du den första tiden i Sverige? Vad tänkte du om Sverige, den svenska samhället och kulturen? Hur var mottagandet? Vad tänkte du om landet du kommit till, dess samhälle och kultur?

Livet i Sverige

Vilka människor lärde du känna och vilka gemenskaper kom du att ingå i? Vilka sysselsättningar har du haft i Sverige? Hur har ditt liv utvecklats under tiden du levt i Sverige? Har du barn och hur har deras liv utvecklat sig? Vilka erfarenheter av antisemitism eller andra former av rasism har du från Sverige? Hur har ditt förhållningssätt till Polen varit? Vad har det inneburit för dig att det sedan 1990-talet blivit fritt att resa mellan Sverige och Polen? Vilket förhållningssätt har du till en svensk-judisk gemenskap och judiska församlingar? Hur har din självbild förändrats? Vilka centrala händelser, historiska eller privata, efter den antisemitiska kampanjen 1967–1972 har format ditt liv? Hur ser ditt liv ut idag?

Tankar om framtiden

Hur tror du att relationen till Polen och det judiska arvet kommer att utvecklas för kommande generationer som är barn och barnbarn till er som emigrerade? Vad tänker du om sammanhållningen i gruppen barn och barnbarn till polsk-judiska flyktingar från den antisemitiska kampanjen? Vad tänker du om framtiden?

Betrakta dessa frågor som en möjlig vägledning. De kan hjälpa ditt skrivande att komma igång. Hoppa över frågor som inte är relevanta för dig och formulera nya frågor som passar dig bättre. Du kan även välja att ignorera frågorna helt och skriva din levnadsberättelse helt fritt. Det är din levnadsberättelse, du är fri att formulera den som du anser vara bäst.

Stort tack för att du delar med dig av din levnadsberättelse!

Källor och litteratur

Samlingen *Vi, de fördrivna*
på Minnen.se och Nordiska museet

Stiftelsen Nordiska museet, Dokumentationer och insamlingar, 13, Insamlingar minnen.se, M5 Vi, de fördrivna.

Levnadsberättelser

Anna
Ella
Feierberg, Regina
Gold, Jurek
Gutniak, Ewa
Kantor, Leo
Lerner, Richard
Raldow, Wiktor
Rapoport, Leona Leah
Ratz, Aleksander
Reich, Aleksander
Rotstein, Maria
Rubinstein, Barbara
Simberg, Luisa
Sokolow, Bronia
Zylberstein, Stefan

Dialoger

Aleksander Ratz, Tola Ratz, Wanda Sikorska, Joanna Rose, Artur Halmin, och Bronisław
Aleksander Reich och Artur Walfisz
Anna Krieger, Henryk Rozenberg, och Adam Johannisburg
Barbara Rubinstein, Jurek Neftalin, Leo Rubinstein, Lidia Zajde och Włodek Bursztyn
Danuta Biterman, Katarina Warman och Regina Fuks
Juliusz Brzezinski, Julius Glaser och Julian Better
Jurek Gold och Krysia Flato
Maja Orska och Wowa Klamra
Sofia Hollenberg och Jerry Hollenberg

Individuella intervjuer

Maria Rotstein, fil 1–3 (Enbart tillgänglig på Nordiska museets arkiv)
Maud Edgren Schori
Michael "Misiu" Edelman
Roman Wasserman Wroblewski

Analyserade biografier

Bromberg, Dorotea. "Kvinnodagen som fick marken att rämna". I *1968: fördrivningen av Polens judar*. Stockholm: Judisk kultur i Sverige, 2023.

Degenius, Emilia. *Åka skridskor i Warszawa*. Stockholm: Ersatz, 2014.

Einhorn, Lena. *En låda apelsiner*. Stockholm: Norstedts, 2023.

Grinzweig Jacobsson, Anna. *Flykten till Marstrand*. Göteborg: Förlaget Korpen, 2020.

Grynberg, Henryk. *Historien om Adam Bromberg*. Stockholm: Brombergs Bokforlag, 2000.

Puterman, Zalma M. *Ett liv i glädje och tårar: en polsk judes öde*. Bromma: Megilla-Förlaget, 2008.

Sarnecki, Jerzy. *Hilarys historia: samtal med Hilary Sarnecki 14. september 2007-12 augusti 2008*. Stockholm: Carlssons, 2013.

Zaremba, Maciej. *Huset med de två tornen*. Stockholm: Weyler förlag, 2019.

Internetkällor

Andersson, Ola. "Miljonprogrammet är något av det bästa som hänt Stockholm". *Dagens Nyheter*, 2 december 2021. Åtkomstdatum 10 februari 2025. https://www.dn.se/kultur/ola-andersson-miljonprogrammet-ar-nagot-av-det-basta-som-hant-stockholm/

Brott mot mänskligheten under kommunistiska regimer. Forum för levande historia. Åtkomstdatum 31 oktober 2024. https://www.levandehistoria.se/fakta/kommunistiska-regimers-brott-mot-manskligheten.

Dancing with Demons: The Singers. Judisk kultur. Åtkomstdatum 28 maj 2024. https://judiskkultur.se/events/dancing-with-demons-the-singers?locale=sv.

Ett folk, ett parti – Socialdemokraternas historia. Samtid och framtid. Åtkomstdatum 1 mars 2025. https://www.youtube.com/watch?v=W56ZKUVECWs&rco=1.

FOHN Finnish Oral History Network. Åtkomstdatum 29 november 2024. https://www.finlit.fi/en/research-at-the-finnish-literature-society/fohn-finnish-oral-history-network/.

Historien om Sverige 10, Världens modernaste land, 1920-talet till våra dagar, Sveriges television. Åtkomstdatum 5 januari 2025. https://www.svtplay.se/video/jGaYd1J/historien-om-sverige/10-varldens-modernaste-land-1920-talet-till-vara-dagar.

IHRA Arbetsdefinitionen av antisemitism. IHRA. Åtkomstdatum 12 december 2024. https://holocaustremembrance.com/resources/arbetsdefinition-av-antisemitism.

Isaac Bashevis Singers tacktal. Sveriges radio, Åtkomstdatum 5 februari 2025. https://www.sverigesradio.se/artikel/7108950.

Kantor, Leo. *På jakt efter ett försvunnet landskap*, 2014. Åtkomstdatum 20 november 2022. https://www.youtube.com/watch?v=G6Is6U8MNSQ&t=20s.

Kurser i judiska språk. Paideia folkhögskola. Åtkomstdatum 5 januari 2025. https://paideiafolkhogskola.se/course-new/

Om Föreningen Förintelsens Överlevande och dess historia. Föreningen Förintelsens Överlevande. Åtkomstdatum 16 juni 2024. https://ffo.nu/om/om-foreningen-forintelsens-overlevande-och-dess-korta-historia/

Palgrave Studies in the History of Experience. Palgrave. Åtkomstdatum 22 november 2024. https://link.springer.com/series/16255.

Polenpodden. Avsnitt 64: Om tung vecka för polska kyrkan, intervju med Maciej Zaremba och uppdatering av läget i urskogen Białowieża, 2019. Polenpodden. Åtkomstdatum 23 november 2020. https://poddtoppen.se/podcast/965640523/polenpodden/avsnitt-64-om-tung-vecka-for-polska-kyrkan-intervju-med-maciej-zaremba-och-uppdatering-av-laget-i-urskogen-bialowieza.

Programserie 1968: fördrivningen av Polens judar. Del 2. Judisk kultur. Åtkomstdatum 23 november 2024. https://judiskkultur.se/events/poland-1968?locale=sv.

Programserie 1968: fördrivningen av Polens judar. Del 3. Judisk kultur. Åtkomstdatum 23 november 2024. https://judiskkultur.se/events/poland-1968-692ddde1-6c7a-44a6-9ac1-de1955b3bb1c?locale=sv.

Snyder, Timothy. ”Commemorative causality”. *Eurozine* 6 juni 2013, Åtkomstdatum 6 juni 2023 https://www.eurozine.com/commemorative-causality/?pdf.

Språk och litteraturcentrum Jiddisch. Lunds universitet. Åtkomstdatum 6 juli 2024. https://www.sol.lu.se/jiddisch/

Virtual Shtetl. Polin. Åtkomstdatum 21 oktober 2021. https://sztetl.org.pl/en/

Vår historia. Forum för levande historia. Åtkomstdatum 25 juni 2024. https://www.levandehistoria.se/om-oss/var-verksamhet.

Vårt uppdrag. Nordiska museet. Åtkomstdatum 26 november 2024. https://www.nordiskamuseet.se/om-museet/uppdrag/.

Överlevarna: röster från Förintelsen. Bernt Hermele. Åtkomstdatum 20 maj 2023 https://soundcloud.com/overlevarna.

Litteratur

Abrams, Lynn. *Oral History Theory*. Second edition. London; New York: Routledge, Taylor & Francis Group, 2016.

Adair, Bill, Benjamin Filene, och Laura Koloski, red. *Letting Go? Sharing Historical Authority in a User-Generated World*. Philadelphia: The Pew Center for Arts & Heritage, 2011.

Adler, Eliyana R. *Survival on the Margins: Polish Jewish Refugees in the Wartime Soviet Union*. Cambridge, Massachusetts: Harvard University Press, 2020.

Adler, Eliyana R., och Sheila E. Jelen, red. *Reconstructing the Old Country: American Jewry in the Post-Holocaust Decades*. Detroit, Michigan: Wayne State University Press, 2017.

Alm, Martin. *Brott mot mänskligheten under kommunistiska regimer*. 2. uppl. Stockholm: Forum för levande historia, 2009.

Alsterdal, Alvar. *Antisemitism, antisionism: exemplet Polen*. Aldus Bonnier, 1969.

Amir, Michlean, och Rosemary Horowitz. ”Yizkor Books in the Twenty-First Century: A History and Guide to the Genre”. *Judaica Librarianship* 14, nr 1 (31 december 2008): 39–56.

Anderson, Benedict. *Den föreställda gemenskapen: reflexioner kring nationalismens ursprung och spridning*. Göteborg: Daidalos, 1993.

Andersson, Lars M. ”Att moralisera över det moraliska historiebruket”. *Historisk Tidskrift*, nr 2 (2003).

Andersson, Lars M. *En jude är en jude är en jude: representationer av "juden" i svensk skämtpress omkring 1900 - 1930*. Lund: Nordic Press, 2000.

Andersson, Lars M, och Karin Kvist Geverts. "Antisemitismen: antirasismens blinda fläck?" I *Från Afrikakompaniet till Tokyo: en vänbok till György Nóvaky*, redigerad av Marie Lennersand och Leos Müller. Bokförlaget Exkurs, 2017.

Andersson, Lars M, och Mattias Tydén, red. *Sverige och Nazityskland: skuldfrågor och moraldebatt*. Stockholm: Dialogos, 2007.

Arendt, Hannah. *The Origins of Totalitarianism*. London: Penguin Classics, 2017.

Asard, Erik, och W. Lance Bennett, red. "The Rise and Fall of the Folkhem in Swedish Politics". I *Democracy and the Marketplace of Ideas: Communication and Government in Sweden and the United States*, 86–114. Cambridge: Cambridge University Press, 1997.

Aschheim, Steven E. "From myth to counter-myth: The romanticization of the Eastern Jew (1880–1914)". *Immigrants & Minorities* 1, nr 3 (november 1982): 306–19.

Bauman, Zygmunt. *Modernity and the Holocaust*. Cambridge: Polity Press, 2007.

Becker, Lior. *A Mention to Those not Mentioned: Yizkor Books and Holocaust Memory 1943–2008*. Uppsala: Acta Universitatis Upsaliensis, 2022.

Belavusau, Uladzislau. "The Rise of Memory Laws in Poland: An Adequate Tool to Counter Historical Disinformation?" *Security and Human Rights* 29, nr 1–4 (12 december 2018): 36–54.

Berman, Marshall. *Allt som är fast förflyktigas: modernism och modernitet*. Lund: Arkiv, 1987.

Besserman, Anna. "'... eftersom nu en gång en nådig försyn täckts hosta upp dem på Sveriges gästvänliga stränder'. Mosaiska församlingen i Stockholm inför den östjudiska invandringen till staden 1860–1914". *Nordisk Judaistik/Scandinavian Jewish Studies* 5, nr 2 (01 september 1984): 13–38.

Better, Julian. *Jag var barn i Gulag*. Stockholm: A. Bonnier, 2013.

Bilewicz, Aleksandra, Erica T. Lehrer, Paweł Rogala, Magdalena Waligórska, och Joanna Warchoł, red. *Na szczęście to Żyd: polskie figurki Żydów = Lucky Jews: Poland's Jewish figurines*. Kraków: Korporacja Ha!art, 2014.

Björck, Henrik. "Folkhem". I *Svenska begreppshistorier: från antropocen till åsiktskorridor*, redigerad av Jonas Hansson och Kristiina Savin. Stockholm: Fri tanke, 2022.

Blomqvist, Håkan. *Socialism på jiddisch: judiska Arbeter Bund i Sverige*. Stockholm: Carlssons, 2020.

Boëthius, Maria-Pia. *Heder och samvete: Sverige och andra världskriget*. Stockholm: Ordfront, 1999.

Bohus, Kata. "Julia Pirotte and the Documentation of the Kilece Pogrom". I *Our Courage – Jews in Europe 1945–48*, redigerad av Kata Bohus, Atina Grossmann, Werner Hanak, och Mirjam Wenzel, 82–85. Oldenbourg: De Gruyter, 2020.

Bothe, Alina, och Markus Nesselrodt. "Survivor: Towards a Conceptual History". *The Leo Baeck Institute Yearbook* 61, nr 1 (2016): 57–82.

Brinkmann, Tobias. *Points of Passage: Jewish Transmigrants from Eastern Europe in Scandinavia, Germany, and Britain 1880–1914*. New York: Berghahn books, 2013.

Broberg, Gunnar, och Mattias Tydén. *Oönskade i folkhemmet: rashygien och sterilisering i Sverige*. Stockholm: Dialogos, 2005.

Browning, Christopher R. *Ordinary Men: Reserve Police Battalion 101 and the Final Solution in Poland*. Aaron Asher Books. New York: Harper Collins, 1992.

Bruchfeld, Stéphane. ”Begreppet Förintelsen Ar det dags att göra sig av med ’Förintelsen’? Reflektioner kring ett begrepp”. I *En problematisk relation? Flyktingpolitik och judiska flyktingar i Sverige 1920–1950*, redigerad av Lars M Andersson och Karin Kvist Geverts. Uppsala: Swedish Science Press, 2008.

———. *......om detta må ni berätta: en bok om Förintelsen i Europa 1933–1945*. 5. omarb. och Utökade uppl. Stockholm: Forum för levande historia : Natur & kultur, 2009.

Buber, Martin. *Jag och du*. Ludvika: Dualis, 2013.

Cała, Alina. *Jew, the Eternal Enemy?: The History of Antisemitism in Poland*. Berlin: Peter Lang, 2018.

Carlesson Magalhães, Jens. ”Ostjudeophobia: Press, Poor Relief, and Jewish Communities in Sweden, ca. 1810–1900”. *Journal of Modern Jewish Studies*, januari 2025, 1–24.

Carlsson, Carl Henrik. *Judarnas historia i Sverige*. Stockholm: Natur & Kultur, 2021.

———. *Medborgarskap och diskriminering: östjudar och andra invandrare i Sverige 1860–1920: summary, naturalisation and discrimination: Eastern Jews and other immigrants in Sweden, 1860 to 1920*. Acta Universitatis Upsaliensis 215. Uppsala: Uppsala Universitet, 2004.

Caruth, Cathy, red. *Trauma: Explorations in Memory*. Baltimore: Johns Hopkins University Press, 1995.

Cesarani, David. *Final Solution: The Fate of the Jews 1933–49*. London: Pan Books, 2017.

Cesarani, David, och Eric J. Sundquist. *After the Holocaust: Challenging the Myth of Silence*. London New York: Routledge, 2012.

Charlton, Thomas L., Lois E. Myers, M. Rebecca Sharpless, och Leslie Roy Ballard. *History of Oral History: Foundations and Methodology*. Lanham, Md: Altamira press, 2007.

Ciasnocha, Danuta. *Hemma inte hemma*. Göteborg: Språkdräkt, 2021.

Conquest, Robert. *The Great Terror: A Reassessment*. 40th Anniversary ed. Oxford; New York: Oxford University Press, 2008.

Dahl, Izabela. *Ausschluss und Zugehörigkeit: polnische jüdische Zwangsmigration in Schweden nach dem Zweiten Weltkrieg*. Berlin: Metropol, 2013.

———. ”Collective Memory and National Identity Construction : Polish Survivors’ Records in Sweden”. I *Landscapes after Battle: Justice, Politics and Memory in Europe after the Second World War*, redigerad av Suzanne Bardgett David Cesarini Jessica Reinisch & Dieter Steinert, 169–86. London & Portland: Vallentine-Mitchell Publishers, 2011.

———. ”From Victim to Survivor of Nazi Persecution : Gendering the Collection of the Polish Research Institute (PIŻ) in Lund”. *Der Archivar: Mitteilungsblatt Für Deutsches Archivwesen* 75, nr 2 (2022): 146–50.

———. ”Mottagandet av polska judar i Sverige 1968–1972”. I *Från sidensjalar till flyktingmottagning : Judarna i Sverige – en minoritets historia*, redigerad av Lars M. Andersson & Carl Henrik Carlsson, 239–56. Uppsala: Historiska institutionen, Uppsala universitet, 2013.

———. ”…this Is Material Arousing Interest in Common History” : Zygmunt Łakociński and Polish Survivors’ Protocols”. *Jewish History Quarterly* 223, nr 3 (2007): 319–38.

———. ”Witnessing the Holocaust : Jewish Experiences and the Collection of the Polish Source Institute in Lund”. I *Early Holocaust Memory in Sweden: Archives, Testimonies and Reflections*, redigerad av Pontus Rudberg Johannes Heuman, 67–91. Cham: Palgrave Macmillan, 2021.

Dalissier, Michel. ”Gadamer, Descartes, and the Problem of Method”. *Humanities* 13, nr 6 (01 november 2024): 151.

Davies, Norman. *God’s Playground: A History of Poland in Two Volumes. Vol. 2, 1795 to the Present*. Oxford: Clarendon Press, 1982.

D'Cruz, Jason. "Displacement and Gratitude: Accounting for the Political Obligation of Refugees". *Ethics & Global Politics* 7, nr 1 (januari 2014): 1–17.

De Vos, Jan. "From Milgram to Zimbardo: The Double Birth of Postwar Psychology/ Psychologization". *History of the Human Sciences* 23, nr 5 (december 2010): 156–75.

Dean, Carolyn J. *The Moral Witness: Trials and Testimony after Genocide.* Corpus Juris the Humanities in Politics and Law. Ithaca: Cornell University Press, 2019.

Diner, Hasia R. *We Remember with Reverence and Love: American Jews and the Myth of Silence after the Holocaust, 1945–1962.* New York, NY London: New York Univ. Press, 2009.

Dulewicz, Jarosław, och Joanna Tokarska-Bakir. ""An Unfinished Story": Genealogy of the Kielce Pogrom Victims (Selected Problems and New Research Possibilities)". *Scripta Judaica Cracoviensia* 18 (2021): 163–88.

Dziaczkowska, Magdalena. ""I Don't Know if They Really Hated Us or if It Was for Fun": Memories of Anti-Jewish Violence Perpetrated by Students of the Catholic University of Lublin in Oral Histories from the Grodzka Gate – NN Theatre Centre". *Studia Judaica*, nr 1 (53) (31 juli 2024): 77–103.

———. *The Memory of Meanings: the Images of Jewish-Catholic Relations in Interwar Lublin in Oral Histories.* Lund: Centre for Theology and Religious Studies, Lund University, 2023.

Edele, Mark, Sheila Fitzpatrick, och Atina Grossman, red. *Shelter from the Holocaust: Rethinking Jewish Survival in the Soviet Union.* 1st edition. Detroit, MI: Wayne State University Press, 2017.

Edling, Nils. "Forskarnas folkhem: en kritik". *Historisk tidskrift* 143, nr 4 (2023).

Edquist, Samuel. "Nationalism i Historien om Sverige". I *Historisk tidskrift*, Vol. 2024(144):4, sidorna [751]–759. Historisk tidskrift, 2024.

Einhorn, Lena. *Ninas resa: en överlevnadsberättelse.* Stockholm: Prisma, 2005.

Eisler, Jerzy. *Marzec 1968: geneza, przebieg, konsekwencje.* Warszawa: Panstwowe Wydawn. Nauk., 1991.

Engel, David. "Patterns of Anti-Jewish Violence in Poland, 1944–1946". *Yad Vashem Studies* 26 (1998).

Engelking, Barbara, och Jan Grabowski, red. *Night Without End: the Fate of Jews in German-occupied Poland.* Bloomington, Indiana: Indiana University Press, 2022.

Epstein, Helen. *Children of the Holocaust: conversations with sons and daughters of survivors.* New York: Putnam, 1979.

Friedländer, Saul. *Tredje riket och judarna. D. 1: Förföljelsens år, 1933–1939.* Stockholm: Natur och kultur, 1999.

———. *Tredje riket och judarna. D. 2: Utrotningens år, 1939–1945.* Stockholm: Natur & kultur, 2010.

Friedman, Jeff. "Oral History, Hermeneutics, and Embodiment". *The Oral History Review* 41, nr 2 (01 september 2014): 290–300.

Frisch, Michael. *A Shared Authority: Essays on the Craft and Meaning of Oral and Public History.* Albany: State university of New York press, 1990.

———. "From A Shared Authority to the Digital Kitchen, and Back". I *Letting Go? Sharing Historical Authority in a User-Generated World.* Philadelphia: Pew Center for Arts & Heritage, 2011.

Gadamer, Hans-Georg. *Truth and Method.* London: Continuum International Publishing Group, 1989.

Geller, Eva. ”The Polonization of Yiddish: A Path towards Language-Shift?” I *Yiddish – a Jewish National Language at 100: Proceedings of Czernowitz Yiddish Language 2008 International Centenary Conference*, redigerad av Wolf Abramovich Moskovich. Jews & Slavs 22. Kyïv: Duh ì litera, 2010.

Goldberg, Amos, och Haim Hazan, red. *Marking Evil: Holocaust Memory in the Global Age*. New York Oxford: Berghahn, 2019.

Goldhagen, Daniel Jonah. *Hitler's Willing Executioners: Ordinary Germans and the Holocaust*. 1. Vintage Books ed. New York: Vintage Books, 1997.

Górniok, Łukasz. *Swedish Refugee Policymaking in Transition? Czechoslovaks and Polish Jews in Sweden, 1968–1972*. Umeå, 2016.

Greenspan, Henry. ”Collaborative Interpretation of Survivors' Accounts: A Radical Challenge to Conventional Practice”. *Holocaust studies* 17, nr 1 (2011): 85–100.

———. *On Listening to Holocaust Survivors: Beyond Testimony*. 2nd ed. St. Paul, Minn: Paragon House, 2010.

Gross, Jan Tomasz. *Fear: Anti-Semitism in Poland after Auschwitz*. Westminster: Random House Publishing Group, 2007.

———. *Neighbors: The Destruction of the Jewish Community in Jedwabne, Poland*. New paperback edition. Princeton: Princeton University Press, 2022.

Hammarström, Per. *Nationens styvbarn: judisk samhällsintegration i några Norrlandsstäder 1870–1940*. Stockholm: Carlssons, 2007.

———. *Nationens styvbarn: judisk samhällsintegration i några Norrlandsstäder 1870–1940*. Stockholm: Carlssons, 2007.

Hansson, Svante. *Flykt och överlevnad: flyktingverksamhet i Mosaiska församlingen i Stockholm 1933–1950*. Stockholm: Hillelförlaget, 2004.

Healey, Ruth L. ”Gratitude and Hospitality: Tamil Refugee Employment in London and the Conditional Nature of Integration”. *Environment and Planning A: Economy and Space* 46, nr 3 (mars 2014): 614–28.

Hermele, Kenneth. *Inte som lamm till slakt: judiskt motstånd under Förintelsen*. Stockholm: Ordfront, 2023.

Heuman, Johannes, och Pontus Rudberg. ”Holocaust Memory in Sweden: A Re-evaluation”. Early Holocaust Memory in Sweden, 2021.

Hilberg, Raul. *Perpetrators, Victims, Bystanders: The Jewish Catastrophe 1933–1945*. New York: Harper Perennial, 1993.

———. *The Destruction of the European Jews*. New Haven, Conn.: Yale University Press, 2003.

Himka, John-Paul, och Joanna Michlic, red. *Bringing the Dark Past to Light: the Reception of the Holocaust in Postcommunist Europe*. Lincoln: University of Nebraska Press, 2013.

Hirdman, Yvonne. *Att lägga livet tillrätta: studier i svensk folkhemspolitik*. Stockholm: Carlsson, 1989.

Hirsch, Marianne. *The Generation of Postmemory: Writing and Visual Culture after the Holocaust*. Gender and Culture. New York: Columbia University Press, 2012.

Hunter, Anna. ”The Holocaust as the Ultimate Trauma Narrative”. I *Trauma and Literature*, redigerad av J. Roger Kurtz, 1:a uppl., 66–82. Cambridge University Press, 2018.

Håkansson, Julia. *Historia och nationalism: Sverigedemokraternas och Dansk Folkepartis historiska berättelser*. Malmö: Malmö University Press, 2023.

Ilicki, Julian. *Den föränderliga identiteten: om identitetsförändringar hos den yngre generationen polska judar som invandrade till Sverige under åren 1968–1972: en rapport från forskningsprojektet ”Judisk identitet, förändringar i samband med migration”*. Åbo: Sällskapet för judaistisk forskning, 1988.

Jakubowski, Jackie. "Vi i Polen har både en jiddischteater och kosherrestauranger. Det är mer än vad ni i Sverige har!" *Judisk krönika*, februari 1985.

Johansson, Jesper, och Malin Thor Tureby. "Att minnas migrationen: Intersektionella perspektiv på Nordiska museets insamlingar och urval av invandrares berättelser". *Socialvetenskaplig tidskrift* 23, nr 3–4 (2016): 321.

Kantsteiner, Wulf. "Transnational Holocaust Memory, Digital Culture and the End of Reception Studies". I *The Twentieth Century in European Memory*, redigerad av Barbara Törnquist-Plewa och Tea Sindbæk Andersen, 34:305–43. Leiden: Brill, 2017.

Karlsson, Klas-Göran. "Debatt: Förintelsen – i historien eller över Historien?" *Historisk Tidskrift*, nr 2 (2003).

———. "Folkmordet på armenierna efter hundra år". *Historisk tidskrift (Stockholm)* 135, nr 3 (2015): 512.

Karlsson, Maria. *Cultures of Denial: Comparing Holocaust and Armenian Genocide Denial.* Lund: Lund University, 1989.

Katajala-Peltomaa, Sari, och Raisa Maria Toivo. *Lived Religion and Gender in Late Medieval and Early Modern Europe.* Abingdon, Oxon: Routledge, 2021.

Kłonczyński, Arnold. *My w Szwecji nie porastamy mchem: emigranci z Polski w Szwecji w latach 1945–1980.* Gdańsk Sopot: Wydawnictwo Uniwersytetu Gdańskiego, 2012.

Konarzewska, Aleksandra, Anna Nakai, och Michał Przeperski, red. *Unsettled 1968 in the Troubled Present: Revisiting the 50 years of Discussions from East and Central Europe.* 60. Abingdon New York: Routledge, 2020.

Koselleck, Reinhart. *Erfarenhet, tid och historia: om historiska tiders semantik.* Göteborg: Daidalos, 2004.

———. *Sediments of Time: On Possible Histories.* Stanford, California: Stanford University Press, 2018.

Krzywiec, Grzegorz. *Chauvinism, Polish Style: The Case of Roman Dmowski (Beginnings: 1886–1905).* Polish Studies – Transdisciplinary Perspectives, volume 18. Frankfurt am Main: Peter Lang Edition, 2016.

Kvist Geverts, Karin. *Ett främmande element i nationen: svensk flyktingpolitik och de judiska flyktingarna 1938–1944.* Studia historica Upsaliensia 233. Uppsala: Univ. Library, 2008.

Lehmann, Rosa. "Jewish Patrons and Polish Clients": I *Polin: Studies in Polish Jewry Volume 17*, redigerad av Antony Polonsky, 153–70. The Shtetl: Myth and Reality. Liverpool University Press, 2004.

Levy, Daniel, och Natan Sznaider. *The Holocaust and Memory in the Global Age.* English ed. Politics, History, and Social Change. Philadelphia: Temple University Press, 2006.

Llamas, Carmen, och Dominic Watt, red. *Language and Identities.* Edinburgh University Press, 2010. http://www.jstor.org/stable/10.3366/j.ctv2f4vprr.

Lundberg, Svante. *Sextioåttor: studie av en politisk generation.* Stockholm/Stehag: B. Östlings bokförlag symposion AB, 1993.

Lundqvist, Pia, red. *Plats i staden: Göteborgs judiska artonhundratal.* Första utgåvan. Göteborg: Bokförlaget Korpen, 2023.

Margalit, Avishai, 1939–. *The ethics of memory.* Cambridge, MA: Cambridge, MA: Harvard University Press, 2002.

Mattsson, Christer, Robin Andersson Malmros, och Morten Sager. *Antisemitism i Sverige efter den 7 oktober.* Göteborg: Segerstedtinstitutet Göteborgs universitet, 2024.

Meretoja, Hanna. "Historia, erfarenhet och narrativ tolkning". I *Historiens hemvist 1: den historiska tidens former*, redigerad av Hans Ruin och Victoria Fareld. Göteborg Stockholm: Makadam, 2016.

Michlic, Joanna. "History "Wars" and the Battle for Truth and National Memory". I *Constructions and Instrumentalization of the Past: A Comparative Study on Memory Management in the Region*. CBEES State of the region report, 2020.

———. *Poland's Threatening Other: the Image of the Jew from 1880 to the Present*. Lincoln: University of Nebraska Press, 2006.

———. "The Holocaust and Its Aftermath as Perceived in Poland: Voices of Polish Intellectuals, 1945–1947". I *The Jews Are Coming Back: The Return of the Jews to their Countries of Origin after WWII*, redigerad av David Bankier. Jerusalem: Yad Vashem, 2005.

Miller, Elizabeth, Edward Little, och Steven C. High. *Going Public: The Art of Participatory Practice*. Shared: Oral and Public History. Vancouver: UBC Press, 2017.

Mosse, George L. *The image of man: the creation of modern masculinity*. New York: Oxford University Press, 1996.

Naszkowska, Krystyna, och Joanna Helander. *Wygnani do raju: szwedzki azyl*. Warszawa: Wydawnictwo Agora, 2017.

Nguyen, Vinh. *Lived Refuge: Gratitude, Resentment, Resilience*. Critical Refugee Studies 5. Oakland, California: University of California Press, 2023.

Nilsson Mohammadi, Robert. *Den stora gruvstrejken i Malmfälten: en muntlig historia*. Stockholm: Historiska institutionen, Stockholms universitet, 2018.

Nöden: en shtetl i Lund. Dokumentärfilm. Nachman, 2019.

Odello, Marco, och Piotr Łubiński, red. *The concept of genocide in international criminal law: developments after Lemkin*. London; New York: Routledge, Taylor & Francis Group, 2020.

Ofer. "We Israelis Remember, But How? The Memory of the Holocaust and the Israeli Experience". *Israel Studies* 18, nr 2 (2013): 70.

Olick, Jeffrey K., Vered Vinitzky-Seroussi, och Daniel Levy, red. *The collective memory reader*. New York: Oxford University Press, 2011.

Osęka, Piotr. "March 1968 and the Contest of Memories". *The American Interest*, 30 mars 2018.

———. "Dissidents and Police: The Polish March 1968 and a Tale of Two Generations". *East European Politics and Societies: And Cultures* 33, nr 4 (november 2019): 861–80.

Passerini, Luisa. *Autobiography of a Generation: Italy, 1968*. Middletown, Conn: Wesleyan University Press, 2004.

Pedersen, Daniel, red. *1968 – fördrivningen av Polens judar: programserie 10 mars – 12 maj, Konstakademien, Mångkulturellt centrum*. Stockholm: Judisk kultur i Sverige, 2023.

Perks, Robert, och Alistair Thomson, red. *The oral history reader*. London; New York: Routledge, 1998.

Petersen, Hans-Christian, och Samuel Salzborn, red. *Antisemitism in Eastern Europe: history and present in comparison*. Frankfurt am Main; New York: Peter Lang, 2010.

Pinchuk, Ben-Cion. "How Jewish Was the Shtetl?" I *Polin: Studies in Polish Jewry Volume 17*, redigerad av Antony Polonsky, 109–18. The Shtetl: Myth and Reality. Liverpool University Press, 2004.

Plocker, Anat. *The Expulsion of Jews from Communist Poland: Memory Wars and Homeland Anxieties*. The Modern Jewish Experience. Bloomington: Indiana University Press, 2022.

Polonsky, Antony. *The Jews in Poland and Russia*. Oxford: The Littman Library of Jewish Civilization, 2010.

———, red. *The Shtetl: Myth and Reality*. Polin 17. Oxford: The Littman Library of Jewish Civilization, 2004.

Polonsky, Antony, Ezra Mendelsohn, Jerzy Tomaszewski, och Institute for Polish-Jewish Studies, red. *Jews in Independent Poland 1918-1939*. Polin 8. London: Littman Library of Jewish Civilization, 1994.

Portelli, Alessandro. *The death of Luigi Trastulli, and other stories: form and meaning in oral history*. Albany, N.Y: State University of New York Press, 1991.

———. *The order has been carried out: history, memory, and meaning of a Nazi massacre in Rome*. 1st Palgrave Macmillan ed. New York: Palgrave Macmillan, 2003.

Rojanski, Rachel. *Yiddish in Israel: a history*. Perspectives on Israel studies. Bloomington, Indiana: Indiana University Press, 2020.

Rothberg, Michael. *Multidirectional memory: remembering the Holocaust in the age of decolonization*. Cultural memory in the present. Stanford, Calif: Stanford University Press, 2009.

Rozenbaum, Wlodzimierz. ”The Anti-Zionist Campaign in Poland, June – December 1967”. *Canadian Slavonic Papers* 20, nr 2 (januari 1978): 218–36.

Rubin Dranger, Joanna. *Ihågkom oss till liv*. Stockholm: Albert Bonniers förlag, 2022.

Rudberg, Pontus. *The Swedish Jews and the Holocaust*. Abingdon: Routledge, 2017.

Rüsen, Jörn. *Berättande och förnuft: historieteoretiska texter*. Göteborg: Daidalos, 2004.

———. *History: narration, interpretation, orientation*. New approaches to cultural history 2. New York: Berghahn Books, 2004.

———. ”Holocaust Experience and Historical Sense Generation from a German Perspective”. I *Historical Memory in Africa*, redigerad av Jörn Rüsen, Mamadou Diawara, och Bernard Lategan, 1:a uppl., 165–84. Berghahn Books, 2010.

———. ”How to Make Sense of the Past – Salient Issues of Metahistory”. *The Journal for Transdisciplinary Research in Southern Africa* 3, nr 1 (11 april 2007).

———. *Meaning and representation in history*. London: Bergham books, 2006.

Sá Cavalcante Schuback, Marcia. ”Hermeneutikens exil”. I *Hans-Georg Gadamer och hermeneutikens aktualitet*, redigerad av Anders Burman. Stockholm: Axl Books, 2014.

Sadat, Leila Nadya. *Forging a Convention for Crimes against Humanity*. Cambridge: Cambridge University Press, 2011.

Sawka, Jurek. *Quality time*. Stockholm: Calidris, 2019.

Schatz, Jaff. *The generation: the rise and fall of the Jewish communists of Poland*. Berkeley: University of California Press, 1991.

Schulman, Salomon. *Jiddischland: bland rabbiner och revolutionärer*. Nora: Nya Doxa, 2010.

Schult, Tanja. ”Gestaltningen och etablerandet av Förintelseminnet i Sverige”. *Nordisk Judaistik/Scandinavian Jewish Studies* 28, nr 2 (02 december 2017): 39–62.

———. ”Gestaltningen och etablering av Förintelseminnet i Sverige”. *Nordisk Judaistik/ Scandinavian Jewish Studies* 27, nr 2 (05 december 2016): 3–21.

Shandler, Jeffrey. *Shtetl: a vernacular intellectual history*. New Brunswick, New Jersey: Rutgers University Press, 2014.

———. *While America Watches: Televising the Holocaust*. New York Oxford: Oxford university press, 1999.

———. *Yiddish: Biography of a Language*. New York: Oxford university press, 2020.

Shopes, Linda. ”'Insights and Oversights': Reflections on the Documentary Tradition and the Theoretical Turn in Oral History”. *The Oral History Review* 41, nr 2 (1 september 2014): 257–68.

Silvén, Eva, och Magnus Gudmundsson, red. *Samtiden som kulturarv: svenska museers samtidsdokumentation 1975-2000*. Stockholm: Nordiska museets förlag, 2006.

Snyder, Timothy. *Den blodiga jorden: Europa mellan Hitler och Stalin*. Stockholm: Albert Bonniers Förlag, 2011.

Stola, Dariusz. "Anti-Zionism as a Multipurpose Policy Instrument: The Anti-Zionist Campaign in Poland, 1967–1968". *Journal of Israeli History* 25, nr 1 (mars 2006): 175–201.

———. "The Hate Campaign of March 1968": I *Polin: Studies in Polish Jewry Volume 21*, redigerad av Leszek Głuchowski och Antony Polonsky, 16–36. 1968 Forty Years After. Liverpool University Press, 2009.

Subotić, Jelena. *Yellow Star, Red Star: Holocaust Remembrance after Communism*. Ithaca: Cornell University Press, 2019.

Svenson, Anna. *Nöden – en shtetl i Lund*. Lund: Anna Svenson, 2022.

Szulc, Stefan. "Demographic Changes in Poland: War and Postwar". *Population Index* 13, nr 1 (1947): 3–8.

Sältenberg, Hansalbin. *Anti-Jewish racism: exploring the Swedish racial regime*. Lund: Department of Gender Studies, Faculty of Social Sciences, Lund University, 2022.

Thompson, Paul. *The voice of the past: oral history*. Fourth edition. Oxford oral history series. New York, NY: Oxford University Press, 2017.

Thomson, Alistair. *Anzac Memories: Living with the Legend*. Melbourne New York: Oxford University Press, 1994.

———. "'Anzac Memories' Revisited: Trauma, Memory and Oral History". *The Oral History Review* 42, nr 1 (2015): 1–29.

Thor Tureby, Malin. "Makten över kunskapsproduktionen: den institutionaliserade etikprövningen och humanistisk och kulturvetenskaplig forskning". I *Kulturella Perspektiv – Svensk etnologisk tidskrift*, Vol. 28. Kulturella Perspektiv – Svensk etnologisk tidskrift, 2019.

———. *Migration och kulturarv: insamlingsprocesser och berättelser om och med de invandrade ca 1970–2019*. Lund: Nordic Academic Press, 2020.

———. "Oral history – mer än en metod". *Historisk tidskrift*, nr 121 (2001): 325–45.

———. "Svenska judars berättelser om flyktingar, överlevande och hjälpverksamheter under och efter Förintelsen". *Nordisk judaistik/Scandinavian Jewish Studies* 31, nr 2 (12 december 2020): 60–84.

Thor Tureby, Malin, och Emma Hall. "Historiska perspektiv på judiska kvinnors berättelser om erfarenheter av antisemitism i Sverige under 1900-talet och 2000-talet". *Nordisk judaistik/Scandinavian Jewish Studies* 35, nr 2 (20 december 2024): 53–70.

Thor Tureby, Malin, och Annika Olsson. "Editorial introduction : revisiting shared authority". *Oral history* 52, nr 1 (2024): 2–6.

Thor Tureby, Malin, och Kristin Wagrell. "Digitization, Vulnerability, and Holocaust Collections". *Santander Art and Culture Law Review*, nr 2 (6) (2020): 87–118.

———. *Vittnesmål från Förintelsen och de överlevandes berättelser definitioner, insamlingar och användningar, 1939–2020*. Stockholm: Forum för levande historia, 2020.

Thorp, Robert. "Vad är ett historiemedvetande egentligen och varför är det viktigt?" I *Kritiska perspektiv på historiedidaktiken*, redigerad av David Ludvigsson. Bromma: Historie-lärarnas förening, 2013.

Tych, Feliks, och Monika Adamczyk-Garbowska. *Jewish Presence in Absence: The Aftermath of the Holocaust in Poland, 1944–2010*. Jerusalem: Yad Vashem, The International Institute for Holocaust Research, Diana Zborowski Center for the Study of the Aftermath of the Shoah, 2014.

Törnquist-Plewa, Barbara. "Coming to terms with anti-semitism: Jan T. Gross´s writings and the construction of cultural trauma in post-communist Poland". I *European Cultural Memory Post-89*, redigerad av Conny Mithander, John Sundholm, och Adrian Velicu. Brill | Rodopi, 2013.

———. "Mordet i Jedwabne – en utmaning för polackernas kollektiva minne. En analys av den polska debatten kring Jan Gross bok Sasiedzi ("Grannar")". *Historisk tidskrift* 123:3 (u.å.).

Van Der Poel, Stefan. "Memory Crisis: The Shoah within a Collective European Memory". *Journal of European Studies* 49, nr 3–4 (november 2019): 267–81.

Van Orden Martinez, Victoria. *Afterlives: Jewish and non-Jewish Polish survivors of Nazi persecution in Sweden documenting Nazi atrocities, 1945–1946*. Linköping: Institutionen för historia, Institutionen för kultur och samhälle, Linköpings universitet, 2023.

Wagrell, Kristin. *"Chorus of the saved": Constructing the Holocaust Survivor in Swedish Public Discourse, 1943–1966*. Linköping: Linköping University, Institutionen för kultur och samhälle, 2020.

Waldemarsson, Ylva. "Med makten som källa till historien". I *Muntlig historia: i teori och praktik*, redigerad av Malin Thor Tureby och Lars Hansson, 2015.

Wasserman Wroblewski, Roman, red. *6 tusen av 6 miljoner: ett requiem*. Stockholm: Fören. Förintelsens överlevande, 1995.

———. "Om". Föreningen Förintelsens Minne, Swedish Holocaust Memorial Association. Åtkomstdatum 16 juni 2024. https://www.shma.online/om-shma.

Wassermann, Elisabeth. "Polish Discourse about the Righteous among the Nations: Between Commemoration, Education and Justification?" *Politeja* 15, nr 1(52) (01 mars 2018): 125–44.

Weiss-Wendt, Anton, och Nanci Adler. *The Future of the Soviet Past: The Politics of History in Putin's Russia*. Bloomington: Indiana University Press, 2021.

Welzer, Harald. *Gärningsmän: hur helt vanliga människor blir massmördare*. Göteborg: Daidalos, 2007.

White, Hayden V. *Metahistory: the historical imagination in nineteenth-century Europe*. Baltimore: Johns Hopkins University Press, 1973.

Wieviorka, Annette. *The Era of the Witness*. Översatt av Jared Stark. Ithaca, N.Y. London: Cornell University Press, 2006.

Wiklund, Martin. "1973 som prisma: 1970-talets tidsanda och dess innebörder". I *1973: en träff med tidsandan*, 160–77. Lund: Nordic Academic Press, 2008.

———. "Ett ansvarslöst ansvar?: om historikerns ansvar för historiska lärdomar". I *Historiens hemvist II*, redigerad av Patricia Lorenzoni och Ulla Manns. Göteborg Stockholm: Makadam, 2016.

———. *I det modernas landskap: historisk orientering och kritiska berättelser om det moderna Sverige mellan 1960 och 1990*. Eslöv: Symposion, 2006.

Wiltgren, Layal. "'So Incredibly Equal': How Polite Exclusion Becomes Invisible in the Classroom". *British Journal of Sociology of Education* 44, nr 3 (03 april 2023): 435–51.

Zander, Ulf. *Fornstora dagar, moderna tider: bruk av och debatter om svensk historia från sekelskifte till sekelskifte*. Lund: Nordic Academic Press, 2001.

———. "Holocaust at the Limits. Historical Culture and the Nazi Genocide in the Television Era". I *Echoes of the Holocaust: historical cultures in contemporary Europe*. Nordic Academic Press, 2003.

Zaremba, Marcin. *Communism – Legitimacy – Nationalism: Nationalist Legitimization of the Communist Regime in Poland*. Frankfurt am Main; New York: Peter Lang Edition, 2019.

Zubrzycki, Geneviève. *The Crosses of Auschwitz: Nationalism and Religion in Post-Communist Poland*. Chicago: the University of Chicago press, 2006.
Åmark, Klas. *Att bo granne med ondskan: sveriges förhållande till nazismen, Nazityskland och Förintelsen*. Ny, Reviderad och Utökad utgåva. Stockholm: Albert Bonniers Förlag, 2016.
———. *Förintelsen och antisemitism: en kartläggning av svensk forskning*. Stockholm: Vetenskapsrådet, 2021.
Ödman, Per-Johan. *Tolkning, förståelse, vetande: hermeneutik i teori och praktik*. Stockholm: Norstedts akademiska förlag, 2007.
Östberg, Kjell. *1968 när allting var i rörelse: sextiotalsradikaliseringen och de sociala rörelserna*. Samtidshistoriska perspektiv. Stockholm: Prisma, 2002.
Östberg, Kjell, och Jenny Andersson. *Sveriges historia, 1965–2012*. Norstedts Sveriges historia, åttonde bandet. Stockholm: Norstedts, 2013.

Södertörn Doctoral Dissertations

1. Jolanta Aidukaite, *The Emergence of the Post-Socialist Welfare State: The case of the Baltic States: Estonia, Latvia and Lithuania*, 2004

2. Xavier Fraudet, *Politique étrangère française en mer Baltique (1871–1914): de l'exclusion à l'affirmation*, 2005

3. Piotr Wawrzeniuk, *Confessional Civilising in Ukraine: The Bishop Iosyf Shumliansky and the Introduction of Reforms in the Diocese of Lviv 1668–1708*, 2005

4. Andrej Kotljarchuk, *In the Shadows of Poland and Russia: The Grand Duchy of Lithuania and Sweden in the European Crisis of the mid-17th Century*, 2006

5. Håkan Blomqvist, *Nation, ras och civilisation i svensk arbetarrörelse före nazismen*, 2006

6. Karin S Lindelöf, *Om vi nu ska bli som Europa: Könsskapande och normalitet bland unga kvinnor i transitionens Polen*, 2006

7. Andrew Stickley. *On Interpersonal Violence in Russia in the Present and the Past: A Sociological Study*, 2006

8. Arne Ek, *Att konstruera en uppslutning kring den enda vägen: Om folkrörelsers modernisering i skuggan av det Östeuropeiska systemskiftet*, 2006

9. Agnes Ers, *I mänsklighetens namn: En etnologisk studie av ett svenskt biståndsprojekt i Rumänien*, 2006

10. Johnny Rodin, *Rethinking Russian Federalism: The Politics of Intergovernmental Relations and Federal Reforms at the Turn of the Millennium*, 2006

11. Kristian Petrov, *Tillbaka till framtiden: Modernitet, postmodernitet och generationsidentitet i Gorbačevs glasnost' och perestrojka*, 2006

12. Sophie Söderholm Werkö, *Patient patients? Achieving Patient Empowerment through Active Participation, Increased Knowledge and Organisation*, 2008

13. Peter Bötker, *Leviatan i arkipelagen: Staten, förvaltningen och samhället. Fallet Estland*, 2007

14. Matilda Dahl, *States under scrutiny: International organizations, transformation and the construction of progress*, 2007

15. Margrethe B. Søvik, *Support, resistance and pragmatism: An examination of motivation in language policy in Kharkiv, Ukraine*, 2007

16. Yulia Gradskova, *Soviet People with female Bodies: Performing beauty and maternity in Soviet Russia in the mid 1930–1960s*, 2007

17. Renata Ingbrant, *From Her Point of View: Woman's Anti-World in the Poetry of Anna Świrszczyńska*, 2007

18. Johan Eellend, *Cultivating the Rural Citizen: Modernity, Agrarianism and Citizenship in Late Tsarist Estonia*, 2007

19. Petra Garberding, *Musik och politik i skuggan av nazismen: Kurt Atterberg och de svensk-tyska musikrelationerna*, 2007

20. Aleksei Semenenko, *Hamlet the Sign: Russian Translations of Hamlet and Literary Canon Formation*, 2007

21. Vytautas Petronis, *Constructing Lithuania: Ethnic Mapping in the Tsarist Russia, ca. 1800–1914*, 2007

22. Akvile Motiejunaite, *Female employment, gender roles, and attitudes: The Baltic countries in a broader context*, 2008

23. Tove Lindén, *Explaining Civil Society Core Activism in Post-Soviet Latvia*, 2008

24. Pelle Åberg, *Translating Popular Education: Civil Society Cooperation between Sweden and Estonia*, 2008

25. Anders Nordström, *The Interactive Dynamics of Regulation: Exploring the Council of Europe's monitoring of Ukraine*, 2008

26. Fredrik Doeser, *In Search of Security After the Collapse of the Soviet Union: Foreign Policy Change in Denmark, Finland and Sweden, 1988–1993*, 2008

27. Zhanna Kravchenko. *Family (versus) Policy: Combining Work and Care in Russia and Sweden*, 2008

28. Rein Jüriado, *Learning within and between public-private partnerships*, 2008

29. Elin Boalt, *Ecology and evolution of tolerance in two cruciferous species*, 2008

30. Lars Forsberg, *Genetic Aspects of Sexual Selection and Mate Choice in Salmonids*, 2008

31. Eglė Rindzevičiūtė, *Constructing Soviet Cultural Policy: Cybernetics and Governance in Lithuania after World War II*, 2008

32. Joakim Philipson, *The Purpose of Evolution: 'Struggle for existence' in the Russian-Jewish press 1860–1900*, 2008

33. Sofie Bedford, *Islamic activism in Azerbaijan: Repression and mobilization in a post-Soviet context*, 2009

34. Tommy Larsson Segerlind, *Team Entrepreneurship: A process analysis of the venture team and the venture team roles in relation to the innovation process*, 2009

35. Jenny Svensson, *The Regulation of Rule-Following: Imitation and Soft Regulation in the European Union*, 2009

36. Stefan Hallgren, *Brain Aromatase in the guppy, Poecilia reticulate: Distribution, control and role in behavior*, 2009

37. Karin Ellencrona, *Functional characterization of interactions between the flavivirus NS5 protein and PDZ proteins of the mammalian host*, 2009

38. Makiko Kanematsu, *Saga och verklighet: Barnboksproduktion i det postsovjetiska Lettland*, 2009

39. Daniel Lindvall, *The Limits of the European Vision in Bosnia and Herzegovina: An Analysis of the Police Reform Negotiations*, 2009

40. Charlotta Hillerdal, *People in Between: Ethnicity and Material Identity: A New Approach to Deconstructed Concepts*, 2009

41. Jonna Bornemark, *Kunskapens gräns: Gränsens vetande*, 2009

42. Adolphine G. Kateka, *Co-Management Challenges in the Lake Victoria Fisheries: A Context Approach*, 2010

43. René León Rosales, *Vid framtidens hitersta gräns: Om pojkar och elevpositioner i en multietnisk skola*, 2010

44. Simon Larsson, *Intelligensaristokrater och arkivmartyrer: Normerna för vetenskaplig skicklighet i svensk historieforskning 1900–1945*, 2010

45. Håkan Lättman, *Studies on spatial and temporal distributions of epiphytic lichens*, 2010

46. Alia Jaensson, *Pheromonal mediated behaviour and endocrine response in salmonids: The impact of cypermethrin, copper, and glyphosate*, 2010

47. Michael Wigerius, *Roles of mammalian Scribble in polarity signaling, virus offense and cell-fate determination*, 2010

48. Anna Hedtjärn Wester, *Män i kostym: Prinsar, konstnärer och tegelbärare vid sekelskiftet 1900*, 2010

49. Magnus Linnarsson, *Postgång på växlande villkor: Det svenska postväsendets organisation under stormaktstiden*, 2010

50. Barbara Kunz, *Kind words, cruise missiles and everything in between: A neoclassical realist study of the use of power resources in U.S. policies towards Poland, Ukraine and Belarus 1989–2008*, 2010

51. Anders Bartonek, *Philosophie im Konjunktiv: Nichtidentität als Ort der Möglichkeit des Utopischen in der negativen Dialektik Theodor W. Adornos*, 2010

52. Carl Cederberg, *Resaying the Human: Levinas Beyond Humanism and Antihumanism*, 2010

53. Johanna Ringarp, *Professionens problematik: Lärarkårens kommunalisering och välfärdsstatens förvandling*, 2011

54. Sofi Gerber, *Öst är Väst men Väst är bäst: Östtysk identitetsformering i det förenade Tyskland*, 2011

55. Susanna Sjödin Lindenskoug, *Manlighetens bortre gräns: Tidelagsrättegångar i Livland åren 1685–1709*, 2011

56. Dominika Polanska, *The emergence of enclaves of wealth and poverty: A sociological study of residential differentiation in post-communist Poland*, 2011

57. Christina Douglas, *Kärlek per korrespondens: Två förlovade par under andra hälften av 1800-talet*, 2011

58. Fred Saunders, *The Politics of People – Not just Mangroves and Monkeys: A study of the theory and practice of community-based management of natural resources in Zanzibar*, 2011

59. Anna Rosengren, *Åldrandet och språket: En språkhistorisk analys av hög ålder och åldrande i Sverige cirka 1875–1975*, 2011

60. Emelie Lilliefeldt, *European Party Politics and Gender: Configuring Gender-Balanced Parliamentary Presence*, 2011

61. Ola Svenonius, *Sensitising Urban Transport Security: Surveillance and Policing in Berlin, Stockholm, and Warsaw*, 2011

62. Andreas Johansson, *Dissenting Democrats: Nation and Democracy in the Republic of Moldova*, 2011

63. Wessam Melik, *Molecular characterization of the Tick-borne encephalitis virus: Environments and replication*, 2012

64. Steffen Werther, *SS-Vision und Grenzland-Realität: Vom Umgang dänischer und „volksdeutscher" Nationalsozialisten in Sønderjylland mit der „großgermanischen" Ideologie der SS*, 2012

65. Peter Jakobsson, Öppenhetsindustrin, 2012

66. Kristin Ilves, *Seaward Landward: Investigations on the archaeological source value of the landing site category in the Baltic Sea region*, 2012

67. Anne Kaun, *Civic Experiences and Public Connection: Media and Young People in Estonia*, 2012

68. Anna Tessmann, *On the Good Faith: A Fourfold Discursive Construction of Zoroastripanism in Contemporary Russia*, 2012

69. Jonas Lindström, *Drömmen om den nya staden: Stadsförnyelse i det postsovjetisk Riga*, 2012

70. Maria Wolrath Söderberg, *Topos som meningsskapare: Retorikens topiska perspektiv på tänkande och lärande genom argumentation*, 2012

71. Linus Andersson, *Alternativ television: Former av kritik i konstnärlig TV-produktion*, 2012

72. Håkan Lättman, *Studies on spatial and temporal distributions of epiphytic lichens*, 2012

73. Fredrik Stiernstedt, Mediearbete i mediehuset: Produktion i förändring på MTG-radio, 2013

74. Jessica Moberg, *Piety, Intimacy and Mobility: A Case Study of Charismatic Christianity in Present-day Stockholm*, 2013

75. Elisabeth Hemby, *Historiemåleri och bilder av vardag: Tatjana Nazarenkos konstnärskap i 1970-talets Sovjet*, 2013

76. Tanya Jukkala, *Suicide in Russia: A macro-sociological study*, 2013

77. Maria Nyman, *Resandets gränser: Svenska resenärers skildringar av Ryssland under 1700-talet*, 2013

78. Beate Feldmann Eellend, *Visionära planer och vardagliga praktiker: Postmilitära landskap i Östersjöområdet*, 2013

79. Emma Lind, *Genetic response to pollution in sticklebacks: Natural selection in the wild*, 2013

80. Anne Ross Solberg, *The Mahdi wears Armani: An analysis of the Harun Yahya enterprise*, 2013

81. Nikolay Zakharov, *Attaining Whiteness: A Sociological Study of Race and Racialization in Russia*, 2013

82. Anna Kharkina, *From Kinship to Global Brand: The Discourse on Culture in Nordic Cooperation after World War II*, 2013

83. Florence Fröhlig, *A painful legacy of World War II: Nazi forced enlistment: Alsatian/Mosellan Prisoners of war and the Soviet Prison Camp of Tambov*, 2013

84. Oskar Henriksson, *Genetic connectivity of fish in the Western Indian Ocean*, 2013

85. Hans Geir Aasmundsen, *Pentecostalism, Globalisation and Society in Contemporary Argentina*, 2013

86. Anna McWilliams, *An Archaeology of the Iron Curtain: Material and Metaphor*, 2013

87. Anna Danielsson, *On the power of informal economies and the informal economies of power: Rethinking informality, resilience and violence in Kosovo*, 2014

88. Carina Guyard, *Kommunikationsarbete på distans*, 2014

89. Sofia Norling, *Mot "väst": Om vetenskap, politik och transformation i Polen 1989–2011*, 2014

90. Markus Huss, *Motståndets akustik: Språk och (o)ljud hos Peter Weiss 1946–1960*, 2014

91. Ann-Christin Randahl, *Strategiska skribenter: Skrivprocesser i fysik och svenska*, 2014

92. Péter Balogh, *Perpetual borders: German-Polish cross-border contacts in the Szczecin area*, 2014

93. Erika Lundell, *Förkroppsligad fiktion och fiktionaliserade kroppar: Levande rollspel i Östersjöregionen*, 2014

94. Henriette Cederlöf, *Alien Places in Late Soviet Science Fiction: The "Unexpected Encounters" of Arkady and Boris Strugatsky as Novels and Films*, 2014

95. Niklas Eriksson, *Urbanism Under Sail: An archaeology of fluit ships in early modern everyday life*, 2014

96. Signe Opermann, *Generational Use of News Media in Estonia: Media Access, Spatial Orientations and Discursive Characteristics of the News Media*, 2014

97. Liudmila Voronova, *Gendering in political journalism: A comparative study of Russia and Sweden*, 2014

98. Ekaterina Kalinina, *Mediated Post-Soviet Nostalgia*, 2014

99. Anders E. B. Blomqvist, *Economic Natonalizing in the Ethnic Borderlands of Hungary and Romania: Inclusion, Exclusion and Annihilation in Szatmár/Satu-Mare, 1867–1944*, 2014

100. Ann-Judith Rabenschlag, *Völkerfreundschaft nach Bedarf: Ausländische Arbeitskräfte in der Wahrnehmung von Staat und Bevölkerung der DDR*, 2014

101. Yuliya Yurchuck, *Ukrainian Nationalists and the Ukrainian Insurgent Army in Post-Soviet Ukraine*, 2014

102. Hanna Sofia Rehnberg, *Organisationer berättar: Narrativitet som resurs i strategisk kommunikation*, 2014

103. Jaakko Turunen, *Semiotics of Politics: Dialogicality of Parliamentary Talk*, 2015

104. Iveta Jurkane-Hobein, *I Imagine You Here Now: Relationship Maintenance Strategies in Long-Distance Intimate Relationships*, 2015

105. Katharina Wesolowski, *Maybe baby? Reproductive behaviour, fertility intentions, and family policies in post-communist countries, with a special focus on Ukraine*, 2015

106. Ann af Burén, *Living Simultaneity: On religion among semi-secular Swedes*, 2015

107. Larissa Mickwitz, *En reformerad lärare: Konstruktionen av en professionell och betygssättande lärare i skolpolitik och skolpraktik*, 2015

108. Daniel Wojahn, *Språkaktivism: Diskussioner om feministiska språkförändringar i Sverige från 1960-talet till 2015*, 2015

109. Hélène Edberg, *Kreativt skrivande för kritiskt tänkande: En fallstudie av studenters arbete med kritisk metareflektion*, 2015

110. Kristina Volkova, *Fishy Behavior: Persistent effects of early-life exposure to 17α-ethinylestradiol*, 2015

111. Björn Sjöstrand, *Att tänka det tekniska: En studie i Derridas teknikfilosofi*, 2015

112. Håkan Forsberg, *Kampen om eleverna: Gymnasiefältet och skolmarknadens framväxt i Stockholm, 1987–2011*, 2015

113. Johan Stake, *Essays on quality evaluation and bidding behavior in public procurement auctions*, 2015

114. Martin Gunnarson, *Please Be Patient: A Cultural Phenomenological Study of Haemodialysis and Kidney Transplantation Care*, 2016

115. Nasim Reyhanian Caspillo, *Studies of alterations in behavior and fertility in ethinyl estradiol-exposed zebrafish and search for related biomarkers*, 2016

116. Pernilla Andersson, *The Responsible Business Person: Studies of Business Education for Sustainability*, 2016

117. Kim Silow Kallenberg, *Gränsland: Svensk ungdomsvård mellan vård och straff*, 2016

118. Sari Vuorenpää, *Literacitet genom interaction*, 2016

119. Francesco Zavatti, *Writing History in a Propaganda Institute: Political Power and Network Dynamics in Communist Romania*, 2016

120. Cecilia Annell, *Begärets politiska potential: Feministiska motståndsstrategier i Elin Wägners 'Pennskaftet', Gabriele Reuters 'Aus guter Familie', Hilma Angered-Strandbergs 'Lydia Vik' och Grete Meisel-Hess 'Die Intellektuellen'*, 2016

121. Marco Nase, *Academics and Politics: Northern European Area Studies at Greifswald University, 1917–1992*, 2016

122. Jenni Rinne, *Searching for Authentic Living Through Native Faith: The Maausk movement in Estonia*, 2016

123. Petra Werner, *Ett medialt museum: Lärandets estetik i svensk television 1956–1969*, 2016

124. Ramona Rat, *Un-common Sociality: Thinking sociality with Levinas*, 2016

125. Petter Thureborn, *Microbial ecosystem functions along the steep oxygen gradient of the Landsort Deep, Baltic Sea*, 2016

126. Kajsa-Stina Benulic, *A Beef with Meat – Media and audience framings of environmentally unsustainable production and consumption*, 2016

127.Naveed Asghar, *Ticks and Tick-borne Encephalitis Virus: From nature to infection*, 2016

128.Linn Rabe, *Participation and legitimacy: Actor involvement for nature conservation*, 2017

129.Maryam Adjam, *Minnesspår: Hågkomstens rum och rörelse i skuggan av en flykt*, 2017

130.Kim West, *The Exhibitionary Complex: Exhibition, Apparatus and Media from Kulturhuset to the Centre Pompidou, 1963–1977*, 2017

131.Ekaterina Tarasova, *Anti-nuclear Movements in Discursive and Political Contexts: Between expert voices and local protests*, 2017

132.Sanja Obrenović Johansson, *Från kombifeminism till rörelse: Kvinnlig serbisk organisering i förändring*, 2017

133.Michał Salamonik, *In Their Majesties' Service: The Career of Francesco De Gratta (1613–1676) as a Royal Servant and Trader in Gdańsk*, 2017

134.Jenny Ingridsdotter, *The Promises of the Free World: Postsocialist Experience in Argentina and the Making of Migrants, Race, and Coloniality*, 2017

135.Julia Malitska, *Negotiating Imperial Rule: Colonists and Marriage in the Nineteenth century Black Sea Steppe*, 2017

136.Natalya Yakusheva, *Parks, Policies and People: Nature Conservation Governance in Post-Socialist EU Countries*, 2017

137.Martin Kellner, *Selective Serotonin Re-uptake Inhibitors in the Environment: Effects of Citalopram on Fish Behaviour*, 2017

138.Krystof Kasprzak, *Vara – Framträdande – Värld: Fenomenets negativitet hos Martin Heidegger, Jan Patočka och Eugen Fink*, 2017

139.Alberto Frigo, *Life-stowing from a Digital Media Perspective: Past, Present and Future*, 2017

140.Maarja Saar, *The Answers You Seek Will Never Be Found at Home: Reflexivity, biographical narratives and lifestyle migration among highly-skilled Estonians*, 2017

141.Anh Mai, *Organizing for Efficiency: Essay on merger policies, independence of authorities, and technology diffusion*, 2017

142.Gustav Strandberg, *Politikens omskakning: Negativitet, samexistens och frihet i Jan Patočkas tänkande*, 2017

143.Lovisa Andén, *Litteratur och erfarenhet i Merleau-Pontys läsning av Proust, Valéry och Stendhal*, 2017

144.Fredrik Bertilsson, *Frihetstida policyskapande: Uppfostringskommissionen och de akademiska konstitutionerna 1738–1766*, 2017

145.Natasja Börjeson, *Toxic Textiles: towards responsibility in complex supply chains*, 2017

146.Julia Velkova, *Media Technologies in the Making: User-Driven Software and Infrastructures for computer Graphics Production*, 2017

147.Karin Jonsson, *Fångna i begreppen? Revolution, tid och politik i svensk socialistisk press 1917–1924*, 2017

148. Josefine Larsson, *Genetic Aspects of Environmental Disturbances in Marine Ecosystems: Studies of the Blue Mussel in the Baltic Sea*, 2017

149. Roman Horbyk, *Mediated Europes: Discourse and Power in Ukraine, Russia and Poland during Euromaidan*, 2017

150. Nadezda Petrusenko, *Creating the Revolutionary Heroines: The Case of Female Terrorists of the PSR (Russia, Beginning of the 20th Century)*, 2017

151. Rahel Kuflu, *Bröder emellan: Identitetsformering i det koloniserade Eritrea*, 2018

152. Karin Edberg, *Energilandskap i förändring: Inramningar av kontroversiella lokaliseringar på norra Gotland*, 2018

153. Rebecka Thor, *Beyond the Witness: Holocaust Representation and the Testimony of Images: Three films by Yael Hersonski, Harun Farocki, and Eyal Sivan*, 2018

154. Maria Lönn, *Bruten vithet: Om den ryska femininitetens sinnliga och temporala villkor*, 2018

155. Tove Porseryd, *Endocrine Disruption in Fish: Effects of 17α-ethinylestradiol exposure on non-reproductive behavior, fertility and brain and testis transcriptome*, 2018

156. Marcel Mangold, *Securing the working democracy: Inventive arrangements to guarantee circulation and the emergence of democracy policy*, 2018

157. Matilda Tudor, *Desire Lines: Towards a Queer Digital Media Phenomenology*, 2018

158. Martin Andersson, *Migration i 1600-talets Sverige: Älvsborgs lösen 1613–1618*, 2018

159. Johanna Pettersson, *What's in a Line? Making Sovereignty through Border Policy*, 2018

160. Irina Seits, *Architectures of Life-Building in the Twentieth Century: Russia, Germany, Sweden*, 2018

161. Alexander Stagnell, *The Ambassador's Letter: On the Less Than Nothing of Diplomacy*, 2019

162. Mari Zetterqvist Blokhuis, *Interaction Between Rider, Horse and Equestrian Trainer: A Challenging Puzzle*, 2019

163. Robin Samuelsson, *Play, Culture and Learning: Studies of Second-Language and Conceptual Development in Swedish Preschools*, 2019

164. Ralph Tafon, *Analyzing the "Dark Side" of Marine Spatial Planning: A study of domination, empowerment and freedom (or power in, of and on planning) through theories of discourse and power*, 2019

165. Ingela Visuri, *Varieties of Supernatural Experience: The case of high-functioning autism*, 2019

166. Mathilde Rehnlund, *Getting the transport right: For what? What transport policy can tell us about the construction of sustainability*, 2019

167. Oscar Törnqvist, *Röster från ingenmansland: En identitetsarkeologi i ett maritimt mellanrum*, 2019

168. Elise Remling, *Adaptation, now? Exploring the Politics of Climate Adaptation through Post-structuralist Discourse Theory*, 2019

169. Eva Karlberg, *Organizing the Voice of Women: A study of the Polish and Swedish women's movements' adaptation to international structures*, 2019

170. Maria Pröckl, *Tyngd, sväng och empatisk timing: Förskollärares kroppsliga kunskaper*, 2020

171. Adrià Alcoverro, *The University and the Demand for Knowledge-based Growth The hegemonic struggle for the future of Higher Education Institutions in Finland and Estonia*, 2020

172. Ingrid Forsler, *Enabling Media: Infrastructures, imaginaries and cultural techniques in Swedish and Estonian visual arts education*, 2020

173. Johan Sehlberg, *Of Affliction: The Experience of Thought in Gilles Deleuze by way of Marcel Proust*, 2020

174. Renat Bekkin, *People of reliable loyalty…: Muftiates and the State in Modern Russia*, 2020

175. Olena Podolian, *The Challenge of 'Stateness' in Estonia and Ukraine: The international dimension a quarter of a century into independence*, 2020

176. Patrick Seniuk, *Encountering Depression In-Depth: An existential-phenomenological approach to selfhood, depression, and psychiatric practice*, 2020

177. Vasileios Petrogiannis, *European Mobility and Spatial Belongings: Greek and Latvian migrants in Sweden*, 2020

178. Lena Norbäck Ivarsson, *Tracing environmental change and human impact as recorded in sediments from coastal areas of the northwestern Baltic Proper*, 2020

179. Sara Persson, *Corporate Hegemony through Sustainability: A study of sustainability standards and CSR practices as tools to demobilise community resistance in the Albanian oil industry*, 2020

180. Juliana Porsani, *Livelihood Implications of Large-Scale Land Concessions in Mozambique: A case of family farmers' endurance*, 2020

181. Anders Backlund, *Isolating the Radical Right: Coalition Formation and Policy Adaptation in Sweden*, 2020

182. Nina Carlsson, *One Nation, One Language? National minority and Indigenous recognition in the politics of immigrant integration*, 2021

183. Erik Gråd, *Nudges, Prosocial Preferences & Behavior: Essays in Behavioral Economics*, 2021

184. Anna Enström, *Sinnesstämning, skratt och hypokondri: Om estetisk erfarenhet i Kants tredje Kritik*, 2021

185. Michelle Rydback, *Healthcare Service Marketing in Medical Tourism: An Emerging Market Study*, 2021

186. Fredrik Jahnke, *Toleransens altare och undvikandets hänsynsfullhet: Religion och meningsskapande bland svenska grundskoleelever*, 2021

187. Benny Berggren Newton, *Business Basics: A Grounded Theory for Managing Ethical Behavior in Sales Organizations*, 2021

188. Gabriel Itkes-Sznap, *Nollpunkten. Precisionens betydelse hos Witold Gombrowicz, Inger Christensen och Herta Müller*, 2021

189. Oscar Svanelid Medina, *Att forma tillvaron: Konstruktivism som konstnärligt yrkesarbete hos Geraldo de Barros, Lygia Pape och Lygia Clark*, 2021

190. Anna-Karin Selberg, *Politics and Truth: Heidegger, Arendt and The Modern Political Lie*, 2021

191. Camilla Larsson, *Framträdanden: Performativitetsteoretiska tolkningar av Tadeusz Kantors konstnärskap*, 2021

192. Raili Uibo, *"And I don't know who we really are to each other": Queers doing close relationships in Estonia*, 2021

193. Ignė Stalmokaitė, *New Tides in Shipping: Studying incumbent firms in maritime energy transitions*, 2021

194. Mani Shutzberg, *Tricks of the Medical Trade: Cunning in the Age of Bureaucratic Austerity*, 2021

195. Patrik Höglund, *Skeppssamhället: Rang, roller och status på örlogsskepp under 1600-talet*, 2021

196. Philipp Seuferling, *Media and the refugee camp: The historical making of space, time, and politics in the modern refugee regime*, 2021

197. Johan Sandén, *Närbyråkrater och digitaliseringar: Hur lärares arbete formas av tids-strukturer*, 2021

198. Ulrika Nemeth, *Det kritiska uppdraget: Diskurser och praktiker i gymnasieskolans svenskundervisning*, 2021

199. Helena Löfgren, *Det legitima ägandet: Politiska konstruktioner av allmännyttans privatisering i Stockholms stad 1990–2015*, 2021

200. Vasileios Kitsos, *Urban policies for a contemporary periphery: Insights from eastern Russia*, 2022

201. Jenny Gustafsson, *Drömmen om en gränslös fred: Världsmedborgarrörelsens reaktopi, 1949–1968*, 2022

202. Oscar von Seth, *Outsiders and Others: Queer Friendships in Novels by Hermann Hesse*, 2022

203. Kristin Halverson, *Tools of the Trade: Medical Devices and Practice in Sweden and Denmark, 1855–1897*, 2022

204. Henrik Ohlsson, *Facing Nature: Cultivating Experience in the Nature Connection Movement*, 2022

205. Mirey Gorgis, *Allt är våld: En undersökning av det moderna våldsbegreppet*, 2022

206. Mats Dahllöv, *Det absoluta och det gemensamma: Benjamin Höijers konstfilosofi*, 2022

207. Anton Poikolainen Rosén, *Noticing Nature: Exploring More Than Human-Centred Design in Urban Farming*, 2022

208. Sophie Landwehr Sydow, *Makers, Materials and Machines: Understanding Experi-ence and Situated Embodied Practice at the Makerspace*, 2022

209. Simon Magnusson, *Boosting young citizens' deontic status: Interactional allocation of rights-to-decide in participatory democracy meetings*, 2022

210. Marie Jonsson, *Vad vilja vegetarianerna? En undersökning av den svenska vege-tarismen 1900–1935*, 2022

211. Birgitta Ekblom, *Härskarhyllning och påverkan: Panegyriken kring tronskiftet 1697 i det svenska Östersjöväldet*, 2022

212. Joanna Mellquist, *Policy professionals in civil society organizations: Struggling for influence*, 2022

213. David Birksjö, *Innovative Security Business: Innovation, Standardization, and Industry Dynamics in the Swedish Security Sector, 1992–2012*, 2023

214. Roman Privalov, *After space utopia: Post-Soviet Russia and futures in space*, 2023

215.Martin Johansson, *De nordiska lekarna: Grannlandsrelationen i pressen under olympiska vinterspel*, 2023

216.Anna Bark Persson, *Steel as the Answer? Viking Bodies, Power, and Masculinity in Anglophone Fantasy Literature 2006–2016*, 2023

217.Josefin Hägglund, *Demokratins stridslinjer: Carl Lindhagen och politikens omvandling, 1896–1923*, 2023

218.Lovisa Olsson, *I vinst och förlust: Köpmäns nätverk i 1500-talets Östersjöstäder*, 2023

219.Kateryna Zorya, *The Government Used to Hide the Truth, But Now We Can Speak: Contemporary Esotericism in Ukraine 1986–2014*, 2023

220.Tony Blomqvist Mickelsson, *A Nordic sport social work in the context of refugee reception*, 2023

221.Ola Luthman, *Searching for sustainable aquaculture governance: A focus on ambitions and experience*, 2023

222.Emma Kihl, *Äventyrliga utföranden: En läsning av Agneta Enckells dikter med Isabelle Stengers kosmopolitik*, 2023

223.Çağla Demirel, *Analyzing competitive victimhood: Narratives of recognition and non-recognition in the pursuit of reconciliation*, 2023

224.Joel Odebrant, *Spår, kropp, tid: En undersökning av den måleriska gestens materialitet 1952–1965*, 2024

225.Xiaoying Li, *Energy Efficiency in buildings in the Baltic states and the Nordic countries*, 2024

226.Thérese Janzén, *Ticks – Ecology, New Hazards, and Relevance for Public Health*, 2024

227.Paul Sherfey, *Cultivating Responsible Citizenship: Collective Gardens at the Periphery of Neoliberal Urban Norms*, 2024

228.Kirill Polkov, *Queering Images of Russia in Sweden: Discursive hegemony and counter-hegemonic articulations 1991–2019*, 2024

229.Karl Katz Lydén, *Critique and the Care of the Self: The Economy of Truth and Government in Michel Foucault's Late Work*, 2024

230.Matteo Enrico Cattaneo, *Woandering towards places of imagination: Reflections through anarchism on the role of educators in early childhood education*, 2024

231.Mohanad Abdelgadir, *Aquatic ecosystem function and environmental change across spatial scales*, 2024

232.Fakhreddin Fakhrai Rad, *Transition Towards Supply Chain 4.0: Interweaving a Technological Perspective – Insights from Turkey and beyond*, 2024

233.Maria Mårsell, *Fredstematikens kritiska potential: Feminism, militarism och kolonialism hos Frida Stéenhoff, Elin Wägner och Hagar Olsson*, 2024

234.Francesca Morini, *Design + Data Journalism: Shifting Epistemology, Values, and Practices*, 2024

235.Liza Jakobsson, *Hitta hem på marknaden: Den finansialiserade hemägarideologin i Sverige och Estland 1970–2007*, 2024

236.Erika Öhlund, *More than food production: Multifunctional agriculture in policy and practice*, 2025

237.Douglas Mattsson, *To Praise Disgrace: Islamic Semiotic Resources in Turkish Black Metal*, 2025

238.Martin Englund, *Vi, de fördrivna historiska erfarenheter hos polska judar som kom till Sverige 1967–1972*, 2025